Christian Knauth

Derer Oberlausitzer Sorberwenden umständliche Kirchengeschichte

Christian Knauth

Derer Oberlausitzer Sorberwenden umständliche Kirchengeschichte

ISBN/EAN: 9783743671430

Hergestellt in Europa, USA, Kanada, Australien, Japan

Cover: Foto ©ninafisch / pixelio.de

Weitere Bücher finden Sie auf **www.hansebooks.com**

Derer

Oberlausitzer Sorberwenden

umständliche

Kirchengeschichte,

darinnen

derselben Heidenthum, Bezwingung zur
christlichen Religion, derselben erste Beschaffenheit, evangelische Reformation und folgender Zustand des Christenthums, imgleichen die wendischen Kirchspiele, und dann der wendischen
Sprache Geschichte und Bücher,

so zum Theil einen großen Einfluß
in

die Kirchengeschichte

der Oberlausitzer Deutschen
hat,

ordentlich und deutlich beschrieben
von

Christian Knauthen,

Pfarrer zu Friedersdorf bey der Landeskrone.

Zu finden bey dem Autore in Friedersdorf; bey Herr
Matth. Schultzen, Diac. in Kittlitz: und bey Herr
Lahoden in Klüx.

Görlitz, gedruckt bey Joh. Friedr. Fickelscherer. 1767.

Vorrede.

Dem G. L. überreiche hiemit die Kirchengeschichte der oberlausitzer Sorberwenden. Ich bezeichne dieselbe mit der Aufschrift, weil darinnen die Pflanzung, Beschaffenheit und Zustand der Kirche unter denen Sorberwenden beschrieben wird. Wer einen Begriff von der Kirchenhistorie hat, der weiß, daß solche Stücke eigentlich dazu gehören. Denn das Wesentliche von derselben ist, zu zeigen, wie das Reich der Finsterniß zerstöhret, hingegen das Reich des Lichtes unsers Heylandes, welcher ist das wahrhaftige Licht, welches erleuchtet alle Menschen, die in diese Welt kommen, aufgerichtet worden. Und das, ohngeachtet aller List und Gewalt des Fürsten der Finsterniß und seines Anhanges, und zwar durch alle Zeitläufte hindurch. Diesemnach habe ich Anfangs gehandelt von der Sorberwenden Götzenart, Diehst, Beschaffenheit und Stand, in dem sie sich gefunden; und dann, wie die christliche Religion sich bearbeitet, bey denen Sorben ihren Eingang zu halten, was vor Widerstand sie da-

dabey gehabt, wie sie gesieget: wie alsdann Unwissenheit, Irrthum, und Aberglauben sie verderbet: wie sie durch göttliche Gnade in reinem Glanze,
Licht und Kraft zur Zeit der Reformation mächtig durchgedrungen; und da sie aufs neue von Unwissenheit, geistlicher Trägheit, Sicherheit, fleisch-
lich gesinntem Weltwesen, Haß und Gewalt, vertrieben werden wollen, dessen ungeachtet sich erhalten, und am Abend dieser letzten betrübten Zeit
es recht licht worden. Dies wird der G. L. aus
dem Abriß der ganzen Abhandlung ersehen, so ich
der Schrift vorangesetzt.

Da in der Historie auch nicht das mindeste aus
eigenem Verstande und Willen hervorgebracht
werden soll; denn die Begebenheit findet sich außer
dem Geschichtschreiber, so muß er dieselbe vortragen und darstellen, wie er sie findet, und sie sich
wahrhaftig begeben hat. Dahero hat ein Historicus nicht einem jeden Geschichtschreiber, darunter
viel Mährleinsträger sind, alsbald Beyfall zu geben, sondern nach der ihm beywohnenden Erkänntniß dieselben zu prüfen, und die glaubwürdigsten
und aufrichtigsten sich zu erwählen und zum
Grunde zu legen. Ich habe mich beflissen, vom
Anfang meiner Erzählung die besten Scribenten
damaliger Zeit, und dann durchgehends, da die
Geschichte sich zugetragen, vor mich zu nehmen,
zu prüfen, und dann darauf zu bauen. Und da
es, die alte Zeit betreffend, in der oberlausitzischen
Historie ziemlich wüste und leer ist, indem man
keine innländische Scribenten, noch Diplomata,

noch

noch Documente hat, und man in solchen finstern Zeiten, nach dem Geständniß der größten und gründlichsten Geschichtschreiber, ohne Muthmaßung nicht fortkommen kan, so habe ich in dergleichen Fall, durch die einschlagende Umstände der Zeit, des Ortes, der Personen, der Sprache, u. dergl. die Muthmaßung zu einem oder mehrern Grade der Wahrscheinlichkeit, nachdem sich dazu Phänomena angegeben, zu bringen gesucht. Nachdem man aber in dem 13ten Jahrhundert in Oberlausitz angefangen etwas aufzuschreiben, man auch, von dieser Zeit an, innländische Diplomata aufweisen kan, so habe ich alsdann, statt der Wahrscheinlichkeit, auf die Gewißheit, in denen Stücken, wo ich dazu gelangen können, gearbeitet. Dazu haben mir geholfen, die alten Documente, Acta publica, bewährte Scribenten, die in der Zeit gelebet, darin sich die Geschichte zugetragen. Mein Reichthum von dergleichen oberlausitzischen Sachen ist zwar durch den unglücklichen Brand im Jahr 1754. gänzlich in Asche verwandelt worden: es ist mir aber doch aufs neue durch die Gütigkeit vornehmer und gelehrter, inn- und ausländischer Patronen, Freunde und Gönner, und durch mühsames Aufsuchen, ein ansehnliches wieder zugewachsen, also, daß ich auf vorgezeigte Art habe verfahren können. Es ist demnach eine Schwäche, auch wohl Unverstand derjenigen, die da meynen, eine Historie schreiben, sey, wenn man aus denen vorhandenen Büchern, dasjenige, was hin und her zerstreuet zu finden, nur so obenhin zusammen trage.

)(3　　　　　　　　　Wahr-

Vorrede.

Wahrheit und Aufrichtigkeit sind das Schöne bey einer Geschichtserzählung. Und diese habe ich zu meinen Begleitern erkieset. Dahero ich denn dieser und jener Geschichte, wenn sie auch zehn und mehrmal gedruckt und geschrieben worden, nicht Beyfall gegeben, wenn sie nicht mit dem Zeichen der Gewißheit, oder nach Beschaffenheit, der Wahrscheinlichkeit bemerket, angetroffen. Zwar will ich hiermit keinesweges die Menschlichkeit bey mir leugnen, sondern bekenne, daß mir hier und da in denen finstern Zeiten, und in denen zum Theil noch nicht von jemand untersuchten Stücken, was menschliches wiederfahren seyn kan. Ich werde es demnach mit dem verbindlichsten Danke annehmen, wenn ein Weitsehender, und mit mehrern Urkunden und Nachrichten begabter, als ich, zum Nutzen der Vaterlandshistorie, die Fehler entdecket, und dagegen was Gründlichers, Gewissers und Deutlichers vorbringet; denn es ist doch leichter hie und da etwas dem Erfundenen zuzusetzen, als ein Ganzes zum Anfang darstellen. Jedoch verstehe ich solche Leute, die in Wahrheit und Liebe in dem Wege gehen. Denn sich selbst klug dünkende, und in der Sache doch nichts verstehende, und dabey ungesittete Leute, sind nicht achtungswürdig, daß ein zum gemeinen Besten Arbeitender an sie gedenket; weil ein Thor mehr tadeln kan, als zehn Redliche arbeiten.

Der Aufrichtigkeit habe ich mich bedienet, dergestalt, daß ich mich keines Ansehen blenden lassen, dessen Meynung schlechthin anzunehmen.
Dan=

Dannenhero habe ich die Sachen nach der Wahr=
heit vorgetragen. Doch dergestalt, daß mir die
Bescheidenheit beygestanden, keinen Menschen, er
sey, wer er sey, zu beleidigen. Sollte einer oder
der andere, bey diesem oder jenem, eine andere Mey=
nung, Erklärung und Application, anders, als ich
sie geführet, vorbringen, so erkenne ich dasselbe
nicht vor das Meinige, sondern werfe es, als sein
Eigenthum, ihm wieder zurücke.

In der ganzen Abhandlung habe ich mich der
Ordnung beflissen, welche die Seele in allen Din=
gen ist, und im Vortrage der Kürze. Es wäre
mir ein leichtes gewesen, die so vielen vorkommen=
den Sachen weiter auszudehnen, auch noch meh=
rere Stücke beyzubringen: Allein vor diesmal ist
die Absicht dahin gegangen, denen, um derer wil=
len es geschrieben, desto leichter in die Hände zu
liefern, zumal da ich weder Ehre, noch Gewinnst
davon genüssen mag. Indessen hoffe ich, daß es
Verständige, als deutlich und zulänglich, finden
und annehmen werden.

Die vorkommende-wendische Wörter haben die
Schreibart, theils wie ich sie gedruckt gefunden,
theils wie ich sie von verständigen und gelehrten
Wenden geschrieben erhalten, und hat Herr Jo=
hann Hortzschansky, Collega Gymn. Gorl. sich
die Mühe gegeben, daß dieselben gebührend im
Drucke erschienen, dafür ich Ihm den freundschaft=
lichsten Dank sage. Die Bedeutung und Herlei=
tung der wendischen Wörter sind aus verschiedenen

)(4 geschrie=

geschriebenen und gedruckten Büchern, theils aus Correspondenz verschiedener der wendischen Sprache wohlkundigen gelehrten Herren Wenden genommen: dabey einem jeden seine Weise zu schreiben und zu denken überlassen wird.

Der Druck, der mir abwesend geschehen, ist nach Möglichkeit aufs Beste besorget worden. Gleichwohl ist nicht zu verhüten gewesen, daß nicht ein und der andere Druckfehler eingeschlichen seyn sollte. Man hat die, die den Verstand verändern, am Ende angemerket, welche nebst denen andern der G. L. gütigst verbessern wird.

Der treue Heiland walte ferner, wie überhaupt über seine allgemeine Kirche, also besonders über die Wendische. Er lasse das Wort von seiner großen Versöhnung unter den Wenden zu vielen Segen herrlich laufen, und kräftig würken, damit sein Reich ausgebreitet, sein Name verherrlichet, und vieler tausend Seelen Heil geschaffet werde. Friedersdorf den 12. Oct. 1767.

Christian Knauthe.

Sum=

Summarischer Inhalt.

)(5   IV. Cap.

Inhalt.

Zweyter Theil.

Von der christlichen Religion unter den Wenden, p. 67.

Erster Abschnitt.

Von dem Anfang bis zur evangelischen Reformation.

Bis-

Inhalt.

IV. Cap.

Inhalt.

Zweyter Abschnitt.

Zustand der evangelischen Religion, p. 188.

Un-

Inhalt.

V. Cap.

Inhalt.

Dritter Abschnitt.

Zustand der römisch-katholischen Religion bey den oberlausitzer Serben nach 1517.

Vier-

Inhalt.

Vierter Abschnitt.

Die Sorberwendischen Kirchspiele in Oberlausitz, pag. 352.

Dritter Theil.

Von den Schicksalen der Sorberwenden-Sprache, und den Büchern.

II. Cap.

Inhalt.

Von

Von dem Sorberwenden-Volk überhaupt.

§. 1.

Ehe ich die Kirchengeschichte derer oberlausitzischen Sorberwenden vortrage, finde ich vor nöthig, eines und das andere von diesem Volke vorhero anzuzeigen. Zufördersk ist zu merken, daß die Slaven, davon unsere Sorben eine Abstammung sind, eines von denen ältesten, berühmtesten und weitläuftigsten Völkern ist, welches sich in viele Geschlechter getheilet, und in viele Länder ausgebreitet hat. Von denenselben sind unsere oberlausitzische Sorberwenden eine Abstammung, wie solches in meiner Schrift von dem Ursprunge, Herkommen, Alterthum und Ausbreitung des hochberühmten Geschlechts derer von Nostitz, Görlitz, 1764. 4. §. 5–24. erwiesen.

§. 2.

Diesen unsern Oberlausitzischen, gleichwie andern Sorberwenden, hat man verschiedene Namen beygeleget, wiewohl dem mehrern Theil

A

nach,

nach, mit Unrecht, davon die Unwissenheit und
die unterlassene gründliche Untersuchung, die
Quelle und die Mutter ist. Sie werden von
denen Scribenten in lateinischer Sprache Vandali, Wandaler genannt. Ich könnte davon
umständlich reden: ich habe aber solches bereits
gethan in einer Abhandlung, daß die unter dem
Namen der Wenden vorkommende slavonische
Völker, und noch itzo in der Lausitz und Mark
Brandenburg befindlichen Sorberwenden, mit
Unrecht Vandali, Wandalen genannt und davor
gehalten werden, welche in die gel. Dreßdn. Anzeigen Ao. 1760. I. Stück eingedruckt, zu finden.
Albert Krantz ist der erste, welcher die Slavenwenden zu Wandalen macht, und 14 Bücher
unter dem Titel Wandalia geschrieben, dem
viele andere nachgefolget. Allein die Wandalen sind ein deutsches Volk, welches von der Ostsee bis an die Elbe seinen Sitz gehabt, im 5ten
Jahrhundert aber in Asien und Africam gewan-
dert. Hingegen sind die Sorberwenden ein sla-
visches Volk. Die Wandalen haben sich der
Deutschen, die Wenden aber der slavonischen
Sprache bedienet. Die Wandalen haben sich
im 5ten Jahrhundert meist aus Deutschland verlohren: da im Gegentheil die Wenden um diese
Zeit erst angezogen kommen. Jene haben in
Deutschland ihre Sitze verlassen: diese aber haben sie eingenommen. Jene haben ganz aufgehöret: diese aber, ob sie gleich dem größten Theil
nach vergangen, haben sich doch noch einigermaßen in Meißen, Ober- und Niederlausitz, und

in

in der Marck Brandenburg erhalten. Es scheint aber dieser Irrthum, daß man die Wandalen und Wenden vor ein Volk hält, daher entstanden zu seyn, weil man dafür gehalten, ob sey das Wort Wandalen, so durch die Redensart verderbt worden, mit den Wenden einerley. Ueberdieses, da die Slavenwenden der Wandalen Länder eingenommen, so man Wandalien genannt, hat man hernach die neuen Besitzer mit dem alten Namen der vorhergehenden Besitzer beleget. Die neuern Scribenten haben die Geschichte beyder Völker nicht untersuchet, dahero der Irrthum fortgepflanzet worden, und die Wenden, Wandalier seyn und heissen müssen.

§. 3.

Unsere Wenden werden im Lateinischen ferner Veneti und Heneti benamet. Dieses mag daher gekommen seyn, weil sie vor diesem, mit denen Venetis oder Henetis einige Verwandschaft gehabt. Solcher Henetorum gedenken die ältesten Scribenten (*). Es haben aber die Veneti Illyrien besessen, daher die Venediger kommen, wie Jornandes c. 29. de rebus Geticis schreibt, da hingegen Ptolomäus ihnen Sarmatien einräumt. Es kan seyn, daß unsere Wen-

A 2 den

(a) Homerus Iliad. 2. v. 851. seq. Herodotus L. 1. Eneti, qui sunt ex Lyriis & L. 5. Eneti, qui sunt ex Adria. Plinius H. N. l. 36. c. 3. Veneti, quos Græci Henetos vocant, proximi Pannoniæ circa mare adriaticum. Tacitus de M. G. c. 46. Peucinorum, Venetorumque & Fennonum nationes Germanis, an Sarmatis adscribam dubito, & alii.

den mit denenſelben in der Sprache eine Ver-
wandſchaft gehabt, dahero verſchiedene ihnen den
Namen der Henetorum beygeleget, als Phil.
Melanchth. Chron. l. 1. p. 24. l. 2. p. 175. Gleichwie Helmold Chron. Slav. alle Wenden, ſo von
Polen aus bis an die Elbe gewohnet, Henetos
nennet (*). Es mag aber Helmold damit wohl
ſeine Abſicht auf das deutſche Wort Wenden
haben.

§. 4.

In der deutſchen Sprache heiſſen die ehemals
in Meißen ſich befundenen, und die noch itzo in
Ober- und Niederlauſitz und der Mark reſtiren-
den Sorben, Wenden. Dieſe Benennung
ſcheinet einigen von dem vorhergehenden Worte
Veneti gegeben zu ſeyn, oder vielmehr hat man
ſie Venetos im Lateiniſchen genannt, weil ihnen
im Deutſchen der Name der Wenden gegeben
worden, welches aus faſt gleichlautenden Worten geſchehen iſt. Andern, die Wendengeſchich-
te unterſuchenden, gefällt, den Namen aus der
Deutſchen Sprache herzuleiten. Ein Theil ſaget: Die Franken, ſonderlich die Sachſen, hätten bey der Ankunft in der Sorben Land, die Sorben weder verſtehen, noch mit ihnen reden können,
dahero erſtere die letztern ſtumme Wände genannt: gleichwie die Sorben aus gleicher Urſach

(*) Ubi ergo Polonia finem facit, pervenitur ad am-
pliſſimam Slavorum prouinciam, eorum, qui anti-
quitus Wandali, nunc autem Winithi ſive Winnuli appellantur.

ſach die Deutſchen in ihrer Sprache Njemzy,
d. i. Stumme geheiſſen, wie denn alle Wenden
noch iẓo alle Deutſchen nicht anders als Njemzy betituln: davon man Henel. Sileſiograph. re-
nov. c. 1. n. 7. p. 28. nachſehen kan. Andere
halten dafür, der Name Wende komme ihnen
zu, weil ſie ſich in ihren Wanderungen von Morgen gegen Abend gewendet (*).

§. 5.

Es iſt aber der wahre eigentliche Name un-
ſers ober- und niederlauſiẓiſchen Volkes, von
dem wir handeln, und welches voriẓo allhier und
in der Mark anzutreffen iſt, Serb, Sſerb,
Serben, Sorben, lateiniſch Sorabi. Deſſen Urſprung werden wir erkennen, wenn wir
etwas von dieſes Volkes Her- und Ankunft
ſagen.

§. 6.

Woher die Sorbenwenden ſtammen, iſt zur
Nachricht dieſes wenige genug. Urſprünglich
A 3 kommen

(*) Andr. Cellarius in deſcript. regni Polon. Amſt.
1659. 12. p. 302. Sic populus (Slavorum) hic late
diſperſus & incredibili incremento auctus, inſtar
apum multis examinibus, ſe in terras occaſui ſo-
lis ſubjectas effudit (unde fortaſſis germanicum
nomen Wenden impoſitum, quod ſe ad occaſum
verterint, cum germanicum vocabulum Wenden
vertere ſignificet) atque Germaniæ partem illam,
quæ a Viſtula uſque ad fluvios Salam, Albim &
Viſurgim, ac inter Carpathos montes, Danubium
& mare germanicum ſe explicat, occupavit.

kommen sie von dem dritten Sohne Noä, dem
Japhet her, als welcher bey der allgemeinen
Völkerzerstreuung, ein Theil von Asien gegen
Norden und Europam übernommen. Ersteres
ist Scythia, welches das asiatische Scythien,
zum Unterscheid des Europäischen, so an dem
Fluß Tanais, und weiter gegen Westen gewesen, genannt wird. Von Japhets Söhnen sind
unterschiedene Völker entstanden, unter denen
Gomer, von welchem die Comari über dem caspischen oder schwarzen Meer herkommen. Thogarma ein Sohn Gomers, wird von Luthero in
der Randgloße Gen. 10, 3. zum Stammvater
der Wenden gemacht, wenn er schreibt: Gomer
und Thogarma sein Sohn, acht ich zu seyn die
Wenden, denn am türkischen Hofe redet man
wendisch). Sam. Bochart in Phaleg. L. 3. c. 9. 10.
und Ge. Horn in arca Noæ, p. 119. seq. meynen,
daß die Slaven von Riphat herzuleiten, die vorzeiten an dem riphäischen Gebürge gewohnet,
dahero auch Mela L. 1. c. 2. etlicher scythischen
Völker, so Riphaces heissen, gedenket. Andere
leiten sie auf eine andere Art her, bey welchen
wir uns wegen Ungewißheit nicht aufhalten
wollen. Wir bleiben bey dem, was Christ.
Schöttgen in seiner schönen Historie derer Sorberwenden, so in der Diplomat. Nachlese der
Historie von Obersachsen und angrenzenden Ländern, P. II. n. 1. zu finden, mit großer Mühe fast
aus allen alten Scribenten hervorgesuchet. Allda zeiget er §. 3. daß die Sorben oder Serben
mit diesem Namen bey dem Ptolomæo Geogr.
V. 9.

V. 9. und Plinio H. N. VI. 7. das erstemal vorkommen, und setzet sie der erste zwischen das
ceraunische Gebürge und den Fluß Rha oder
Wolga: letzterer aber um die mäotische See.
Man siehet also, daß sie immer weiter hervor
sich gezogen, und ihre Wanderung von Zeit zu
Zeit gegen Abend und Mittag geschehen, bis sie
sich in der Landschaft Servien niedergelassen,
die aber damals einen weitern Umfang als itzo
gehabt. Endlich sind sie mehr vorgerücket, bis
sie zuletzt Meißen und unsere Lausitz eingenommen und besetzet. Daß nun von diesen alten
Serben oder Serviern, unsere noch heutige rück-
ständige Sorben oder Serben herkommen, bezeiget der Name, die Sprache und andere Umstände, von welchen ich ein mehrers angezeiget
in der Schrift: Von dem Ursprunge, Herkommen und Alterthum des Geschlechts derer Herren
von Nostitz, §. 6. seq.

§. 7.

Wenn sind die Slavenserber in unsere Oberlausitz eingetroffen? Die verschiedene Antworten, so nach der Scribenten Meynungen gefallen,
hat Manlius Commentar. R. L. l. 1. c. 29. zu-
sammengebracht. Nach ihm haben Dav. Peifer
in Chron. Lipf. Albinus in der Meißn. Chronik.
Z. Schneider in Chron. Lipf. Balbin in Epit. H. B.
und andere ihre Gedanken von der Ankunft derer
Wenden oder Sorben in die meißnischen und
lausitzischen Lande eröffnet, welche in der Zeit
unterschieden fallen, indem sie selbige theils in

das

das 5te, theils in das 6te und 7te Jahrhundert
nach Christi Geburt setzen.   Man verfährt am
sichersten, wenn man das 5te und 6te Jahrhundert nimmt.   Denn in dem 5ten Jahrhundert
sind die Länder von der Weichsel bis an die Elbe, von denen Einwohnern nicht allzustark be-
wohnt gewesen.   In dem 4ten Jahrh. zogen die
Deutschen in großer Menge aus ihrem Vater-
lande, und Radegastus führte im Jahr Christi
404. allein in die 400000 Mann in Italien,
unter welchen ohne Zweifel auch Meißner und
Lausitzer gewesen.   Hierauf sind die Slavi, in
die vom Volk entblößten Länder alsbald eingerücket, wie Paul Warnefried C. 6. anzeigt.

§. 8.

Endlich ist noch zu sagen, daß die Slaverwenden ein sehr zahlreiches Volk und weitläuftiges Geschlecht gewesen, so sich allenthalben ausgebreitet, viele Länder eingenommen und besessen hat.   Sie werden gemeiniglich in die südlichen und nordischen Slavervölker geschieden,
und rechnet man

I. Zu denen Südlichen
   a) Die Bulgarier,
   b) Die Servier.
   c) Die Boßnier.
   d) Die Morlachen.
   e) Die Croatier.
   f) Die Slavonier, und
   g) Die Rätzen, so sich in Ungarn ausge-
                                    breitet;

breitet; Ingleichen diejenigen Slaven,
die in Crayn, in der windischen Mark,
und bis an Griechenland wohnen.

II. Zu denen Nordlichen, welche wiederum
vielerley Arten sind, und dem größten Theil
nach, bis auf wenige sich verlohren, also, daß
sie untergedruckt und unter die Deutschen
gestecket worden sind. Dergleichen waren

a.) Die **Wagiri**, um Lübeck und an der
hollsteinischen Grenze.

b.) **Obotriti**, im Mecklenburgischen.

c.) **Wilzi**, in Vorpommern.

d.) **Rugiani**, auf der Insul Rügen.

e.) **Pomerani**, in Hinterpommern.

f.) **Pruzi** und **Sembi**, in Preussen und
Liefland.

g.) **Polani**, in Polen.

h.) **Heveluni**, in der Mittelmark und um
Magdeburg.

i.) **Ukrani**, die Uckermärker.

k.) **Seremodi**, in der alten Mark.

l.) **Sorabi**, zwischen der Saale, Mulde
und Elbe.

m.) **Daleminci**, an Süd-Thüringen.

Ingleichen sassen ostwärts die **Luzici**, **Sel-
poli**, **Diedesii**, **Siusli**, und dann die
Zechi und **Moravi**.

Erstes

Erster Theil.
Von der Sorberwenden heidnischen Religion.

Erstes Capitel.
Von derselben Religion überhaupt.

§. 1.

Da nach Ciceronis Ausspruch kein Volk zu
finden, welches nicht einen Gott gehabt
und denselben verehret: Omnes religione moventur & Deos patrios, quos à majoribus acceperunt,
colendos sibi diligenter et retinendos arbitrantur:
so sind auch unsere Sorberwenden, ob man sie
gleich als ein ungeschlachtetes, wildes und fre-
ches Volk angiebet, nie ohne Gott und Gottesdienst gewesen. Es ist derselben Religion freylich nicht anders beschaffen gewesen, als aller
anderer blinden Heiden, die die heilige Offenbarung der göttlichen Wahrheiten nicht gehabt.
Es gehet dannenhero auch dieselben an, was
Paulus Röm. 1. v. 21. seq. schreibet: Sie sind
in ihrem Dichten eitel worden, und ihr unver-
ständiges Herz ist verfinstert. Da sie sich für
weise hielten, sind sie zu Narren worden. Und
haben verwandelt die Herrlichkeit des unver-
gänglichen GOttes in ein Bild, gleich den ver-
gänglichen Menschen und der Vögel, und der
vierfüßigen und kriechenden Thiere.

§. 2.

§. 2.

Gleichwie aber ein jedes Volk unter denen
Heiden seine besondere Götter und Religionsar-
ten gehabt, und noch hat, also ist es auch hierinnen mit unsern Sorben bewandt gewesen. Je
weiter ein Volk von seinem Stammvater abgekommen, je tiefer ist es auch in das Verderben
des Religionswesens gerathen. Die ersten
Sätze sind mit der Zeit immer dunkler, schlim-
mer und verkehrter worden. Ueberdieses, so
haben die Völker eines und das andere in dem
Gottesdienst von ihren Nachbarn angenommen.
Und so halten wir dafür, daß es auch bey unsern oberlausitzischen Sorben ergangen. Sie
haben ihre Religion gehabt, als sie sich noch
in Asien befunden: sie haben solche mit in unsere Lausitz gebracht und geübet. Ich zweifele
aber nicht, daß sie auch selbige in einem und
dem andern verändert und vermehret. Die
Sorben kamen in dieses Land, in welchem die
Deutschen wohnten. Neben und unter selbige
setzten sie sich, gleichwie noch itzo Deutsche und
Sorben unter und bey einander wohnen. Die
Deutschen waren eines andern Geschlechtes und
Herkommens als die Sorben, und also hatten
sie auch andere Götter und Götzendienst. Sie
haben also eines und das andere, was ihnen bey
den Deutschen gefallen, angenommen; welches
auch wohl auf gleiche Art die Deutschen mögen
gethan haben. Dahero wird man in folgender
Ausführung sehen, daß die Sorben in der Religion in verschiedenen Stücken mit denen heidnischen

nischen Deutschen, eine Gleichheit und Gemeinschaft gehabt.

Zweytes Capitel.
Von der Sorberwenden Götzen.

§. 1.

Von denen Slavenwenden Götzen ist hin und
wieder viel geschrieben, insbesondere haben
solches gethan Mich. Frentzel in 3 Dissert. de I-
dolis Slavorum, und deßen Bruder M. Abrah.
Frentzel, de Diis Soraborum aliorumque Slavorum, welche beyde Schriften Tom. II. Script.
Rer. Lusat. eingedruckt sind. Wir wollen hier
ganz kürzlich verfahren, und nur dasjenige er-
wehnen und einen kurzen Abriß von der Wenden Götzen geben, in sofern uns derselbe zu unsrer
Historie nöthig.

§. 2.

Unsere oberlausitzische Sorberwenden, nennen
das höchste Wesen, so wir Deutschen mit dem
Worte GOtt aussprechen, in ihrer Sprache
Boh: die Niederlausitzer Bogh: welches mit
der Böhmen Buh und derer Polen Bog über-
einkommt. Unter diesem Wort verstehen sie in
ihrer Sprachart ein Wesen, welches die höchste
Würde und Macht hat, also, daß es mit der
Hebräer יהוה in einer genauen Verwandschaft
dem Verstande nach, stehet. Es deutet hiernächst
ein solches Wesen an, das keiner Veränderung
noch Wechsel unterworfen, so, daß es gewesen,

ißo iſt, und künftig ſeyn wird; und pflegen ſie
öfters des Ausdruckes ſich zu gebrauchen, Boh
werſchny, der höchſte GOtt, werſchny ſum-
mus, altus.　Aus welchem erhellen will, daß die
Sorben nur ein höchſtes Weſen, und nur einen
eigentlichen wahren GOtt geglaubet.

§. 3.

Weil ſie aber dafür hielten, dieſer große und
hohe GOtt, Boh werſchny, befinde ſich allezeit in Ruhe, Vergnügen und Freuden, alſo, daß
ihn darinne nichts ſtöhren könne, ſo ſind ſie in
ihrem Dichten eitel worden, und haben gemeynet, wenn ſich dieſer ſelige GOtt um die Welt
bekümmern ſollte, ſo würde er in ſeiner vollkommenen Ruhe und Freude geſtöhret werden.
Dahero denn, da ſie ſich für weiſe hielten, ſind
ſie in die Thorheit verfallen, daß ſie mancherley
Götzen erdichtet, welche ſich um die Welt und
die darinnen befindlichen Sachen bekümmerten,
und ſich derſelben nach ihren Umſtänden anzunehmen, bemüheten.　Daraus iſt nachmals die
Menge der Götzen bey denen Wenden entſtanden,
von denen ſie glaubten, daß ſie alle von dem groſ-
ſen GOtt abſtammten, welcher ihnen auftrage,
derer Menſchen, derer Thiere und anderer Ge-
ſchöpfe ſich anzunehmen, und für ſie zu ſorgen (*).
§. 4.

(*) Helmold. L. I. c. 84. Non diffitentur Slavi, *unum
Deum* in cœlis, cæteris imperitantem, illum præ-
potentem, cœleſtia tantum curare, hos vero di-
ſtributis officiis obſequentes, de ſanguine ejus pro-
ceſſiſſe, & unumquemque eo præſtantiorem, quo
proximiorem illi Deo Deorum.

§. 4.

Da die Sorben ſahen, daß in der Welt Gutes und Böſes geſchehe, und ihnen aus der Offenbarung, der Urſprung davon nicht bekannt war, ſo bildeten ſie ſich auch, wie andere Heiden, zweyerley Arten von den Untergöttern ein, von welchen theils das Gute, theils das Böſe entſtünde, daher theilten ſie ihre Götzen in gute und böſe Götter (*).

§. 5.

Die guten Götzen derer Slaven ſetzet Abraham Frentzel in ſeinem Werke de populis ritibusque Luſat. MSt. cap. IX. in fünferley Claſſen, welcher Eintheilung wir nachgehen, und kürzlich zum Verſtändniß etwas beyfügen wollen. Alſo kommen zu ſtehen:

IN I. CLASSE

Diejenigen, welche das allgemeine Wohl beſorgten, damit ſich in der Republik und gemeinem Weſen alles in guten Wohlſtande befinde: und da rechnet er dahin:

1. Schwantewitz oder Swantywitcz, welches die alte Ausſprache iſt, die itzigen Sorben
aber

(*) Helmold. Eſt autem Slavorum mirabilis error; nam in conviviis & compotationibus, pateram circumferunt, non dicam conſecrationis, ſed execrationis verba, ſub nomine Deorum boni ſcil. atque mali; omnem proſperam fortunam à bono Deo: adverſam à malo dirigi profitentes: ideo etiam malum Deum ſua lingua Diabol ſive Czernebog, i. e. nigrum Deum appellant.

aber ßwjaty wicżaß, auf deutſch der heilige
Sieger ſagen.   Weitläuftig handeln von ihm
Mich. Frentzel, diſſ. I. §. 9. 10. II. §. 1–4.
Abrah. Frentzel in Comment. Sect. I. c. 1.
Saxo Grammat. Dubravius, Hartknoch, führen
den Namen von ßwjaty heilig und dem Namen Vitus her.   Andere halten es vor ein pur
wendiſch Wort, doch daß ſie es auf unterſchiedene Art herleiten, und zwar: 1) ßwjata und
wjez eine heilige Sache. Albinus Chron.
Miſn. Tit. XI. p. 300. 2) ßwjata ßwjeza,
ſanctum lumen, ein heilig Licht: Emſer in vita
Benn. Schneider Chron. Lipſ. 3) ßwjaty und
wjez, ſancta eſſentia, ein heil. Weſen; Mich.
Frentzel, Sen. 4) Schwantewiz, ſey und
heiße ſoviel als die Sonne (*).   5) M. Abr.
Frentzel in Comment. §. 10. ſagt endlich nach
weitläuftiger An- und Ausführung (**): Daß
die Sorben in ihre Sprache zwar das Wort
Vitus aufgenommen, aber damit nicht den
Märtyrer St. Veit gemeynet, ſondern nach
ihrer Sprachart, darunter einen heil. Sieger
verſtanden (***).   Die

(*) Swantevitus non denotat ſanctum Vitum, ſed
ſolem, nam Slonzez (vulgo Swonzez apud Slavos
eſt Solaris aut Deus aut Dominus Solis. Mich.
Frentzel. jun. cit. diſſ. §. 11.

(**) Paucis, Svantevitus à ſancto Vito quidem dictus eſt, ſed nomen tamen quid ſignet, ex genio
vernaculæ ſuæ interpretati Slavi ſunt.

(***) Cauſa nominis erat, quod illud (idolum Swan-
tywitez) adverſum ſuorum hoſtes bella gereret,
ut refert Saxo l. 14. fol. 371. & clarum in victo-
riis eſſet, ut ſcribit Helmold. l. 2. c. 12.

Die Gestalt des Swantowitz war vierköpfig,
in der Rechten hielt er ein Horn, in der Lin‐
ken einen Bogen, dabey war ein Schwerdt,
Zaum und Sattel aufgehangen, und weidete
dabey ein weiß Pferd, so dem Götzen gewied‐
met war. Dieser Swantewitz ist ohne Zwei‐
fel einer von den vornehmsten Götzen der Wen‐
den, den sie durchgehends verehret (*). Un‐
ter selbigen haben sich auch wohl die meißner
und lausitzer Wenden befunden, wie Emser
l. c. und Albinus l. c. Tit. XI. Anzeige thun,
und letzterer anführt, daß ihm jährlich ein
Mensch, und zwar ein Christ geopfert werden
müssen.

2. RADEGAST. Einige Scribenten halten ihn
vor einen König der Gothen, der diesen Na‐
men geführet. Andere meynen es nicht, son‐
dern beweisen vielmehr, daß der Götze älter,
als der König sey, und die Slaven denselben
schon in ihrem alten Vaterland, ehe sie in die
deutschen Provinzen gerückt, gedienet. Ueber‐
dieses waren die Könige bey denen Slaven in
schlechter Achtung, also, daß es nicht scheinet,
daß sie dem fremden König die hohe Ehre an‐
gethan, und ihn in die Götterzahl gesetzet ha‐
ben sollten (**). Ferner, da die Wenden ihre

zu

(*) Helm. l. c. 6. de omnibus provinciis Slavorum
illic (Arconæ apud Swantevitum) responsa pe‐
tuntur & sacrificiorum exhibentur annuæ solu‐
tiones.
(**) Helm. l. 2. c. 12. rex apud eos (Rugianos Slavos)
modicæ æstimationis est, comparatione flaminis.

zu verehrende Götzen, von dem höchsten GOtt
entsprossen zu seyn, glaubten, haben sie den
deutschen König Radegast als einen Menschen, in die Zahl der Götzen nicht einnehmen
können. Es mag also der Irrthum aus der
Aehnlichkeit der beyden Namen des Königes
Radagaisi und des wendischen Götzens Radegast entsprungen seyn. Und obwohl Masius
diss. de Diis obotritis c. 3. §. 2. p. 1067. in col-
lect. ejus Diss. und E. W. Tenzel in M. U.
1689. p. 698. davorhalten, Radegast sey ein
deutsches Wort, und bedeute einen Geist, der
Rath giebet, so wird doch solches von andern
vielmehr für ein ursprünglich wendisches Wort
angesehen, welches von rada ein Rath, und
gost, oder goscz, ein Wald, dicker Busch, zusammen gesetzt, und soviel als ein Waldrath
heißet. Seine Gestalt wird beschrieben, als
einer, der auf der Brust einen Schild, und in
selbigem einen schwarzen Püffelskopf, in der
Hand eine Streitaxt, welche andere vor einen
Hellebart ansehen, und auf dem Haupte einen
Vogel führet. Der Radegast war ein Kriegsgott derer Wenden, den sie in Kriegszeiten um
Rath fragten. Dittmar. l. 6. s. 65. Die gesammten Wenden hatten ihn zu ihrem Götzen,
Helm. l. 1. c. 21. und also auch die meißner
und lausitzer Sorberwenden, Emser c. 8. Wie
ihm gedienet worden, erzählet Dittmar. l. c.
und Helmold. l. 1. c. 52.

3. Pierowitz s. Porewithus, nach der Slaven
Sprache Porywacz, so ein Berauber heißt.

B   Um

Um zwey Ursachen willen verehrten die Wenden diesen Gözen, einmal, daß er ihnen in des Feindes Lande gute Beute gebe, andern theils, daß er sie behüte, daß sie von dem Feinde nicht beraubet würden. Dessen Figur stellte einen fünfköpfichten Gözen dar, und bedienten ihn sonderlich die Karentiner und Pommern.

4. VITUS seu WET, hat den Namen von Wet, vindicta, die Rache. Saxo Histor. Dan. l. 14. macht ihn siebenköpficht, gegürtet mit sieben Schwerdtern in Scheiden an einem Gehenke, das achte hielt er in der Hand. Abrah. Frenzel l. c. c. 3. §. 10. meynt: der Spruch Genes. 4, 15. Wer Cain todtschlägt, das soll siebenfältig gerochen werden, sey denen Heiden bekannt gewesen, daher sie das Recht der Wiedervergeltung oder Rache auf sieben gesetzet, und unter diesem Wet vorgestellet.

5. PROVO s. PRONO, im Wendischen Prowo oder Prawo, so jus, justum, æquum, rectum, lex, das Recht heißet; dahero er vor einen Gott des Rechtes und der Gerechtigkeit gehalten wurde. Dessen Bild stund auf einer Säule, hatte zwey lange Ohren, und eine Crone, war gestiefelt, und hatte in der Hand ein Borneisen und eines Panners Stab, unter dem Fuß eine Schelle. Peifer Rer. Lips. L. 3. p. 279. macht ihn zu einem allgemeinen Gott der Slaven.

§. 6.

§. 6.

In II. Classe.

Sind die Gößen, welche um des Menschen Leben, Nahrung und gutes Absterben besorgt waren, als:

1. SIWA, SIEBA, SIBA, SIVA. Jiwy, Jiwa und Jiwe, adject. heißt lebendig, lebhaftig, und ist also Siwa, soviel, als die Göttin des Lebens, so das Leben giebt. Derselben Bild kömmt mit der Veneris Bild überein, die linke Hand auf den Rücken wendend, in der rechten eine Weintraube mit einem Blatt haltend. Sie war überhaupt eine Göttin der slavischen Nation, und wird von Albino und Peifern gedacht, daß sie die Sorberwenden in Meissen und Lausitz bedienet. Anbey berichtet Helm. l. 1. c. 52. daß sie zu ihrem Dienste ihre eigene Hayne, Priester, Opfer und gewiedmete Tage gehabt.

2. PORENUTUS. Frentzel c. 8. §. 5. führet den Namen von dem polnischen Worte Poronic, d. i. abortire, abortum pati, her. Wenn die Wenden in den Ehstand traten, ward sie von ihnen und auch denen Eheleuten gebeten, daß die Kinder im Mutterleibe nicht von Unzucht kämen: und wenn sie merkten, daß sie von der Siewa schwanger waren, baten sie, daß die Frucht nicht eine Mißgeburt sey, oder zur Unzeit todt abgienge, sondern wohlgestalt, und sonderlich männlichen Geschlechts und lebhaft

B 2   erschie-

erſchiene. Die Geſtalt, nach Saxonis Beſchrei-
bung, hatte vier Geſichter, und das fünfte
war auf der Bruſt, die linke Hand lag auf der
Stirne, und die rechte auf dem Kinn.

3. SLOTA BABA ſ. ZLOTA BABA: Baba heißt
bey denen Wenden ein alt Weib, ingleichen eine Hebamme. Stota oder Zlota, aurea, gol-
den: und alſo die goldene Hebamme, ſo dem
Golde werth zu achten. Sie ſtellte ſich dar
in der Form eines alten Weibes, welche ein
Kind in der Schooß, und neben ſich eines ſtehend hatte. Derſelben Dienſt ging dahin,
daß ſie denen Gebährerinnen mit ihrer Hülfe
beyſtehen ſollte.

4. CIZA, hat den Namen von dem wendiſchen
Wort Zyz die Bruſt, mamma, mammilla,
uber, und iſt die Göttin der mütterlichen
Nahrung. Sie iſt den Sörberwenden in
Lauſitz, Meiſſen und einem Theil von Thürin-
gen bekannt geweſen.

5. PROTIMPUS, war ſonderlich der Preuſſen
Gott, der vor der Menſchen Nahrung ſorgte.
Frentzel leitet ihn von dem wendiſchen Wort
Potreba die Nothdurft, Bedürfniß, her.

6. OCCOPIRNUS, den die Wenden anſahen als
den, der die Donnerkeile bereite, und damit
einſchlage. Soll von dem ſlavoniſch. Wort
Oc, oder Sorabiſchen Woc l. Woz, der Waſ-
ter und Piorun, der Donner herkommen.

7. JU-

7. Jutrobog, Jutrn Bog sprechen ihn die niederlausitzer Sorber aus; die Oberlausitzer aber Jutrny Boh. Der Name ist zusammen gesetzt von Bog oder Boh, Gott und Jutrny l. Jutrn, matutinus, am Morgen: daß der Götze also soviel heißt, als der Morgengott, welches sonst die Aurora ist. Dahero unsere Sorben, wenn sie einander einen guten Morgen wünschen, also zu sagen pflegen: dobre Jutro! Abrah. Frentzel c. 16. giebt die Lausitzer und Meißner zu desselben Verehrern an. Vermuthlich hat derselbe der Stadt Jüterbog den Namen gegeben, und hält Albinus das, was von der Jutta und ihrem Bock gesaget wird, vor eine lautere Fabel.

8. Schwaixtixius s. Zwiczius, war der GOtt des Lichtes und des Feuers, und dienten ihm sonderlich die Preussen und Litthauer.

§. 7.

In III. Classe.

Stunden die Götzen, welche ihr Aufsehen auf die zu dem menschlichen Leben nöthige Sachen, als zahm und wild Vieh, Fische, Holz, Wasser, Getreyde u. dergl. hatten, als:

1. Worskaitus und Schweibratus. Von diesen erbaten sich die Wenden das zahme Vieh, und zugleich, daß es um dasselbe wohl stehe.

2. Dziewanna s. Dzievonia, war die Göttin

über

B 3

über die wilden Thiere und Wälder, daß es
also soviel ist, als eine Wild= und Waldgöttin.
Das Wort kommt von Dʒiwina, fera, feri-
na, ein Wild, her.

3. ANTYMPUS, die Preußen, Samogiten, Reuß-
sen und Litthauer, eigneten ihm die Regierung
über die Wasserflüße, Seen und Meer zu.

4. PILVITUS, war der Preußen, Liefländer ꝛc.
Gott des Reichthums, Gold, Silbers und
Vermögens; der Pluto.

5. PERGRUBIUS, war der, den Feldfrüchten, dem
Getreyde und der guten Erndte vorgesetzte
Gott.

6. CURCHO s. GORCHO, der Götze, der jedem sein
bescheiden Theil in der Nahrung gab. Kruch
heißt bey den Sorben, portio, fragmentum,
particula.

7. HENNILO s. HONIDLO, honju, ich treibe
weg, halte zurück, Honidlo corrupte Hennil.
War der Sorberwenden in Lausitz, Meißen,
Thüringen, Wach= und Ruhegott, welcher ü=
ber jedes Wirthes Haus, des Nachts, Wache
hielt und verschafte, daß die Innwohner un=
gestöhrt ruhen konnten.   Dittmar sagt L. 7.
daß seine Figur gewesen ein Stecken, worauf
eine Hand, welche einen eisernen Rinken hielt;
und berichtet anbey, daß die Sorben den
Götzen verehret.

8. TRIGLA s. TRIGLOW, der Abgott, der bey je=
den oben, um und unter ihm im Hause und
im Lande alles Vergnügen verschafte. Er
hatte

hatte drey güldene Köpfe unter einem Huthe,
welcher in einer Hand den Monden hielt.
Ihm haben die Sorben in Meissen gedienet.
Albin. Tit. XI. Angelus in Annal, March. l. 3,
f. 310.

§. 8.

In IV. CLASSE.

Waren die Götzen, welche nöthigen Schutz
leisteten, als:

1. PUSCETUS, ein Gott, der da Schutz hielt über
die geheiligten Hayne, Wälder und Bäume.
Ihm wurde gemeiniglich unter Hollunderbäu-
men gedienet, daher auch sein Name stammt.
Denn nach A. Frentzels Meynung lautet Puscetus wie der Wenden Wort Bosowske,
quasi Deus Sambuceus, oder der unter dem
Hollunder wohnet. Bos ein Hollunder-
strauch. Den verehrten viele Völker, auch
die Sorben in Meissen und Lausitz.

2. SVITIBOR f. ZUTTIBOR. Abr. Frentzel meynt,
das Wort komme von der Sorben, Böhmen
und Polen Bor eine Fichte, und fwjaty
heilig, her.

3. PÜSTRICUS f. BÜSTERICH. Byftry heißt bey
den Polen rapax, violentus, weil er zum Zorn
und Strafe jählings aufzubringen gewesen.
Er ist sonderlich in Thüringen verehret worden, und findet sich ein in Metall gegossenes
Götzenbild des Püstrichs in dem Zeughause
der Grafen zu Schwarzburg.

§. 9.

In V. Classe.

Sind anzutreffen die Götzen, welche das
Nöthige bey dem Tode des Menschen,be-
sorgten.

1. Auschwitus, hat den Namen von auswitich,
illustrare, illuminare, lumen, lucem afferre, erleuchten, einen Glanz oder Schein geben; andere nehmen es von wußwjcczicz, erleuchten, ausleuchten. Die Liefländer, Samogiten, Preußen ꝛc. hielten ihn vor denjenigen,
der sich ihrer in der Krankheit annehme, und
ihnen zu der verlohrnen Gesundheit wieder
helfe.

2. Marzawa, die Göttin des Todes, welche
über den Tod zu gebieten hatte. Nach der
schwedischen Aussprache heißt sie eigentlich
Morzawa, von dem polnischen Worte morze,
so die Sorben morju aussprechen, ich töbte,
bringe um. Ihrer pflegten, nebst denen Polen und Schlesiern, die meißner und lausitzer
Wenden. Wie solches geschehen, erzählt Z.
Schneider L. 4. p. 143.

3. Flins, Flintz. Joh. Saubertus meynt, der
Name sey eines Königes Fißlau oder Flizzau.
Andere, er komme von einem Feuersteine, darüber der Götze gestanden: Spate in Lex. Germ.
p. 520. Flintz habe die Benennung von flin-
tzen, i. e. fulgurare, u. d. m. Manlius Comment. R. L. l. 2. c. 32. hat denselben nicht nur
aus dem Chron. Saxon. beschrieben, sondern
auch

auch deßen Figur beygesetzet.   Es heißt: der
Flinß stund auf einem Flinßsteine, war gestaltet als ein Tod, mit einem langen Mantel,
hatte in der Hand einen Stab mit einer Feu-
erblase (auch eine brennende Fackel) und auf
der linken Schulter einen aufgerichteten Lö-
wen, der sie erwecken sollte, wenn sie stürben.
Die Annal. Budiss. geben diese Beschreibung:
Flinß oder Flintz war gestaltet, wie ein todter
Cörper, ganz nacket, ohne, daß er mit einem
Schurtzetuch umgürtet war. Auf seinem Hau-
pte lag mit den fördersten Füßen ein Löwe,
aber mit einem hintern auf des Bildes linken
Schulter. Der Flinß war ein allgemeiner
Götze derer Sorberwenden: besonders hielten ihn die Meißner und Lausitzer in sondern
Ehren. 'Von letztern melden die Annal. Bud.
Flintz stund unweit, eine halbe Viertelmeile
nach Norden, von der Stadt Budißin, an dem
Ort, wo nun das Dorf Oehna lieget, an der
Spreu, auf einem hohen kieselsteinigten Thur-
me, da noch der Hügel und die unten liegende
Menge der Steine solches ausweisen: die
größten aber sind herunter in die Spreu ge-
schmissen — — diese Städte, wo solcher Götze
gestanden, war so sehr in diesem Lande berühmt,
daß man anfangs willens gewesen, eine Stadt
allda aufzubauen. ıc. Und der Autor der schle-
sischen Kirchenhistorie schreibet P. 1. c. 2. p. 62.
Den Flint oder Flintz ehreten vor allen andern
die lausitzer Wenden, — — wie denn unsern
Bautzen, auf einem hohen Felsen, man noch

Merkmaale verschiedener Altäre u. a. Dinge,
von gar sonderbarer Structur antrift, — —
Man lese auch Großern in Lauf. Merkw. P. II.
fol. 4. Obgedachter Autor der Schles. Kirchenhistorie, redet l. c. auch von deßen Dienst:
Dem Flinz wurden viel Opfer, jedoch nur von
Thieren gethan, zugleich auch Altäre und Hayne erbauet.

§. 10.

Die Slaverwenden hatten nicht allein gute
Götter die sie verehrten, sondern auch solche Gözen, welche sie vor s c h w a r z e und b ö s e
Götter hielten, denen sie darum dienten, daß
sie ihnen kein Leid thäten und nicht schadeten,
sondern vielmehr das Böse und Unglück von ihnen abwenden sollten. Unter solchen waren:

1. CZERNEBOG s. CZÓRNY BOHG, it. DIABLE,
Diabol scheint von denen Griechen zu denen
Lateinern, Deutschen und Sorben gekommen
zu seyn. Czernebog ist zusammen gesetzt von
czerny in böhmischer, und czorny in sorbi-
scher, czarny in polnischer Sprache, so schwarz
heisset, und Bog l. Bogh l. Boh Gott,
daß es also der schwarze Gott verdeutschet wird.
Nach Helmolds Bericht, hat sich dieser Göze
bey denen Slaven und Sorben befunden.
Der Autor der Schles. Kirchenhistorie p. 66.
eignet ihn auch denen Schlesiern zu, doch
nicht anders als denen Slaven und Wenden,
welche in diesem Lande gewohnet. Albinus
l. c. Tit. XI. schreibet von ihm: Es haben die
Slaven

Slaven den Zernebog darum geehret, als eis
nen unter denen bösen Göttern, weil sie ges
meynet, daß in seiner Gewalt alles Böse wäre,
baten ihn derohalben um Gnade, und versöhns
ten ihn, damit er ihnen nicht Schaden zufüs
gen sollte, und zwar weder in diesem, noch in
jenem Leben, wie es Pirnensis ausleget.

2. PICOLLUS, der Name kommet wohl aus der
polnischen Sprache her von Pieklo infernus,
orcus, tartarus, und war also der Höllengott.
Seine Verehrer hatte er bey denen Preussen,
Liefländern, Samogiten, Litthauern und Reussen. Sie hielten davor: 1) von ihm komme
alles Böse her; 2) er könne das Böse von
ihnen ab- und auf andere richten; 3) er habe
sein Regiment über die Todten; 4) alle Erscheinungen kämen von ihm her; 5) und endlich sey er denen Kindern ein Popanz oder
Schrecken.

3. BARSTUCCÆ und MARCOPETÆ. Solche waren Hausgötter oder Geister, welche auf Befehl der obern Götter, sich dienstbar und behülflich bezeigten, wenn man sich gegen sie ges
bührend aufführte. Hingegen wenn man sich
gegen sie widrig bezeigte, fügeten sie denen
Menschen Schaden zu.

4. COLTKI s. KOBALI. Koltki ist das plurale,
davon Kolek der Singularis, es scheint also
von der Griechen κοβαλος und κοβαλοι,
corrupte, genommen zu seyn. Solche waren
gleichfals Hausgeister, die zu gewisser Zeit erschienen,

schienen, und denen Leuten entweder dienten
oder schadeten, nachdem man ihnen begegnete. Diese verehrten sie in ihren Häusern,
Kammern, oder wo sie meynten, daß sie sich
aufhielten.

§. II.

Nebst solchen Hausgöttern, hatten sie auch
Feld-Wald-und Wassergötter oder
Geister. Der Feldgötzen oder Geister waren zwey, Pschespolnjitza, der Geist, der den
Vormittag regierte, und Doppolnjitza, welcher
den Nachmittag sein Wesen hatte. Sie erschienen denen, welche in der Mittagsstunde allein auf dem Felde blieben: und weil die Wenden davor hielten, daß diese Geister unter dem
Zarnibogh stünden, so surchten sie sich vor beyden, wie sie denn überhaupt dieselben Strozba,
ein Schreckenbild, nannten. Es gedenket J. G.
O, Richter, Ordensprediger zu Rampitz, in seiner histor. Nachricht, Frankf. an der Oder, 1740.
4. p. 7. daß der wendische Uebersetzer des Liedes:
Allein GOtt in der Höh sey 2c. und zwar in den
Worten: Alle Fehd' hat nun ein Ende;
auf vorgedachtes soll gesehen haben; indem er
die Worte also gegeben: Scha Strozba njiut jo
seischla: alles Schrecken oder Gräuliches ist nun
vergangen.

Das dritte Capitel.

Von denen Religionsörtern der Sorberwenden in Oberlausitz.

§. 1.

Daß die heidnischen Sorben in unserer Oberlausitz ihre besondere Oerter und Plätze gehabt, wovon sie glaubten, daß die Götzen und Geister daselbst sich aufhielten, zu gewissen Zeiten erschienen, und ihnen auch daher an solchen Oertern religionsmäßig dienten, ist kein Zweifel, indem nicht nur die Nachrichten uns davon verständigen, sondern auch die Benennungen derer in Oberlausitz befindlichen Oerter, uns solches zu erkennen geben. Ob sie aber gewisse Gebäude, Tempel, oder wie wir es itzo nennen, Kirchen gehabt, daran zweifle ich gänzlich. Zwar ist es an dem, daß man hin und wieder von Götzentempeln redet, auch wohl Oerter angiebt, wo solche in Oberlausitz gestanden haben sollen. So schreiben die Annal. Bud. daß, als Ao. 1605. Nicol von Rechenberg, damals Hofrichter des königl. Amtes, auf der Ortenburg zu Budißin gebauet, sey im Schutthauffen an der Mauer nach der Spreu herunterwärts eine heidnische Kapelle, dem Kriegsgott Marti zu Ehren, darinnen viel altes Gemählde zu sehen gewesen, gefunden worden, welches aber itziger Zeit alles verfallen, und der Platz eben gemacht worden. Allein dieses Vorgeben von einer heidnischen Kapelle, daucht mir gänzlich falsch zu seyn, und zwar: 1) Weil
die

die Sorben von Aufführung der Gebäude nichts
hielten, auch von der Baukunst Gewölber zu
schlüssen wohl nichts verstanden haben, sondern,
wie sie im Freyen wohnten, also haben sie auch
dergleichen Wohnungen ihren Götzen gegeben.
2) Hat nach aller Geständniß über der Spreu,
jenseits der Götze Flinß zu Oehna auf einem
Hügel gestanden. Nun aber war der Heiden
Weise nicht, die Götter so nahe zusammen, sondern weit von einander zu setzen, weil, wie alle
Helden davor hielten, die Götter nicht in einer
rechten Einigkeit sich befänden. 3) Was die
heidnisch seyn sollenden gemahlten Bilder dieses
vermeynten Heidentempels anlangt, so halten
wir selbige vielmehr vor christliche Bilder derer
Heiligen, welche nach alter Art gemahlet, unbe-
kannte und wunderliche Kleidungen und Trach-
ten gehabt, wie sich solche noch etwa hin und
wieder in alten vier bis fünfhundert jährigen
Kirchen finden lassen. Woraus ich schlüsse, daß
diese auf der Ortenburg entdeckte Gruft, vielmehr eine alte Christenkapelle gewesen. Eine alte geschriebene Nachricht erzählet von Neukirch
bey Camenz unter Königsbrück, daß daselbst in
dem nach Neukirch eingepfarrten Gottschdorf,
eine heidnische Kapelle gestanden, welche man
bey Pflanzung des Christenthums eingerissen,
und eine neue Kirche aufgeführet haben soll, daher man das Dorf Neukirch genannt. Allein,
ohne Beweiß von der Gültigkeit der Erzählung
zu urtheilen, so widerlegen die vorher angeführten Ursachen, die ganze Sache von einem heid-

nischen

nischen Tempel.   Was man sonst von einigen
Kirchen sagt, daß, weil sie hintenzu rund gebauet,
und eine Coupel haben, so ihnen ein Ueberbleib-
sel vom heidnischen Gözentempel seyn soll, ist
nicht der Widerlegung werth.   Die Wenden
haben in ihrer Sprache kein eigen Wort, welches ein gottesdienstliches Gebäude anzeiget, das
sie doch sonst haben würden, wenn sie dergleichen gehabt. Dahero sie dergleichen Benennungen bey Pflanzung des Christenthums, von denen Deutschen entlehnt, und in ihre Sprache
eingeführt, als ton Tempel, Templum der Tempel. Jyrkej die Kirche.   Was den Tempel zu
Arcon belanget, dessen Helmold gedenket, hat es
eine ganz andere Bewandniß, von dem allhier
zu reden, nicht der Ort ist.

§. 2.

Die Sorben haben ihren Gottesdienst in
Wäldern, auf Bergen, bey Flüßen und Brunnen gepfleget.   Die slavische Nation gehöret
überhaupt zu denenjenigen, welche davor hielten,
daß denen Gözen keine Tempel aufzurichten
wären, als welches sie einer göttlichen Majestät
unanständig zu seyn hielten (*).   Es gefielen ihnen aber die Wälder, theils weil sie denenjenigen, die in dieselben zu den Göttern giengen,
einen heiligen Schauer erweckten: theils, daß
der Gözendienst desto angenehmer sey: theils,

daß

(*) Cicero de legibus L. II. überhaupt sagt: non esse
parietibus includendos Deos, quibus omnia de-
bent esse patentia & libera.

daß sie ihre Sünden desto verborgener dabey
treiben könnten. Satan, der GOttes Affe ist,
hat auch hierinnen die armen Heiden verführet,
daß, da sie gehöret, daß GOtt das Paradieß gepflanzet, darein schöne Bäume gesetzet, durch
welches angenehme Flüße gegangen: ingleichen,
daß GOtt denen Erzvätern und Patriarchen in
Büschen und Thälern erschienen und mit ihnen
geredet, so haben sie sich dergleichen auch erwählet. Besonders waren denen Slaven die dicke-
sten Wälder, und zwar vornämlich, wo Eichen
stunden, zu ihren heiligen Oertern die bequem-
sten, welche sie mit einem Zaum umzogen: wie
davon Cranzius in Wandal. L. 3. p. 93. aus dem
Helmold einen Beweiß anführet. Die Flüße,
Seen und Brunnen beliebten ihnen darum,
daß sie die Opfer reinigen, auch sich selbst vor
der Leistung des Götzendiensts waschen und ba-
den könnten.

§. 3.

In solchen Wäldern und Bergen hätten die
Wenden ihre Götzen stehen, welche Oerter ihnen
besonders heilig waren, dahero sie mit der größten Ehrerbietung in dieselbe giengen. Darinnen fanden sich auch ihre Kriegsfahnen, auf welchen sich ihre Götter gemahlt präsentirten (*).

Ueber-

(*) Dittmar. L. VI. p. 135. Interius in fano stant Dii
manufacti, singulis nominibus in sculptis galeis
atque loricis terribiliter vestiti — — vexilla quoque eorum, nisi ad expeditionis necessaria & tunc
per pedites hinc nullatenus moventur.

Ueberdieſes dienten ihnen dergleichen Wälder zu Rath- und Gerichtsſtädten, die ſie daſelbſt hielten. Ja es waren ihnen auch Freyſtädte, wie ſolches alles Cranzius l. c. anzeigt (*).

§. 4.

Sehen wir uns nun in unſrer Oberlauſitz nach denen, von denen Sorben ihren Göttern gewiedmeten Haynen und Oertern um, und ſuchen dieſelben auf, ſo ſind uns die wendiſch benamten Dörfer hierzu beförderlich. Und da führen uns dahin:

Bloaſchitz, ſorbiſch Bohßezy, ein Dorf im Budißiniſchen Kreiſe. Das Wort Boh, Gott, zeiget an, daß man daſelbſt Gott gedienet.

Mühlbog, ſorbiſch maly Bog, ein kleiner Gott, ein Dorf, ſo in der görlitziſchen Haide an der großen Tſchirna lieget. Der Name giebt zu erkennen, daß die Sorben daſelbſt einen von denen niedern Göttern gehabt. So iſt auch ihnen bekannt Pſchiboh ein Nebengott: Pſchi-bohi Nebengötter, von pſchi bey oder neben, und Boh Gott.

Verſchiedene ſorberwendiſche Dörfer führen den Namen Bock, und ich überlaſſe es dem verſtändl-

C

(*) Illuc (in ſylvam) omni die Lunæ cum regulo, populus & flamen convenire ſolebant propter judicia. Ingreſſus atrii omnibus interdictus, præter ſacerdotem & ſacrificii cauſa venientes, vel quos mortis urgebat periculum. Erat enim conſtitutum miſeris aſylum. Tantam enim ſacris ſuis Wandali exhibuere reverentiam, ut ambitum fani nec hoſtium ſanguine pollui ſinant.

ſtåndigen Leſer, ob ſolche Oerter den Namen von
Boh, oder Bog haben, darum weil daſelbſt ein
Gößendienſt ſich gefunden.

Nimmt man Cap. 2. angeführte Gößenna=
men, und vergleicht ſie mit einigen in Oberlauſiß
liegenden Dörfern, ſo haben dieſelben Namen
eine Verwandtſchaft miteinander, und geben
eine ziemliche Wahrſcheinlichkeit, daß die Sor=
ben dergleichen Gößen daſelbſt verehret. Z. E.

Siebiß, ein Dorf bey dem Kloſter Marien=
ſtern; Sieba, Siwa, war die Göttin des
Lebens.

Milſtrich, wendiſch Jiter oder Jitro: Ju=
trobog, der bekannte Sorbengöße.

Radibor, eine Meile unterhalb Budißin ge=
gen die Haide auf einem Berge, wendiſch: Ra=
dwor, ſo zuſammengeſeßt von Rada, conſilium,
ein Rath, und dwor, ein Hof, iſt alſo ſoviel als
ein beſonderer Ort und Revier, wo man ſich
Raths erholet. Es hat ſich wohl hier der Ra=
degaſt, welches wie Cap. 2. angezeigt, von rada
ein Rath, und goſcz ein Wald kommt, als in
ſeinem Hof oder Reſidenz befunden, den die Sor=
ben in Kriegszeiten um Rath gefraget.

Porſchwiß, wendiſch Porſchwiza, ein Dorf
eine Meile von Budißin gegen Morgen. Po=
rewith oder Pierowiß, war der Göße, der
mit dem Raube zu thun haben ſollte.

Zifchiß, wend. Cziſchezy, ein Dorf unweit
Budißin gegen Löbau; Ciza war die Göttin
der mütterlichen Nahrung.

Gorck,

Gorck, ein dem Kloſter Marienthal zuſtändiges Dorf, unweit Reichenbach; ein dergleichen Dorf unterhalb Budißin. Der Göze Curcho oder Gorcho, war der, der jedem ſein beſcheiden Theil in der Nahrung verliehe.

Bellwitz, wendiſch Bjelezy, ein Dorf in dem kittlitzer Kirchſpiel. Pilitz unter dem ſogenannten Butterberge von Cunewalde aus nach Budißin. Pilvitus war der Gott des Reichthums.

Buſchwitz, lieget bey und gehöret nach Budißin. Puſcetus, der Göze der geheiligten Wälder, der unter dem Hollunder ſeinen Sitz hatte.

Auſchkowitz, zwiſchen Budißin und dem Kloſter Marienſtern, dem es auch unterthänig. Auſchweitus, war ein Göze vor die Kranken und Geſunden.

Tſchorna, ein Dorf auf einer Höhe bey Laußke gegen Hohkirch. Czarnebog war der ſchwarze Gott. Alle dieſe Oerter haben die Eigenſchaften, die von denen Gözenörtern angezeiget werden, woſelbſt die Slaven und Sorben ihre Götter gehabt, und den Gözendienſt verrichtet. Angeſehen ſie theils auf Höhen, theils an Gewäſſern, theils in waldichten Gegenden liegen, und wo vor Zeiten daſelbſt alles voller Wald geweſen.

§. 5.

Man kan aber auch noch andere Oerter anführen, woſelbſt die oberlauſitziſchen Sorberwenden ihre Gözen gehabt, und ihren Gözendienſt gepfleget, davon die oberlauſitziſchen Nachrichten folgende Anzeige thun.

Von

Von dem Flins haben wir Cap. 2. bereits gedacht, daß er seinen Sitz zu Oehna, unterhalb Budißin an der Spreu gehabt.

Bey Cunewalde, eine starke Meile von Budißin gegen Böhmen, liegt ein Berg, welcher vor den höchsten in Oberlausitz gehalten wird. Dessen Mittagsseite nennen die Deutschen den Schleiffberg, die Nordseite aber gegen Rachel und Meschwitz, nennen die Sorben Praschiwa, nämlich Hohra, so verdeutschet der Frageberg heißt, von praschu oder prascham, ich frage. Dies giebt zu erkennen, daß die Sorben daselbst ein Oraculum gehabt, wohin sie sich zu Zeiten begeben, und den Götzen um Rath gefraget, welcher ihnen Antwort ertheilet. Auf dessen höchsten Spitze liegen große und breite Steine auf- und übereinander, welches nicht ein Naturwerk, sondern durch Menschenhände verfertiget zu seyn, zeiget. Auf selben mag etwa ein Götze gestanden, oder es kan solcher zu einem Altar gedienet haben. S. Frentzels Nomencl. p. 31.

Ein gleiches läßt sich muthmassen von dem Berge oder großen Steine bey Kleindehsa, auf welchem sich ebenfals ein Götze gefunden haben mag. Man siehet um denselben in einer halben Rundung, noch itzo in seinen Rudern eine Mauer umgezogen, welches insgemein vor einen Begräbnißort gehalten wird.

Eine kleine Meile von der Stadt Löbau, findet sich ein Berg und Wald, der Cottmar benannt, davon das daranliegende Dorf Kottmarsdorf,

marsdorf, den Namen führet: In der Sorber-
sprache heiſſet Chod ein Gang oder Ausgang,
und Mara ein Göze, ein Geſpenſt, alſo, daß
das zuſammengeſetzte Wort Chotmar, ſo viel
heißt, als der Gang eines Gözens oder Geiſtes,
der daſelbſt ſeinen Ein- und Ausgang gehalten,
ſich ſehen laſſen, und dahin die Leute ſich begeben.
Wie denn M. Joh. Dan. Kunckel, Paſtor daſelbſt, in ſeiner Nachricht von Kottmarsdorf,
Löbau 1736. 4. meldet, daß in denen neuern Zeiten von den Chriſten die Gewohnheit noch gehalten worden, daß ſie zu gewiſſen Zeiten dahin
in Menge ſich begeben, jedoch nicht nach der alten abgöttiſchen Sorben Weiſe, ſondern Spa-
zierens wegen, um die alte Gewohnheit zu beobachten. Zu Ende des vorigen Jahrhunderts
wurde hieſelbſt ein Gözenbild, aus Erz gegoſſen,
auf dem Berge gefunden. Solches erhielt Michael Fetter, Paſt. Primar. Gorlic. welches deſſen
Sohn Gottfried Michael Fetter, Paſt. in Rau-
ſcha, Ao. 1728. der Rathsbibliothek in Görlitz
verehret, woſelbſt es aufbehalten und gezeiget
wird.

Kirſche, wendiſch Korſym, ein Dorf im Gebürge über Budißin. Kory ſym heißt ich bin
krank: Kory ſem der Kranke komme her. Ob
hierdurch angedeutet werde, ein Ort, da entweder ein Göze, oder ein da befindlicher Arzt dem
Kranken geholfen, will ich nicht entſcheiden.

Vierd-

Vierdtes Capitel.

Von denen Religionsdienern der alten oberlauſitziſchen Sorben.

§. 1.

Da die Sorben ihre Götzen gehabt, von denen ſie geglaubt, daß ſie über ſie wären, von ihnen regieret würden, und Glück und Unglück von ihnen zu gewarten hätten, ſo ergiebet es ſich, daß ſie dieſelben auch auf eine religiöſe Weiſe verehret und ihnen gedienet haben. Hierzu nun haben ſie ſolche Perſonen nöthig gehabt, welche den Götzendienſt angeordnet, und dabey ihre beſondere Verrichtungen bewieſen, wie man ſolches bey allen Religionen wahrnimmt.

§. 2.

Daß die Slaven, mithin unſere oberlauſitzi= ſchen Sorben ihre beſondere zum Götzendienſt gewiedmete Perſonen gehabt, beſagen die Scri= benten hin und wieder, nennen ſie aber nicht in ihrer ſlaviſchen, ſondern in der lateiniſchen Sprache Sacerdotes, Flamines. Zu erfahren, wie unſere oberlauſitziſche Sorben ihre Prieſter in der Mutterſprache benannt, haben wir kein ander Mittel ſolches zu erlernen, als die noch itzo unter ihnen gangbare Namen, die ſie denen Prieſtern geben. Derſelben finden wir viere: Der erſte iſt von Pop, welches der älteſte und gemeinſte Name der Prieſter iſt. Der andere Duchowny oder Duchomny, ſo ein Geiſtlicher heißt.

heißt. **Knes Duchowny** oder **Duchomny,**
sprechen sie, Herr Geistlicher. Der **dritte** ton
Farrar, der Pfarr: und der **vierte** ton **Prje-**
dar, der Prediger. Die zwey letztern Namen
sind deutsch, der andere aber ist eine Uebersetzung,
folglich alle drey letztere neu, und alsdenn erst auf-
gekommen und von denen Serben angenommen
worden, nachdem sie sich zur christlichen Religion
bekannt. Der erste aber ton **Pop,** ist ihrer
Sprache eigen, und giebet zu erkennen, daß derselbe vor ihrer Bekehrung zum Christenthum, im
Gebrauch gewesen. Wie denn auch andere slavische Völker, als die Dalmatier, Mußkowiter
u. a. sich dessen bedienen: Und ist eben das Wort,
was die Griechen τάππας, die Lateiner Papa,
die Ungarn Pap, die Engländer Pope, die Deutschen Pfaffe, und die Sachsen Pape nennen.

§. 3.

Außer diesem, denen Priestern beygelegten
Namen **Pop,** finden sich bey unsern Sorberwenden noch ein paar Wörter, die hieher gehören. Dafür halten wir: ton **Hudak,** Vates,
hariolus, ein Weissager, Prophete, und ta **Hu-**
dakowa, eine Weissagerin. Es führet uns dieses dahin, zu glauben, daß die alten heidnischen
Sorben, nicht allein Manns- sondern auch Weibespersonen) gleich andern Völkern, bey ihrem
Religionsdienst zum Dienste gebraucht. Es
ist auch unter denen Serben das Wort ton
Wjeschczer, Divinator, ein Weissager, Wahr-
sager, bekannt, gleichwie ja wjeschczu oder

C 4 wjesch=

wjeſchczim ich weiſſage, to wjeſchczenje, die
Weiſſagung. Ingleichen ton Kuſtar und
Kuſler, ein Beſchwörer, Zauberer, einer, der der
ſchwarzen Kunſt zugethan iſt, ta Kuſtarcza, eine
Zauberin, eine Hexe. Bekannt iſt, daß man
dergleichen Perſonen bey denen blinden Heiden
unter diejenigen gerechnet, die ein beſonderes
Anſehen gehabt.

§. 4.

Von derer Götzendiener Amt und Verrichtungen zu reden, ſo ſind dieſelben dahin gegangen, daß ſie derer Götzen pflegen, und dieſelben
bey dem öffentlichen Götzendienſt bedienen mußten. Dahero bereiteten ſie nicht allein die Opfer,
ſondern brachten ſie auch denen Götzen und übergaben ſie mit großer Ehrerbietung, wobey ſie
mancherley Gebethe thaten, welches in ihrer
Sprache mit dem Worte ja wopruju und wo-
prujem ausgedrucket wird, und heiſſet offero
rem ſacram, ſacrifico, opfern, ton wopor,
Wopr, Sacrificium, das Opfer.

§. 5.

Nur denen Prieſtern allein war erlaubt, an
denen heiligen Oertern, wo ſich Götzen fanden,
zu ſeyn, und ſich zu ihnen zu nahen. Um ein deſto
größer Anſehen zu haben, trugen ſie große und lange Bärte. Saxo L. XIV. Hiſt. Dan. erzählet uns
dergleichen von dem Prieſter des Schwantewi-
tzes zu Arkon (*). §. 6.

(*) Sacerdos, præter communem patriæ ritum, bar-
ba comæque prolixitate ſpectandus, pridie quam
divi-

§. 6.

Nebst denen Opferverrichtungen, fragten die Priester bey zweifelhaften Fällen die Götzen um Rath, und machten alsdenn die erhaltene Antwort dem Volke bekannt. Ich halte davor, daß dieses bey ihnen der obgedachte Hudak, der Weissager gewesen, der die Götzen gefraget, und dann dem Volke mit den Worten des Götzens geantwortet: oder welcher vermöge seines Verstandes und Erfahrenheit, dem tummen einfältigen Volke, so sich um keine Erkäntniß der Weißheit bekümmert, Rath ertheilte, und um mehreres Ansehen zu erlangen, solche Antwort vor ein göttlich Responsum ausgab.

§. 7.

Da man nicht findet, daß die Sorben Schulen, oder besondere und eigentliche Gelegenheit gehabt, in denen Religions- und gottesdienstlichen Sachen unterrichtet zu werden, so läßt es sich vermuthen, daß solches durch die Priester geschehen seyn mag.

§. 8.

Ueber dieses, so wurden die Priester dazugezogen, wenn in Friedens- und Kriegszeiten über eine

C 5 wich-

divinam rem facere debuisset, sacellum, quod ei soli intrandi fas erat, adhibito scoparum usu, diligentissime purgare solebant, observato, ne intra ædem halitum funderet: quo quoties capessendo vel emittendo opus habebat, toties ad januam procurrebat, ne videlicet Dei præsentia, mortalis spiritus contagio pollueretur.

wichtige Sache Rath, oder auch Gericht gehalten ward, da es denn sehr viel auf ihren Ausspruch ankam. Wie sie denn auch in Kriegs- und Friedenshandlungen, als Gesandte an auswärtige Könige und Fürsten gebraucht und abgeschickt wurden, davon beym Helmold C. 38. ein Exempel zu finden (*).

§. 9.

Ueberhaupt stunden die Priester bey dem Sorbervolk in großem Ansehen und Ehre, also, daß sie dieselben den Königen gleich schätzten (**).

Das fünfte Capitel.
Von denen bey den Wenden gewöhn- lichen Religionszeiten.

§. 1.

Die Menschen sind von GOtt dazu geschaffen, daß sie ihre ganze Lebenszeit dem heiligen GOtt zum Dienst aufopfern sollen. Es hat aber dem Höchsten gefallen, denen Menschen gewisse Tage und Zeiten zu setzen, an welchen sie ihm besonders, von allen andern Verrichtungen abgesondert, allein dienen sollen. Ob nun zwar

durch

(*) Videntes Rugiani impetum viri, timuere timore magno, miseruntque Flaminem suum, qui cum ipso de pace componeret.

(**) Helmold L. 1. c. 6. Flaminem suum non minus quam regem venerantur. Und C. 52. Rex apud eos modicæ æstimationis est, comparatione Flaminis.

durch den Sündenfall die Menschen von göttlichen Gesetzen abgewichen, und sie zugleich in die
tiefste Unwissenheit des göttlichen Willens gerathen, so ist es dennoch etwas besonders wun-
dernswürdiges, daß alle Völker, so sehr sie sich
mit der Zeit ausgebreitet und zerstreuet, einen von
den sieben Tagen in der Woche, zu der öffentlichen Verehrung ihrer Götter unverrückt beybehalten haben.

§. 2.

Und das finden wir auch bey denen Sorberwenden. Denn dieselben haben nicht allein die
Woche von sieben Tagen mit andern Völkern
gemein gehabt, sondern auch den siebenden Tag
ta Ssobota genannt und nennen ihn noch so,
welches unser Sonnabend oder Samstag ist.
Ohne Zweifel ist diese Benennung ihren Ur-
stammältern, von denen Patriarchen her, bekannt worden, also, daß dieser Tag, den GOtt
selbst in seinem Gesetz geordnet und so benannt,
auch zu feyern befohlen hat, bey denen Nachkommen unverrückt geblieben. Die itzige Benennung der sieben Wochentage bey denen heutigen
Wenden, haben sie angenommen, nachdem sie
sich zu der christlichen Religion bequemet, und
sind nichts anders als der Christen benannte Fe-
riæ. Denn da heissen die sieben Wochentage in
ihrer Sprache:

1. Nedzela, der Tag der Ruhe, der Nichtar-
beit, von ne nicht, und dzjelo Arbeit, welches unser Sonntag ist.

                                                 2. Pon-

2. Pondżela, der nächste Tag, nach dem Ruhetage, von po und nedżela, soviel als
dżen po nedżeli, der Tag nach dem Ruhetage, ist der Montag.

3. Wutora, der andere, ist der Dienstag.

4. Ssreda, der mittelste Tag in der Woche,
von ßredża, das ist, in der Mitten: ist die
Mittwoch.

5. Schtwortk, der vierdte, nämlich von dem
Ruhetage, von Schtworty, quartus, der
vierdte, ist der Donnerstag.

6. Pjatk, der fünfte, von pjaty, quintus der
fünfte.

7. ta ßobota, der Sabbath, oder unser Sonnabend.

§. 3.

So haben auch die Sorberwenden ihre Festtage gehabt. Das beweiset das Wort: ton ßwje-
dżen, welches das Fest, der Zeit nach; und to
ßwjeczenje celebrationem diei festi, die Fest-
feyer bedeutet. Hartknoch Diss. XI. p. 169. gedenket eines großen Frühlingsfestes bey denen
Preussen. Unter denen oberlausitzischen Sorben, ja auch Deutschen, ist in vorigen Zeiten,
und noch in diesem Jahrhundert gewöhnlich gewesen, daß verschiedene junge Leute, die theils den
Winter, theils den Frühling vorstellten, mit
Herumziehen und Gesprächen, den Frühling pflegen anzunehmen. Es könnte dieses ein Ueber-
bleibsel von diesem Feste der alten Sorben seyn,
zumal, wenn man bedenket, daß die Sorben, nachdem

dem sie Christen worden, von ihren vorigen Gewohnheiten und Gebräuchen vieles behalten, und
auch noch iſto haben. Saxo L. XIV. f. 320. Hiſt.
Dan. redet von einem Erndtefeſte, ſo dem Schwantewitz zu Ehren gefeyert worden (*). Daß die
oberlauſitziſchen Sorben ein dergleichen Feſt im
Heidenthum gehabt, ſchlüſſe ich aus deroſelben
noch gebräuchlichen Wörtern: ta Roʒ, heiſſet
frumentum das Korn. Hiernächſt haben ſie ein
Adjectivum, welches von dieſem herzukommen
ſcheinet; rocʒny, a, e, feſtus, anniverſarius i. e.
annualis, jährlich, feyerlich: von welchen ferner
entſprungen ta rocʒniʒa, rocʒny cʒaß, annua
ſacra, ein Jahresfeſt.

* *

Das ſechſte Capitel.
Von dem Götzendienſt der Sor-
berwenden.

§. 1.

Was den Götzendienſt ſelbſt anbelangt, den die
alten Sorberwenden ihren falſchen Göt-
tern geleiſtet, ſo iſt ſolcher von ihnen mit ſonder-
barer Hochachtung und Ehrerbietung verrichtet
worden. Zu denen Orten, wo ſich ihre Götzen
befan-

(*) Solennis eidem cultus hoc ordine pendebatur:
Semel quotannis poſt lectas fruges promiſcua totius inſulæ frequentia, ante ædem ſimulacri, lita-
tis pecudum hoſtiis, ſolenne epulum, religionis
nomine celebrabat.

befanden, naheten sie sich nicht, sondern blieben
von ferne stehen, und überliessen es denen Priestern, sich dahin zu verfügen, und die priesterli-
chen Handlungen vorzunehmen, welche gleichfals devot und ehrerbietig sich bezeigten, wie
Cap. 4. angezeigt. Sie enthielten sich, aus Re-
spect gegen ihre Götzen, sogar derjenigen Farben,
welche die Götzen an sich hatten. Das Sorbenvolk konnte es im geringsten nicht leiden, daß
jemand ihre Götter verhöhnete, auch sogar nicht
einmal die Fahnen ihrer Götter, wenn sie auch
schon in der Feinde Gewalt waren. Man lese
Dittmar. L. VII. f. 102.

§. 2.

Wenn sie mit Gebeth zu ihren Götzen sich
wendeten, so bewiesen sie die tiefste Demuth.
Sie wurfen sich unter dem Gebeth auf die Er-
den, und thaten sehr ernstlich. In aller Noth
liefen sie dahin, und baten mit großem Geschrey
um Abwendung. Nahmen sie eine wichtige
Sache vor, so trugen sie, ehe sie was anfiengen,
daßelbe denen Götzen mit Gebeth vor, und baten um glücklichen Fortgang, welches sie sonderlich thaten, wenn sie einen Krieg anfiengen.
Saxo L. 14. f. 321.

§. 3.

Bey ihrem Götzendienst gebrauchten sie das
Rauchwerk, welches ich daraus schlüße, weil sie
in ihrer Sprache, ein aus selbiger entsprungenes
und eigenes Wort haben, womit sie solches be-
zeichnen:

zeichnen: **Radzidlo**, vulgo **Radzidwo**, thus,
das Rauchwerk.

§. 4.

Derselben vornehmster Götzendienst aber bestund in Opfern, so denen Götzen geschahen.
Denen brachten sie nicht nur leblose sondern
auch lebendige Sachen. Man findet dieselben
bey dem Helmoldo, Saxone, Dittmar & aliis, namentlich angeführt. Waren es lebendige Thiere, oder Menschen, so schlachteten sie dieselben,
fiengen das Blut auf, trunken davon, und das
übrige wiedmeten sie den Götzen. Sie meyne-
ten, dadurch sich desto geschickter zu machen, der
Götzen Ausspruch zu erhalten und zu vernehmen,
gleichwie sie davor hielten, daß durch das Blut
sie die Dæmones zu näherer Gemeinschaft beweg-
ten. Helm. L. 1. c. 56. Waren es andere Sachen, z. E. Wein, Kuchen und dergleichen, so
wurden selbige so übergeben.

§. 5.

Derer Opferstücke, und was vor welche, diesem und jenem Götzen gereichet worden, mit wenigen zu gedenken, so findet man bey denen Scribenten, daß man geopfert habe: Dem **Picollo**
Unschlitt; denen Parstuccis und **Marcopetis**
Brodt, Käse, Butter u. dergl. ein gleiches dem
Pusceto und **Pergrubio**; dem **Schwantewitz** Kuchen; dem **Curcho** Getraide und Fische; ein gleiches dem **Occopurno**; dem **Radegast** Schaafe und Ochsen; der **Slota Baba**

bà Hirſche und Pelzwerk; dem **Protympo**
Kinder. Insbeſondere wurden dem Radegaſt
die gefangenen Chriſten getödtet und zum Opfer
gegeben. Helm. L. 1. c. 23. wie auch dem Schwantewitz. Id. l. 1. c. 53. Kamen die Wenden aus
der Schlacht zurücke, und hatten gute Beute gemacht, ſo bekamen die Götzen, zum Gratial vor
geleiſteten Beyſtand, den dritten Theil von allem Raube. Saxo L. 14. f. 320.

§. 6.

Ueberhaupt war jederman verbunden, denen
Götzen zu gewiſſen Zeiten ordentlich etwas zu ge-
ben, wie Helmold L. 1. c. 6. ſaget, daß es dem
Schwantewitz geſchehen müſſen (*).

§. 7.

Wann geopfert wurde, ſo ſaſſen die Prieſter,
und die Layen ſtunden. Dittmar L. 4. f. 65. ſagt,
daß es alſo bey den Opfern des Radegaſt gehalten worden ſey (**).

Das

(*) De omnibus Slavorum provinciis ſtatutas ſacri-
ficiorum impenſas illi transmittebant. Und Saxo
L. 14. f. 321. Nummus ab unoquoque mare l. fœ-
mina annuatim in huius ſimulacri cultum doni
nomine pendebatur. Eique quoque ſpoliorum &
prædarum pars tertia deputabatur, perinde atque
ejus præſidio parta obtentaque fuiſſet.

(**) Miniſtri cum idolis immolare, ſeu iram eorun-
dem placare conveniunt, ſedent hi duntaxat, ceteris adſtantibus.

Das siebende Capitel.

Von denen Religionssätzen und Lehren derer alten Sorberwenden (*).

§. 1.

Ob zwar die Sorben, wegen des allgemeinen Sündenfalles, und weil sich GOtt ihnen nicht, wie denen Juden, nach seinem Wesen und Willen offenbaret, in ihrem Verstande verfinstert, und dahero von dem Leben, das aus GOtt ist, entfernt gewesen: so haben sie doch eine Religion, und folglich auch ihre gewisse Religionssätze und Lehren gehabt. Sie haben dieselben aus dem noch überbliebenen Licht der verdorbenen Natur genommen. Etwas mag ihnen auch von ihren Vorfahren und sonderlich denenjenigen, die in den ersten Zeiten, und zwar die nicht entfernt von dem Lande derer Patriarchen gelebet, welchen die göttliche Offenbarung zum Theil bekannt gewesen, übrig blieben seyn, welches aber von Zeit zu Zeit durch Zusätze, Auslassung und Verdrehung schändlich verderbet worden. Bey dem allen sahen die Sorben ein, daß der göttliche Wille ihnen von Natur verborgen sey, und sie denselben ohne **göttliche Offenbarung** nicht finden noch erkennen könnten. Dahero denn, um solchen zu erfahren und zu dessen Erkenntniß zu gelangen, sie durch ihre Priester

D   die

(*) Diese Abhandlung habe ich bereits bey Gelegenheit 1764. Görlitz, 4. in Druck gegeben, und sie soll allhier mit einigem Beysatz ihren Platz haben.

die Gözen fragten und durch dieselben sich Antwort ertheilen liessen, in dem, was recht oder unrecht, gut oder böse, zu thun oder zu lassen sey?
besonders in wichtigen Fällen und vorzunehmen-
den Handlungen, deren Ausgang ihnen unbekannt oder zweifelhaft war, ob sie von der Sache
abstehen, oder dieselbe verfolgen sollten? Dieses
geschahe besonders durch den Hudak oder Weissager, der in dunkeln, verwirrten und zweifelhaften Fällen bey denen Gözen die Anfrage that,
und darauf dem Volke den Bescheid gab. S.
oben Cap. 4. §. 3. 6.

§. 2.

In der Lehre von GOtt, waren sie in sofern
richtig, daß sie nur e i n e n GOtt setzten, und
denselben als das höchste und vollkommenste Wesen, das in sich selbst selig sey, und lauter Freude und Wonne genüße, ansahen.   Die itzigen
oberlausitzischen Serben nennen von Alters her,
denselben Boh, die Niederlausitzer aber Bogh.
Dazu setzen sie das Wort werschny, womit sie
das höchste Wesen, das die höchste Würde und
Macht besitzet, anzeigen, welches der Hebräer
Jehovah ziemlich nahe kommt.   Aber damit
offenbarten sie den tiessten Abgrund ihrer greulichen Finsternß, wenn sie meynten, der höchste
GOtt habe andere Götter, Pschibohi, Nebengötter, die von diesem großen GOtt entsprossen,
und zwar solche, welche theils gut, theils böse
wären, als womit sie den Begriff, den man von
dem Höchsten und Vollkommensten hat, auf einmal

mal aufhuben. Sie sind hierinnen allen andern
blinden Heiden gleich, welche die Vielgötterey
gehabt, und die Zeugung der Götter vorgegeben.
Helmold L. 1. c. 37. S. oben Cap. 2. §. 2. 3.

§. 3.

Der Serber Gedanken und Meynungen von
dem Ursprung der Welt, habe ich nirgends
in Schriften ausgedruckt finden können. Aus
dem ihnen eigenen Worte ſo ſtworenje, womit sie die Schöpfung ausdrücken, läßt es sich
schlüßen, daß sie die Ewigkeit der Welt nicht
statuiret haben. Denn dieses Wort scheint von
twarick, welches bauen heisset, herzukommen.
Dieses aber setzet einen Baumeister und einen
Anfang voraus.

§. 4.

Die Geiſterlehre bey den Serben war
dunkel; jedoch hielten sie ihre Götzen vor Geiſter,
ob sie schon dieselben unter mancherley hölzernen
und steinernen Bildern vorgestellet. Sie hatten
ihre Dämones, Barſtuccas, Marcopetas,
Kolthos oder Kobalos, welche sie als Geiſter
achteten, die in und auſer ihren Wohnungen, in
Feldern und Wäldern sich aufhielten, davon
oben C. 3. §. 5. ein Exempel angeführet worden.
Die Engel sind ihnen unbekannt gewesen,
welches daher erhellet, weil sie einen Engel anitzo
ton Jandzel nennen, so aus der deutschen Sprache in ihre Sprache aufgenommen worden, nachdem sie durch die christliche Religion davon Bericht erhalten.

D 2 §. 5.

§. 5.

Es gaben zwar die Serben vor, der höchste
GOtt bekümmere sich nicht um die Welt, allein
sie haben doch eine höhere, und nach ihrer Den-
kungsart von den Göttern, eine göttliche
Erhaltung, Regierung und Vorsorge der
Welt und derselben Theile geglaubt. Denn
eben darum machten sie sopiel Nebengötter, damit alles in der Welt erhalten würde, und ordentlich zugienge. Sie schrieben dahero den Anfang, den Fort- und Ausgang des Lebens der
Menschen, die glück- und unglücklichen Schick-
sale derselben, besondern Göttern zu. Alle Ele-
mente, Thiere u. dergl. hatten ihre eigene Götzen,
die auf erste merken, und vor sie sorgen sollten.
S. Cap. 2. §. 6. seqq.

§. 6.

Wenn sie auf den Ursprung des Bö-
sen kamen, haben sie sich, weil ihnen die göttliche Geschichtskunde von dem Falle des Menschen unbekannt war, nicht anders zu helfen ge-
wußt, als daß sie mit andern verfinsterten Heiden sich zwey Principia eingebildet: Gute Götter, von denen alles Gute, und böse oder schwarze, von denen alles Böse herkomme. S. Cap. 2.
§. 10. Den Sündenfall nennen die heutigen
Serben ton rjeschny pad, den sündigen Fall;
welches anzeigt, daß sie den wahren Ursprung
des Bösen von denen Christen, nach Anleitung
des ersten Buchs Mosis, erlernet.

§. 7.

§. 7.

Ton rječ, die S u n d e, ton rješchnik, der
Sünder, ja rješchu, ich sündige, bin gottloß, unruhig, sind pur serbische Wörter, und zeigen an,
daß die Serben die Sünde und das Unrecht erkannt, obgleich nicht in ihrer eigentlichen Art und
Natur.　　Sie sahen aber doch dieselbe, als ein
böses und GOtt beleidigendes, und daher von
ihm zu bestrafendes Uebel an.　　Denn eben deswegen suchten sie GOtt, den sie beleidiget zu haben glaubten, durch Opfer wieder zu versöhnen,
seinen Zorn und Strafe abzuwenden, und seine
Freundschaft wieder zu erlangen.

§. 8.

Daß die Serben verstanden, daß GOtt den
Sünder nicht verderben, sondern ihm G n a d e
erzeigen und sich mit ihm versöhnen lassen wolle,
gaben sie damit zu erkennen, indem sie die Abwendung des göttlichen Zorns und der Strafe,
und hingegen die Wiederherstellung der Freundschaft GOttes durch Mittel gesucht.　　Allein in
dem giengen sie fehl, daß sie die rechten Mittel
nicht wußten, folglich nicht brauchen konnten,
und den von GOtt selbst geordneten Mittler nicht
kannten, i n D e m doch nur allein das Heil der
Gnade GOttes zu finden.　　Dahero war all ihr
Opfern, Beten u. dergl. eitel und ein Greuel,
ob es schon wahrscheinlich, daß Opfern und Beten ihre alte Vorfahren von der alten wahren
Kirche mögen erhalten haben, welches aber die
Nachkommen in der Finsterniß verderbet. In-

D 3　　　　dessen

deſſen iſt Opfern und Verſöhnen bey ihnen nach
dem Zeugniß Dittmari L. 6. einerley (*). Die
heutigen Serben nennen die Verſöhnung to
wujednanje, ſo von jedyn eines, hergeleitet
wird, da man aus zweyen eines machet; welches die Sache ſchön ausdrücket.

§. 9.

Aus dieſer Verſöhnung iſt bey den Serben
die Meynung entſtanden, daß ſie mit ihren Götzen und Geiſtern in eine Gemeinſchaft gelangten.
Sie hielten davor, wenn die Prieſter von dem
Opferblut was genöſſen, naheten ſich die Götter
zu ihnen (**). Es war ihnen, wie andern heidniſchen Völkern (davon auch Paulus 1 Cor. 10.
redet) gewöhnlich, daß ſie die von dem Opfer-
vieh überbliebene Stücke und Blut, nach vollendetem Götzendienſt zu einem Gaſtmahl anwendeten (***). Einige wollen daher das noch itzo
bey derer heutigen Serben Gaſtmahlen ſo genannte ſchwarz- oder mit einer Bluttunke gekochte Fleiſch herleiten, welches ſie als das erſte Gericht aufzuſetzen pflegen. Wiewohl ſolche Gewohnheit auch bey denen Deutſchen ſich findet.

§. 10.

(*) Miniſtri cum idolis immolare, ſeu iram eorun-
dem placare, conveniunt.

(**) Helm. L. 1. c. 56. Poſt cæſam hoſtiam Sacerdos
de cruore libat, ut ſit efficacior oraculis capeſſen-
dis. Nam ſanguine Dæmonia facilius invitari
multorum opinio eſt.

(***) Sax. L. 14. Conſecratas numini victimas intem-
perantiæ ſuæ ſervire cogentes.

§. 10.

Die Lehre von einem tugendhaften Wandel, war bey denen heidnischen Serben sehr
verderbt.   Denn ob sie wohl einer und der andern bürgerlichen Tugend sich befließen, so haben
sie doch auch sogar einige Laster vor erlaubt gehalten, und dieselben ungescheut geübet.   Indeß-
sen giebet ihnen Helm. L. 2. c 12. ob er sie gleich
hin und wieder greulich beschrieben, das gute
Zeugniß: pollebant multis millibus bonis; d. i.
Sie hatten viel tausend Gutes an sich.   Ich merke
dabey noch an, daß die heutigen Serben, die Tugenden dobre poczinki, da man gute Anfänge
macht, von spoczecz anfangen, ausssprechen.

§. 11.

Bey denen alten Serben war der Lehr-Wehr-
und Hausstand in Ehren.   Ihre Priester stunden bey ihnen in großer Würde und Ansehen.
S. oben Cap. 4. §. 9.   Ob sie zwar keinen eigentlichen König oder Fürsten hatten, auser wenn
sie Krieg führten, so war doch jeder Stammvater und Aeltester des Geschlechts, der Regent,
der auch bey Vorfallenheiten nebst den Priestern
und andern Aeltesten Gericht hielt und Urtheil
sprach.   Das itzo bey denen Serben gebräuchliche Wort Woschnosz die Obrigkeit, so von
dem Comparativo woschi der Höhere, herkommt,
zeiget solches an.   Auserdem haben die Serben
kein eigenes Wort, womit sie die regierende und
gebietende Obrigkeit belegen.   Dahero die oberlausitzischen Dollmetscher der Bibel, Ephes. 6, 12.

D 4   das

das deutsche Wort Fürsten, behalten, f-Fir-
stami, die Niederlausitzer aber solches übersetzet
s' werchoistwami, von Werch der Gipfel,
gleichwie sie auch die Oberlausitzer ein hohes Haupt
ton werch, der Gipfel zu nennen pflegen. Der
Ehe- und Hausstand hatte bey ihnen auch seine
Ordnung. Die Monogamia, oder die Ehe zwischen einem Manne und einem Weibe, war unter
ihnen die gemeinste Art. Doch war die Biga-
mia, zwey Weiber zu haben, erlaubt, dabey sie es
bewenden liessen. Auch fand sich bey denen Slaven die Ehescheidung (*). Die Unzucht und der
Ehebruch war ihnen verhaßt (**). In vorigem u.
auch itzigem Jahrhundert, hatten die Serben noch
viele besondere Ceremonien und Gebräuche bey
ihren Hochzeiten, die aus dem Heidenthum ihren Ursprung zu haben scheinen, z. E. wenn die
Brautmutter mit dem Bettwagen in des Bräu-
tigams Wohnung einzog, ließ sie, ehe sie abstieg,
eine schwarze Henne frey im Hofe fliegen und
dergleichen mehr. Welche aber zum Theil durch
Vorstel-

(*) Helmold L. 1. c 24. Filia regis Danorum, apud
Mikelenburg civitatem Obotritorum, nuda dimissa
est cum cæteris mulieribus.

(**) Idem c. 26. — ubi ergo omnes præsentati sunt,
mulier quædam præpotens de castro mandavit Cru-
coni, cæterisque Slavis, dicens: perdite viros, qui
se tradiderunt vobis, & nolite servare eos, quia
intulerunt maximas violentias uxoribus vestris,
quæ derelictæ fuerant cum ipsis in urbe, & aufer-
te opprobrium. His auditis, Cruco & Socii ejus
statim insilierunt in eos, omnemque multitudi-
nem hanc interfecerunt in ore gladii.

Vorſtellung derer Prediger, in neuern Zeiten abgeſchaffet worden.

§. 12.

Die Seele des Menſchen hielten die alten
Sorberwenden zwar vor etwas geiſtiſches, denn
ſie nennen dieſelbe Daſcha, von Duch, der Geiſt.
Allein daß dieſelbe unſterblich ſey, iſt von ihnen
wohl nicht erkannt worden, weil Dittmar L. 1.
ſagt (*): Die Wenden hätten geglaubt, mit dem
Tode wäre bey dem Menſchen alles aus.   Der
Ausdruck neßnertnoſz teje duſche, die Un-
ſterblichkeit der Seelen, iſt eine Ueberſetzung aus
der deutſchen Sprache in die ihre, welches die
Muthmaſſung giebt, daß ſie dieſen Lehrſatz von
denen ſächſiſchen Chriſten angenommen.

§. 13.

Von denen letzten Dingen, die den Menſchen
begegnen, und was die Serben davon geglaubt,
findet man bey denen Scribenten keine Erweh-
nung.   Dahero wir ein mehrers davon nicht
anzeigen können, als was uns derſelben Sprache
in Benennung dieſer Dinge an die Hand giebet.
Den Tod nennen ſie ta ßmercz: moricz tödten, item ſkonzowacz, umbringen. Die Hölle
ta żela: Satamanſtwo, item Satamanje,
die Verdammniß, der Zuſtand der Verdammten, ſind theils deutſche Wörter, theils Ueberſe-
tzungen, daraus es ſich faſt folgern läſſet, als ob
ſie dieſe Dinge von denen Deutſchen erſt, zum
D 5   wenig-

(*) Slavi cum morte temporali omnia finiri putant.

wenigſten mit einem Begriff, erlernet. Den
Himmel nennen ſie Nebjo, und als ein Plurale
tantum, te Nebeſſa, welche Wörter pur wendiſch ſind, und ſie ſowohl das Himmelsgebäude,
als den ſeligen Zuſtand damit belegen. Eigentlich aber heißt bey ihnen die Seligkeit ta Sboſ-
noſz, von to Sbozo das Heil.

§. 14.

Von der Auferſtehung der Todten etwas beſonders zu gedenken, ſo ſcheinet es, wenn man
Dittmari Ausſage gelten laſſen will, daß ſie von
der Auferſtehung nichts gehalten. Dieſem ſuchet entgegen zu ſtehen der Götze Flins, von welchem vorgegeben wird, daß der auf ſinen Achſeln
ruhende Löwe, mit ſeinem Brüllen die Todten
auferwecken würde. Allein wenn man die von
M. Abr. Frentzeln in ſeinem Tractat de diis Soraborum c. 30 ſo Tom. II. Script. R. L. p. 225.
eingedruckt, häufig angeführten Autores anſiehet,
die dieſes beſagen, ſo trift man lauter neue Scribenten an, ohne es mit einem alten Scritenten
bewährt zu haben. Es kan demnach ſeyn, daß
einige ſlaviſche Völker die Auferſtehung geglaubt, andere aber auch nicht.

Das

Das achte Capitel.
Von dem Leben und Wandel der alten Sorben.

§. 1.

Die Scribenten stellen uns die alten Slaven und Serberwenden, als ein ungeschlachtetes, halsstarriges und lasterhaftes Volk dar. Und es mag daher kommen seyn, daß man auch diesen Kleck noch itzo diesem Volk anhänget. Daß sie der greulichen Abgötterey und dem damit verbundenen Aberglauben ergeben gewesen, ist eine bekannte Sache. Ihr übriges Leben wird recht greulich und schändlich beschrieben, und sie werden als Leute angegeben, die sich befunden zu allem Bösen geneigt: Untreu (*): Unbeständig und streifend (**): Eine lasterhafte Nation (***): Tumm und ungelehrig (****): Verwegen (†): Strassenräuber (††): Diebe (†††): Unbarmherzig,

(*) Helm. c. 14. Slavorum animi naturaliter sunt infidi & ad malum proni, eoque cave⋯

(**) Idem c. 17. Hominum genus vagum semper & mobile.

(***) Albericus in Chr. Tr. F. P. I. p. 89. Windi, i. e. Slavi, fœdissimum genus hominum.

(****) Saxo L. 14. f. 319. Stolidæ mentis homines, quibus plus requisita, quam oblata consilia placere soleant.

(†) Idem f. 316. Gens, quæ plerumque temeritate niti, cunctaque pronius quam prudentius exequi soleat.

(††) Cranz. H. W. L. VII. c. 40. p. 169. Vandalis pene nativa est vis latrocinandi.

(†††) Cranz. L. 4. c. 23. p. 91. Hospitalitatis ostentationis

herzig, auch sogar gegen die Aeltern (*): Grausam, sonderlich gegen die Christen, die sie gefangen bekamen (**): Versoffen und der Trunkenheit ergeben (***).

§. 2.

Ein solch greuliches und heßliches Portrait
machen uns die alten Geschichtschreiber von denen alten Slaven und Soiwerwenden, daß man
billig vor ihnen einen Eckel und Abscheu haben
muß. Allein man hat gleichwohl hierbey unter-
schiedenes in Erwegung zu nehmen. Und zwar
erstlich, daß die Serben, wie alle Menschen, den
Saamen zu allen Sünden, Schanden und La-
stern, von Natur mit auf die Welt gebracht,
und da sie der heiligen Offenbarung ermangelt,
hat es nicht anders seyn können, als daß solcher innerlich verborgene Greuel, den sie nicht nach ihrer
Gestalt und Größe erkannt, und folglich nicht
sich bemühen können, selbigen abzuschaffen, zum
Ausbruch kommen müssen. Hiernächst ist zu
erwä-

tationis jactantia multos ex his ad furta & latrocinia contrudit: quæ utique vitiorum genera apud
eos quidem venialia sunt: excusantur enim hospitalitatis palliatione. Wandalorum enim legibus accedens, quod noctu furatus fueris, crastina
hospitibus disparties.

(*) Fabricius Orig. Sax. L. 2. f. 114. Atrox illud fuit,
quod (Slavi) senio confectos parentes, tanquam
factos inutiles, mactarunt solenniter, verbis etiam
diris adhibitis.

(**) Helm. L. 1. c. 52. Fuit Slavorum genti crude-
litas ingenita.

(***) Helm. L. 14. f. 268.

erwägen, daß unter allen Völkern, welche von
der Gnade in Christo entfernet sind, sich die greu-
lichsten Menschen gefunden. Und es ist leider
an dem, daß unter denen Christen, so eine Gemeine der Heiligen seyn soll, als die da gehelli-
get und gereiniget ist, durch das Wasserbad im
Wort, daß sie herrlich sey, die nicht habe einen
Flecken oder Runzel, oder des etwas, sondern
daß sie heilig sey und unsträflich, Ephes. 5, 26. 27.
sich solche verdorbene und schändliche Glieder
finden, die es so arg, und noch wohl ärger, als
die ehemaligen armen blinden Serberwenden,
machen: also, daß man Schriften mit dem Titul findet: Das von denen Juden, Heiden und
Türken beschämte Christenthum derer heutigen
falschen Christen. Dann ist es auch an dem,
daß obbesagte greuliche Schand und Laster, sich
nicht bey allen slavischen Völkern, auch nicht
bey einer Nation, bey allen und jeden derselben,
zusammen gefunden; sondern bey ein und der andern, und bey einem und dem andern Individuo.
Ueber dieses sind die gedachten Zeugniße aus solchen Schriften genommen, derer Verfertiger
Christen gewesen, welche den allergrößten Haß
und Grausamkeit gegen die Slaven gehabt und
erwiesen. Ich geschweige, daß die Christen ihnen selbst in einem und dem andern dazu Anleit-
und Anreitzung gegeben, z. E. in der Grausamkeit, die sie gegen die Wenden bewiesen. Endlich ist auch an dem, daß eben diejenigen Schrift-
steller, welche die Wenden so heßlich abgemah-
let, dennoch ihnen auch das Recht wiederfahren
laßen,

laſſen, und viele und mancherley natürliche und
bürgerliche Tugenden an ihnen gefunden und gerühmet: und haben wir davon Helmoldi Worte oben angeführet, daß ſie viel Gutes an ſich
gehabt; gleichwie wir hiervon eine kurze Anzeige
thun wollen.

§. 3.

Daß Wiſſenſchaften und Künſte, wie bey andern geſitteten Völkern, oder wie dieſelben heutzutage beſchaffen ſind, ſich unter denen alten
Sorberwenden ſollten gefunden haben, kan nicht
geſagt werden.   Deßwegen aber ſind ſie doch
nicht wie das tumme Vieh und ohne Gebrauch
des Verſtandes anzuſehen.   Sie haben doch
unter ſich mancherley Arten der Handwerker und
Künſtler gehabt, die ihnen in Kleidungen, Wohnungen, ſie ſind auch ſo ſchlecht geweſen, als ſie
wollen, und zu ihren Haushaltungen das Be-
nöthigte verfertiget haben.   Sie hatten geſchnitzte
und gemahlte Götzen, dazu werden Bildhauer
und Mahler erfordert.   Auf ihren Bildern ſtunden die Namen der Götzen, Dittmar L. 6. f. 65.
und alſo kan ihnen das Leſen und Schreiben
nicht unbekannt geweſen ſeyn.   Sie brauchten
in ihren Kriegen Spieße und Lanzen, Helm. L. 1.
u. 9. Dittmar L. 6. f. 64.   Degen, Dolch und
Schwerdter, Sax. L. 14. f. 289.   Bogen, Dittm.
L. 6. Schilde, Sax. L. 14.   Hierzu ſind nöthig
Verſtändige, die ſolche haben verfertigen können.
Wer ihre Kriegsveranſtaltungen und Führun-
gen betrachtet, wie ſie von verſchiedenen Scribenten

benten angemerket sind, und meine Abhandlung
von dem Kriegswesen der alten Wenden, in den
dreßdn. gel. Anzeigen, 49. 50. 51. St. des 1757.
Jahres lieset, der wird leicht ersehen können, daß
die Serberwenden und Slaven überhaupt, nicht
so tumme Leute gewesen, als sie insgemein aus-
geschryen werden. An Klugheit und Bered-
samkeit hat es ihnen keinesweges gemangelt.
Man lese nur bey dem Helmold L. 1. c. 83. die
Rede, welche Pribislaus, der Wenden Fürst, an
den Bischof Gerolden gehalten, so wird man
genugsam überzeugt werden, daß ihnen Ver-
nunft, Verstand, Ueberlegung und Beredsam-
keit beygewohnet.

§. 4.

Ein aufrichtiger Geschichtschreiber muß in Erzählung der Geschichte, beydes das Lasterhafte
und das Tugendhafte, ohne alle Partheylichkeit
vorbringen, und keines von beyden weglassen.
Ist nun §. 1. das Schändliche der Sorberwenden angezeigt worden, so muß man ihnen auch
das Recht wiederfahren lassen, das Lobwürdige
anzuführen, was man von ihnen findet. Und
das soll mit kurzen Worten geschehen. Die
Serben hielten ihre Götter hoch und werth,
und suchten zu vermeiden das was sie beleidigte,
ob sie schon im Grunde geirret. Dem, der ihnen was zu sagen hatte, als Aeltern, Fami-
lienhäupter u. s. w. waren sie unterthänig und
erwiesen ihm den schuldigen Gehorsam. Denen
Priestern begegneten sie mit aller Ehrerbietung,
und

und hielten sie in hohem Ansehen. Und obzwar einige Völker derer Slaven unverantwortlich gegen ihre Aeltern gehandelt haben mögen, so findet man doch auch das Gegentheil, daß andere denenselben Liebe und Ehre erwiesen, und wenn sie unvermögend waren, sich selber zu erhalten, sie bis in den Tod pflegten und ernährten. Helm. L. 2. c. 12. Die Ehegenossen waren gegen einander treu und liebreich. In gefährlichen Kriegszeiten sorgten die Männer vor die Sicherheit ihrer Weiber und Kinder, und schafften sie in die Wälder. Gegen ihren Nächsten bezeigten sie sich höflich und freundlich, also, daß wenn sie zusammen kamen, sie einander umarmten und küßten. Sax. L. 14. f. 336. Ihren Feinden stund die Thür zur Versöhnlichkeit offen, also, daß sie willig und gern die Beleidigung vergaben und vergaßen. Helm. L. 1. c. 48. Denen Reisenden und Fremden stund ihr Haus und Tisch offen und frey, sich derselben zu bedienen, wie denn die Gastfreyheit sich vor vielen andern Völkern bey ihnen fand (*). Und daher

(*) Helmold L. 1. c. 2. Moribus & hospitalitate nulla gens honestior & benignior potuit inveniri. Helmold L. 1. c. 83. Cranz. Vandal. L. 4. 23. Expletis sacris mysteriis, rogavit Pribislaus divertere pontificem (verstehe den Bischof Gerold) cum suo comitatu in domum ejus, quæ erat in vico distantiore. Venientem suscepit alacritate plurima, fecitque convivium lautum: mensam appositam viginti fercula cumularunt. Inde experimento compertum est, (quod ante fama vulgante inter omnes percrebuit) quia nulla gens urbanior Wandalis

daher mag die Gewohnheit gekommen ſeyn, die
im vorigen Jahrhundert bey denen oberlauſitziſchen Wenden annoch geſtanden, daß, wenn ſie
geaeſſen, ſie das Brodt auf dem Tiſchtuch liegen
laſſen, damit es allezeit zu des Gaſtes Dienſten
bereit ſeyn möge, welches ſie bey ihren Kirmſen
noch ſo halten. Denen Armen bewieſen ſie
ſich mitleidend, erbarmend, hülfreich und wohl-
thätig, und lieſſen keinen Armen Noth leiden, alſo,
daß ſie diejenigen, welche das Brodt ſich nicht
erwerben konnten, mildreich verſorgten. Wie
man denn unter denen heutigen Wenden, von ihrem Volke faſt keine Bettler finden wird. Ueber-
wunden ſie im Krieg ihre Feinde und bekamen
ſie gefangen, ſo lieſſen ſie ihnen Barmherzigkeit wiederfahren, wenn ſie baten. Obzwar von
einigen Slavenvölkern geſchrieben wird, daß ſie
der Räuberey obgelegen, ſo wird doch auch von
andern berichtet, daß ſie Wirthſchaft getrieben, und ihrer Haushaltung gepfleget. Sonderlich hielten ſie viel auf die Jagd, und trieben
E

ſelbe

dalis in hoſpitalitate. In colligendis enim hoſpi-
tibus omnes quaſi ex una ſententia alacres ſunt, ut
nec hoſpitium poſtulare permittant, ultro offeren-
tes. Quicquid in agricultura, piſcationibus, ſeu
venatione conquirunt, totum in largitatis opus
conferunt, eo fortiorem quemque, quo profuſio-
rem jactantes — — Si quis vero (quod rariſſimum
eſt) peregrinum hoſpitio dimoviſſe deprehenſus
fuerit, hujus domum & facultates diripere l. in-
cendio licet conſumere: atque in id omnium pariter vota conſpirant; illum inglorium, illum vi-
lem & ab omnibus protinus exibilandum dicentes,
qui hoſpiti panem negare timuiſſet.

felbe mehr, als den Ackerbau. Helmold L. 1 c. 82.
L. 2. c. 13. Jedoch beſtellten ſie auch den Acker
ordentlich, und zwar ſonderlich denjenigen, der
guten Boden hatte. Helm. L. 1. c. 12. 14. 47. 87.
welchen ſie mit einem Joch Ochſen, oder zwey
Pferden bearbeiteten, und zwar ſo, daß eines davon zu Sattel, das andere zur Hand gieng.

§. 5.

Was die öffentlichen und dem Frieden des gemeinen Weſens zuwider laufende Laſter anbelangt, ſo wurden ſelbige an Leib und Leben ge-
ſtraft. Das widerfuhr denen Straſſenräubern
und Dieben (*). So konnten ſie auch die Unzucht nicht leiden, ſondern rächeten dieſelbe aufs
heftigſte, und ſind davon oben Cap. 8. §. 11.
Helmoldi Worte zu leſen.

(*) Helm. L. 2. c. 14. in fin. Quia Slavorum latro-
nes inquietabant Teutonicos, qui habitabant Zu-
erin & in terminis ejus, Guncelinus præfectus ca-
ſtri, vir fortis & Satelles ducis, mandavit ſuis, ut
quoscunque Slavorum inveniſſent incedentes per
avia, quibus non eſſet evidens ratio, captos ſta-
tim ſuſpendio necarent. Et cohibiti ſunt utcun-
que Slavi á furtis & à latrociniis ſuis.

Zwey-

Zweyter Theil.
Von der chriſtlichen Religion bey den Serberwenden.

Erſter Abſchnitt.
Von dem Anfang der chriſtlichen Re-ligion unter den Wenden bis auf die Reformation.

Das erſte Capitel.
Von der Einführung der chriſtl. Religion bey den Serberwenden in Oberlauſitz.

Es iſt zu beklagen, daß unſere Oberlauſitz in dieſem Stück ihrer Kirchenhiſtorie ſo arm iſt: angeſehen man hiervon gar kei-ne Documenta hat, und bey fremden Scriben-ten nur wenige Worte findet, die ſich auf unſere Oberlauſitz deuten laſſen.   Man hat alſo die Scribenten des VIII–XII. Sec. aufzuſchlagen und nachzuſuchen, wenn? wo? und wie ſie derer Slaven, und beſonders der Serben, ſo unſere Oberlauſitz bewohnet, gedenken, und alsdenn aus denenſelben dasjenige zu nehmen, was ſich denen Umſtänden und der hiſtoriſchen Wahr-ſcheinlichkeit nach, auf und von unſerm Marg-grafthum erklären läßt.   Wenn wir dem-

nach

nach hier so handeln wollen, so sind um Deut-
lichkeit und Ordnung willen, folgende 3 Puncte
zu erörtern: 1) ob Methodius die Serberwenden
in Oberlausiß bekehret? 2) was die Franken
und Sachsen mit denenselben vor Kriege geführet? und 3) was daraus in Ansehung der Einführung und Pflanzung der christlichen Religion
bey und unter denen Serben in Oberlausiß, zu
nehmen und zu schlüssen ist?

Erster Punct.

Ob Methodius die oberlausiß. Serber-
wenden bekehret?

§. 1.

Cyrillus und Methodius, zwey Griechen und
Gebrüder im 9ten Jahrhundert, bekehrten
die Bulgarier. Von dannen kamen sie in das
damalige Königreich Mähren, lehrten daselbst
die christliche Religion, brachten dazu den König
Svatopluc, und stifteten die Ecclesiam Wehle-
radensem. Weiter giengen sie in Böhmen, und
bemüheten sich das Christenthum zu pflanzen:
wie sie denn auch den Herzog Borziwog und
dessen Gemahlin Ludomillen, nebst andern 30
vornehmen Böhmen getauft. Da nun Borziwog bemühet war, seine Unterthanen zu Christo
zu führen, die heidnischen Einwohner aber sich
ihm hierinnen sehr widersetzten, sogar, daß sie
ihm nicht einmal eine Kirche zu erbauen, zulassen
wollten; mußte er aus dem Lande weichen, und
ob

ob er zwar wieder zurück kam, wurde er doch gezwungen, die Regierung seinem Sohne Spitigneo
zu übergeben. Dieser heyrathete die heidnische
Drahomiram, die ihm zwar versprach, eine Chri-
stin zu werden, aber es nicht hielt. Als nun
Spitigneus starb, nahm die Großmutter Ludomilla, den ältesten Enkel Wenzel zu sich, und er-
zog ihn im Christenthum. Boleslav, den jüngsten, nahm die Mutter, und führte das Regiment:
Kaum war dieses geschehen, so befahl Drahomira alle christliche Kirchen zuzuschliessen, und
die Uebung der christlichen Religion sollte völlig aufhören, gleichwie sie die Christen aufs hef-
tigste verfolgete, tödtete und gänzlich auszurotten
sich bemühete. Und als Wenceslaus, auf Ansu-
chen der Christen, die Regierung antrat, und seinem Bruder Boleslav den bunzlauer Kreiß übergab, wo er und die Mutter Drahomira leben
sollten, wußte es letztere doch also anzustellen,
daß die fromme Ludomilla zuerst, und hernach
Wenceslaus selbst, als er Pathe bey seinem Bruder war, und er nach der Mahlzeit, des Nachts
in die Kirche gieng und betete, von Boleslav
umgebracht wurden. Worauf eine allgemeine
Verfolgung der Christen in Böhmen erfolgete.
Soviel ist uns zu unsern Zweck zu wissen nöthig.
Wer die Umstände weitläuftig haben will, darf
nur die mährischen und böhmischen Scribenten
lesen, als Æneam Sylvium, Dubrav, Czecheroth,
Balbin, Adelzreuter und andere.

§. 2.

Bey Gelegenheit der böhmischen Bekehrung,
sollen nun auch die beyden Griechen Cyrillus und
Methodius in einem Theil unsrer Oberlausitz eingetroffen seyn, und das Christenthum gepflanzet
haben.　Wenn man aber die Sache genau erwäget, wird man befinden, daß sie großer Ungewißheit unterworfen ist.　Denn in denen Ge-
schichtschreibern des IX. und der folgenden Jahrhunderte, die derer Slaven und Serben gedenken,
wie auch in derer Mährer und Böhmen alten
Geschichten, findet man nicht das mindeste, daß
gedachte Apostel aus Böhmen in Oberlausitz gekommen und das Bekehrungswerk daselbst getrieben haben sollten.　Ja auch die gar alten
oberlausitzischen Annales thun hiervon keine Er-
wehnung.

§. 3.

Christian Gabr. Funke, Collega Gymn. Gorl.
ist der erste, der in seiner Beschreibung der Peterskirche in Görlitz 1691. p. 4. im Druck dessen die
erste Erwähnung thut, und zwar also, daß Cyrillus in die Gegend Görlitz gekommen, den Hayn-
wald, worinnen der Götzin Isidis Bild gestanden, zerstöhret, davor eine Kirche erbauet, und
solche dem Methodio anvertrauet haben soll, welches er in seiner Lebensbeschreibung der görlitzisch.
Kirchenlehrer 1711. wiederholet.　Allein, außer
dem, daß er nicht anzeigt, wo er solches herhabe,
ist folgendes zu bedenken: 1.) Stimmet die Er-
zehlung mit der Jahresrechnung gar nicht überein,

ein, daß Cyrillus hätte nach Görlitz kommen können, indem er längst vorher gestorben. 2.) Sagen die mährischen und böhmischen Scribenten,
daß Methodius Bischof zu Wehlerad gewesen,
welches sich mit dem, daß er von Cyrillo dem
kleinen Kirchlein zu Görlitz als Parochus und
Pfarr sollte vorgesetzet worden seyn, sich gar nicht
zusammen reimen lasset. 3.) Es konnte sich die
christliche Religion nicht einmal mitten in Böhmen vestsetzen, wo der Herzog gegenwärtig war,
wie hätte das geschehen können an einem so weit
entfernten Ort, als Görlitz? 4.) Scheint mir
hier von denen neuern Annalisten eine Verder-
bung durch Verwechselung der Oerter (wie man
dergleichen sehr viele findet) begangen worden zu
seyn. Sie haben gelesen, oder gehöret, Cyrillus
habe seinem Bruder Methodio die gestiftete Kirche zu Wehlerad übergeben. Diese Geschichte
auf Görlitz zu appliciren, hat ihnen leicht gefallen können.

§. 4.

Nach Funken hat des Methodii Bekehrungs-
geschichte zu Görlitz, Chr. Nitsche, Ædituus Gorl.
in der Beschreibung der Peterskirche, im 1sten und
2ten Bogen vorgebracht, der hernach mit J. B.
Carpoven wegen der Zeitrechnung der Bekehrung
Borivogii, Herzoges in Böhmen, in Streit gerieth, indem Carpzov das Jahr 864. Nitsche
aber 894. setzet. Nitsche suchte in der 11ten Fort-
setzung seine Meynung zu behaupten, dem aber
Carpzov auf einem Bogen, so in den Sing. Luf. P.

27. p. 204. seq. zu finden, geantwortet. Sam. Großer in Lausitz. Merkw. P. II. p. 6. schreibt die Bekehrung der Sorbenwenden an der Elbe und Spreu, denen Franken, derer an der Neiße wohnenden aber dem Methodio zu, und in der Note (b) beruft er sich auf die görlitz. Annales, welche erzehlten, daß Methodius an der Neiße, bey dem Dorfe Tachau, den der Isidi gewiedmeten Hayn ausgerottet, und ein Kirchlein S. Petro gebauet und gewiedmet, welches die Ludomilla, Graf Slavibors von Mielnick Tochter, und Herzog Borzivogi Gemahlin, mit gewissen Einkünften versehen haben sollte.

§. 5.

Bisher hatte man den Methodium allein vor einen Apostel derer Görlitzer gehalten. Allein Herr Carpzov machte sich solches in Annal. Fast. Zittav. 1716. P. III. l. c. p. 2. zu Nutze, und suchte die Bekehrung der in der Gegend Zittau befindlichen Einwohner auch denen Böhmen zuzuschreiben, jedoch, daß er nicht ausdrücklich setzt, wer der erste Evangelist gewesen. Seine Beweise sind 1) weil Pribislawa ihre Wohnung und eine Kirche zu Gabelona oder Jabel gehabt, und in Jauernick sich auch eine Kirche gefunden, Zittau aber zwischen beyden innen gelegen, so hätte ihnen die christliche Lehre nicht unbekannt bleiben können; weil es 2) gewiß sey, daß die Bekehrung von Priestern, die der Bischof von Prag zu solchem Ende dahin gesendet, geschehen; dahero 3) Zittau dem Bischof von Prag in spiritualibus

zuge-

zugehörete. Allein aus dem ersten scheinet mir
nicht zu folgen, daß auch deswegen die christliche
Lehre in Zittau angenommen und gepflanzet
worden seyn müßte. Jauernick hat voritzo um
und um evangelische Kirchen und Einwohner,
dessen ungeachtet ist doch daselbst eine römisch-
catholische Kirche. 2) Woher ist es gewiß, daß
aus Böhmen von dem prager Bischof, Priester
nach Zittau gesendet worden, das Volk zu bekehren. Bey dem 3ten ist zu merken, daß die
ersten Grenzen des Bißthums Prag in Ansehung der ersten Eintheilung nicht bekannt und
ausgemacht sind. In dem meißnischen Stif-
tungsbrief aber sind die G r e n z e n des Bischof-
meißnischen Sprengels angegeben, und da ist
der zittauische Kreiß in demselben mit eingeschlos-
sen. Es sind auch ehemals die Landesgrenzen
des Marggrafthums Oberlausitz so gegangen.
Denn das Gebirge machte dieselben Grenzen,
dergestalt, daß jenseits auf dem Gebirge die Eze-
chiten, diesseits aber an und unter dem Gebirge,
die Bojen, so die aus Boheim vertriebene Deutschen waren, wohnten. Solchemnach hat der
meißnische Bischofssprengel alle Kirchen in sich
gefasset, welche von Reichenberg und Friedland
an dem Gebirge bis Hanspach und Lobethau
herumliegen, (was das Zittauische nach Prag
gehörige Decanat anbelangt, soll alsbald darüber Erörterung geschehen) und haben unter das
Archidiaconat Oberlausitz, so die Präpositur in
Budißin war, folgende böhmische Kirchdörfer
gehöret, als zu dem Erzpriesterstuhl a) Hohn-

E 5   stein

stein und Sebenitz, 1) Schlockenau, 2) Nic
clasdorf vulgo Nixdorf, 3) Lobendau, 4)
Schönau, 5) Haynsbach; b) Löbau, Joer-
giswalde; c) Seidenberg, 1) Friedland, 2)
Wiese, 3) Schönwalde, 4) Ludwigsdorf, 5)
Raffenau, 6) Ullersdorf, 7) Conradisdorf, 8)
Heinersdorf, 9) Bullendorf, 10) Arnsdorf, 11)
Berthelsdorf. Es sind auch solche Oerter, mit
ihren Kirchen bey dem geistlichen Sprengel des
Bischofs zu Meissen blieben, bis zu dem Abgang
des letzten Bischofs Joh. IX. 1559. und dann ohne
Bischof bis zu der Ao. 1624. in dem Königreich
Böhmen vorgenommenen gewaltsamen Reli-
gionsreformation, da der Erzbischof von Prag,
alle vorgenannte Kirchen von dem Bischofthum
Meissen ab- und zu seinem Erzbischofthum Prag
gezogen, bey welchem sie sich auch noch befinden.
Was aber den zittauischen Kreiß und dessen Decanat betrift, von dem man findet, daß von dem
XIII. Jahrhundert her, dasselbe unter dem Bißthum Prag gestanden, so erhellet aus genauer
Betrachtung aller Umstände, daß solches in benannten und in dem folgenden XIV. Jahrhund.
von dem Bißthum Meissen ab- und an das Erzbißthum Prag gekommen ist. Bekanntermaßen
erlangte im XIII. Jahrhundert das Churhaus
Brandenburg das Margrafthum Oberlausitz,
bis auf den zittauischen Kreiß. Denn Churfürst
Albert II. zu Brandenburg, bekam mit seiner
Gemahlin Mechtilde den camenzischen und ruh-
ländischen Kreiß Ao. 1210. Margraf Otto, Pius
genannt, heyrathete Ao. 1231. die böhmische Prin-
zeßin

zehin Beatricen, der der Vater, Wenceslaus Ot-
tokarus, die Bezirke Budißin, Görliß, Lauban
und Löbau als eine Königl. Aussteuer mitgab.
Carpzov. im Ehrentempel P. I. c. 2. p. 38. a) sagt
zwar, daß Otto Pius auf diese Weise von ganz
Oberlausitz Eigenthumsherr worden sey, außer
etliche Schlößer in der zittauischen Pflege, be-
nanntlich Gräfenstein, Tollenstein, Oybin ꝛc.
welche bey Böhmen verblieben wären. Allein
dieses ist falsch, denn nicht etliche Schlößer, sondern Zittau mit seiner Pflege ist bey dem Königreich Böhmen verblieben, welches die vielen von
denen Königen in Böhmen von Ao. 1231—1310.
der Stadt Zittau, und denen in derselben Gegend gelegenen Oertern ertheilten Privilegien beweisen, davon wir nur etliche anführen wollen.
Ao. 1238. confirmirte König Wenceslaus I. dem
Kloster Marienthal alle geschehene Stiftungen;
Derselbe Ao. 1239. demselben die geschenkte Herrschaft Meraun; wiederum Ao. 1241. derselbe
König den Kauf des Dorfes Oberseyfersdorf;
ingleichen Ao. 1242. den Kauf der zwey Dörfer
Jauernick und Behemisdorf. Ao. 1278. erkaufte
Bulco von Biberstein, vom Könige Ottogaro,
das Kastell Friedland. Ao. 1290. confirmirt
König Wenzel einer Wittwen Hausschenkung
zur Kirchen in Zittau. Ao. 1301. giebt König
Johan. ein Privilegium dem Kloster Marienthal
über 6 Stück Feld in Altostriß. Ao. 1303. giebt
König Wenzel dem Hospital zu St. Jacob in
Zittau die weltliche Jurisdiction, die geistliche
aber dem Comthur daselbst, u. v. a. m. Dieses

ses beweiset, daß der zittauische Kreiß niemals
von dem Königreich Böhmen getrennet worden.
Und diese Periode, erachte ich die Zeit zu seyn,
Da der Bischof zu Prag versuchet, den zittauischen Kreiß zu seiner bischöflichen Diöces zu ziehen, und dieselbe zu erweitern. Es läßt sich dieses schlüssen aus den vielen Streitigkeiten, welche
sich zu Zeiten Königs Ottocari in Böhmen, und
Bischof Brunonis zu Meissen, wegen der Grenze
zwischen Böhmen und dem Bißthum Meissen
im XIII. Jahrhundert ereignet, davon Christian
Schöttgen in seinem zweyten Progr. de Burgwar-
diis 1748. den Vergleich mitgetheilet. Die zittauischen Annales erwähnen, daß Bischof Johann zu Meissen, Ao. 1343. ingleichen 1347. in
Der Zittauer Land mit seinem Volk eingefallen,
und sich feindselig erwiesen; sie zeigen aber keine
Ursache an, warum es geschehen? Nach Beschaffenheit der Umstände kan man gar wohl
schlüssen, daß die Ursache gewesen der Zittauer
Entziehung der geistlichen Gerichtsbarkeit von
dem Bischof zu Meissen, und die daher verwei-
gerte Leistung des Charitativi, so die Priesterschaft
dem Bischof zu Meissen zu geben sich geweigert
und ihm entzogen.

Vornehmlich aber mag die völlige Trennung
des zittauischen Kreises in geistlichen und Kir-
chensachen von dem Bißthum Meissen und Im-
patronirung dem Erzstift Prag geschehen seyn,
als Kaiser Carl IV. Ao. 1343. das Bißthum
Prag in ein Erzbißthum verwandelte, und die
Bischöffe zu Regenspurg, Bamberg und Meissen,

sen, demselben junterwerfen wollte, daß sie des
Erzbischofes zu Prag Suffraganei und Weihbi-
schöffe seyn sollten. Ob nun zwar der Papst
des Kaisers Brief in dieser Sache confirmirte,
so haben sich doch benannte drey Bißthümer also
gewehret, daß keines dem Erzstift Prag unterwürfig worden, besonders aber Ecclesia Misnensis, ingenua & exemta geblieben ist. Inzwischen
ist doch dieses eine Gelegenheit gewesen, daß wie
überhaupt manches, also insbesondere der zittauische Kreiß, von dem Bißthum Meissen gänzlich
abgekommen, und dem Erzbißthum zu beständi-
ger Dauer eingepflanzet worden. Es giebet
mir hierinnen Beyfall, und bestättiget meine Meynung und den geschehenen Vortrag, der berühmte Jesuit und böhmische Historicus, Bohuslaus
Balbinus. Dieser stund in einer ganz besonders
vertrauten Freundschaft und Briefwechsel mit
dem berühmten Rectore Christ. Weisen. Letzterer war bekümmert, zu wissen, woher es denn
komme, daß der zittauische Kreiß allein von denen andern oberlausitzischen Kreisen, unter das
Erzstift Prag gehöre? Weil ihm nun bekannt
war, daß sein Freund nicht allein die böhmische
und lausitzische Geschichte wohl inne hatte und
verstund, sondern auch die Freyheit genoß, die in
Prag befindlichen Archive durchzugehen, als er-
suchte Rector Weise den Boh. Balbinum, ihn zu
unterrichten, was es für eine Bewandniß mit denen Grenzen der Bißthümer Meissen und Prag
habe? Balbinus ertheilte ihm zur Antwort d. d.
Prag den 28. Dec. 1685, daß dieser Bißthü-

mer

mer Grenzveränderung zu der Zeit vorgegangen, da Kaiser Carl das Bißthum Prag in ein Erzbißthum erhoben, da sey manches vom Bißthum Meissen ab, und zu und unter das Erzbißthum Prag gekommen, dahero denn die Aenderung mit den Grenzen einiger Diöcesen geschehen (*).

§. 6.

Endlich hat man in unsern Zeiten angefangen, die Bekehrung der ganzen Oberlausitz, aus Böhmen herzuleiten. Herr Christ. Gottl. Kretschmar suchet solches in seiner Disquis. hist. de religionis christianæ initiis per Lusat. Super. Dreßden 1759. 4. auszuführen. Eine Schrift, die mit vielem Fleiß und Nachdenken geschrieben, und deren Vortrag dieser ist: Kaiser Heinrich I. hat die Böhmen und Sorben, welche vorher schon von andern gezähmet worden waren, und die übrigen Slaven, in einer großen Schlacht erleget, daß die übrigen wenigen, dem Könige tributarisch und Christen zu werden, freywillig versprochen, nach Anzeige Adami Brem L. I. c. 48. und Helm. L. I. c. 8. Diese Sorben, so denen Böhmen beygestanden, sind, seiner Meynung nach, die

(*) Balbini Epistel in der diese Antwort stehet, findet sich in denen von C. G. Hoffmann in Druck gegebenen Epistolis selectioribus Chr. Weisii p. 309. und sind: rebus mutatis & excitato per Carolum IV. Archi-Episcopatu Pragensi, cujus Præsul Legatus Natus factus est, jure legationis, Episcopatus Misnensis (& alii quidam) Pragensi Archi-Episcopo subdi cœpit, & limites aliquarum Diœceseon sunt mutati, ex quo pendet dubii tui solutio.

die Milciener oder oberlaußitzer Wenden, als
welche zu Böhmen gehöret haben sollen. Und
da von denen Ueberwundenen nur wenige gewesen, so nach der Ueberwindung dem Heinrich versprochen, Christen zu werden, so folge, daß bey
denen andern die Bekehrung schon vorgegangen
seyn müsse. Da nun die Böhmen Methodius
bekehret habe, so sey solches auch von ihm denen
Milcienern geschehen: folglich sey es nicht richtig, daß die meißnischen Bischöffe das Bekeh-
rungsgeschäfte bey denen Oberlaußitzern getrieben, und solches denenselben zuzuschreiben sey.
Ich könnte bey jedem Puncte meine Erinnerung
machen, wenn es nicht zu weitläuftig fiele. Wer
das, was ich vorher gesaget, und in folgendem
vorkommen wird, erweget, wird davon urtheilen
können, ob die sächsischen Kaiser, oder die Böhmen, die Oberlaußitzer bekehret haben? Ueberdieses, wäre Oberlaußitz von denen Böhmen bekehret worden, so hätten die Böhmen solches Land
ohne Zweifel unter ihren Bischofssprengel gezogen: davon sich aber das Gegentheil zeiget.

§. 7.

Jedoch wenn man es auch zugiebet, daß Methodius in der Oberlaußitz an einem und dem
andern Orte das Evangelium geprediget und
die Heiden bekehret habe, so hat doch dieses angefangene Werk gar nicht lange Bestand haben
können. Konnte sich doch das Christenthum in
Böhmen nicht erhalten. Denn die böhmischen
Scribenten berichten, daß, obwohl Boriwog und
Ludo-

Ludomilla sich taufen lassen, dennoch der größte
Theil der Hohen, und die mehresten gemeinen
Einwohner das Heidenthum beybehalten; also,
daß der Herzog aus dem Lande weichen, und dessen
Gemahlin mit dem Enkel Wenceslao Martyrer
werden müssen. Da hingegen der heidnische Boleslav das Regiment erhalten, und auf Anstiften seiner Mutter Drahomira wider die Christen
grausam gewüthet, dieselben gequälet, verjaget,
getödtet. Ist nun das in Böhmen geschehen,
und hat sich das Christenthum wider die Macht
der Heiden nicht erhalten können, wie vielweniger in Oberlausitz, da niemand gewesen, der sich
desselben angenommen, angesehen der größte
Theil Heiden geblieben, indem die Annales angeben, daß Methodius nur zu Görlitz gelehret.
Sollte nun Methodius in Görlitz eine Kapelle
aufgeführet haben, so hat doch selbige bald wieder ein Ende genommen. Denn Methodius hat
im Jahr Christi 894. die Böhmen bekehret, und
Ao. 904. ist er zu Rom gestorben. Diesemnach
müßte zwischen dieser Zeit circa 900. die Bekehrung der Görlitzer vorgegangen seyn. Nun sind
die Görlitzer und die Gegend da herum anfangs
nach Jauernick eingepfarrt gewesen, welches daher gewiß, weil dieselben noch bis itzo dasigem
Parocho decimiren müssen. Hätte nun Görlitz
seine von Methodio gestiftete Kirche unverrückt
erhalten, so wäre es unmöglich, daß Görlitz und
die unter und oberhalb Jauernick liegende Dörfer, der Kirche daselbst hätten impatroniret werden können. Folglich, da das letztere sich befindet,

det, so muß, wenn auch Methodius Stifter einer
Kirche zu Görlitz gewesen wäre, nachgehender
Zeit dieselbe durch geschehene Verheerung der
Heiden wiederum aufgehöret haben. Ueberdieses was Adam Brem. L. I. c. 48. und aus ihm
Helm. L. I. c. 8. sagen, daß Henricus Auceps die
Sorben und Böhmen und andere slavische Völker durch eine große Schlacht erleget, und alle
dahin gebracht, daß sie tributarisch und Christen worden wären, ist doch von keinem Bestand
gewesen; sondern diese überwundene Wendenvölker haben sich sehr oft, sowohl von der Kaiser
Tribut, als von dem Christenthum loß gerissen,
wie aus folgendem erhellen wird. Ja Helmold
saget ausdrücklich, daß eben diese Völker, die
Heinrich durch die gedachte große Schlacht
überwältiget, wieder abgefallen und das Christenthum verlassen; dahero Otto M. sie mit Krieg
zu beyden zwingen müssen.

Zweyter Punct.
Von der Franken und Sachsen Bekrie-
gung der Sorberwenden.

§. 1.

Obzwar von denen in Deutschland sich ehemals befundenen Slaven und Wenden
Helmold, Krantz u. a. ganze Bücher geschrieben,
so ist es doch an dem, daß sie mehrentheils von
denen Slaverwenden gegen Norden oder Mitternacht handeln, derer unsern Sorben in Ober-

F   lausitz

lauſitz aber ſehr wenig, und dazu verſteckt ge-
decken.

Der erſte, ſo von denen Sorberwenden, welche
Meiſſen und Lauſitz inne gehalten, in den neuern
Zeiten eine beſondere Abhandlung gegeben, iſt
der ſächſiſche Hiſtoricus M. Petrus Albinus, der
dazu den 7ten und 8ten Titul in ſeiner meißniſchen Chronike gewiedmet, alſo, daß im erſtern
das Serbervolk, wer ſie und das Land, wo es
geweſen? in dem andern aber die Kriege, welche
ſie mit den Benachbarten und wiederum, welche die Franken und Sachſen mit ihnen geführet,
auch wie ſie endlich untergelegen, beſchreibet.

M. Abrah. Frentzel, Paſt. Schœn. hat nicht nur
der wendiſchen Sprache ſich angenommen, ſondern auch ein Werk in Mſt. de populis ritibusque Luſ. Sup. hinterlaſſen, darinnen er P. I. cap.
3-16. von der Wenden Urſprung, Sitten, Gebräuchen und Unterdrückung, viele Nachricht
mit ungemeiner Mühe und Beleſenheit zuſammen getragen.

Deme iſt gefolget M. Chriſt. Schöttgen, Rect.
Dreſd. welcher mit beſondern Fleiß und Judicio
alles, was die Sorben angehet, nach den Schriften der alten Scribenten unterſuchet und geprü-
fet, und daher eine Geographie der Sorberwenden, wie auch eine Hiſtorie derſelben gefertiget,
davon beyde in der diplomatiſchen Nachleſe der
Hiſtorie von Oberſachſen und zwar dieſe P. II.
n. I. jene aber P. III. n. I. zu finden, und mit Vergnügen zu leſen.

Zu

Zu meinem Zwecke habe ich nöthig eine Anzeige derer Franken und Sachsen feindlichen
Kriegeszüge zu thun, wodurch die oberlausitzischen gleich denen meißnischen Sorben, mit Gewalt gedrungen und gezwungen worden, Christen zu werden. Zu dem Ende ich diejenigen
Scribenten, welche in oder kurz nach denen Zeiten gelebet, als den Reginohem, Wittichindum,
Frodoardum, Dittmarum, Adamum Brem., Hel-
moldum, Hermannum Contr. Sigebertum, Ottonem Frising. Conradum Ursp. u. a. vorgenommen,
dasjenige in Kürze zusammen zu tragen, was
unsere oberlausitzische Sorben angehet, und alsdenn daraus zu folgern, was es vor eine Gestalt
mit der Bekehrung derselben gehabt.

§. 2.

Wir haben also von denen Franken anzufangen,
jedoch so, daß wir dasjenige vorbey lassen, was
dieselben mit denen Wenden im VII. Jahrhundert vorgenommen, weil man keine Spuren hat,
ob unsere Sorben dabey gewesen; ob wir zwar
denen nicht zuwider sind, die da vorgeben, daß
die thüringer, meißner- und oberlausitzer Wenden beysammen gestanden. Gleichwie wir auch
nicht untersuchen wollen, ob Clotarius circa 650.
die Ortenburg in Budißin erbauet, wie die Annales Budiss. Peucerus u. a. erzählen.

§. 3.

Æmilius de rebus gestis Franc. I. 2. ist der erste
der ad A. 782. derer Sorben mit diesem Namen
geden-

gedenket (*). Da alſo dieſes Volk in Sachſen
einfiel, ſuchte Carolus M. dieſem Uebel abzuhelfen, und beorderte ſeine drey vornehmſten Bedienten, daß ſie mit denen Oſtfranken und Sachſen die Slaven bändigen ſollten. Weil aber
zu der Zeit die Sachſen abfielen, und ſie mit dieſen zu thun hatten, ſo ſind die Sorben diesmal
ohne Anfall geblieben. Ob nun zwar Carolus M.
es dahin brachte, daß Ao. 785. Wittekind ein
Chriſte wurde, nachdem er die Sachſen geſchlagen (**): So ſagen doch die Scribenten, daß
die Sachſen ihm nicht getreu verblieben, ſondern
öfters abgefallen: dahero er zu Ende des VIII.
und Anfange des IX. Jahrhunderts, mit ihnen
genug zu thun hatte (***). Solchemnach da
derer Sorben in der Zeit nicht ausdrücklich gedacht wird, ſo läßt es ſich ſchlüſſen, daß Carolus
mit ihnen nichts zu ſchaffen gehabt. Ueberdieſes erſiehet man aus dem Reginone, Æmilio
u. a. daß Carolus Ao. 789. einen Zug wider die
Wulzier, ſo die Märker und Pommerer ſind,
gethan (†); Nimmt man die Annal. Fuld. dazu,
welche dieſes Zuges Ao. 789. gedenken, und dazu ſe-

(*) Sorabi, Slavorum inclita bello natio, Saxonum
 fines populari cœperunt.

(**) Herm. Contr. 784. bellum (contra Sax.) conſum-
 mat, rebelles Saxones plaga occidit & chriſtianos
 fecit.

(***) Idem A. 792. Saxones fidem chriſtianam relin-
 quentes, rebellant. *Regino:* Carolus miſit in Saxo-
 niam exercitum, transalbinos vaſtavit.

(†) *Æmilius:* Rex trans albim flumen Wulzios Slavorum gentem ſubmovit.

zu setzen, daß unter des Caroli Armee sich Sorben
gefunden, so läßt es sich daraus schlüssen, daß
die Sorben damals mit Carolo in Freundschaft
gestanden (*).   Woraus jedoch nicht zu schlüssen,
daß die Sorben damals Christen gewesen seyn
müssen.   Denn Carolus hat sie leicht unter einem und dem andern Versprechen und Bedin-
gung an sich ziehen können.   Stunden doch die
Wultzier Ao. 808. Carolo auch bey, weil sie eine
alte Feindschaft wider die Obotriten hatten (**).
Es kommen demnach die Sorben nicht eher bey
denen Scribenten vor bis Ao. 806. da die Annal.
Franco-Fuld. melden, daß des Kaisers Sohn
Carolus jun. die Sorben, die jenseits der Elbe gewohnet und unsere Oberlausitzer mit sind, krie-
gerisch überzogen, derselben Land verheeret, und
ihren Fürsten Miloduch umgebracht (***). Ein
gleiches hat Regino. Es scheint, daß die Sor-
                    F 3   ben

(*) Ao. 789. Carolus per Saxones iter faciens, habens
in exercitu suo Francos, Saxones, Sorabos & Obo-
tritas; quorum princeps erat Witzan, und Regino
ad h. a. Fuerunt autem cum eo in eadem expeditione Franci & Saxones, Frisones — — Sclavi, Urbi & Abotrudi; die Annal. Metenses setzen vor
Urbi, Surbi.

(**) *Regino* A. 808. fuerunt cum Godofrido in præ-
dicta expeditione Sclavi, qui dicuntur Wuilzi, qui
propter antiquas inimicitias, quas cum Abotridis
habere solebant, sponte illi corpus eorum junxe-
rant.

(***) A. 806. Carolus jun. cum exercitu à patre missus in Sorabos super albim fluvium habitantes,
depopulata Slavorum terra, ducem eorum Moliduch interfecit.

ben es mit denen Böhmen gehalten. Dahero
als Carolus jun. Ao. 805. die Böhmen gänzlich
erleget, er das folgende Jahr über die Sorben
gezogen (*). Und da die Böhmen wieder auf-
ständig worden, gieng Carolus aus der Sorben
Land zurück in Böhmen, und verwüstete das
Land (**). Eben dieser Regino gedenket Ao.
808. daß Carolus die Slavos, welchen Gottfried der Dänen König zu Hülfe kommen war,
überzogen und gedemüthiget; allein solches gehet
unsere Sorben nicht an, sondern die Wenden
gegen Norden. Man lieset bey den alten Scribenten von Ao. 806. bis zu dem Tode Caroli M.
Ao. 814. nichts mehr von den Sorben: woraus
zu folgern, daß sie stille gesessen, und wider Carolum M. sich nicht gesetzet haben. Und scheinet,
daß Eginhardus solches bestätiget, wenn er sagt,
daß Carolus M. alle wilde Völker zwischen dem
Rhein und der Weser, zwischen dem Ocean und
Donau überwunden gehabt (***). Dahero erkläret Conring. de fin. Imp. c. 2. p. 10. des Eginhardi

(*) *Herm.* A. 805. Carolus jun. à patre missus Bœ-
miam subjugavit. *Regino:* misit exercitum cum
filio suo super Sclavos, qui vocantur Boemi, qui
omnem terram eorum depopulantes, ducem eorum, qui appellabatur Letzo occiderunt.

(**) *Regino:* Sclavisque compressis ex hac parte Bo-
hemos cum Bojoariis atque Alemannis aggreditur.

(***) Omnes barbaras & feras nationes, quæ inter
Rhenum ac Vistulam fluvios, Oceanumque & Danubium positæ — — ita perdomuit, ut eas tribu-
tarias efficeret.

hardi Worte alſo, daß auch unſere oberlauſitziſche Sorberwenden darunter begriffen ſind (*).

§. 4.

Caroli M. Nachfolger im Reich, war ſein
Sohn Ludovicus Pius, welcher von Ao. 814. biß
840. regieret. In dieſem Zeitlauf findet man
bey denen alten Scribenten nichts angemerket,
ſo zwiſchen den Sorben und Ludovico vorgegan-
gen· außer daß Aventin L. IV. p. 223. ſchreibet,
daß die Sorben einen Aufſtand gemacht, und
ſich von dem Joch der Franken loßmachen wollen, welche aber die Sachſen und Franken bald
wieder zum Gehorſam gebracht (**). Als Ao.
822. Ludewig zu Frankfurt einen Reichstag hielt,
kamen auch dahin derer Sorben und anderer
ſlaviſchen Völker Oratores, welche dem Kaiſer
Geſchenke brachten. Avent. p. 227.

F 4 §. 5.

(*) Ex quo Eginhardi teſtimonio diſcere eſt, Sclavi-
cas aut Venedicas illas gentes — — quæ omnia à
Sala uſque amne (ut qui, eodem teſte Eginharto,
Thyringos & Sorabos Sclavos tum diviſit) ad albim & inde trans albim circa maris Balthici litto-
ra uſque ad Viſtulam, Bojohemum item ac Mo-
raviam ad Danubium uſque, tum temporis jam-
dudum — — impleverant; quodamtenus in ditio-
nem Francorum perveniſſe.

(**) A. 816. Saxones Francosque in Sorabos, Sclavos,
qui ab impoſito jugo reſilire conabantur, exercitum ducunt; unoque caſtello duntaxat expugnato,
gentem ad obſequium redigunt; welches er vermuthlich aus dem Adelmo und Annal. Fuld. genommen.

§. 5.

Nach dem Tode Ludovici Pii, stritten die Söhne Lotharius, Carolus Germ. und Ludovicus wegen des Reichs mit einander, und da kan es seyn, daß die Sorben, nach ihrer Art, dieses sich dazu dienen lassen, das Joch der Franken abzuschütteln, wiewohl man bey den alten Scribenten nicht etwas findet. Aventin L. IV. p. 239. weiß zu sagen, daß Ludovicus Germ. die Sachsen, Franken – – Wenden, Slaven, durch viele Versprechungen dahin vermocht, daß sie ihn angenommen und geschworen. Als aber Ludovicus Ao. 849. wider die Böhmen stritte, und diese das Feld behielten, sind die Sorben Ao. 851. in der Deutschen Land gefallen, und haben alles, was ihnen vorkam, verderbet. Allein Ludewig fiel mit seiner Macht aus Thüringen in der Sorber Land, und that ein gleiches, zwang sie auch, ihm sich zu ergeben (*). Dessen ungeachtet, machten die Sorben neuen Aufstand, Ao. 856. 862. 864. 869. 874. wozu sie theils durch die Abwesenheit des Kaisers in Deutschland, theils durch die Aufwiegelung derer Böhmen gebracht, aber auch allezeit von denen Franken wieder gebändi-

---

(*) Annal. Fuld. ad h. a. und aus selben Avent. p. 243. Accessit ad hoc malum Soraborum defectio, qui crebris incursationibus, igne, præda, Teutonum fines fœdissime afflixerunt. Ludovicus per Turogos Misniam hostili animo petit, segetes, fruges, agros, frumenta, vicos, horrea succendit, quæcunque victum administrarent exurit, fame hostes ad deditionem cogit.

bändiget worden find (*). Die letzte Rebellion
derer Sorben unter den fränkischen Kaisern, ist
Ao. 879. geschehen, als die Normänner und
Dänen die Sachsen bey Lüneburg aufs Haupt
geschlagen. Denn da wurden die Sorben,
Böhmen u. a. dem Reiche tributarische Slaven
aufgebracht, sich von dem Kaiser loßzumachen.
Sie fielen Ao. 880. in Thüringen ein, und verwüsteten alles um den Saalstrom (**). Allein
Graf Poppo, ein Herr von Henneberg, gieng sie
beherzt an, und begegnete ihnen dergestalt, daß
alle verlohren giengen, wie die Annal. Fuld. ad
A. 880. und aus selben Helm. L. 1. c. 7. und A-
ventin L. 4. p. 269. bezeugen (***). Endlich gedenken die Scribenten der Sorben unter denen
fränkischen Kaisern, die Annal. Fuld. daß Ao. 897.

F 5 der

(*) Annal. Fuld. A. 869. Sorabi & Siusli, junctis sibi
Bohemis & ceteris circum circa vicinis, antiquos
terminos Thuringiorum transgredientes plurima
loca devastarunt; und ad A. 874. Sorabi & Siusli
eorum vicini Tachulfo defuncto defecerunt. — —
Quorum audaciam Luitbertus Archiep. & Ratol-
fus, Tachulfi successor, ultra Salam fluvium men-
se Januarii profecti, prædiis & incendiis sine bello
compresserunt, & eos sub pristinum Servitium re-
degerunt.

(**) Helmold c. 7. Post cujus (Ludovici) mortem
effera barbaries laxis regnabat habenis. Nam Bo-
hemi, Surabi, Susi & ceteri Slavi, quos ipse tributis subjecerat, tunc servitutis jugum excusserunt.

(***) Poppo dux limitis Sorabici Venedos, onustos
præda, incautiusque, profligato delétoque hoste
ovantes, de improviso adgreditur, cædit, fundit &
ad internecionem, ne nuncio quidem cladis su-
perstite, delet.

der Sorber Gesandten mit Geschenken zu dem Kaiser Arnolph gen Salz gekommen, welche er gnädig gehöret und von sich gelassen (*). Ao. 912. gieng mit Ludovico II. der fränkische Kaiserstamm aus. Und man findet nicht, daß mit denen Sorben was vorgegangen.

§. 6.

Nach Abgang derer fränkischen Kaiser, erlangte Cunradus I. zwar das Kaiserthum, allein Ao. 918. verließ er die Welt, und kam das Reich an die Sachsen, worzu Ao. 920. Henricus Auceps gelangete. Dieser hat sich mit denen Slaverwenden überaus viel zu thun gemacht, wie aus Dittmaro und Helmoldo zu ersehen. Er hat auch derselben Macht und Gewalt ziemlich gebrochen. Hingegen machten ihm die Hunnen mit ihren öftern Einfällen viel zu schaffen. Damit er nun sowohl denen Hunnen als Slaverwenden desto mächtiger begegnen und sie im Zaum halten könnte, machte er dazu mancherley Anstalten. Sonderlich that er das, und erließ denen, die durch Frevel das Leben verwirket, die Todesstrafe, unter dem Beding, daß sie beständige Soldaten seyn, und wider die rebellischen Sorben und andere Slaven streiten sollten. Seine Verrichtungen wider die Slaverwenden sind kürzlich diese: Ao. 925. gieng er im Winter

(*) Annal. Fuld. Paschate peracto ad urbem, quæ dicitur Saltz, pervenit Arnulphus Imp. advenientibus ibi ad eum, cum muneribus Soraborum missis, quos audivit, absolvit & abire permisit.

ter auf die Hebellerwenden in der Mark, nahm
Brandenburg ein, und tödtete die alten Wenden, zog zurück in der Dalemincier Land, ero-
berte die Stadt Gena, und ließ es den Einwohnern, wie in Brandenburg ergehen. Sigeb. Gembl.
ad A. 928. Abbas Ursp. Ferner gieng er in Böhmen, bekam Prag und den König Bolezlaum in
seine Gewalt, und machte die Böhmen tributarisch. Ursp. Da dies vorgieng, rebellirten die
Obotriten, welche Witechind Rhedarios nennt,
und die um Lüneburg sich befundene Wenden
sind. Gleichfals stunden die Wiltzer Haveler-
Brißnitzer Wenden und ihre Nachbarn auf, welche sich von dem harten Joch der Deutschen loßzumachen bemüheten: und da haben, aller Vermuthung nach, die Sorberwenden auch nicht
stille gesessen. Der Kaiser schickte Fürst Bern-
harden wider sie, dabey sich Dittmar, Graf von
Wettin befand, überwand sie alle, und machte
sie tributarisch (*). Hierauf nun, die überwundenen slavischen Völker im Gehorsam zu erhalten, richtete Henricus hin und wieder im Lande
Burgken auf, legte darein Besatzung, welche
nicht nur die Dämpfung der Rebellionen, sondern auch die Beschützung der errichteten Kirchen zum Zwecke hatten. Er bauete Städte,
und befahl, daß der neunte Mann vom Lande
darein

(*) Adam. Brem. und Helmold. Henricus I. Bohe-
mos & Sorabos ab aliis regibus domitos & ceteros
Slavorum populos uno grandi prœlio ita percussit,
ut residui, qui pauci remanserant & regi tributum & Deo Christianitatem ultro promitterent.

darein ziehen mußte. Er ordnete, daß alle Ga-
stereyen und Zusammenkünfte in Städten und
auf dem Lande, an öffentlichen Oertern geschä-
hen, damit die Sorben sich nicht zusammen rot-
tiren könnten; davon noch itzo in Oberlausitz
übrig, daß bey Hochzeiten, Kindtaufen, Ver-
schreibungen u. dergl. die Kretschenbierzüge gehalten werden müssen, u. v. a. m. Nachdem
Kaiser Henricus Ao. 932. die Hunnen bey Merseburg total geschlagen, versuchten letztere zwar
die Dalemincier und andere Sorben aufzuhetzen
und ihnen wider den Kaiser beyzustehen; allein
sie blieben dem Kaiser treu. Ao. 933. fielen die
Obotriten vom Kaiser ab; als aber der Kaiser die
Uckranos überzog, v. Continuat. Reginonis p. 438.
krochen sie bald zum Kreutz. Endlich gieng Kaiser Henricus I. Ao. 936. den Weg alles Fleisches.

§. 7.

Kaiser Heinrich hinterließ seinem Sohne Ot-
toni I. genannt Magnus, Land und Leute, und dieser folgte ihm im Kaiserthum. Ob nun zwar
sein Vater die Wenden ziemlich gezüchtiget und
ins Gedränge gebracht, so darf man sich doch
nicht einbilden, daß dieselben nunmehro sich ruhig befunden. Es empörete sich bald diese, bald
jene slavische Nation, und da hatte Otto genug
mit ihnen zu thun; wie wir kürzlich anzeigen
wollen. Gleich bey dem Antritt seiner Regierung waren die Böhmen aufsätzig; dahero er
wider sie zu Felde zog (*). Otto hatte mit seinem

(*) Otto Frif. ad An. 936. Otto I. in regno succedens.
Hic Slavos, qui & Boemi, reliftentes fibi, compefcuit.

nem Bruder Heinrichen Ao. 941. im Elſas zu
kriegen; dies verurſachte, daß die Märker und
Lauſitzer ihre alte Freyheit wieder ſuchten, und
im Magdeburgiſchen übel wirthſchafteten, welche aber Gero übel ablohnte.   Otto Friſ. ad An.
955. gedenket ſowohl der Hunnen Beginnen, als
des Aufſtandes der Wenden (*).   Zu dergleichen Aufruhr beredeten des Kaiſers Feinde Wig-
mann und Eckbert, Ao. 957. die Lauſitzer und
andere Wenden, ſich wider den Kaiſer zu ſetzen,
welche aber Gero bis aufs Haupt ſchlug. Wiederum findet man der Wenden Unruhe im Jahr
963. (**) und ferner von den liskauer Wenden,
ſo die Niederlauſitzer ſeyn ſollen, daß ſie in zwey
Schlachten überwunden worden.   Beſonders
gedenket Helmold. c. 9. daß diejenigen Slaben-
völker, welche Heinrich I. durch eine große
Schlacht, davon oben gedacht, überwunden,
aber von dem Kaiſer und von dem Chriſtenthum
abgefallen waren, Kaiſer Otto M. zum Gehorſam und Chriſtenthum wieder gebracht (***).

Ein

(*) Rex inde (ab Hungaris) digrediens Slavos reſi-
 ſtentes ſibi bello petiit, ac tam de ipſis, quam de
 Ungaris victor exiſtens, pater patriæ appellatus eſt.
(**) Contin. Regin. ad A. 963. apud nos quoque Slavi, qui dicuntur Lunſinzani ſubduntur.
(***) His rite peractis in Dania, fortiſſimus Otto rex
 convertit exercitum ad ſubjugandos Slavorum rebelles, quos pater uno grandi bello domuerat,
 ipſe deinceps virtute conſtrinxit, ut tributum &
 chriſtianitatem pro vita ſimul & patria libenter
 offerent victori, baptiſatusque eſt totus gentilium
 populus: Eccleſiæ in Slavina tunc primum con-
 ſtructæ.

Ein gleiches hat Annalista Saxo ad A. 960. Ad. Brem. L. II. c. 3. Und vieles anderes mehr hatte Otto M. mit denen Sorben zu schaffen, welches beym Dittmar, Helmold u. a. zu finden. Er beschloß sein Leben Ao. 973.

§. 8.

Bey denen folgenden sächsischen Kaisern hörten die Unruhen derer Wenden noch nicht auf, obgleich dieselben zu solcher Kraft nicht kommen konnten, wie in denen vorhergehenden Zeiten, indem durch die von denen Kaisern allenthalben geordnete Fürsten und Befehlshaber, ihre Macht und Freyheit immer mehr und mehr gebrochen wurde.

Als Otto II. mit denen Griechen und Saracénen in Italien zu thun hatte, begiengen es die Wenden in den Bißthümern Brandenburg und Havelberg sehr übel, welche aber die Bischöffe dämpfeten. Dittmar. L. 3.

Zu Zeiten Ottonis III. verwüsteten die Wenden Ao. 986. die Oerter an der Saale, und das folgende Jahr wird zweyer Schlachten gedacht, darinnen Bischof Dietrich und Bischof Meinhard umgekommen.

Ao. 991. und 992. bekriegte der böhmische Herzog Boleslaus den Herzog Miesco von Polen, und da sind die oberlausitzischen Sorben ohne Zweifel auch aufsätzig gewesen; denn Dittmar. L. 3. f. 83. schreibt, daß der meißnische Marggraf

Eckhart,

Eckhart, denen Milcienern, an statt ihrer angebornen Freyheit, das Joch angeleget (*).

Kaiser Heinrich der Bayer, zwang Ao. 1003.
die wendisch-heidnischen Könige in dem innern
Deutschland, daß sie ihm Tribut geben mußten (**). Von einem andern Abfall der Wenden vom Christenthum, der zu dieser Zeit, da die
Fürsten aus Geiz mit den Slaven hart umgegangen, entstanden, schreibet Helmold. c. 26. und
Herm. Contract. sagt, daß Kaiser Heinrich den
Herzog Boleslaw wieder in seine Gewalt gebracht.

Fernerhin zeigen uns die Scribenten mancherley Aufsetzlichkeiten der Wenden wider den
Kaiser an; welche deswegen mit den erstern immer im Streit leben müssen, doch dergestalt, daß
die Wenden allezeit verspielt, sich unterwerfen
und Tribut geben müssen; als 1036. die Leutici
Slaui. A. 1040. die Boemi. A. 1045. die Lintici,
sonderlich 1056. die Luitici, die denen Christen
eine große Niederlage verursachet, dergestalt, daß
der größte Theil der Christen erleget, viele in die
Elbe gejaget, etliche aber gefangen worden, wie
denn auch der kaiserl. General Marggraf Wil-
helm, sein Leben einbüßte. Abbas Ursp. Es
trieb aber der neue Kaiser Heinrich IV. dieselben
Ao. 1057. zu paaren, und brachte sie zum Gehorsam (*).

(*) Ekkihardus Marchio Misn. Milcienos à libertate
   indita servitutis jugo constrinxit.

(**) Siegebert. A. 1003. Henricus Imperator reges
   gentilium in interiori Germania, qui dicuntur
   Windi, sibi tributarios fecit.

ſam (*). Und Spangenberg Chron. Sax. p. 82,
ſagt daher, daß Kaiſer Heinrich die Lauſitzer Ao.
1068. überwunden. Allein bey beyden iſt wohl
eine Verwirrung mit den Luititiern. Ao. 1068.
gegen den Herbſt iſt der Kaiſer am Rhein geweſen – – iſt, als im Winter alle Flüſſe zu-
gefroren, wider die Lauſitzer gezogen – – die
Städte und Schlöſſer in Lauſitz erobert, Dörfer und Flecken verbrannt, das Landvolk zum
Gehorſam gebracht.

Das XIte Jahrhundert hindurch befand ſich
Deutſchland in vieler Unruhe, da die erwählten
Kaiſer mit ihren Gegenkaiſern und Päpſten zu
thun hatten. Dannenhero die Slaverwenden
immer Gelegenheit fanden, ſich aufzulehnen, und
ihre alte Freyheit hervorzuſuchen, welches ihnen
aber nicht gelungen, ſondern damit ſich je mehr
entkräftet, von Mannſchaft entblößet haben, und
von der Chriſten Macht überwältiget worden,
endlich ſich geben, und ſtille ſitzen müſſen. Und
iſt hiebey zu merken, daß Oberlauſitz in dieſem
eilften Jahrhundert von denen Polen viel erlitten, welche mehr als in die 70 Jahr ihr Weſen
darinnen getrieben; welches aber anzuführen zu
weitläuftig, auch nicht zu unſerm Vorhaben eigentlich gehöret.

Dritter

(*) Abbas Urſp. A. 1057. Henricus IV. electus. Saxones congregato exercitu gentem efferam Luiticio-
rum hoſtiliter invaſerunt, diverſisque malis eam
adfligentes romanæ ditioni ſubdiderunt & acceptis obſidibus & tributis ad propria redierunt.

Dritter Punct.

Was aus denen angeführten Kriegen der Franken und Sachsen in Ansehung der Einführung und Pflanzung der christlichen Religion bey und unter denen Sorben zu nehmen und zu schlüssen ist.

§. 1.

Dieses nun, was wir in dem vorhergehenden von dem äuserlichen Zustand derer Wenden zur Zeit der fränkischen und sächsischen Kaiser, aus denen Urquellen in Kürze vorgetragen, wollen wir nun zu unserm Zweck, wie, und was unsere oberlausitzischen Sorberwenden dabey von dem Christenthum erhalten, anwenden und gebrauchen, und uns auf den vorgesetzten zweyten Punct und dessen §§. beziehen.

§. 2.

Könnte uns Aventinus anzeigen, daß das, was er in Annal. Boj. L. 3. f. 161. schreibet, daß auf Befehl Dagoberti, die Bojen mit 3 Armeen in der Wenden Land eingefallen, sie überwunden und zu Christen gemacht, welches in die Zeit ungefähr Ao. 631. zu setzen, auch unsere oberlausitzer Wenden angehe, so würde man von letztern sagen können, daß bey ihnen unter allen Slavenvölkern die christliche Religion sich zuerst eingefunden. Da aber die Gründ- und Deut-

G   lichkeit

lichkeit ermangelt, so lassen wir es billig anste-
hen (*).

§. 3.

Die §. 2. angeführten Geschichte unter Carolo M. geben uns folgendes zur Erkänntniß des,
was im Christenthum bey denen oberlausitzischen
Wenden vorgegangen, an. Kaiser Carolus M.
hatte bey Führung seiner Kriege sowohl bey denen Sachsen, als Slaven, den Zweck, nicht allein
neue Länder an sich, sondern auch die damaligen
heidnischen Völker dieser Länder zum Christenthum zu bringen, wie Helmold. c. 3. und Kranz.
in metrop. proemio und L. I. c. 1. bezeugen (**).
Ob nun zwar die Heiden mit Spieß und
Schwerdt zu bekehren, nicht die rechte und der
Natur und Art des Christenthums gemäße Methode ist, sondern vielmehr derjenigen, die Christus seinen Aposteln befohlen, und deren sie sich
auch

(*) Aventini Worte lauten also: Reguli Bojorum, jussu
   regis (Dagoberti) tribus exercitibus Venedorum
   regionem invadunt; in obsequium & deditionem
   redigunt; Venedos quoque sub jugum religionis
   christianæ mittunt.

(**) Helmold. Magna usus industria, Saxonum populos, licet male meritos, statuit, supernæ mercedis
   intuitu, omni debito censu absolvere, atque pri-
   stinæ libertati condonare, ne forte servitiis aut
   tributis prægravati ad rebellionis necessitatem &
   paganismi errores impellerentur. Porro ea con-
   ditio à rege proposita, & ab ipsis suscepta est, ut
   abjecto Dæmonum cultu, christianæ fidei Sacramenta susciperent, essentque tributarii & subjuga-
   los Domini Dei.

auch bey Pflanzung und Ausbreitung des Rei=
ches Christi bedienet, schnurstracks zuwider lauft,
so muß man doch Carolum M. und alle folgende
Kaiser, welche mit Gewalt und Krieg das Hei=
denthum auszurotten, und das Christenthum
einzuführen sich bemühet, nach dem Sinn und
Meynung der damals florirenden Kirche beur=
theilen, als welche damals diese Art der Bekeh=
rung gebraucht und vor recht gehalten hat.

Diesemnach, da Carolus M. die Sorben, zu
denen unsere Oberlausitzer gehöret, verschiedene=
mal überzogen, bekrieget, auch überwunden, so
ist daraus zu schlüssen, daß er die Sorben zu be=
kehren, d. i. das Heidenthum zu vertilgen, und
die damalige christliche Religionsweise in Uebung
zu bringen, sich hat angelegen seyn lassen. Folg=
lich ist durch ihn der Anfang der Bekanntma=
chung des Christenthums bey unsern oberlausitz.
Sorben gemachet worden. Man siehet aber
auch aus denen §. 2. angeführten Umständen,
daß es mit Tilgung des Heidenthums und Auf=
richtung der christlichen Religion sehr schlecht zu=
gegangen, auch damit wenig Bestand gehabt.
Denn wenn gleich Carolus M. einmal die Sor=
ben bezwungen, und darauf ihnen einige christ=
liche Priester gegeben, die ihnen die Weise der
christlichen Religion gelehret und geübet, so hat
es doch nicht lange gedauert; indem, wenn die
Sorben von dem Kaiser abfielen, sie, gleich an=
dern slavischen Völkern, die Priester nicht gelitten,
sondern sie entweder getödtet, oder doch wenigstens
verjaget. Hierzu haben die zur Zeit des Ueber=

falls und der Gewalt, sich versteckten heidnischen
Pfaffen wieder eingestellt, das Volk zur vorigen
Abgötterey ermuntert und den Götzendienst wieder aufgerichtet, darzu ein vieles die Liebe zu der
alten angebornen und väterlich-heidnischen Religion beygetragen haben mag. Ueberdieses war
der Unterricht von dem Christenthum von der
schlechtesten Art. Derselbe gieng nicht sowohl
auf eine überzeugende Erkänntniß des menschlichen Seelenverderbens, und des zur Errettung
und Befreyung aus demselben von GOtt gesandten Heylandes, sondern nur größtentheils
auf die Bekanntmachung, Annehmung und Uebung der gewöhnlichen äuserlichen Kirchenceremonien. Man kan demnach nicht sagen, daß zu
dieses Kaisers Zeiten etwas Gründliches und Beständiges in Bekehrung der heidnischen Sorben
geschehen, also, daß in die folgende Zeit etwas
Christliches übrig geblieben wäre. Alle Umstände der Geschichte geben, daß, wenn auch hier
und da ein christlicher Saame ausgestreuet, dennoch derselbe wieder ersticket worden.

§. 4.

Zwar der Jesuit Jac. Ticinus in Epit. historiæ
Rosenthal. Pragæ, 1692. 8. c. 2. n. 10. p. 67. seq.
giebet vor, daß, als Kaisers Caroli M. Armee sich
in unsrer Oberlausitz befunden, ein Soldat von
der Armee bey dem Rückzug, ein Marienbild,
welches er zur Devotion mitgeführt, in der Camenzischen Gegend hinterlassen habe; welches
sich, als die Sorberwenden rebellirt und nichts
Christ-

Chriſtliches leiden wollen, in eine Linde retirirt und daſelbſt verborgen gehalten, bis endlich in dieſem Lande das Chriſtenthum völlige Freyheit, Ruhe und Sicherheit erlanget, da es ſich denn von denen Leuten finden laſſen, worauf es nach der Zeit in die Kapelle nach Roſenthal gebracht worden, woſelbſt es anitzo anzutreffen. Dieſe Nachricht ſcheint uns ohne Grund zu ſeyn, gleich- wie ſie auch mit den hiſtoriſchen Umſtänden ſtrei- tet. Bekannter maßen war Carolus M. kein be- ſonderer Freund von Bildern, wie er denn Ao. 794. zu Frankfurt am Mayn der Verehrung der Bilder entgegen, einen Synodum gehalten, auch ſelbſt ein Buch darwider geſchrieben. So iſt auch die Verehrung der Bilder in Deutſch- land, zu dieſer Zeit, noch nicht in Uebung gewe- ſen, ſondern hat ſich lange Zeit darauf angefan- gen. Das Bild der Heil. Jungfrau Marien, widerleget das Alterthum derſelben. Die auf dem Rocke gemahlten Lilien, wie ſie Ticinus im Kupfer darſtellet, ſind nicht franzöſiſche Lilien, die Gegentheil als einen Beweiß des hohen Al- terthums anführet. Denn einmal, ſo ſind die franzöſiſchen Heraldiſten noch nicht einig, was dieſelben in dem franzöſiſchen Wappen eigent- lich vorſtellen. Einige ſehen ſie vor drey goldene Kröten oder Fröſche, andere vor Bienen an: zweytens ſind ſie uneinig wegen der Zeit, wenn, und bey was für Gelegenheit, ſie in dem Wap- pen einen Platz bekommen. So hatte auch Philippus Auguſtus in ſeinem Wappen nur eine, Philippus pulcher zehen, Philippus III. und Caro-

lus

lus drey: davon man J. C. Becmanni Syntagm.
dignitatum diſſ. VII. Cap. III. §. 8. p. 739. ſeqq.
nachleſen kan; und gehören beſonders Blondelli
Worte hieher, in welchen er bezeuget, daß vor
den Zeiten Ludewigs VII. Ao. 1137. kein Siegel
mit Lilien aufgewieſen werden könne (*). Dieſes widerleget juſt das, was man mit dem, mit
Lilien gezierten roſenthaliſchen Bilde B. M. V.
beweiſen will, daß es aus dem 8ten Jahrhundert
herſtammen ſollte, da 400 Jahr nach Carolo M.
die Lilien in das franzöſiſche Wappen erſt eingeführet worden ſind. An ſtatt, daß die Lilien
auf dem Bilde ein Beweiß des Alterthums ſeyn
ſollen, halten wir mit beſſern Grunde davor, daß
ſie ein Symbolum und Anzeige der unbefleckten
Keuſchheit B. M. V. ſind, als aus welcher Urſache die Abbatißinnen dergleichen Lilien in ihren
Wappen zu führen pflegen (**). Wenn man die
Größe des roſenthaliſchen Marienbildes betrachtet, iſt es nicht leicht zu glauben, daß ein Soldat im Herumziehen aus Frankreich her, damit
ſich ſollte beläſtiget haben, zumal die Kriegsleute
damals ſich wohl wenig um das Exercitium Religionis bekümmert haben mögen. Und da die
Hußi-

(*) Nullius regum noſtrorum ante Lûdovici VII.
A. MCXXXVII. patri ſuffecti tempora Sigillum
Liliatum extat. vid. Chifflet. Tom. V. Scriptorum
antiquiorum Franciæ C. VIII. f. 56.

(**) Durand. Ration. div. Off. L. I. Tit. de pict. f.
VIII. a, edit Hag. 1509. Flores & arbores cum fructibus ad repræſentandum fructus bonorum ope-
rum & virtutum e radicibus prodeuntium. Pictu-
rarum autem varietas virtutum varietatem deſignat.

Hußiten im 15ten Jahrhundert etlichemal die O-
berlaufitz durchstrichen und die Kirchen verwüstet,
also, daß man keine vor dem 15ten Jahrhundert
erbauete Kirche in ihrer ersten Gestalt darstellen
kan, als die Klosterkirche in Görlitz (denn Görlitz haben die Hußiten nie einbekommen) auch
dieselben Feinde derer Bilder waren, so will auch
hier das Alterthum des Bildes nicht statt finden. Außerdem hat man eine andere Erzählung
von dem Ursprung dieses Bildes, welche M. C.
S. Senff in der Kirchenreformation des Amtes
Stolpen, Budißin 1719. p. 266. cap. 6. hat. Zu
Göda war ein Gnadenbild B. M. V. dahin gros-
se Wallfahrt geschahe. Als nun daselbst 1557.
die Reformation bevorstund, gieng der dasige
Parochus ohne Abschied davon, und nahm dieses
Bild mit sich, und brachte es in Sicherheit nach
Crostwitz, einem Dorfe in Oberlaufitz, so dem
Kloster Marienstern gehöret, woselbst ein röm.
catholischer Parochus sich bis itzo findet, davon
Rosenthal ein Filial jederzeit gewesen, p. 267.
Man giebt zwar vor, von diesem Bilde (sind
Worte M Senffes) daß es von uralten Zeiten
von einem benachbarten Edelmann auf der
Jagd in einer Linde sey gefunden worden. Aber
die Bauern in der gödauischen Pflege haben einen andern Glauben davon gehabt, und geur-
theilet, es wäre das Marienbild zu Rosenthal
diejenige Maria, so kurz vor der Reformation
bey ihnen entlaufen, und dahero scherzweise gesagt: ßwjata Marja je ß Hodžija cžekta a
ßo do Rozana data, d. i. die heil. Maria ist

G 4 von

von Göda entlaufen, und hat sich nach Rosenthal gewendet.

§. 5.

Wir wenden uns wieder zu den Geschichten
der fränkischen Kaiser, Ludovici Pii, s. §. 3. und
der andern, s. §. 4. und sehen, was wir darinnen
zum Vortheil des Christenthums bey unsern
Wenden finden. Die Zeiten Ludovici sind also
gestaltet, daß, da man bey den Scribenten von
der Sorben Unruhen nicht viel findet, man vermuthen kan, daß das Christenthum unter ihnen
bekannter worden sey. Allein die folgenden Zeitläufte, da die Sorben einmal nach dem andern
aufgestanden, sich von der Franken Herrschaft
loszumachen, in die benachbarten Länder eingefallen, und mit Rauben, Morden, Sengen und
Brennen ihr unsinniges Wesen getrieben, geben
uns leicht zu erkennen, daß die christliche Religion schlechte Achtung und Uebung bey ihnen gehabt, und sich alles wieder verloren hat. Sind
auch gleich allzeit die Sorben nach ihrem Aufstand wieder gebändiget worden, hat man zu
ihnen christliche Priester gesendet, und Kirchen
und Kapellen aufgebauet, so haben sie solches
doch nur aus Zwang leiden, und sich wegen über-
legener Macht zu dem bequemen müssen, was
man nach damaliger Christenweise heischte und
verlangte. Indessen aber behielten sie doch das
Heidenthum mit großer Anhänglichkeit, und in
ihren Herzen gegen das Christenthum den größten Haß, welches beydes bey ersterer Gelegenheit,

wenn

wenn sie sich mächtiger als die Christen fanden,
offenbarte, und in der That bewieß. Ist etwas
von der christlichen Religion in unserm Sorberlande zu Stande kommen, so muß es unter der
Regierung Kaisers Arnulphi geschehen seyn, nachdem Poppo die Sorben so sehr gedemüthiget und
von Kräften gebracht. Denn von der Zeit an,
bis zu den sächsischen Kaisern, schweigen die
Scribenten von den Aufständen der Serben,
gedenken aber, daß sie zu dem Kaiser Arnolph
ihre Gesandten mit Geschenken geschickt, der sie
auch ruhig nach Hause gelassen.

§. 6.

Was die fränkischen Kayser in Oberlausitz
bey denen Sorben sowohl, daß sie sie unter ihre
Bothmäßigkeit bringen, als auch das Christenthum unter ihnen aufrichten können, nicht vermocht, das haben die sächsischen Kaiser
endlich zu Stande gebracht. Dem Henrico I.
gehöret billig der erste und vornehmste Ruhm.
Denn man siehet aus seiner ganzen Geschichte
§. 6. daß er unter allen Kaisern die Slaven, und
namentlich unsere oberlausitzischen Sorberwenden am heftigsten angegriffen, auf das durch-
dringenste gedemüthiget, zum beständigsten Gehorsam gebracht, und sie tributarisch gemacht.
Denn ob schon die Sorben ein und das ander-
mal, währender seiner Regierung, nachdem er sie
in einer Hauptschlacht völlig übern Haufen geworfen, wider ihn nach Art und durch Reitzung
und Exempel anderer Slaven, aufs neue aufge-

G 5   standen,

standen, so sind sie doch allemal übel ankommen,
und haben um Gnade bitten müssen. Hierzu
dienten die vielen Anstalten derer oben §. 6. gedacht. Denn dadurch wurden sie in steter Aufsicht und Zucht gehalten, also, daß sie nicht so
leicht Gelegenheit finden konnten, zu rebelliren,
die Kirchen zu zerbrechen, und die christlichen
Priester abzuschaffen. Da nun die Scribenten
bezeugen, daß Kaiser Heinrich in den eroberten
wendischen Landen sich höchst angelegen seyn lassen, bey denen Einwohnern das Christenthum
zu pflanzen, Kirchen zu erbauen, u. dergl. m. so
kan man füglich schlüssen, daß, da er unsere Oberlausitz gleichfals bezwungen, er allhier ein gleiches gethan haben wird. Ich erachte dahero,
daß die St. Nicolaikirche in Budißin, unter
Kaiser Heinrichen entstanden sey, theils, weil solche denen Marggrafen von Meissen nahe gelegen,
theils, weil in Budißin sich eine Burg gefunden,
aus welcher, durch die darinnen liegende Besatzung, die neue Kirche, und dasige neue Christen,
wider das gewaltsame Fürnehmen der Sorben
beschützet werden können; theils, weil diese Kirche in denen alten Zeiten den weitläuftigsten
geistlichen Sprengel in Oberlausitz gehabt, dergestalt, daß die etliche Meilen herum wohnenden
Sorben mit ihrem Gottesdienst dahin gehöret
haben.

§. 7.

Wie nun Kaiser Heinrich in Pflanzung des
Christenthums unter denen Wenden sich geschäf-
tig

tig erwiesen, also ist sein Sohn Otto hierinnen
emsig fortgefahren, und dasselbe auszubreiten
und zu erhalten sich höchst angelegen seyn lassen.

Zwar, wenn man betrachtet, daß Kaiser Otto
alsbald bey dem Anfang seiner Regierung mit
denen Böhmen zu thun gehabt, ferner mit denen Märkern und Lausitzern, so in das Magde-
buraische eingefallen, ingleichen mit denen Hunnen und Wenden Ao. 955. und das so weiter
hin, s. §. 7. besonders da die Slaven, worun-
ter auch die oberlausitzischen Sorben, sich gefunden, welche sein Vater Heinrich in einer
großen Schlacht bezwungen, wider ihn aufgestanden, und er sie wieder zum Gehorsam,
Tribut und Christenthum bringen müssen; so
kan man daraus den Schluß ungezwungen machen, daß das von Henrico angezündete Chri-
stenthumslicht ziemlich wieder verloschen seyn
mag.   Denn da die Wenden nur aus Noth
und Zwang, weil sie die sächsische Armee
nebst denen Marg- und Burggrafen auf dem
Halse hatten, die auf sie genau merkten, und
hart mit ihnen umgiengen, sich zwar äußerlich,
aber nicht innerlich durch Ueberzeugung der
Wahrheit, zu der christlichen Religion bekannten, folglich ihr altes heidnisches Wesen im Herzen behielten und liebten, so haben sie, wenn es
nur einigermaßen Zeit und Gelegenheit litte, sich
der Bothmäßigkeit der Sachsen und des gezwungen angenommenen Christenthums zu ent-
schütten gesucht.   Bey dem allen hat es Kaiser Otto nicht ermangeln lassen, wie in allen
Slaver-

Slaverwenden Landen, also auch bey unſern
oberlauſitz. Sorben, dem Chriſtenthum wieder
aufzuhelſen, demſelben Beyſtand und was Blei-
bendes zu verſchaffen, theils, indem er die Abge-
fallenen wieder zum Gehorſam gebracht, theils,
indem er immer mehr Burgken angeleget, auch
chriſtlichen ſächſiſchen Rittern, dies und jenes
Stück im Lande zu Lehen gereichet, und zugleich
ihnen die daſelbſt befindlichen Sorben zur Aufſicht übergeben; theils aber allenthalben Kirchen
und Bißthümer unter ihnen aufgerichtet, als
Magdeburg, Merſeburg, Zeitz, Meiſſen, Havel-
burg, Altenburg. So ſchreiben ſich auch viele
Klöſter, Schulen, Hoſpitäler u. dergl. die er erbauet und reichlich begabet, von ihm her. Da
er nun bey Aufrichtung des Bißthums Meiſſen,
ſein Abſehen auf unſere Oberlauſitz mit gehabt,
ſo ergiebt es ſich, daß die oberlauſitziſchen Sorben nunmehro von dieſem Stift mehrere und be-
ſtändigere Verſorgung, mit der Lehre und den
Lehrern erhalten hat. Aus verſchiedenen Umſtänden läſſet es ſich muthmaßen, daß unter dieſem Kaiſer die Kirche zu Jauernick ihren Anfang
genommen. Denn gleichwie ſein Vater Heinrich denen budißiniſchen Sorben, welche nach
der alten Landesgrenze, bis an das löbauiſche
Waſſer wohnten, die obgedachte Nicolaikirche
in Budißin errichtet, alſo dieſer ſein Sohn Otto
denen im görlitziſchen Kreiß, von gemeldtem lö-
bauiſchen Waſſer bis an den Neiß- und Queiß-
fluß, befindlichen Wenden gleiche Wohlthat erwieſen, und ihnen zu Gute die Kirche zu Jauernick

nick geſtiftet. Es beſtärket ſolches, weil bey dieſer Kirche ſich gleichfals eine kaiſerliche Burg
gefunden, dadurch die Kirche beſchützet werden
können; anbey der Kriſpel derſelben einen weitläuftigen Umfang gehabt, welcher ober-und nie-
derwärts, ſich in die 2, 3 bis 4 Meilen erſtrecket.
Ob nun zwar ein mehrers, von Ottonis I. chriſtli-
chem Fürnehmen bey unſern Sorben, wegen des
großen Mangels der Nachrichten aus damaligen Zeiten, ſich nicht deutlich offenbaret; ſo kan
man doch aus allen einſchlagenden Umſtänden
wahrſcheinlich ſehen, daß unter ſeiner Regierung
die Sorben in Oberlauſitz dergeſtalt in das Gedränge gebracht worden, daß von der Zeit an,
ſie ſich der chriſtlichen Religion nicht mehr ſo
ſehr, als vorher, widerſetzen können, dahero dieſelbe Gelegenheit gefunden, ſich immer weiter
auszubreiten.

§. .8.

In der folgenden ſächſiſchen Kaiſer Zeiten,
haben zwar die Unruhen derer Wenden und unſerer oberlauſitziſchen Sorben nicht gäntzlich aufgehöret, davon der §. 8. zeuget: allein ſie ſind
doch nie recht zur Kraft gekommen, indem durch
die von denen Kaiſern neu angelegten Burgken,
und denen dahin verordneten Befehlshabern, denen Serben die Freyheit vollends benommen
und ihre Macht gebrochen worden, wie ſolches
von denen Milcienern oder einem Theil unſerer
oberlauſitz. Sorben ausdrücklich geſaget wird.
Es ſahen auch die Sorben, daß es ihren Ge-
ſchlechts-

ſchlechtsverwandten, denen andern Slaven und
Wendenvölkern, mit ihrer Widerſetzlichkeit nie
gelungen, ſondern dieſelben allzeit hart dafür büſ-
ſen müſſen; dahero ſie denn endlich, ſo ſie nicht
gänzlich ausgerottet werden wollten, ſich bequemen müſſen, ſtill zu ſitzen, und ſich wenigſtens zu
der Form des Chriſtenthums zu bequemen, für
dienlich befunden. Und unter dieſer Kaiſer Regierung, ſetze ich die Zeit, da mehrere Kirchen in
Oberlauſitz entſtanden ſind, und rechne ich beſonders diejenigen dahin, welche folgender Zeit,
bey errichteter Hierarchia eccleſiaſtica, oder geiſt-
lichem Kirchenſtaat, einen Sedem Archipresbyte-
rialem oder Erzprieſterſtuhl in Oberlauſitz bekommen, und wegen ihres Alterthums darzu erwählet worden, als: Görlitz, Lauban, Camenz,
Löbau, Reichenbach, Seidenberg. Denn
an dieſen meiſten Orten fanden ſich kaiſerliche
Burgken, die zum Schutz derer Kirchen und
Chriſten gehörten. Man hielt es nach damaliger Kirchenweiſe, alſo, daß man denen Kirchen,
welche die älteſten waren, einen ſonderbaren
Vorzug gab. Da nun bemeldte Kirchen den
Vorzug erhalten, daß ſie erzprieſterliche Kirchen
und Stühle worden, ſo ſind ſie älter, als die andern. Ueberdieſes hatten die erſtern Kirchen einen weitläuftigen Sprengel. Wenn nun in
demſelben ſich mehrere Sorben zum Chriſtenthum bekannten, oder auch andere Chriſten ſich
daſelbſt niederlieſſen, folglich die Kirchgemeinde
ſtärker, denen entlegenen aber die Entfernung,
ſich zu der Kirche mit dem Gottesdienſt zu halten,

ten, zu beschwerlich wurde, so erhielten die Ritter und Herrschaften die Erlaubniß, an denen
entfernten Orten eine Kapelle oder Oratorium
aufzubauen, in welchen aber ein mehrers nicht,
als Messe gelesen und Betstunden gehalten werden durften, dahin der Parochus seine Kapelläne,
solches zu verrichten, sendete; da hingegen Communion, Taufen, Trauen u. dergl. bey der Pa-
rochial- oder Pfarrkirche geschehen mußten. Waren nun an einem Orte zum wenigsten 10 christliche Familien, so konnte die Kapelle oder das
Oratorium in eine Pfarrkirche verwandelt werden, und einen eigenen Parochum und Pfarrer
bekommen.   Diese neue Kirchen machten sich
von dem nexu parochiali der alten Kirchen loß,
theils durch gewisse Compensation und Gegen-
erstattung des Verlustes, den der alte Pfarr
durch Abtrennung seiner Pfarrkinder erlitte, und
welche in gewissen jährlichen Zinsen, Abtretung
einiger Einwohner, die man als Pfarr- und
Wiedmuthsleute gab, durch Zueignung einer
oder mehrer Wiesen, Gehölzer u. dergl. dahero
es kommt, daß in Oberlausitz noch auf heute
an einem Orte, wo eine Kirche ist, dennoch sich
Wiedmuthsleute finden, welche einem Pfarrer
bey einer andern Kirche gehören; theils, daß die
damals gefälligen Decimen bey der ersten Kirche bleiben und dem Pfarrer daselbst abgeschüttet
werden mußten, wie solches noch itzo in Uebung
ist.   Ob nun zwar solchergestalt die Einwohner
eines Ortes, wo eine neue Kirche war, von der
Verbindlichkeit, sich nicht mehr mit dem Gottesdienste

dienſte zu der erſten und alten Kirche zu halten,
loß worden, ſo blieb doch die alte Kirche in ſondern Ehren, alſo, daß derſelben Prieſter, über die
Prieſter der neuen Kirchen, die Aufſicht hatten,
auch durch erſtere denen letztern die biſchöflichen
Verordnungen bekannt gemacht wurden, und
daher ſind die erzprieſterlichen Stühle entſtanden; wie ich ſolches in meiner Abhandlung von
denen erzprieſterlichen Stühlen in Oberlauſitz
Mſc. umſtändlich und gründlich ausgeführet.
Sind nun diejenigen Kirchen, wie obangeführt,
die älteſten in Oberlauſitz, wo ſich währendem
Papſtthum, Erzprieſter gefunden, ſo können wir
gar wohl, wenn wir andere hiſtoriſche Umſtände
darzunehmen, ſchlüſſen, daß dieſelben Kirchen, zur
Zeit der ſächſiſchen Kaiſer, in dem letzten Theil
des 11ten Jahrhunderts entſtanden ſind. Zum
ſichern Beweiß wollen wir, Kürze wegen, nur ein
Exempel anführen. Auf der Nicolaikirche in
Görlitz, fand ſich ein Glöcklein, auf welchem die
Jahrzahl 1041. ſtund, ſo aber 1642. im Feuer
verdorben. Dieſemnach muß zu und vor der
Zeit dieſe Kirche in Görlitz geſtanden haben, und
auch darinnen Gottesdienſt gepfleget worden ſeyn.

§. 9.

Aus dieſem iſt klar und offenbar, daß zur Zeit
der ſächſiſchen Kaiſer viele Kirchen in Oberlauſitz erbauet worden ſind, und mehrere Sorben
ſich zum Chriſtenthum gewendet. Gleichwohl
aber iſt es an dem, daß in denen damaligen noch
großen Haiden und Wäldern, ſich viele Sor-
berhei-

berheiden mögen gefunden und ihren Götzendienst
verrichtet haben, zumal in denen Gegenden, wo
kein ordentliches mit aneinanderhangenden Häusern gebauetes Dorf, und in selbigem keine christliche Ritter und Herrschaften sich gefunden, welche solches bemerken und ihnen ihren Götzendienst
wehren können. Ja in denen Dörfern selbst,
sind dergleichen anzutreffen gewesen, welche aus
Zwang das äußerliche Kirchenwesen zwar mitgemacht, heimlich aber doch denen Götzen ange-
hangen, und ihnen gedienet: von deren Ursachen
im folgenden Capitel.

§. 10.

Ueber itztangeführte Arten der Bekehrung derer Serben in Oberlausitz, gedenken die oberlausitzischen Jahrbücher und Scribenten, noch einer
und der andern. Ticinus l. c. C. I. p. 31. erzählet
aus Zeidleri Annal. Budiss. daß Adelgott, Erzbischof zu Magdeburg, Ao. 1126. nebst Lothario,
nachherigem Kaiser, denen Serben in Lausitz, ihren Götzendienst zerstöhret habe. Ein gleiches hat
Manlius Comment. R. L. daß, als die Wenden
vom Christenthum abgefallen, und ihr voriges
Götzenbild, das von dem Stein, auf welchem es
gestanden, der Fluß geheissen, wieder aufgerichtet, Herzog Lotharius und Erzbischof Adelgott
solches über den Haufen geworfen. Wie auch
Kunschke diss. 3. Sect. 6. §. 11. davon redet (*).

H   Allein

(*) Restaurata fuit religio christiana penes Lusatos:
    novimus enim ex indubitatæ fidei historicis, quod
                                          circa

Allein weder die Autores, noch die Umſtände
ſtimmen überein.   Denn was ſollte Erzbiſchof
Adelgott in Lauſitz zu ſchaffen gehabt haben, da
dieſe Provinz nicht unter ſeinem Biſchofsſtab,
ſondern unter des Biſchofs von Meiſſen, deſſen
Kirche aber ingenua & exemta war, geſtanden?
Es ſoll nach Ticini Angeben 1126. geſchehen ſeyn,
und gleichwohl iſt Adelgott 1119. bereits verſtor-
ben. Abbas Urſp. p. 201.   Und da ſich alle, die
es vorgeben, auf Autores berufen, ſo findet man
bey ſelbigen doch nichts von unſern Oberlauſitzern, ſondern nur von Wenden.   Die ganze
Nachricht ſcheinet mir eine falſche Deutung deſſen, was Helmold. und aus ihm Kranz. in Saxon.
L. 4. c. 36. p. 130. in dem Jahr 1116. von den
Wenden erzählen, zu ſeyn: daß nehmlich Kaiſer
Heinrich Ao. 1115. mit ſeiner Armee zu Felde gezogen, welche aber Herzog Luderus geſchlagen.
Und da habe man auf dem Schlachtfelde ein
Siegeszeichen, einen geharniſchten Mann mit einer Keule, daran der Sachſen Waffen gehan-
gen, aufgerichtet.   Solches Bild habe das gemeine Volk als einen Götzen angeſehen, geehret,
und vor ihren alten Gott, Jodute genannt, gehalten.   Da dies kluge Leute gemerket, wäre die
Statua niedergeworfen, und ein Kloſter dahin
                                        gebauet

circa A. 1116. Lotharius dux Imperator & Adel-
gottus Magdeb. eccleſiæ Antiſtes in Luſatiam profecti Idolum Flins, quod Sorabi paulo ante erexe-
runt, denuo dejecerunt & Luſatos ad ſacra chri-
ſtiana redire coëgerit. vid. Theod. Engelhuſij
Chron. p. 223.

gebauet worden (*).   Wer siehet nicht, daß die
ersten oberlausitzischen Annalisten, solches auf die
Sorben in Oberlausitz gedeutet, den Flinß vor
Jodutam gesetzet, und die übrigen Umstände auf
die Wenden gezogen.   Denen sind die andern
nachgefolget, und ist der Irrthum allgemein
worden.

§. 11.

Ferner ist es eine allgemeine Sage in allen
oberlausitz. Jahrbüchern und andern Schriften,
daß Bischof Otto zu Bamberg, Ao. 1124. als er
von dem Herzog Boleslao in Polen, der die heidnischen Pommern unter seine Bothmäßigkeit gebracht, ersuchet worden, sich dahin zu begeben,
und dieses Volk zu bekehren.   Und da er dieses
gethan, sey er durch die Lausitz gereiset, und habe
da das Evangelium geprediget, den Flinß bey
Oehna ohnweit Budißin zerstöhret, und dem
Heydenthum den letzten Stoß gegeben. Manlius
Deigm. c. 12. §. 2. Comment. L. 3. c. 13. §. 1. Ticinus l. c. C. 1. p. 37. Mich. Frentzel in der Vorrede der Predigt, bey Einweihung des Tauf-
H 2   steins

(*) Kranz. Tropæum victores erexere in loco pugnæ,
armata clava virum, cum dependentibus armis
Saxonum. Hanc statuam rustica gens, in supersti-
tionem (in quam sunt faciles) versa, cœpit velut
idolum venerari, arbitrata, esse antiquitatis Deum,
quam dixere Jodute – ubi intellexere viri pru-
dentes, statuam populo dare occasionem idolatriæ,
dejecerunt penitus, reponentes in locum, qui nunc
dicitur Weddingstede, conventum fratrum prædi-
catorum.

ſteins zu Poſtwitz, u. a. Deren Erzählung grün-
det ſich auf Abbatem Urſp. p. 206. deſſen Worte
Manlius ſich auch faſt bedienet (*). Man ſiehet, daß Manlius ſich das Wort Lutitia verfüh-
ren laſſen, und ſolches mit auf die Oberlauſitz gezogen, da doch zu der Zeit dieſes Land den Namen noch nicht geführet, ſondern derſelbe der
Niederlauſitz allein gebühret. Wie denn auch
die Namen der Städte, welche Urſpergenſis verderbt beybringt, und die beym Kranz. in Saxon.
L. V. c. 44. p. 136. verbeſſert zu leſen (**), ge-
nugſam anzeigen, daß ſolche unſere Oberlauſitz
gar nicht angehen, auch von derſelben entlegen
ſind, wohl aber der Niederlauſitz ſich näher finden: und könnte man unter dem angeführten
Lubin, die Hauptſtadt in Niederlauſitz, Lübben-
verſtehen. Wie denn Hr. Großer in L. Merkw.
P. II. p. 9. dieſe Erzählung von der Bekehrung
der Oberlauſitz durch Ottonem ſchon in Zweifel
gezogen, wenn er in der Note (t) ſchreibet: „Obwohl Urſperg, Helmold, Kranz erwähnen, daß
Biſchof Otto quasdam Lutitiæ urbes bekehret
habe,

(*) A. 1124. Otto D. G. Babenberg. Eccleſiæ Ep. di-
vino admonitus inſtinctu — — partes Pomerano-
rum, cum quibusdam civitatibus terræ Lutitiæ
aggreſſus eſt, ut eos ab errore ſuo revocaret & ad
viam veritatis & ad agnitionem filii Dei perdu-
ceret — — Nomen civitatum Piritzſtein, Vuliga-
men, Colberch, Belgrado, Lubingreſch.

(**) Urbium nomina, in quibus prædicaverat, fidem-
que ſeminaverat, populo baptizato præceptis in-
ſtituto, hæc ſunt, Poritz (Piritz) Stetin, Wolin,
Camin, Colberg, Belgrat, Lubin, Greſh (Greiffen-
hagen).

habe, so ist doch noch Fragens werth: ob sich
seine Sorgfalt bis disseits der Spree erstreckt,
oder an der Havel geendiget habe? Und gesetzt
auch, daß er so weit gekommen, so könnte er doch
denen lausitzer Wenden das Evangelium nicht
Ao. 1124. geprediget haben: denn dazumal gieng
seine Reise nach Pommern durch Böhmen,
Schlesien und Polen, wie aus Crameri Pom-
mer. Kirchenhist. L. 1. c. 15. p 25. zu ersehen ist,
sondern es müßte auf der andern Reise, die er
Ao. 1128. durch Sachsen gethan, auf welcher er
auch dem Bischof zu Havelberg zugesprochen,
und also einen ziemlichen Strich der lutitischen
Wendenpflege durchgezogen, erfolget seyn. Id.
Cramer. c. 29. p. 51."

§. 12.

Wenn man die Umstände der Oberlausitz von
Ao. 1100. und weiter hin betrachtet, so findet man,
daß die Sorben zu der Zeit nicht mehr rebelliren, vielweniger öffentlich und solenn Abgötterey
treiben können, daß deswegen die Kaiser mit Armeen kommen und das Heidenthum zerstöhren
müssen; Wie denn auch die Scribenten der
oberlausitzischen Sorben in die 100 Jahr nicht
mehr gedenken, daß was rebellisches unter ihnen
vorgegangen sey. Denn damals sind unsere
Sorben von aller Gewalt schon herunter gesetzet
gewesen. Sie hatten Marggrafen, die genau
auf sie merkten; im Lande waren allenthalben
Burgken, und darinnen Besatzungen, die sie wenig verdächtiges thun liessen. Auch waren

Städte, darinnen lauter Christen wohnten, die
die Oberhand hatten. Es ist demnach nicht be-
greiflich, daß, da in Budißin die christliche Religion in Uebung, auch sich daselbst eine Burgk
gefunden, die Wenden, so verwegen sich bezeigt
haben sollten, nicht weit davon ihre Götzengreuel
öffentlich mit dem Flinß zu treiben, und daß die
christl. Aufseher zu Budißin ihnen solches sollten
gestattet haben. Ist etwas daran, daß Bischof
Otto in seiner Durchreise durch Lausitz etwas bey
denen Sorben gethan, so hat dieses darinnen be-
standen, daß er denen Christen, welche wenig Erkänntniß hatten, einigen Unterricht ertheilet, und
sie zur Beständigkeit ermahnet.

§. 13.

Ueberhaupt ist bey dem Beschluß dieses Capitels zu merken, daß die oberlausitz. Annalisten,
wenn sie bey denen alten Historicis derer Slaven
und Wenden gedacht gefunden, sie solches alsbald auf unsere Oberlausitz gezogen, gleich als
wenn in der Welt sonst keine Wenden mehr gewesen, die es angienge. Und da hat man die
Umstände der Geschichte gedrehet und gezerret,
bis sie auf diesen und jenen Umstand, Ort und
Sache bey den oberlausitz. Sorben, sich geschicket.
Sie sind dabey so dreuste, daß sie sich auf die alten Scribenten berufen, und wenn man sie auf-
schlägt, so findet man die Namen Wandali, Ve-
netti, Heneti, Slavi, welche aber am wenigsten unsere Oberlausitz, am meisten aber diejenigen, welche an der Niederelbe, und an der Ostsee gewohnet, angehen.

Das

Das zweyte Capitel.

Von den Ursachen des Widerstrebens derer Wenden gegen die christl. Religion.

§. 1.

Wer dasjenige, was wir in dem vorhergehenden vorgetragen, erwäget, der wird
leicht einsehen, daß, gleichwie die gesamte slavische Nation und Völker, also auch die Sorberwenden in die 2 bis 300 Jahr sich auf das äus-
serste denen Christen widersetzet. Und obzwar
dieselben zum öftern bis auf das Haupt geschlagen, und auf das nachdrücklichste gedemüthiget
worden sind, so haben sie dennoch, wenn sie nur
eine Gelegenheit ersehen, sich aufgelehnet, das
äußerliche durch Zwang bekannte Christenthum
abgeworfen, und das heimliche Heldenthum wieder hervorgesuchet. Dahero Helm. c. 6. sagt:
Daß das Slavenvolk sich unter allen übrigen
Völkern, in Ansehung der Bekehrung, am härtesten und saumseligsten bewiesen (*). Man giebet
insgemein zur Ursache dieses ihres Verfahrens
an, daß die alten Sorben ein halsstarriges, hart-
näckigtes und abgöttisches Volk gewesen. Nun
ist dieses zwar nicht zu läugnen, daß es mit ihnen
so gestanden; allein wenn man die Sache recht
gründlich untersuchet, wird man die Ursachen
nicht allein bey denen Sorben, sondern auch, und
zwar die meisten, außer ihnen finden.

H 4   §. 2.

(*) Sola Slavorum gens, cæteris durior & ad creden-
dum tardior.

§. 2.

Die erste und zwar die Hauptursache des
langen und harten Widerſetzens der Sorberwenden gegen die chriſtl. Religion, iſt die von Natur bey ihnen, wie bey allen andern Menſchen,
angeborne fleiſchliche Geſinnung, welche
iſt eine Feindſchaft wider GOtt. Denn da die
Menſchen vom Fleiſch geboren, Fleiſch ſind, ſo
findet ſich bey ihnen Finſterniß im Verſtande
und Herzenshärtigkeit im Willen. Vermöge
der Finſterniß im Verſtande, verſtehet der Menſch
nicht, was des Geiſtes GOttes iſt, es iſt ihm
eine Thorheit, folglich ein Aergerniß, daher der
Menſch, der von Natur hochmüthig iſt, das,
was ihm thöricht dünkt, verwirft. Die Herzenshärtigkeit weichet nicht, und da beharret er
bey ſeinem Weſen, und handelt wider GOtt.
Dies iſt die vornehmſte Urſach der Widerſetzlichkeit wider GOtt und was GOttes iſt, daraus denn und dazu viele andere, ja unzählige
Urſachen entſprungen und kommen ſind.

§. 3.

Die andere Urſache iſt: Die Liebe zu der vä-
terlichen Religion in der die Sorben geboren und erwachſen waren. Es iſt nicht zu beſchreiben, wie veſt das menſchliche Herz an demjenigen hanget, was man von Jugend auf, ſonderlich
von denen Eltern reden höret, und von ihnen thun
ſiehet, welches einen weit heftigern Eindruck hat,
als die gründlichſten und deutlichſten Lehrſätze.
Die Sorben ſollten alſo das, was ihre Eltern und
Vorfah-

Vorfahren unverrückt erkannt, was sie mit groß-
sen Ernst und Eifer geübet, was sie selbst für
wahr und gut gehalten und geübet, auf einmal,
wenn eine Armee Kriegsvolk kommen, verfluchen,
für teuflisch halten, und gänzlich ablegen. Der
Verstand läßt sich durch keine äußerliche Gewalt zwingen. Hierzu kam, daß ihre alte heidnische Religion nach ihrer verdorbenen Natur
eingerichtet war. Sie pflegten ihren Gottesdienst in lustigen Wäldern, sie hielten dabey
Gastmahle, sie bezeigten sich lustig und frölich,
lebten in offenbaren Werken des Fleisches, und
was das Wichtigste, so gieng der ganze Götzendienst auf das Aeußerliche und Sinnliche, welch s
dem Menschen angenehm, eindringend und leicht
ist. Da hingegen das, was auf das Unsichtbare
und Innerliche gehet, dem Menschen schwer und
zuwider ist. Und aus solchen Ursachen hielten
die Sorben über die väterliche Weise, und waren Eiferer ihrer Gesetze, sowohl als die Juden,
die uns also in der Schrift beschrieben werden.

§. 4.

Zu diesem kommt das Präjudicium oder Vor-
urtheil, welches die Sorben von der christlichen
Religion hatten. Sie meynten, dieselbe näh-
me ihnen ihre Freyheit, und wäre ein Mittel zu Unterdrückung derselben. Was
ihren bisherigen innerlichen Seelenzustand anbelangt, so traf es wohl ein. Denn die christliche Religion läßt einem Menschen freylich nicht
die fleischliche Freyheit zu sündigen, sondern verbietet

bietet auch sogar die Lust zur Sünde. Derselben Hauptsache ist, den Menschen von der Gewalt, Herrschaft und Verdammlichkeit der Sünde loszumachen, damit sie freye Leute in Christo werden und seyn möchten. Allein daran mochten die armen heidnischen Sorben wohl nicht denken, weil ihnen davon nicht geprediget wurde, und also solches nicht erkennen konnten. Ihre Gedanken giengen nur auf die äußerliche Freyheit. Bishero hatten sie als freye Leute gelebet: Niemand hatte ihnen was zu befehlen: Niemanden durften sie was geben. Jetzt sollten sie Christen werden, und da sie solches wurden, sollten sie fremden Herren Gehorsam leisten, sich von ihnen befehlen, das Ihre nehmen, sich unterdrücken lassen, andern knechtschaftlich dienen, Tribut, der über ihre Kräfte war, geben, u. dergl. mehr. Da nun dies zu einer Zeit, zugleich vorgieng, so machten sie den Schluß, als ob die christliche Religion ihrer Natur und Beschaffenheit nach, alle diese Beschwerniß, Drangsäl und Beraubung mit sich brächte. Dannenhero denn in ihren Seelen die allerheftigste Bitterkeit und Feindschaft gegen das Christenthum entstund, also, daß sie mit demselben nichts wollten, noch mochten zu schaffen haben, dergestalt, daß wenn auch das äußerliche von demselben, als Kirchen, Priester ꝛc. und dergleichen, angenommen werden mußte, so konnte es nicht anders kommen, als daß die Sorben dieses alles, wenn es die Zeit und Gelegenheit gab, mit der größten Wuth wieder auszurotten suchten. Helmold führt von

den

den Nordalbingern ein merkwürdiges Exempel
an: c. 25. (*)

§. 5.

Zu diesem kommt die große Grausamkeit,
welche die Christen gegen die Slaven bezeigten. Kamen sie in ihr Land, so giengen
sie mit ihnen also um, daß sie ihnen nicht nur
ihre wenige Habseligkeit raubten, sondern auch
wohl gar das Leben nahmen. Waren sie denen Christen unterthänig worden, so hörte solches doch nicht auf, sondern sie wurden als leib-
eigene Leute tractiret, ihrer nicht geschonet, noch
mit Liebe und Barmherzigkeit mit ihnen umgegangen. Was konnte anders erfolgen, als daß
die armen Sorben, die keinen Begriff noch Ge-
nuß von der geistlichen Freyheit und dem innerlichen Frieden mit GOtt hatten, dahin verfielen,
Gewalt mit Gewalt zu vertreiben, und meynten,
daß ihnen, als freyen Leuten, das recht sey, was
ihre vermeynte Bekehrer, die an ihnen auf keine
Weise ein Recht hatten, nicht vor unrecht, sondern recht hielten, und das thäten was die Christen thäten. Dahero Saxo Gram. L. 12. sogar
sagt, daß die Heiden ihre grausame Widersetz-
lichkeiten von den Grausamkeiten der Christen
gelernet.   §. 6.

(*) Post eam victoriam, qua primum Godefchalco
    interfecto, Nordalbingorum provincia percuſſa eſt,
    Slavi ſervitutis jugum armata manu ſubmoverunt
    tantaque animi obſtinacia libertatem defendere
    niſi ſunt, ut prius maluerint mori, quam chriſtia-
    nitatis titulum reſumere & tributa ſolvere Saxo-
    num principibus.

§. 6.

Die Slavenvölker hatten eigentlich keinen Oberherrn und Regenten. Daher schreibt Procopius, daß die Slaven freye Leute wären, und wenn sie was Wichtiges vorhätten, hielten sie gemeinen Rath, L. 3. de bello Goth. c. 7. p. 542. (*) Und Dittmarus L. 6. sagt eben dieses von denen Lutitiern (**): Diesemnach hatten sie keinen König, von dessen Willen die andern dependiret hätten. Ein jeder Alter von einer Familie und Geschlechte, welches in einer Gegend beysammen wohnte, wurde zwar geehret, geliebet und gefürchtet, allein in wichtigen Sachen hatte ein jeder die Freyheit seine Gedanken zu sagen. Entstund Krieg, und die an einem Orte beysammen Wohnende konnten vor ihren Nachbarn nicht Ruhe und Friede haben, so zogen sich die mannhaften und streitbaren zusammen, und erwählten einen Obersten oder König, der so lange regierte, als der Krieg dauerte, nach geendigtem Kriege aber galt er nichts mehr. Nun sollten die Sorberwenden auf einmal diesen freyen und glückseligen Zustand verlieren, nicht mehr leben, thun und handeln, wie sie wollten; sondern sich von denen Rittern,

(*) Antarum Slavinorumque nationes non ab homine aliquo uno reguntur: sed ab antiquo plebeja communique libertate vivunt, & idcirco res omnes, quæ vel utiles sint, vel forte difficiles in commune consilium deducuntur.

(**) Illis Dominus specialiter non præsidet ullus: unanimi consilio ad placitum suimet, necessaria discutientes, in rebus efficiendis omnes concordant.

tern, die die Kaiſer über ſie ſetzten, befehlen laſ=
ſen, thun was ſie haben wollten, in ſteten Dien=
ſten ſich befinden, ſich dabey hart tractiren laſſen,
und doch dafür nichts haben. Das machte,
daß ſie ſich wehreten, ſo lange ſie konnten, und
wenn ſie unterm Druck waren, ſich loßzumachen
ſuchten, wenn es ihnen bequem ſchien.

§. 7.

Die Franken und Sachſen, welche die Sor=
ben bekriegten, waren in der Sprache mit ih=
nen unterſchieden, alſo, daß die erſtern die
letztern, und dieſe wiederum jene nicht verſtun=
den. Die Ueberwundenen müſſen ſich nach ih=
ren Ueberwindern richten, und das ſollten nun
auch die Sorben mit der Sprache thun. Sol=
ches fiel ihnen ſehr ſchwer, daß ſie ihre angebor=
ne Mutterſprache ablegen, hingegen die deutſche
annehmen, lernen, reden und gebrauchen ſollten.
Dahero weil es nicht geſchahe, entſtund zwiſchen
beyden Völkern die größte und innigſte Gehäſ=
ſigkeit und Feindſchaft, welche ſie mit Worten
und Werken zu erkennen gaben. Denn wenn
die Deutſchen mit denen Wenden redeten, und
dieſe jene nicht verſtunden, nannten ſie die letztern
ſtumme Wände, und wollen einige dies zur Ur=
ſach angeben, warum man die Sorben Wen=
den nenne. Hingegen wenn die Sorben mit
denen Deutſchen redeten, und dieſe ſie nicht ver=
ſtunden, wurden ſie von den Sorben njemſki
d. i. ſtumme, ſcil. Hunde genannt. Und pfle=
gen die ober= und niederlauſitzer Sorbenwenden
die

die Deutschen bis auf heute nicht anders als
njemſki oder Njemzy, d. i. Stumme zu heiſſen.
Es hielten alſo die Sorben über ihre Sprache
dergeſtalt, daß die Sachſen in vielen hundert
Jahren es nicht dahin bringen können, daß die
Sorben ihre Mutterſprache abgeleget. Von
denen meißniſchen Sorben, ſonderlich denen um
Leipzig, berichtet D. Heydenreich in Chron. Lipſ.
daß in und um Leipzig bey denen Benachbarten
allererſt Ao. 1327. die wendiſche Sprache abgeſchaffet worden ſey, und hätten die Leute ihre
Sachen in und außer Gerichten in deutſcher
Sprache vorbringen müſſen. Hingegen was
die ober- und niederlauſitziſchen Sorben anbelangt, ſo iſt es höchlich zu verwundern, daß unter denen ſo vielen Regimentsveränderungen derer ſächſiſchen Kaiſer, derer Böhmen, Branden-
burger, wiederum derer Böhmen und nun meißniſchen Oberherren, ſie ihre Sorberſprache im
gemeinen Leben, im Gottesdienſt, in Gerichten,
bis gegenwärtige Stunde er- und behalten haben, und ſie keine Zeit noch Gewalt ausrotten
können. Es mag daher Kaiſer Carl IV. in der
goldenen Bulle die Verordnung gethan haben,
daß die Churfürſten von Sachſen und Brandenburg, die wendiſche Sprache verſtehen ſollen,
damit ſie mit dieſem Volk handeln, ihnen in
ihrer Sprache das Recht ſprechen und ſie regie-
ren könnten. Welches gewiß was außerordent-
liches iſt, daß die Ueberwinder ſich nach derer
Ueberwundenen Sprache richten müſſen.

§. 8.

Die unerträglichen Geldabgaben, welche die Obern von den Sorben erpreßten, machten letztere gleichfals auffätzig und rebellisch gegen
die erstern.   Ueberhaupt hatten die Sorben anfangs kein, bey denen letztern Kriegen aber wenig
Geld.   Es florirte damals kein Commercium.
Sie waren vergnügt mit dem, was ihnen ihr
Land gab.   Hatten sie in einem und dem andern etwas mehr, als sie selbst bedurften, so überliessen sie es andern, die es benöthiget waren,
gegen andere Sachen, die sie nöthig, und jene
überflüßig hatten.   Kurz, sie setzten die Sachen gegen andere Sachen um, oder wie wir
zu reden pflegen, verstachen oder vertauschten.
Dannenhero auch unsere oberlausitzische Sorben kein eigentliches Wort in ihrer Sprache haben, so kaufen oder verkaufen, ausdrücket, sondern sie brauchen das Wort pschedawacz,
eine Sache um die andere geben, umsetzen, ver-
tauschen, welches ehedem ihre Kauf- und Ver-
kaufart gewesen.   Das Wort kupowacz aber
stammt von dem deutschen kaufen her.   Wenn
nun bey so bewandten Umständen, da die Sorben kein oder wenig Geld hatten, die kaiserli-
chen Befehlshaber von ihnen so hohen Tribut,
Zinß und dergleichen verlangten, und wenn sie
es nicht leisten konnten, deswegen an ihnen alle
Drangsale und Grausamkeit verübten, so wurden sie freylich zum Aufruhr gebracht.

§. 9.

Diese und viele andere Umstände sind die
Ursachen, warum die Slaven insgesammt und
unter selbigen die Sorben, dem Christenthum
sich widersetzet, so oft rebelliret, und sich halsstar-
rig erwiesen haben. Wir wollen zum Beweiß
und Erläuterung dessen, was wir angegeben,
dasjenige anführen, was Helmold c 84. vorträgt. Er erzählt, daß Bischof Gerold dem
Helmold Gesellschaft geleistet, als er sich bemühet die Wenden in dem Altenburgischen zu bekehren, deren Götzen zu zerstöhren und die Haine
zu verbrennen. Besonders gedenket er einer Rede, die er an einem Sonntage an das versamm-
lete Volk zu Lübeck gehalten, darinnen er sie vermahnet, die Götzen zu verlassen, und den einigen
GOtt im Himmel zu verehren, sich taufen zu
lassen, und denen bösen Werken, Rauben und
die Christen zu tödten, abzusagen und zu unterlassen. Der Wenden Fürst Pribizlaus habe
mit Einstimmung der Seinigen, dem Bischof
diese Antwort gegeben: Deine Worte ehrwür-
diger Priester, sind Worte GOttes, und unserm
Heyl gemäß. Aber wie können wir diesem nachkommen, die wir mit so vielem Uebel umgeben
sind. Damit du aber unser Elend einsehen mö-
gest, so bitte ich dich, meine Worte geduldig an-
zuhören. Das Volk das du hier siehest, ist
dein Volk, und es gebühret uns, dir unsere Noth
zu entdecken, dir aber gebühret, mit unsern
Drangsalen Mitleiden zu haben. Unsere Fürsten (die von dem Kaiser uns vorgesetzet sind)

gehen

gehen so grausam in Einforderung des Tributs,
und Belegung der härtesten Dienstbarkeit, mit
uns um, daß der Tod uns zuträglicher, als das
Leben. Denn siehe, wir Bewohner des so kleinen Kreises, haben in diesem Jahre 1000 Mrk.
erlegen müssen, und dem Grafen so viel hundert,
und das ist noch nicht genug, sondern wir werden täglich noch mehr gedrücket und gepresset, bis
auf den äußersten Grad. Wie sollen wir uns mit
dieser neuen Religion zu schaffen machen, Kirchen bauen, und uns taufen lassen, da wir genöthiget werden zu fliehen? aber wo ist ein Ort,
dahin wir fliehen könnten? Diejenigen, welche
sich nach Traven begeben, siehe, die treffen gleiches Elend daselbst an. Eben so ergehet es denen, die an den Fluß Pen kommen. Was
bleibet uns übrig zu thun? nichts, als daß wir
das Land verlassen und uns aufs Meer begeben,
und in den tiefsten Tümpeln wohnen. Oder, wie
kan uns das als eine Schuld angerechnet werden, wenn wir aus dem Vaterland vertrieben,
die See unsicher machen, und von denen dänischen Kaufleuten, die sich auf dem Meer befinden,
eine Zehrung erlangen. Wird nicht die Schuld
denen Fürsten, die uns vertreiben, anzurechnen
seyn? Bischof Gerold konnte den Vortrag der
Wahrheit nicht läugnen, gab ihm aber zur Antwort: Daß unsere Fürsten bishero mit eurem
Volke also umgegangen, ist kein Wunder, denn
sie halten das nicht vor unrecht, mit Abgöttern
und die ohne den wahren GOtt sind, also zu
handeln. Begebet euch zum Christenthum und

J   unter-

unterwerft euch euerm Schöpfer. Betrachtet
die Sachsen und andere Völker, welche sich zur
christlichen Religion bekennen, leben sie nicht in
Ruhe, und sind vergnügt in ihren Umständen?
Ihr seyd allein diejenigen, die sich aller Cultur
entziehen, und die ihr aller Rauberey nachgehet.
Auf dieses versetzte Pribizlaus: Gefällt es dem
Herrn Herzog und dir, daß wir mit dem Grafen gleiche Gelegenheit haben, und uns, wie denen Sachsen, Recht zu Güthern und Einkünften
gegeben werden, so wollen wir williglich Christen werden, Kirchen bauen, und unsere Zehnden
liefern.

Drittes Capitel.
Von der Festsetzung der christlichen Re-
ligion in Oberlausitz.

§. 1.

Den ersten Saamen der christlichen Religion haben die fränkischen Kai-
ser in Oberlausitz ausgestreuet: welcher aber
wegen der beständigen Aufstände und Rebellionen derer Sorben, zu keiner Kraft kommen können. Die sächsischen Kaiser, so denen
Franken folgten, brachten es bey denen Sorben
in dem Christenthum weiter, jedoch also, daß
dasselbe öfters wieder in Abgang kam. Wir
haben demnach nunmehro zu sehen, wie die christliche Religion unter den Sorben in Oberlausitz
feften

feſten Fuß geſetzet, und durch welche Mittel ſolches geſchehen? dahin rechnen wir die Aufrichtung 1) der Burgken, 2) des Bißthums
Meiſſen, 3) der Collegiatkirche in Budißin.

§. 2.

Von denen Burgken haben wir bereits einige Anzeige gethan. Hier wollen wir etwas weniges zur Erläuterung beyſetzen. Die Burgken
haben ihren Urſprung von denen ſächſiſchen Kaiſern. Denn da dieſe ſahen, daß es damit, wenn
ſie die Sorben überwunden hatten, wegen anderer Expeditionen aber das Land verlaſſen mußten, und nur einige Ritter zu Aufſehern im Lande
zurück ließen, nicht ausgerichtet ſey, indem die
Sorben ſich alsdenn von der kaiſerl. Herrſchaft
und von dem Chriſtenthum loßmachten, die Kirchen niederriſſen, und die Prieſter verjagten und
tödteten, ſo war ihnen kein beſſer Mittel, alles
ſolches zu verhindern, hingegen die Herrſchaft und
das Chriſtenthum zu erhalten, als die Burgken.

Es waren aber dieſe Burgken im Anfange
nichts anders, als die heutigen Schanzen, welche die Sachſen auf Höhen und Bergen, wo im
Grunde Waſſer vorbey floß, aufwurfen, und be-
ſtunden in einem in die halbe oder ganze Rundung gemachten Graben, auf deren einen Seite
gemeiniglich ein Præcipitium oder ſteiler und un-
erſteiglicher Felß war, wie dies alles man auf
und an denen Burgbergen in unſrer Oberlauſitz
wahrnimmt. Nach der Zeit wurden daſelbſt
Häuſer gebauet und ſelbige mit Mauern und
Graben

Graben umzogen, davon bey vielen noch die
Rudera vorhanden. In solche ward eine beständige Besatzung geleget, und dieselbe einem
Ritter anvertrauet, welcher ein beständiges Auge
auf die Sorben haben mußte, derselben Zusam-
menrottirung und rebellisches Fürnehmen zu verhindern, über die in umliegender Gegend befindliche Einwohner zu richten, das Urtheil zu voll-
strecken, und den Blutbann zu exerciren. Dabey sie zugleich dieselben zu ihren Diensten gebrauchten, und von ihnen Abgaben forderten.
Bey solchen Burgken fanden sich nun auch Kirchen und Priester, welche beyde die Burgkher-
ren in Schutz zu halten hatten. Die Kirchen
dienten darzu, daß in denenselben nicht allein die
Ritter und Knechte, sondern auch die neubekehr-
ten Sorben, Messe hörten, und in denenselben
Taufen, Trauungen, Begräbnisse verrichtet wurden. So mußte auch diese Besatzung die neu-
bekehrten Sorben, gleichwie die Priester, wenn
sie Amts wegen unter die Sorben giengen, vor
aller Gewalt derer annoch heidnischen Einwohner beschirmen. Dergleichen Burgken sind in
Oberlausitz im 11ten und 12ten Jahrhundert errichtet worden zu Budißin, Görlitz, Camentz,
Burk, Weissenburg, Meraun, bey Bernsdorf,
Jauernick, Ostritz, Rottenburg, Seidenburg
u. a. von welchen theils noch Rudera zu sehen,
theils die itzo noch genannten Burgberge Zeugniß geben. Davon meine Historie der oberlausitzischen Burgwarden im Mst. umständlich handelt. Ueberdieses wurden im Lande Städte, und

in

in selbigen Kirchen gebauet, und mit Mauern
zur Sicherheit umschlossen. Jemehr nun also
in Oberlausitz Kirchen aufgeführet und Städte
und Burgken angeleget wurden, jemehr bekam
das Christenthum Gelegenheit, sich auszubreiten
und zu erhalten; da hingegen das Heidenthum
von Zeit zu Zeit sich verminderte und von Kräften kam. Mit solchen hat Kaiser Henricus I.
den Anfang gemachet, und seine Nachfolger sind
hierinnen fortgefahren.

§. 3.

Das zweyte Mittel, wodurch die christliche
Religion in Oberlausitz zur Befestigung gekommen, ist die Stiftung des Bißthums Meissen. Es gehöret nicht zu unserm Zweck, auszu-
machen, in welchem Jahr das Bißthum Meissen
gestiftet worden. Genug, es ist von Ottone M.
geschehen, welcher auch juxta Goldastum de R. B.
L. 5. c. 4 das zu Prag aufgerichtet, und den letztern Bischof, als einen Suffraganeum von Maynz
geordnet: dargegen Meissen exemt geblieben.
Auch wollen wir nicht die strittig gemachten
Grenzen des Bißthums Meissen gegen die Ein-
wendungen beschützen, siehe oben Cap. 1. Punct
1. §. 3. Angesehen, was man wegen der varian-
ten Lectionen derer Diplomaten einwendet, solches auch bey dem vorgebrachten Edicto Henrici
IV. thun kan. Und es ist zu beweisen, ob letzteres mehrere Kraft gehabt, als des Papstes Ur-
bani V. Bulla, in welcher auf Kaisers Caroli IV.
Suchen, Ao. 1375. das Bißthum Prag, in ein

J 3　　　　　Erzbiß-

Erzbißthum erhoben, und die Bißthümer Bamberg, Regenspurg und Meissen; dem Prager Erzbischof unterworfen werden sollen; indem aus
keinem nichts worden, sondern Ecclesia Bamber-
gensis, eminentissima, Ratisbonensis, regia und
Misnensis, ingenua & exemta geblieben. Wer
kan die Grenzen anzeigen, wenn man die Diplomata, wenn sie auch variantes lectiones haben,
nicht gelten lassen und zum Grunde legen will?
Die unzählichen Veränderungen der Grenzen in
tausend Jahren, heben deswegen die ehmaligen
nicht auf, so wenig, als man nach tausend Jahren mit Wahrheit wird sagen können, daß die
Kreiße am böhmischen Gebirge gegen Oberlausitz und Meissen, um Friedland, Rumburg,
Haynspach u. dergl. m. nicht sollten ehedem zum
Meißner- sondern Prager Bißthum gehöret haben, weil man nunmehro von Ao. 1624. eine Ma-
tricul aufweisen kan, da der Erzbischof zu Prag
bey der gewaltsamen Reformation in Böhmen,
alle dergleichen in Böhmen gelegene Kirchen von
dem Bißthum Meissen abgerissen, und dem Erzbißthum Prag impatroniret hat. Ich habe die
ersten alten Grenzen des Bißthum Meissen, und
wie selbige an denen Enden von Zeit zu Zeit
vermindert, und zum Bißthums Brandenburg,
Breßlau, Prag gezogen worden, in einer besondern Schrift in Mst. ausgeführt. Uns ist hier genug zu unserm Vorhaben, daß wir mit Gewißheit, nach Anzeige bewährter Scribenten und aller Umstände sagen können: daß unsere Oberlausitz von dem Anfang des Christenthums, zu dem
Bißthum Meissen gehöret hat. §. 4.

§. 4.

Solchemnach haben die meißnischen Bischöfe, vermöge ihres Amtes, sich auch um die Pflanzung, Ausbreitung und Erhaltung der christlichen Religion in Oberlausitz zu bekümmern gehabt. Wir wollen demnach dasjenige, was
hin und wieder sparsam zu finden, und auf unsere Oberlausitz gedeutet werden kan, zusammen
suchen, und daraus die Verdienste der Bischöfe
zu Meissen gegen die Oberlausitz ersehen.

Dem ersten Bischof Burchardo geben die
Scribenten ein gutes Lob, daß er für seine Pa-
roecianos gesorget, auch sie selbst gelehret. Eras.
Stella gedenket seiner in Ansehung der Sorben
in Meissen und Oberlausitz, daß er sie bekehret
und unterrichtet (*). Unsere oberlausitz. Sorben wohnen über der Elbe, und hat er solches
theils selbst gethan, theils auch durch seine Kapelläne verrichtet.

Er ordnete, daß die Priester einen schwarzen
Mantel, und darüber ein weisses Chorhemde
tragen mußten, wie Emserus in Prologo vitæ
Bennonis angiebt. Nach Albini Bericht in der
meißnischen Chronika, ist er Ao. 972. mit dem
Pferde gestürzt.

Von dessen Nachfolger Volcold oder Volk-
rad, gedenket Dresserus (**), daß er Ordnung des

J 4   Gottes-

(*) Primus, qui transalbinos Slavos ad christianæ
Religionis sacra institutione traduxit.
(*) Isag. hist. P. II. Millenarii Sexti p. 146. ordinem
lectionum, orationum & ecclesiasticorum nume-
rum

Gottdienſtes gemacht, und über Zucht und Ehr-
barkeit gehalten.

Eico, Eido oder Ido, ein geborner Graf von
Rochlitz, hat ſich der Bekehrung derer Sorben
ſehr angenommen, indem er ihnen geprediget, ſie
getaufet und die Kirchenämter verwaltet (*).

Von denen folgenden 6 meißniſchen Biſchöf-
fen lieſet man nichts, ſo zur Erläuterung unſerer
oberlauſitz. Chriſtenthumshiſtorie dienen könnte.

Ein mehrers aber ergiebet ſich in der Ge-
ſchichte des 10ten Biſchofs Bennonis. Emſerus
hat von ihm ein ganzes Buch geſchrieben, Leipz.
1512. 8. gleichwie M. Mart. Heidenreich Paſt. in
Thalheim, ſolches mit weitläuftigen Anmerkungen und Zuſätzen 1694. 8. ediret. Im dritten
Capitel ſaget er vieles, ſo wir auf unſere Wenden ziehen können. Z. E. er habe ſich die Kirchenſachen und den Gottesdienſt ſehr angelegen
ſeyn laſſen: Die Kirchengeſangsweiſe nach Art
der hildesheimiſchen Kirche eingeführet: Viele
Ceremonien, von denen er von Jugend auf ein
großer Liebhaber geweſen, in die Kirche gebracht.
Sonderlich habe er in eigener Perſon jährlich
die

rum inſtituit – cuſtos diſciplinæ, ſanctitatis & pu-
dicitiæ fuit.
(*) Dittmar. L. 4. baptizando, prædicatione conti-
nua & confirmatione non ſolum ſuæ utilis erat
eccleſiæ, ſed aliis quam plurimis promtus & para-
tus. Idem L. 3. chriſma & clerum raro, templa vero libenter & ſæpius conſecravit & crebro ſine
miſſa. Emſer l. c. p. 45. Wandalis trans albinis
concionatus eſt.

die Kirchen seines Bischofssprengels in Städten,
und derselben Geistliche visitiret und besuchet.
Wenn er solche Visitationes hielt, so hatte er in
jeder Gegend sein Castell, wo er sich aufhielt,
und wenn er solche in der Oberlausitz verrichtete,
so war sein Aufenthalt zu Goda, eine Meile von
Budißin, wie denn auch Fabricius in annal. urbis
Misn. p. 26. meldet, er habe die Kirche zu Goda
gebauet in honorem Petri & Pauli 1076. und daselbst geprediget, in welche Kirche in die etliche
60 oberlausitzische wendische Sorberdörfer eingepfarrt sind.　Die Geschichtschreiber sind hierinnen einstimmend, daß Benno sich der Sorben
in Bekehrung derselben besonders angenommen.
Dresser. l. c. p. 149. Calles in Serie Episc. Misn.
p. 88.　Der Hr. von Leibnitz hat Tom. II. Script.
Brunsw. p. 34. etliche Stücke aus denen Predigten, welche Bischof Benno über die Evangelia
geschrieben, mitgetheilet, davon das Ganze der
Predigten in der Bibliothek zu Wolffenbüttel
zu finden ist.　Selbst der Papst Hadrianus, welcher den Bennonem 1523. canonisirt, giebt ihm in
der Bulle d. d. pridie Kalend. Jun. das Lob (*):
Daß er der Wenden in Unterrichtung des Christenthums sich treulich angenommen habe. Doch
mag es ihm nicht bey allen, und allezeit, in seinem Bekehrungswerke nach Wunsche gegangen
　　　J 5　　　　　　　　seyn,

(*) In qua (Ecclesia Misn.) cum omnia præclare,
　　tum hoc præclarissime egit, quod Vandalos de re-
　　ligione male sentientes ex perniciosso errore eri-
　　puit, eoque traduxit, ut una cum catholica eccle-
　　sia pari studio fidem christianam tuerentur, quod
　　factum memorabile est & plane divinum.

seyn, weil er einsmals, als er sich über die Wenden erzürnt, die Schlüssel zur Domkirche in
Meissen, in die Elbe geworffen; womit er vermuthlich zu erkennen geben wollen, daß er sein
Amt ferner zu führen nicht gesinnet sey. Worzu er sich aber wieder verstanden, als die Fischer,
nach der Erzählung der Legendæ S. Bennonis 1517.
einen großen Fisch gefangen, in welchem, als die
Fischer denselben dem Bennoni präsentiret, und
man ihn aufgeschnitten, die in die Elbe gewor-
fene Schlüssel sich gefunden.

Godeboldus, der 13te Bischof zu Meissen, sahe
die große Ignoranz und das zuchtlose Leben seiner Priesterschaft ein, welche meistens denen
Sorben vorstunden. Dannenhero hielt er 1130.
einen Synodum, in welchem er sich bemühete,
die Priester zu bessern. Allein die ganze Priesterschaft widersetzte sich ihm, wie Fabricius davon berichtet (*).

Einige görlitzische Jahrbücher gedenken von
Walopoldo, wie sie ihn nennen: Er habe den
Ort, wo Görlitz zu stehen kommen, zu einer
Stadt ausgesetzet. Allein damit hat Godeboldus wohl nichts zu schaffen gehabt, sondern das
hat dem Landesfürsten Sobieslao I. zugestanden,
welches er auch gethan. Ist etwas daran, daß
der Bischof sich damals zu Görlitz befunden, so
hat

(*) In ea congregatione disciplinam laxatam restituere & licentiam Sacerdotum coercere voluit:
   Sed ita ab omnibus ei repugnatum est, ut desistere à proposito cogeretur.

hat er sein bischöfliches Amt verwaltet, und etwa
bey der, von Sobieslao angelegten Stadt, den
Plaß zu einer aufzubauenden Stadtkirche be-
zeichnet, geweihet, und daselbst das Creuß, wo
der hohe Altar zu stehen kommen sollen, zum Beweiß, daß er daselbst die geistliche Jurisdiction
habe, gewöhnlicher Weise aufgerichtet.

Albertus der XVI. Bischof zu Meissen, wird
von Albino in der Meißn. Chron. Tit. XXV. p. 671.
vor einen sorbischen Herren angegeben, und von
ihm gerühmet, daß er ein gelehrter und beredter
Mann gewesen, und zu seiner Zeit vor einen der
berühmtesten Prälaten gehalten worden. Wie
ihn denn auch Kaiser Conradus III. als einen Le-
gaten zum griechischen Kaiser Immanuel, nach
Constantinopel geschickt, weil er der slavonischen
Sprache kundig gewesen. Otto Frising. de reb.
gestis Frid. Imp. L. 1. c. 62. Da nun Albertus
ein geborner Sorb oder Wende war, derselben
Sprache verstund, und auch eine große Liebe
gegen sein Geschlechtsvolk hatte, so fand sich dergleichen Liebe bey den Wenden gegen ihn.
Dannenhero zu seiner Zeit die Wenden sich
mehr und mehr zu dem Christenthum bequemten und in die Kirchenceremonien sich schickten.

§. 5.

Wenn wir nun das, was wir bishero von
dem meißnischen Bißthum in Absicht auf unsere
oberlausiß. Wenden gesagt, zusammen ziehen,
so wird man befinden, daß Kaiser Otto mit der
Stiftung der bischöflichen Kirche zu Meissen,

eine

eine gute Meynung gegen die Sorben gehabt,
diesem armen Volke helfen zu lassen, daß sie
durch die Veranstaltung des Bischofs, zur Ab-
legung der heidnischen Greuel und Erkänntniß
des Christenthums gebracht werden möchten.
Bischof Burkard predigte nicht allein selbst denen Wenden, sondern, da seine Stiftskirche ein
Collegium gelehrter Leute war, woselbst auch
junge Leute zu Priestern präpariret wurden, so
hat er von da her die wendischen Kirchen und
Gemeinden mit Priestern versehen. Bischof
Volcold hat ihm hierinnen nachgefolget. Zu
dessen und der folgenden Bischöffe Zeiten waren
in Oberlausitz die polnischen Unruhen, da die
Sorben wenig zum Christenthum geführet werden konnten: Und da sich die Wenden wider
die Kaiser setzten, suchten sie ihr heidnisches Wesen wieder hervor, und brachten es ziemlich in
Schwung. Allein als Bischof Beyno zum
Bißthum kam, nahm er sich der Religion mit
Ernst an, beförderte den Bau derer Kirchen,
setzte dahin Priester, lehrte selbst, und visitirte
fleißig die in seiner anvertrauten bischöflichen
Pflege befindlichen christlichen Lehrer und Zuhörer, wodurch das Christenthum zum wenigsten
dem äußerlichen Kirchenwesen nach, denen Sorben bekannter, und letztere desselben gewohnter
wurden. Iedoch mag es um die letzte Zeit seines Lebens wieder umgeschlagen haben, indem
die Wenden nach dem Anfang des 11ten Jahrhunderts allenthalben sehr unruhig waren. Um
die Jahre 1020. kam es zu einem bessern Geschi-
cke,

cke, als die Oberlausitz Ruhe erlangte, und die
Marggrafen im Lande gute Ordnung machten.
Vermöge derselben konnten die Bischöffe zu
Meissen, Godebold und Albert, mit ihrer Vorsorge und Anstalten, mehrern Nutzen schaffen,
das Christenthum bekannter machen und in
Uebung bringen. Und da man von der Zeit an
in Oberlausitz ferner keines großen Aufruhrs und
Widerstandes gedacht findet, so kan man mit
vieler Wahrscheinlichkeit sagen, daß von der Zeit
her das Christenthum in Oberlausitz bleibende
Städte gefunden. Wiewohl nicht zu läugnen,
daß, da die Lehre und die Lehrart derer damaligen Priester, nebst ihrem Leben, schlecht beschaffen war, so haben die Sorben von dem wahren
Wesen der christlichen Religion im Lehr und Leben sehr wenig erhalten. Denn da sie äußerlich
gezwungen waren, es so mitzumachen, wie es andere Christen machten, und den Priestern, Bi-
schöffen und den Kirchen, die ausgesetzten Decimen, Accidentien, Zinsen und Dienste zu geben
und zu thun, so hat sich bey vielen, wo nicht bey
den meisten, große Unwissenheit in der christlichen Religion, und dabey annoch das Heidenthum in den Herzen gefunden, also, daß man
von ihnen sagen kan: die oberlausitzer Sorben
waren äußerlich Christen, innerlich aber Heiden.

§. 6.

Das dritte Mittel und die Ursach, wodurch
endlich die christliche Religion in Oberlausitz
bey denen Wenden einen festen und beständigen
Grund

Grund bekommen, dieselbe im Lande ausgebreitet und in Flor gebracht worden, iſt die Stiftung und Errichtung der Collegiatkirche
in Budißin. Der Stifter davon iſt Biſchof
Bruno, und zwar der andere dieſes Namens,
in der Ordnung der XVIII. Biſchof zu Meiſſen.
Er war ein Herr von Baruth, und Leuber in
der Ortenburg Cap. 7. p. 82. nennet ihn einen
gebornen Grafen von Baruth. Ohne Zweifel
iſt er der wendiſchen Sprache mächtig geweſen,
weil damals dieſelbe noch ſehr ſtark im Gebrauch
war.

In dem Jahre, in welchem Bruno die Collegiatkirche in Budißin geſtiftet, ſind die Ge-
ſchichtſchreiber nicht einig. Dreſſerus ſetzt das
Jahr 1219. Fabricius, Großer, Carpzov, aber
1213. die meiſten und beſten Annal. Budiſſ. ſchreiben davon alſo: Ao. 1213. hat Bruno II. das
Stift S. Petri geſtiftet, das alte Kirchengebäude
abbrechen, und ein neues Gebäude mit großem
Ernſt aufführen laſſen, daß Ao. 1215. ſolches
Stiftsgebäu ſammt einer Thurmſpitze unter
das Dach gebracht, und alles 1221. ganz fertig
worden iſt. Es ſtand aber vorher ſchon allhier
die Stadtkirche, dahero ſich Biſchof Bruno mit
dem Rathe und der Stadt verglichen, und ſie zu
einer Collegiatkirche gemacht, wie ſolches Matthäus Göbel in Deduct. daß der evangeliſche
Theil der Kirchen S. Petri zu Budißin, nicht dem
Capitulo, ſondern dem Rathe und der Bürgerſchaft daſelbſt eigenthümlich zuſtehe, Ao. 1672.
entworfen, und welche in die Singularia Luſatica,

12te Sammlung, N. I. p. 765. eingedruckt, ausgeführet.

Es hat aber Bruno diese Kirche und des Capituls Häuser aus seinem eigenen Vermögen erbauet, auch die Präbenden derer Capitularen,
aus seinem Eigenthum gestiftet, worzu der damals lebende König in Böhmen, Primislaus Ot-
tocarus, als Landesherr nichts beygetragen: die
Marggrafen Dietrich zu Meissen und Lausitz,
und dessen Sohn Henricus Illustris, haben aus
bewegender Vorstellung Brunonis, sich gutwillig
erwiesen, wie solches die Annales angeben, und
aus selbigen Leuber. l. c. wenn er schreibet: An
dem ist es, daß Ao. 1219. Bruno, Bischof zu
Meissen, ein geborner Sachs und Freyherr von
Baruth nicht durch einige des damaligen Königes zu Böhmen Primislai Ottogari, oder des
Erzbischofs zu Prag, oder einiger anderer böhmischen Herren Mildigkeit, sondern mit seinem
eigenen meißnischen Vermögen und Gütern,
und mit Marggrav Dietrichs zu Meissen und
Lausitz und seines Sohnes Henrici Illust. einziger
Beyhülfe und Beysteuer, die Kirche und das
Stift Petri zu Budißin aufgebauet und also
fundiret hat, daß zum Probst solcher Kirchen,
allezeit von dem Stift Meissen, als einer Ecclesia ingenua, und welche dem Erzstift Meissen
unterworfen, nicht ein böhmischer, oder pragi-
scher, sondern ein meißnischer Dombherr geordnet werden sollte. Ein gleiches bezeuget Dresser.
P. V. p. 176. unter dem Worte Budißina, und in
der deutschen Uebersetzung in 4to, p. 139. Wobey
jedoch

jedoch zu erinnern, daß wenn er schreibet: Ecclesia Dominica seu Basilica, quæ Budissinæ est, diese
Worte nicht allerdings richtig sind, indem die
Ecclesia Budissinensis keine Dominica oder Basilica,
Cathedralis, eine Domkirche oder hohes Stift,
sondern eine Ecclesia Collegiata, eine Stiftskirche
oder halber Dom ist.

Weil nun Bruno und die meißner Fürsten,
aus und mit ihrem Gute, diese Collegiatkirche
fundiret und dotiret haben, so ist es auch gekommen, daß der Probst zu Budißin jederzeit aus
dem Stift Meissen genommen worden, und zwar
findet man von denen ältesten Zeiten her, daß es
allezeit der Senior des Stiftes Meissen gewesen,
welcher die Probstey erlanget.

Solches Stift in Budißin, hat Bischof
Bruno auf 12 Canonicos fundiret und gestellet,
also, daß es bestehet aus dem Probste, der
der Oberste im Stifte ist, und zur Zeit des
Papstthums der Archidiaconus von Oberlausitz
gewesen, bey dem die Jurisdictio ecclesiastica gestanden; aus dem Dechant, als das Oberhaupt
derer Capitularen, der Senior, Custos, Cantor,
Scholasticus. Zu der Zeit der Reformation,
da das Stift am höchsten floriret, fanden sich,
laut eines alten Verzeichnisses: Præpositura, De-
cania, Custodia, Cantoria, Cancellaria, IX. Cano-
nicate oder Thumereyen; der Predigtstuhl, O-
culus Præpositi und Oculus Decani; Sacristanus,
über diese noch 3 Präbenden; wozu noch kommen bey der Kirche S. Petri XIX. Vicariæ. Jetzo
sind bey diesem Stift anzutreffen: Præpositus,

Deca-

Decanus, Senior, Cantor, Scholasticus, Canonici
præsentes, und Canonici absentes, s. honorarii.
Etliche Vicaristen und Prediger.

Die Absicht und der Endzweck, den Bischof
Bruno bey Stiftung dieser Collegiatkirche S. Petri gehabt, ist, wie die alten Nachrichten lehren,
die geistliche Wohlfahrt derer mittlern Wenden
gewesen. Wer solche mittlere Wenden sind,
lernet man aus der Matricula des Bißthums
Meissen erkennen; denn da siehet man, was für
Sedes ehemals zu der Probstey oder Archidiaconat zu Budißin geschlagen worden. Solche
sind Bischoffswerda, Stolpen, ganz Oberlausitz, ein Theil von Niederlausitz, welche Gegenden vor dem die Sorberwenden theils gänzlich,
theils größtentheils bewohnet haben. Dahero
denn auch sich offenbaret, warum Marggraf
Dietrich zu Meissen und Lausitz, nebst seinem
Sohne Heinrich dem Erleuchten, wie obgedacht,
so vieles zu Stiftung dieser Budißinischen Col-
legiatkirchen beygetragen. Es erkannten demnach Bischof Bruno und die Marggrafen gar
wohl, daß die an diesen Orten und Gegenden
befindliche Sorberwenden annoch in großer
geistlichen Finsterniß steckten, den christlichen
Namen wohl führten, aber keine oder wenige
Erkänntniß vom Christenthum hatten; hingegen
mit heidnischen Irrthümern annoch behaftet waren und heidnisch lebten: ja auch wohl einige
hin und wieder im Verborgenen, in Wäldern
und Haiden, ihre heidnischen Greuel treiben
mochten. Diesen abzuhelfen, hat Bischof Bru-

no durch Errichtung der Collegiatkirche zu Budißin, sich bemühet und gesucht: Man muß sich
aber nach damaliger Art von diesem Stift einen
rechten Begriff machen, so wird man alsdenn
einsehen können, was itzo gesagt worden.   Es
waren damals die Stifter nicht allein zu dem
Ende errichtet, daß die darinnen befindlichen
Dom- und Stiftsherren, die Aemter in der Kirche besorgten, wie anitzo geschiehet, sondern ihre
Absicht war, daß sie in selbigen die heil. Schrift
trieben und lehrten.   Die Canonici waren die
Professores, wie solches auch die noch überbliebenen und gebräuchlichen Namen des Schola-
stici, Cantoris u. a. bezeugen: Die Vicaristen
aber waren Studiosi. Beyde kamen zusammen,
sungen anfänglich etliche Psalmen, dann lasen
sie ein Capitel aus der Bibel, welches erkläret
wurde, und endlich beschloß man mit Singung
etlicher Psalmen.   Und eben daher ist der Name Capitulum entstanden, gleichwie die Personen davon, den Namen der Capitularen erhalten: wie solches von vielen Gelehrten ausgeführ-
ret, besonders aber Herr Christoph von Haugwitz, Canonicus zu Bautzen, in der Schrift die
Ao. 1536. zu Wittenberg in 4. gedruckt, gethan:
Woher Thumherrn, Canonici heißen, vnd was jr
vnd etlicher anderer jrer Thumpfaffen vrsprüng-
liche Empter gewesen sind. Dialogus. Ich will
aus selbigem nur etwas weniges anführen, zumal
da der Herr von Haugwitz in Budißin ein Canonicus gewesen, und in dergleichen Würde gestorben, anbey auch zugleich von Budißin redet.

Lit.

Lit. E. j b. heißt es: „Es kommen die Namen
Scolaſticus, Decanus, Cantor, Succentor ꝛc.
gewiß von Kinder-Schulen her, ſo die erſten
Canonici, vnſer Vorfaren bey ſich
gehabt haben, vnd iſt, das jr Ampt anfenglich
geweſen, das ſie jnn denſelben Kinderſchulen die
Jugent Grammaticam, Dialecticam, Muſicam
vnd andere freye künſte, und ſonderlich die ſpra-
chen vnd zungen haben geleret, das iſt gewis
war, daher nimpt ſich der Scolaſticus
bey vns, vnd jnn andern Thumſtifften noch
heutigs tags der Schulen an, wiewol viel anders, denn anfenglich geweſt, vnd billich noch
ſein ſollt. – – Und Lit. E. jjj Warlich wollen
wir vnſerm Ampte, ſtand, namen vnd vrſprüng
anders gnug thun, vnd vnſer reich einkomen, vnd
der kirchen almoſen mit recht verdienen vnd ein-
nemen, Item mit vnſerm leben vnd wandel,
den andern nicht ergerlich noch ſchedlich ſein, ſo
müſte es mit vns vnd vnſern Emptern, widder-
umb dahin bracht werden, wie es von anfang
geweſt iſt, Sonſt wüſte ich nicht, wie wir ferner alſo mit gutem gewißen beſtehen künden,
Denn jnn der geſtalt, wie es jtzt gehet vnd ſtehet, ſind wir weder GOtt, noch der Welt nütze,
Wir werdens auch am Jüngſten Gericht, gegen
GOtt nicht verantworten, noch für jm beſtehen
können.“　In denen Zeiten da das Collegiatſtift in Budißin aufgerichtet wurde, hatte man
noch keine Akademien und Univerſitäten, auf
welchen man die Leute zu geiſt- und weltlichen
Aemtern präparirte. Solches geſchahe in denen

K 2　　　　　Stif-

Stiftern und Klöstern, welches damals die Schulen waren, darinnen die Jugend nicht allein zur
Gottesfurcht angeführet, sondern auch in nöthigen Wissenschaften unterwiesen wurde. Da nun
in dem Stifte Meissen, vor den so weitläuftigen
Krißpel, d. i. Kirchspiel, Leute zu Priestern geschickt gemacht, und alsdenn allenthalben hinge-
sendet, und so viel Kirchen damit bestellet werden
sollten, so hat die Anzahl nicht zugereichet. Anbey
war es an dem, daß die wenigsten von dergleichen
Personen, die Priester wurden, die wendische
Sprache verstunden, folglich wenn sie als Priester in der Sorberwenden Land gesandt und zu
denen Kirchen verordnet worden, sie nichts mehr
thun können, als die lateinische Messe celebriren,
und die Psalmen singen. Hierdurch aber war
denen armen Wenden nicht geholfen, daß sie von
ihren heidnischen Irrthümern befreyet, und zu
der Erkänntniß des Heils in Christo hätten gebracht werden können. Dies sahe Bischof
Bruno, als ein frommer und vor die Seligkeit
des Serbervolkes sorgender Herr, wohl ein:
Dannenhero gieng seine Sorge dahin, diesem
Uebel abzuhelfen, und das Gute im Christenthum zu befördern. Und hierzu brauchte er die
Aufrichtung des Collegiatstiftes zu Budißin,
als woselbst er einen Priester-Pflanz-Garten vor
die mittlern Wenden, das ist, vor unsere Oberlausitz anlegte, daraus Priester, als junge Bäume, in alle christliche Kirchengärte im Lande versetzet werden könnten. Und eben darzu hat er,
aus hertzlicher Liebe zu den Sorben, sein Vermögen

mögen angewendet, damit die Wenden, wendische Priester erhalten könnten und möchten, welche mit ihnen reden, und sie in den Christenthumslehren zu unterrichten, im Stande wären.
Man findet dahero, daß vorzeiten in dieses
Stift meistens solche Canonici genommen worden sind, welche theils geborne Wenden, theils
solche, welche der wendischen oder derselben verwandten Sprache kundig waren, welches dem
Bericht der Annalium gemäß, daß das Collegium Canonicorum zu Budißin, um der mittlern Wenden willen, gestiftet worden.　Wie
denn, wenn die Könige von Böhmen einen Deutschen in dieses Stift recommendirten, die wendischen Canonici ihm wenig Gunst bewiesen.
Und hat man in neuern Zeiten davon ein Exempel an dem Decano Herrn Martino Saudrio von
Sternfeld, von Audenarde aus Flandern gebürtig, wider den die wendischen Capitulares, wie
die Annales Budiss. besagen, conspiriret, also, daß
der Erzbischof von Prag Ao. 1652. denselben mit
14 Reutern abholen, und in Prag auf dem
Rathhaus etliche Jahr gefangen setzen lassen,
daselbst er auch, nachdem er seine Unschuld dargethan, plötzlich gestorben.

K 3　　Vierd-

Das Vierdte Capitel.

Von der Beschaffenheit und Zustand der christl. Religion bey denen Sorber-wenden bis zur Reformation 1517.

Erster Titul.

Die Beschaffenheit der Lehre.

§. 1.

Wenn wir von der Lehre der christlichen Re-ligion, welche in dem 9ten, 10ten und 11ten Jahrhundert bey Bekehrung derer Sorberwen-den in Oberlausitz eingeführet worden, etwas vortragen sollen, so können wir überhaupt davon sagen, daß dieselbe schon verderbt, der Vortrag derselben aber sehr sparsam gewesen sey. Denn in dem Bekehrungswerke sahe man nicht vor-nehmlich darauf, daß die blinden Heiden durch Unterricht zur Erkänntniß der vortreflichen und seligen Lehren der christlichen Religion, von der Finsterniß zum Licht, von den Götzen zu dem wahren GOtt und Christo mit den Herzen ge-bracht werden möchten, sondern nur, daß der Götzendienst äußerlich zerstöhret, und die Leute zum äußerlichen damals gewöhnlichen Kirchen-dienst und Ceremonien mit Gewalt gebracht würden. Dahero geschahe es auch, daß die Sorben einen Eckel vor die christliche Religion hatten, und etliche hundert Jahr einmal nach dem andern von derselben abfielen, und sich wie-der zu dem Götzendienst wendeten. Es konnte

auch

auch wohl nicht anders ſeyn, weil bey ihnen, weder der Verſtand von des Chriſtenthums Herrlichkeit überzeuget, noch der Wille, mit einem
Verlangen zu der in GOttes Wort geoffenbarten Seligkeit, gebeſſert worden war.

§. 2.

Was die Lehre ſelbſt anlanget, die denen
Sorberwenden anfangs bey ihrer Bekehrung
vorgetragen wurde, war dieſelbe ſchon damals
mit mancherley Irrthümern, Superſtition und
Aberglauben verderbet: wiewohl ſie ſich reiner
fand, als in denen folgenden Jahrhunderten, indem die Lehren von Zeit zu Zeit verderbter worden ſind.

Iſt Carolus M. im 9ten Jahrhundert zu unſern
Wenden kommen, und hat durch ſeine Prieſter
die chriſtliche Lehre vortragen laſſen, ſo haben
ſie von der Bilderanbetung nichts erfahren, weil
Carolus derſelben höchſt zuwider war. Da überhaupt Carolus M. bey vermerkter greulicher Unwiſſenheit der Leute im Chriſtenthum, die Verordnung machte, daß Niemand zu einem Pathen oder Taufzeugen zugelaſſen werden ſollte,
er könne denn das apoſtoliſche Glaubensbekänntniß und das Vater Unſer herbeten, ſo iſt
daraus zu ſchlüſſen, daß die Prieſter auch bey
den Wenden darauf geſehen. Die Sacramenta befanden ſich damals auch noch un-
verfälſcht.

In dem 10ten Jahrhunderte hatte es gleiche
Beſchaffenheit. Allein das 11te Jahrhundert
K 4   brachte

brachte mit Einführung der vielen Ceremonien,
schon mehrere Irrthümer unter die Sorben, und
hat Benno sich sonderlich bemühet, solche einzuführen, wie oben angeführet (*). Die Lehrsätze
von der Kraft des Ablasses, von dem Coelibat,
von dem Verdienst und Verehrung der Heiligen, die Anruffung der Heiligen, von der Kraft
der Reliquien, vom Fegfeuer, vom freyen Willen, von der Wandelung im heil. Abendmahl,
von der Messe u. a. m. nahmen überhand und
breiteten sich allenthalben aus. Wie denn Mo-
nachus Pirnensis von Bischof Geryngo schreibet:
Geryngus hat eingeführt (in sein Bißthum Meissen) Donati tumba mit sammt dem Heiligthum.

Itztangeführte Lehren kamen in dem 12ten
Jahrhundert in Oberlausitz mehr und mehr in
Uebung, jemehr die Christen Ruhe und Sicherheit erhielten, und die Sorben nunmehro stille
sitzen und sich zu allem bequemen mußten.

In dem 13ten Jahrhundert gelangte die christliche Religion in Oberlausitz, in großes Aufnehmen und Ansehen. Der Ordensleute vorgege-
bene Heiligkeit und daher flüßende Verdienste
wurden von Deutschen und Wenden hochgehal-
ten. Dahero stiftete man die Franciscanerklö-
ster in Budißin und Görlitz, ingleichen der Ci-
stercienser zu Marienthal und Marienstern, davon das letztere und das zu Budißin in der wendischen Pflege lieget.

§. 3.

(*) Imprimis ceremoniarum ecclesiasticarum & divini
cultus (das waren und bestund meist in Ceremonien)
sollicita illi cura fuit.

§. 3.

In dem 14ten und sonderlich in dem 15ten
Jahrhunderte, kamen ungemein viele neue Religionslehren und Menschensatzungen, auch unter
denen Wenden, auf.   Man bauete in der Sorbenwenden Lande an den meisten Orten **Kapellen** und **Kirchen**, stiftete Altäre, Messen, Geleuchte, machte Legata denen Priestern,
Klöstern und Armen u. dergl. zu dem Ende, sich
dadurch die Seligkeit zu erwerben und zu verdienen.   Die Lehre von der Transsubstantiation
oder **Verwandelung** des Brodts und
Weins in den Leib und Blut Christi im heiligen Abendmahl, die Anbetung der Hostien, die
Communion unter einer Gestalt, kamen völlig zu
Stande.   Wie man denn findet, daß Ao. 1450.
die Gewohnheit im meißnischen Bißthum sich
angefangen; die Oblaten oder Hostien in Gold
oder Silber und helles Glas einzuschlüssen, dasselbe in den Kirchen auszusetzen, auch durch die
Gassen cum cantu solenni & instrumentis musicis
& sparsione florum herum zu tragen, und zwar
besonders auf den fünften Tag nach dem Feste
Trinitatis, welcher das Frohnleichnamsfest ist.
Die Annal. Budiss. reden davon also: Ao. 1472.
ist der Umgang mit dem Leichnam Christi zum
erstenmal in Brauch kommen, vorher war es
nicht gebräuchlich, das Sacrament herum zu
tragen.

Die **Busse** war denen Wenden ein Sacrament, wodurch der ordentliche Priester an GOt-
K 5   tes

tes Statt die Sünde nachließ, wenn der Sünder 1) im Herzen Reu und Leid hatte, 2) seine
Sünde mit dem Munde beichtete, und 3) zu
Früchten der Buße, sich bequemte. Es nen-
nen die Wenden das Bekehren oder Buße thun,
nakaſacʒ, welches zuſammen geſeʒt iſt, von
der Präpoſition. na, auf, an, über und
Kaſnja ein Geboth, Geheiß, Befehl. Dahero heiſſen ſie die heil. Zehn Gebote GOttes, te
dʒeßacʒ Boʒe kaſne oder kaʒne: und die fünf
Gebote der Kirche, te kaſne teje cʒyrkwe.
Da nun nach der römiſchen Kirche Lehrſaʒ zur
Buße erfordert wird 1) Contritio, die Reue, ſo
die Wenden to roſkacʒje, der Schmerz, die
Reue, Leid über die Sünde, ausſprechen. 2)
Confeſſio, die Beichte, da man ſich mit dem
Bekänntniß der Sünden vor dem Prieſter vollkommen anklaget, d. i. alle wiſſentliche began-
gene und noch nicht gebeichtete Todſünden erzählet, die nothwendigen Umſtände und die Zahl
der Sünden darzu thut; und 3) Satisfactio oder
Genugthuung, da der Beichvater dem Beichtkinde eine Pönitenz oder Buße aufleget, zur
Nachlaſſung der Sündenſtrafe: ſo beziehet ſich
nakaſacʒ in gedachten drey Stücken auf die Gebote, dergeſtalt, daß der Beichtende 1) über die
Uebertretung ſowohl der 10 Gebote GOttes, als
der 5 Gebote der Kirche, Reue habe 2) ſolche
Uebertretung der Gebote, an denen er geſündi-
get bekenne, und 3) die Pönitenz, Satisfaction,
Buße, Genugthuung, ſo der Beichtvater aufleget, verrichte. Denn nach der Lehre dieſer Kirche,

che, wird durch die Abſolution die Sünde zwar
nachgelaſſen, aber nicht alle Strafe. Die ewige
wird verwandelt in eine zeitliche, (wiewohl zuweilen, wenn der Büßende eifrig reuende beichtet, auch völlige Nachlaſſung geſchiehet,) welche
zeitliche Strafe, entweder noch bey Lebzeiten
durch genugthuende Wercke abgelöſet, oder im
Fegfeuer ausgeſtanden werden muß, wenn nehmlich der Beichtende, die in der letzten Beichte von
dem Prieſter über die bekannten Sünden aufge-
legte Buße, in ſeinem Leben noch nicht erfüllet,
ſondern von dem Tode übereilet worden. Dahero die Wenden das Fegfeuer tp cżiß3jo, ſo eigentlich die Reinigung heißt, zu nennen pflegen.

Dieſem Fegfeuer nun zu entgehen, ſuchten die
Wenden den Ablaß, und hielten denſelben ſehr
hoch. Die römiſche Kirche lehret von demſelben,
daß durch ihn, einem Büßenden die Verdienſte
Chriſti, der Jungfrau Marien und anderer Heiligen applicirt und mitgetheilt werden, durch
welchen entweder gar alle, wenn es ein vollkom-
mener Ablaß iſt, oder nur etwelche mehr oder
weniger Strafen nachgelaſſen werden, und das
heißt ein unvollkommener Ablaß. Wenn demnach die Päpſte dieſer oder jener Kirche, Altar
oder Bilde in dem Sorberlande Ablaß vor diejenigen ertheilten, welche dieſelben beſuchten, und
daſelbſt, wie ihnen in der Beichte aufgeleget war,
ſo und ſo viel Pater noſter, Ave Maria ꝛc. beteten, worzu die Biſchöffe gemeiniglich 40. auch
60 Tage ſetzten, ſo erwieß ſich das Sorbenvolk
hierinnen emſig und unverdroſſen.

Als

Als nun Tetzel Ao. 1508. nach Budißin kam,
und das goldene Jubeljahr aufrichtete, Ablaß
oder Vergebung der Sünden predigte, verkaufte
und ertheilte, so fanden sich die Sorben Hauffen-
weiß bey ihm ein, und gaben ihm, um ihre Seele zu retten, ein Redliches, wie die Annales solches besagen, und darzu setzen: Man hat ersten
eine Seele um 10 Pohlnische Groschen gelöst,
darnach um 6. letzlich um 1 Pölichen, desgleichen
auch die Ablaß-Briefe, und brachte doch eine
große Summa ein. Die Verdienste und
Fürsprache derer Heiligen, wurden zu Ver-
kleinerung des einigen und vollkommenen Ho-
henpriesters und Fürsprechers JEsu Christi, auf
das eifrigste gesuchet, und in denen wendischen
Kirchen fand man bey denen Bildern Mariä,
Barbarä, Ursulä, Nicolai, Petri, Francisci
u. v. a. ora pro nobis geschrieben: gleichwie auf
denen Glocken: Hilff Got — Maria beroth:
und in der Litaney kam, Christe ora pro nobis,
Christe bitte vor uns, dem es doch als dem einigen Hohenpriester allein zukommt, gar nicht,
wohl aber dieser oder jener Heiliger, bitte vor
uns, in Menge vor.

§. 4.

Die heilige Schrift zu lesen, woraus die
Erkänntniß der wahren Religionslehren zu erlernen, war denen Wenden sowohl, als denen
Deutschen unter der Strafe des Bannes verbothen, wie solches die statuta Synodalia des
Bißthums Meissen, p. 47. ausdrücklich untersa-
gen (*).

gen (*). Es haben die armen Wenden aus
und von der Bibel ein mehrers nicht erhalten,
als die Evangelien und Episteln. Und dieses
geschahe noch darzu sehr selten, indem in denen
meisten wendischen Kirchen, das ganze Jahr hindurch, keine Predigt, als an dem Kirchweyhfest,
gehalten wurde. Die Destinata Lusat. Infer. p.
808. setzen, daß wenn die Priester etwas in wendischer Sprache aus der Bibel vorgebracht, hätten sie sich der böhmischen Uebersetzung bedienet.
Allein da die böhmische Uebersetzung der Bibel
rar und kostbar war, halte ich davor, daß diejenigen Priester, so wendisch gekonnt, und etwas
aus der Bibel angeführt, dasselbe vielmehr nach
der Vulgata übersetzet haben.

§. 5.

Ueberhaupt stund es mit der Erkänntniß
der christlichen Lehre bey den Wenden sehr
schlecht. Denn die Priester bey den Wenden,
so das Volk unterrichten sollten, waren meist geborne Deutsche, welche die wendische Sprache
weder verstehen, noch reden konnten: wie solches
der Bischof von Meissen, in denen Statutis eccl.
Misn. mit deutlichen Worten bekennet. Es hat
dahero vor der Reformation bey denen Deutschen

(*) Duximus inhibendum Rectoribus, Succentoribus,
Locatis & Collaboratoribus, sub pœna Suspensionis
ab ecclesiæ ingressu — — ne libros sacræ paginæ —
legant aut declarent, publice aut occulte. — —
expositionem tamen Evangeliorum, Epistolarum,
Hymnorum & Sequentiarum in materna lingua
permittimus.

schen und Wenden in Oberlausitz, in Ansehung
der Känntniß, auch nur der wenigsten und nö-
thigsten Stücke der christlichen Religion, sehr
kläglich ausgesehen, angesehen der Bischof allen
seinen Priestern seiner Diœces, und also auch denen Wenden in Oberlausitz, bey dem Bann an-
befehlen mußte, daß sie Sonntags denen Pfarrkindern, den christlichen Glauben, oder die drey
Hauptartikel und das Vater Unser vorbeten solten, damit sie solches lernen möchten. Und dies
meynte der Bischof sey der Glaube, dadurch
man selig werden könnte, wie solches das Statu-
rum p. 17. ausdrücklich besaget (*):

Zweyter

(*) De Symboli Apostolici & Orationis dominicæ
pronunciatione. Item cum dicit Apostolus: sine
fide est impossibile placere Deo, quæ maxime in
symbolo & doctrina Apostolorum continetur:
& ea propter præcipimus & mandamus sub excommunicationis pœna, quam negligentes & con-
trarium facientes incurrere volumus ipso facto,
quatenus omnes & singuli Plebani seu Curati,
quibus libet diebus Dominicis, post Sermonem,
Symbolum Apostolicum & orationem dominicam,
in lingua apud plebem suam nota & usitata pro-
nuncient & eam in hujusmodi studeant diligen-
tius informare: quodque non solum pronuncian-
tes, imo & dicentes formidine pœnæ, verum etiam
respectu meriti, ad præmissa salubrius invitentur,
singulis diebus prædictis, tam pronunciantibus,
quam dicentibus, viginti dies indulgentiarum in-
junctæ eis pœnitentiæ, dummodo saltem contriti
& confessi fuerint, misericorditer in Domino re-
laxamus.

Zweyter Titul.

Von dem Gottesdienst der Sorber-
wenden vor der Reformation.

§. 1.

Den Gottesdienst derer älten Wenden könnte
man mit Recht einen Kirchendienst nen-
nen; denn denselben setzten sie mehrentheils in die
äußerlichen Uebungen, welche in der Kirche geschahen, und war es ein bloßes opus operatum.
Es war genug gethan, wenn man das äußerlich
that, was die Kirche zu thun befahl: und gehöret also die Klage GOttes hieher. Jes. 29, 8.
Dies Volk nahet sich zu mir mit seinem Munde, und ehret mich mit seinen Lippen, aber ihr
Herz ist ferne von mir. V. 13. Vergeblich dienen sie mir, dieweil sie lehren, solche Lehre, die
nichts den Menschen Gebote sind. Denn der
wahre Gottesdienst, nach der Offenbarung des
göttlichen Willens in seinem Worte, war ihnen
unbekannt, hingegen nur dasjenige bewußt, was
der Papst, Bischof und Clerisey befahl. Sie
hatten dabey die eingeprägte Meynung, sie thäten GOtt einen Dienst daran, um deswillen
ihnen GOtt die Seligkeit, als einen verdienten
Lohn, geben müßte.

§. 2.

Da sie nun den Gottesdienst meistens in die
Kirche setzten, so hielten sie die Kirche oder das
Kirchhaus über alle maßen in Ehren. Sie nen-
nen

nen die Kirche Zyrkej, und haben die Wenden
die Benennung von denen Deutschen erlernet,
derer Wort Kirche sie in ihre Sprache aufgenommen. Ingleichen Koßzel von Koscz,
ab osse von den Gebeinen, weil man daselbst in denen Altaren die Gebeine derer Heiligen aufbehielt und bewahrete: angesehen man
auf keinem Altar Messe halten dorfte, es sey
denn, daß in demselben Reliquien oder der Heiligen Gebeine anzutreffen waren. Sie theilen
die Kirche durch drey besondere Wörter in drey
Theile. Erstlich ist ihnen in derselben boze
mjesto, d. i. locus divinus, der göttliche Ort,
oder der Ort GOttes, woselbst der Altar stehet,
und auf und bey demselben im heil. Abendmahl
die Transsubstantiation, oder Wandelung des
Brodtes in den Leib Christi geschiehet: welcher
Platz gewöhnlicher Weise das Chor genannt
wird. Vors andere Zyrkej, die Kirche, oder
das sogenannte Schiff, woselbst die Layen zu sitzen und zu stehen pflegen, und dann drittens
Pschitwark, die Halle an der Kirche. Alles
war ihnen so heilig, wie es auch noch itzo bey
denen Papisten ist, daß wenn in einem Theil
derselben was ungebührliches vorgieng, z. E. es
wurde was daraus genommen, oder es wurde
nur was weniges Blut vergossen und dergl. so
war die Kirche entheiliget, und durften darinnen
keine officia divina, oder göttliche Aemter, d. i.
Messe gelesen, gebetet u. deral. gehalten werden,
bis sie wieder von dem Bischof reconciliiret oder
versöhnet war: wie davon viele Exempel von den
wendi-

wendischen Kirchen angeführet werden könnten. Wegen solcher Heiligkeit, so sie denen Kirchen beylegten, vermeynten nun die armen Wenden, sie bekämen einen Theil der Heiligkeit, wenn sie ihre Kirchen besuchten, und darinnen der Messe beywohnten, beteten und was dergleichen mehr.

§. 3.

Die vornehmste Verrichtung in derselben, war ta mſcha die Meſſe, welches Wort aus dem lateinischen herkommet, welche wie vor, also noch itzo, das vornehmste Stück des Gottesdienstes in dem Papstthum ist, also, daß sie dieselbe höher hielten, als alles andere. Solches ist so tief bey den Wenden eingewurzelt, daß auch die evangelischen Wenden bis diese Stunde allen kirchlichen Gottesdienst mit diesem Namen belegen. Dahero ist bey ihnen gewöhnlich, zu sagen: Domſchi oder do keinſchach, do keinſchow, ante Miſſam, ante Sacra, vor der Kirche, vor dem Gottesdienſte: Kemſchi ad miſſam, ad templum, zur Kirche: pomſchi l. po keinſchach, it. po kemſchi, poſt miſſam, poſt sacra, nach der Meſſe, nach der Kirche, nach dem Gottesdienſte: wottemſchi von oder aus der Meſſe, Kirche oder Gottesdienst, welches ihnen noch überbliebene Redensarten aus dem Papstthum sind: Gleichwie die Papisten den Priester der Meſſe hält, ton Mieſchnick, d. i. den Meßpriester zu nennen pflegen.

§. 4.

Das **Gebeth** ist allerdings ein wichtiges
Stück des Gottesdienstes. Allein wo das Herz
nicht dabey, ist es nach göttlichem Ausspruch ein
Geplerr der Lippen.   An Bethen fehlte es nicht
denen alten Sorben, aber wohl an dem rechten,
gottgefälligen und erhörlichen Gebeth. Das vor⸗
nehmste Gebeth bestund in dem Pater Noster
hersagen: dahero auch noch bey ihnen überhaupt
das Gebeth in ihrer Sprache den Namen hat:
paczerje spjewacż, bethen oder Gebether her⸗
sagen.   Paczerje heissen Corallen.   Weil nun
der Rosencranz aus Corallen bestehet, nach wel⸗
chen das Vater Unser und das Ave Maria im Be⸗
then gezählet wird, als hat daher bey denen Wen⸗
den das Gebeth seinen Namen, und ist derselbe
denen Papisten und denen evangelischen Wen⸗
den voritzo noch gemein; jedoch brauchen die
Prediger dafür das Wort ſo modlicż bethen.
Die alten Wenden hatten nach der Kirchenwei⸗
se ihre gewisse Bethzeiten, worzu ihnen mit der
Glocke ein Zeichen gegeben wurde, als zum Sal⸗
ve, Tenebræ u. dergl.   So fanden sich auch bey
ihnen an einigen Orten die sieben Gezeiten, z. E.
in der wendischen Kirche St. Nicolai zu Bu⸗
dißin, deren Einführung die Annales Budiss. ge⸗
dencken. „Ao. 1444. Sonnabends nach Jubilate,
hat man angehoben die horas de passione Domini zu St. Nicolai (so der Wenden Kirche war)
mit der Vesper zu singen.   Herr Simon Judä,
Baccalaureus, und der Pfarr in der Thum⸗und
Pfarrkirche sang dieselbe, und den folgenden Tag

Jubilate

Jubilate die erſte hohe Meſſe de Paſſione. Es
war am Tage Inventionis S. Crucis, da ging man
in Proceßion mit dem Heiligthum, wobey die
Thumherren und alle Prieſterſchaft waren. Darnach gab Herr Simon eine herrliche Mahlzeit,
dabey der Rath und alle Prieſterſchaft waren,
ingleichen Herr Jaroslav von Colditz, der Landvoigt und ſein Hoffgeſinde ſich befanden.„

§. 5.

Die alten Wenden beförderten ihre neugeborne Kinder gar bald zur heil. Taufe, darzu ſie
der papiſtiſchen Kirche Meynung trieb, daß kein
ungetauftes Kind in Himmel komme, dahero
eires verſtorbenen Kindes Leichham auch nicht
auf einen geweyheten Ort begraben ward. Es
heiſſet bey ihnen die Taufe Arczeniza, oder nach
heutiger Schreibart: Chczeniza, mit welchen
der Böhmen Areſt und der Polen Arzcze ver-
wandt. Mich. Frentzel im poſtwitzſchen Tauf-
ſtein p. 4. leitet das Wort Krczu ich taufe, von
dem griechiſchen χρίω, ungo ich ſalbe: und ſetzt
dabey: Litera κ reſpondet τῷ χ Græcorum, ut
in Kryſtus pro Chriſtus. Es iſt alſo dieſes Wort
denen Sorben bey Einführung des Chriſtenthums, zuerſt bekannt worden. Die Croatier
und Dalmatier haben das Wort Kärſtöm,
welches eben daher kommt (*). Es geſchahe
L 2   aber

(*) Es verdienet wegen dieſes Wortes Kärſtöm ange-
führet zu werden, was davon Oſiander und M. Abrah.
Frentzel ſagen: Jo. Ad. Oſiander in Theol. Caſuiſt.
P. IV.

aber die Taufe bey unſern Wenden nach dem
Bene-

P. IV. c. 4. p. 344. Quæſt. Quid de baptiſmo Dal-
matico habendum? Nonnulli baptizant Dalmati-
ce: Ja tebe Kærſtöm &c. ut refert Cardinal. de
Lugo in Reſponſ. Moral. L. 1. Dub. 2. Etenim
hæc formula videtur æquipollere huic: ego te
chriſtizo: ſeu chriſtianum facio: Reſpondet autem Cardinalis: Si illa prior formula ſignificat ni-
hil aliud, quam poſterior: revera ea non confici
Sacramentum, eo, quod per eam non exprimatur
aſtio abluendi: Si vero illa eadem formula juxta
uſum Dalmaticum ſignificet baptizo, tunc fuiſſe
habendam pro apto. Eſto, conſtaret, illud verbum
Kærſtoem, derivari à nomine Kareſt, ſignificante
Chriſtum: certum quippe eſt, derivata perſæpe
non ſervare ſignificationem vocis, à quo derivan-
tur. Hæc Oſiand. Es hat aber M. Abrah. Frentzel,
Paſt. Schoenav. in Lexico-harmonico-Etymologi-
co Slavico Mst. ſub voce chcju, baptizo, proprie
ungo, den Knothen aufgelöſet, wenn er ſchreibt: 1)
Kærſtim, verbum lingua Slavica ſane non chriſti-
zare, ſed baptizare & proprie ungere denotat.
2) neque oritur à Subſt. Kareſt, i. e. Chriſtus:
Sed ut nomen Karſt h. e. baptiſmus item unctio,
ita Kareſt i. e. χριϛός, Chiſtus, germ. Chriſt, i. e.
unctus à Kærſtim ungo, ungi. 3) Denique Cardinalis ideo voci Slavicæ novam notionem affingit,
ut creet moleſtiam Eccleſiis Slavicis, res ſacras
ſua lingua non tractantibus ex lege & conſuetu-
dine ampliſſima. Cæterum Chcju (R. eliſo, de
medio vocis, per Syncopen) perinde ut Kærſtim
ex χρίω, ungo pro, baptizare, ſynecdochice Slavis, quoniam unctio olim fuerit baptiſmo ſuper
addita, tanquam ceremonia præcipua: Sive quod
ab unctione, baptiſmi ritus ſint orſi; Hinc etiam
Græcis olim baptiſmus unctio dictus eſt; ita in
Dial. Juſtini cum Triph. & Greg. Nazianzen.

Benedictionali Misn. in latein. Sprache durch
dreymaliges Tauchen in das Wasser. Auch
entstund von der Taufe die cognatio spiritualis
oder geistliche Verwandschaft zwischen dem Kinde, dessen Eltern und Pathen. Dies merken
wir noch an, daß die Wenden das Wester-
hemde Cźeßniza nennen, welches Wort von
cźeßz die Ehre, herkommt, und soviel als ein
Ehrenkleid bedeutet.

§. 6.

Die alten Sorberwenden mußten, nach der
Weise der römischen Kirche, sich gefallen lassen,
das heilige Abendmahl unter einerley Gestalt,
nämlich das Brodt zu genüssen, und also des
Weins entbehren, folglich, wider Christi Einsetzung, sich das Sacrament zerstimmelt reichen
lassen. Wie sie denn auch, wegen des Lehrsatzes
von der Wandelung, vor der gesegneten Hostie
in und außer der Kirche niederfallen, und solche
göttlich verehren mußten; denn sie nannten solches unsern HErr GOtt: nasch Boh. Ueber
vorgedachte 2 Sacramenta, hatten die Wenden
noch 5 andere: nämlich die Firmung, die Buß,
die letzte Oelung, die Priesterweyh, und die Ehe,
und nennen sie das Copuliren oder Trauen wje-
rowacź, von wjera der Glaube, das Vertrauen.

§. 7.

Von der Beichte hielten die Wenden viel,
welche sie Spowedź aussprechen, spowedacź
L 3   beich-

beichtend. Es kommt solches her von powe-
daczi, hersagen, erzehlen, nämlich die Sünden. Das vorgesetzte s. vor powedacz deu-
-tet an, daß der Beichtende alles rein heraus
sage, und das geringste nicht verschweige, was
er vor Sünde begangen. Denn der Papisten
Lehrsatz von der Beichte ist: daß wer nicht alles
und rein beichtet und bekennet, der erlanget keine
Vergebung der Sünden.

§. 8.

Außer der Kirche hatten sie noch vieles zu beobachten, so zu der Religion gehörte. So hielten sie die wöchentlichen Fasten; poßzicz,
jejunare, jejunium, poßniza, jejunalia, vulgo
Saturnalia, die Fasten, die Fastnacht; ingleichen
fasteten sie an den vier Gezeiten oder Quatem-
bern: wie sie auch die Vigilien an den gebote-
nen Feyertagen hatten.

Die eingebildete Heiligkeit und Ver-
dienstlichkeit des Klosterlebens gefiel denen
alten Wenden, daher in dem Wendenlande zu
Budißin, Löbau und Camentz Franciscanerklö-
ster gestiftet worden sind, gleichwie zu Marienstern ein Cistercienser-Nonnenkloster, in welches
viele Wenden beyderley Geschlechts sich bega-
ben, wie solches der Mönche und Nonnen wendische Namen bezeugen. Und weil die Manns-
klöster alle der Regul S. Francisci zugethan waren, welche barfuß gehen müssen, so nennten sie
daher ein dergleichen Mitglied boßak, i. e. nu-
dipes, ein Barfüsser, von dem Adject. boßy,

disca-

discalceatus, barfuß. S. G. Frentzel in seiner hoyerswerd. Chronik führet p. 219. an, daß
das in der hoyerswerdischen Herrschaft eine
Viertelstunde von Geyerswalde gelegene Vor-
werk Cortitz ehedem ein Mönchskloster gewesen,
von welchem aber anderweit keine Nachricht finde, und daher davor halte, daß es eher eine Residenz als ein Kloster gewesen, angesehen dergleichen Residenzen die Franciscaner verschiedene
hatten, woselbst sie sich aufhielten, wenn sie zu
gewissen Zeiten, bey denen Kapellen, wo keine
Priester waren, die Messe celebrirten, als zu
Friedersdorf, Münchswalde u. a. m.

§. 9.

Hieher sind auch zu rechnen, die Wallfahrten, die sich bey den oberlausitz. Wenden gefunden. Sie liebten dieselben und waren ihnen
eifrig zugethan. Ich will anjetzo nicht anführen,
wie sie ausländische Gnadenörter besuchet; ich
bleibe allein bey denen die sie in unserer Oberlausitz gehabt. Besonders wallfahrteten sie zu den
sogenannten Gnadenbildern der Jungfrau Marien, von denen sonderlich drey berühmt waren.

§. 10.

Das erste Gnadenbild der heil. Jungfrau
Marien war und ist noch zu Rosenthal, einem
Dorfe unweit dem Kloster Marienstern, dem es
auch eigenthümlich zugehöret. Wir haben davon dasjenige, was hier könnte von dessen Ur-

L 4   sprung

fprung und Vorgeben gefagt werden, bereits
oben P. I. Sect. I. Cap. 1. Pu. 3. §. 4. angeführet.
Hier wollen wir nur beyfügen, daß die alten
Wenden, gleichwie die noch jetzo vorhandene
Römischkatholische thun, jährlich zwey Wallfahrten gehalten. Der Jefuit, Jacob. Ticinus,
hat davon Epitomen Hiftoriæ Rofenthalenfis ge-
fchrieben, und zu Prag in 8. in Druck gegeben.
Gleichwie ein unbenannter Autor eben dafelbft
1695. ein Büchlein in 12. davon ediret. In beyden werden in Menge die Miracul und Wunder-
werke erzählet, welche die heil. Maria in alter und
neuer Zeit an denenjenigen bewiefen haben foll, welche zu ihr ihre Zuflucht genommen: auch werden in
dem letztern Tractätgen zugleich Gebete vorge-
fchlagen, mit denen man fie verehren foll. Ca-
fpar Schneider in Scrut. hift. Lufat. fub voce
Marienftern fchreibet: Das wendifche Volk um
Marienftern hat unter vielen Aberglauben auch
diefen, daß fie in Krankheit ihre Zuflucht zu dem
Marienbilde nach Rofenthal nehmen, einen Fuß,
Hand, Finger oder dergleichen Glied, fo ihnen
wehe thut, von Wachs machen, und allda in die
Kirche hängen, gewiß glaubende, daß ihnen dadurch geholfen werde: desgleichen, daß fie auf den
letzten Tag in Pfingftfeyertagen auf den Knien
um die Kirche kriechen 2c.

§. 11.

Die andere Wallfahrt gefchahe von denen
oberlaufitz. Wenden nach Uhyft am Taucherwalde, wofelbft in einer Kapelle ein wunderthä-
tiges

tiges Marienbild anzutreffen war. Der Zulauf
dahin war sehr groß. Als aber bey dem Wallfahrten viel und mancherley Unfug und Bosheit
getrieben wurde, stellte solches E. E. Rath in
Budißin, dem der Ort zugehörte, und E. E.
Capitul daselbst, dem Bischoff Johann VII. zu
Meiſſen, vor, und bat, daß dieſe Kapelle abgebrochen, dieſelbe nach Budißin zu einem Begräb-
nißkirchlein geſetzet, das Marienbild aber zu fer-
nerer Verehrung in die Parochialkirche nach
Uhyſt gebracht werden möchte. Hierein willigte
alsbald der Biſchof, und die Sache wurde 1523.
ins Werk gerichtet. (*)

L 5   Da

(*) Es ſind davon zwey Documenta des Biſchoffs vor-
    handen, davon wir dasjenige, welches unſere Erzäh-
    lung beſtätiget, beyſetzen wollen.

Johannes D. G. & Apoſtolicæ Sedis Sanctæ &
ingenuæ Miſnenſis ecclefiæ Epiſcopus. Univerſis
& ſingulis præſentes literas inſpecturis ſalutem in
Domino ſempiternam.

Quia ex parte venerabilis capituli collegiatæ
noſtræ ecclefiæ Budiſſinenſis & prudentis conſula-
tus ibidem nobis expoſitum fuit, quod magna po-
puli frequentia ex ſingulari devotione, quam ad
glorioſiſſimam virginem Mariam gerunt, indies
ad Capellam ejusdem in Sylva Taucher prope Uhyſt
ſitam ratione imaginis glorioſiſſimæ virginis Mariæ
ibidem repoſitæ confluunt & cum is locus multum
ſit invius, in ſolitudine & deſerto poſitus, ita quod
multi illiciti & inconceſſi actus, adulteria, ſtu-
pra & latrocinia veri ſimiliter occaſione loci fieri
timentur, experientia rei ita docente. Quare fuit
per ſupra dictos Dominos nobis humiliter ſuppli-
catum, quatenus autoritate noſtra diœceſana in-
dulgere

Da nun zu der Zeit, da man das Bild der
Jungfrau Marien in die Pfarrkirche nach Uhyst
gebracht, die Evangelische Lehr unter die Wenden kam, so hat man fernerhin, weder von einer
Wallfahrt, noch von Wundern dieses Bildes
gehöret.

§. 12.

dulgere & confentire dignaremur, quod præfa-
tam capellam dirimere ex rationibus prædictis &
eandem ad locum fepulturæ nuper per Senatum
Budiff. noftro cum confenfu extra muros civitatis
Budiffin ante portam Reichenthor tectam dictam,
erectum & conftructum exponere & reædificare ac
imaginem B. V. ratione cujus concurfus illic factus cædit ad prædictam ecclefiam parochialem in
Uhyft, ne populus fua devotione circa eandem
privetur, transferre poffint & valeant. Nos igi-
tur, Epifcopus præfatus poft maturam fuper hoc
negotium deliberationem & rationi confonam pu-
tamus: Quare quod præfata capella B. V. dirima-
tur & in locum fupra dictum reponatur, imago-
que B. V. in fæpe dictam ecclefiam parochialem
in Uhyft honorifice transferatur, præfentibus noftris damus & concedimus affenfum & confenfum,
fine tamen fpeciali præjudicio cujuscunque, ita
quod plebanus præfatæ ecclefiæ in Uhyft ac ejus
Succeffores, nec non provifores, quicunque pro
tempore exiftentes nobis & fuccefforibus noftris
canonicam portionem l. tertiam partem omnium,
quæ offerentur & in prædicto concurfu tribuan-
tur, afferre & præfentare curent. In quorum fidem teftimoniorum Sigillum Officiatus curiæ no-
ftræ præfentibus duximus appendendum. Datum
in arce noftra epifcopali Stolpen, Anno Millefi-
mo. quingentefimo vigefimo tertio, die vero vi-
gefima fexta menfis Junii.

§. 12.

Die dritte Wallfahrt derer Wenden geschahe nach Eulewitz, wendisch Jileze, einem Dörf-
lein im Gebirge, nicht weit von der Spreu ¼
Wegs von der Stadt Budißin gelegen. Man
hat von dem Ursprung derselben diese Nachricht:
Im Jahr 1496. ward Oberlausitz von der Pest
heftig heimgesuchet, und im benannten Jahr stur-
ben alle Leute dahin bis auf 2 Personen, Paul
Kralen und seine Schwester. Diese besuchten
in der Sterbensgefahr täglich ein aus Holz ge-
schnittenes Marienbild, welches nach damaliger
Weise unfern dem Dorfe gegen Halbendorf zu,
stund. Dies thaten sie aus einem in der Noth
vorgenommenen Gelübde, nach damals herr-
schender Superstition. Die Schwester des
Krals beredete nach geendigtem Pestübel viele
Leute, daß ihr, während Pest, die Jungfrau
Maria des Nachts erschienen sey, habe mit ihr
gesprochen, und ihr zugesaget, daß ihr und ihrem
Bruder die Pest nicht schaden sollte: sie würden
beym Leben erhalten werden, so sie anders ihre
Zuflucht zu gedachtem Bilde nähmen und es ver-
ehreten. Nach diesem begab sich Kral nach Postwitz, und wurde Kirchvater. Hier überredete er
Hr. Paul Röhrscheidten, welcher E. E. Raths
Verwalter über dieses Dorf und Curator der
Kirche St. Petri in Budißin war, daß er an
dem Orte, wo das Marienbild stund, der Mutter GOttes zu Ehren eine Kapelle bauen möchte.
Da er dies erhielt, bewarb er sich um die Conceßion des Bischoffs, welche ihm der Bischoff
ver-

verliehe. Der Pfarrer suchte dieses Vornehmen
denen Leuten auf der Kanzel sehr vortheilhaftig
und heilsam vorzutragen und anzupreisen, und
gewann damit, daß selbe sich bereit finden liessen, willige und reichliche Beysteuer zu Aufrichtung der Kapelle zu thun : gleichwie die Sterbenden Legata dazu vermachten.   Paul Kral
kaufte von dem eingelaufenen Gelde, von drey
Bauern den Platz, bauete darauf die Kapelle,
von den Eichen, so er zu Crostau und Schirgis-
walde gekaufft, welche die Bauern umsonst an-
führten, die andern aber die nöthigen Dienste
dabey verrichteten.   Die Kapelle kam also zu
Stände, der Bischoff weihete sie ein und versahe
sie mit Ablaß.   Der Pfarr zu Postwitz, Paul
Bossack, stellte an denen drey hohen Festen, O-
stern, Pfingsten und Weihnachten, und zwar
den dritten Feyertag, daselbst eine Wallfahrt an,
lud dazu die umliegenden Priester, welche mit
ihren Kirchkindern dahin wallfahrteten, wobey die
Priester mit dem Ordinario Beichte höreten.
Bey dieser Gelegenheit opferten die Wallfahrter
wie gewöhnlich, und zwar so reichlich, daß der
Postwitzer Pfarr sich oft rühmte, er hätte filiam
fertiliorem matre.   Er, als der Ordinarius, gab
denen ihm aßistirenden Geistlichen eine gute Col-
lation und Mahlzeit, und blieb dennoch ein ansehnliches übrig.   Die Geschenke, Legata u. dergl.
so der Kirche geschahen, wurden auf Zinse aus-
gelehnet.   Dies dauerte, bis Ao. 1523. die Evangelische Lehre die Leute in dem Artickel von der
Rechtfertigung nach Anweisung der heil. Schrift
ver-

verständigte, daß man ihn alle Verdienst und
Würdigkeit die Gnade GOttes durch Christum
erlange. Darauf fiel der Ablaß, und die Wallfahrt nahm ihr Ende. Der damalige Grund-
herr von Eilwitz, Christoph von Haugwitz, und
M. Rupertus, Bürgermeister zu Budißin, nebst
dem Pfarr zu Postwitz erkannten es vor gut, weil
der Ablaß und die Wallfahrten gefallen, daß die
Zinsen von den Capitalien der Kapelle zu Eilwitz zum gemeinen Besten, und zwar die eine
Helfte der Pfarrt zu Postwitz, als welcher Kirche die Eilwitzer Kapelle impatronirt war, die
andere Helfte aber zum Bau der Brücken, über
die dabey flüssende Spreu, so damals hölzern
war, angewendet werden sollte, welches auch geschehen. Die Kapelle ist alsdenn wüste stehen
blieben, und endlich gänzlich eingegangen, also,
daß man vorjetzo nichts mehr als die wüste Stelle
zeiget. Wohin das wunderthätige Marienbild gekommen, findet man nicht angemerket.
Der Vermuthung nach hat man solches in die
Kirche nach Postwitz gebracht, als woselbst vor
Erneuerung der Kirche ein dergleichen Marienbild auf dem kleinen Altar bey der Kanzel gestanden.

§. 13.

Göda, ein wendisches Dorf, liegt zwar in
Meissen, an der oberlausitzischen Grenze, wir
können es aber wegen der von denen Oberlausitzern dahin geschehenen Wallfahrt, füglich hieher
ziehen. Hier fand sich ein vom Wunderthun
berühm-

berühmtes Marienbild. Mich. Frentzel, in der
Vorrede des postwitzer Taufsteins, gedenket desselben, und sagt, daß der Ort den Namen im
Wendischen Hodzij, wot chodzenja, ein Wall-
fahrtsort, daher erhalten, weil daselbst auf einem
Hügel vor dem Dorfe eine Kapelle gestanden,
und die Wenden dahin zu der heil. Maria gewallfahrtet. Ein mehrers haben wir bereits oben
P. II. Sect. I. Cap. 1. Punct 3. §. 4. cc. fin. angeführet; wozu wir noch fügen, was M. Carl Sam.
Senff in seiner Kirchenreformation- und Jubel-
geschichte des Amtes Stolpen pag. 434. schreibet: Da zu Zeit der Reformation ein wunder-
thätiges Marienbild aus der Kirche zu Göda
weggekommen, ist unter denen Wenden in selber
Nachbarschaft eine Rede ausgekommen: Maria wäre von Göda entlaufen, sey nach Rosenthal gekommen, und daselbst auf- und in Schutz
genommen worden, und urtheilet hernach, ob
nicht die rosenthaler Papisten in ihrem Wahne
mehr fundiret, welche die Mariam, so sie in ihrer berühmten Kirche haben, nicht von Göda,
sondern Uhyst, und zwar aus eigner Kraft, haben kommen sehen, von wannen sie nur eine
Meile (wiewohl sie von ein paar Liebenden ge-
messen worden) zu reisen gehabt. Die beste
Spur der Wahrheit mag etwa in ihren Gedanken diese seyn, daß auf der Linie oder dem Strich,
auf welchem Maria paßiret, das Getreide und
Gras noch jetzo weit fetter und schöner als darne-
ben aussehen soll, welches unstreitig daher kommen
müßte, weil des heil. Weibes Fußstapfen von
lauter

lauter Fette, sowohl als des noch lebenden Bennonis zu Göda, getroffen haben. So weit
Senff.

Dritter Titul.
Von Benennung der Feste in der
wendischen Sprache.

§. 1.

Es haben sich die Sorberwenden, wie in andern, also auch in Feyrung der Feste, nach
der römischen Kirche genau gehalten, und also die
Feste gefeyert, welche diese Kirche zu feyern befiehlet. Dieselben alle allhier anzuführen, ist,
als etwas allgemeines, unnöthig. Wir wollen
also nur derjenigen gedenken, denen die Wenden einen besondern Namen in ihrer Sprache
gegeben, und an welchen sie ihre besondere Gebräuche gehabt, und theils noch haben.

§. 2.

Ueberhaupt nennen die Wenden ein Fest oder
Feyertag Sswjatk, ingleichen Sswjedzen, den
heiligen Tag: to Sweczeni, festum, celebra-
tio festi diei, das Feyern, die Heiligung. To
Sweczo, statua, imago, sculptile Sancti, Ob sie
den Namen Sswjatk denen Festen beygeleget,
von denen heiligen Handlungen, die sie an diesen
Tagen verrichtet, oder von denen Heiligen, welchen die Tage gewiedmet waren, und denen sie
dieselben zu Ehren feyerten, will ich nicht untersuchen. Es kan beydes seyn.

§. 3.

§. 3.

Die hohen Festtage, Ostern, Pfingsten und Weihnachten, heissen ihnen roczny cžaß, roczny kommt her von roczicž umkehren, und cžaß die Zeit und also die Zeit, so wiedererscheinet. In dem Oberkreise sprechen sie: te hody, plur. Substant. von hodicž würdigen, d. i. die würdigen Tage. Besonders wird damit Weihnachten, oder die Geburtszeit Christi beleget. M. Abrah. Frentzel in Lex. MSt. giebt dies Wort, tempus lætum, eine fröliche Zeit, peculiariter natalicium, s. Natalis dies Christi, die Weihnachten.

Nowe ljeto, das neue Jahr. So nennen die Wenden nicht allein das Fest und Zeit, sondern auch das Geschenke, welches die Jungfern ihren Liebhabern an diesem Tage verehren, und dieses nowe ljetko bestehet aus einem Kranz mit Lahne ausgeflochten, nebst Aepfeln, Nüssen, Semmeln u. a. m. so sie ihnen zu überschicken pflegen; welches vorietzo nicht mehr im Oberlande, wohl aber in der Halde im Gebrauch ist. In dem camenzer Kreise beschenken sie die Pathen mit Semmeln und andern Sachen, so sie auch nowe ljetko nennen.

Czjoch Kralow: das Fest der Heil. drey Könige. Ehemals bucken die Wenden an diesem Tage allerley Mehlsachen, als Schäfgen, Gänse, Männgen, ein klein Gebackenes mit drey Spitzen als einen Stern, welches sie czjodrag oder czjedrak, d. i. drey Könige, zu nennen pflegten, zum Gedächtniß der Weisen, welche man

im

im Papſtthum vor Könige hält. Es halten noch einige Wenden in der Haide dieſe Gewohnheit.

Ta Martrowniza, die Marterwoche, nämlich Chriſti, iſt aus dem Deutſchen genom-men.

Seleny Schtwortk, der grüne Donner-ſtag, eigentlich der grüne Vierte, weil die Wen-den die Tage der Wochen als Ferien zählen.

Der Charfreytag heißt bey denen niederlau-ſitzer Wenden Schichi Petk; bey den oberlau-ſitzern cžichi pjatk, der ſtille Freytag; wie auch wulki pjatk, der große Freytag, weil an dieſem Tage das allergrößte geſchehen, nämlich die Er-löſung der Menſchen durch Chriſti Blut. Wulki pjatk heiſſet eigentlich der große fünfte Tag, wel-ches einen auf die Gedanken bringen könnte, daß die Wenden den Donnerſtag vor den Leidens- und Sterbenſtag anfangs gehalten, welche Meynung Wilh. Lange in ſeinem Buche de an-nis Chriſti, Lugd. Bat. 1651. vorträgt. Es iſt aber zu wiſſen, daß die gelehrten Wenden, dieſe Be-nennung des fünften Tages alſo erklären: Die Wenden fangen die Tage in der Woche nach und mit dem Montag an zu zählen, alſo, daß der Dienſtag ihnen heißt: Wutora, die Mitt-woch, Freda, der mitlere; der Donnerſtag schtwortk, der vierte, und der Freytag, pjatk, der fünfte. Auf dieſe Weiſe iſt denen Wenden der Freytag jederzeit der Leidens- und Sterbens-tag Chriſti geweſen.

Das Oſterfeſt wird von denen Niederlau-ſitzern Jutſchownitz, von denen Oberlauſi-

ßern

ßern aber ßwjata Jutrowniczka genannt. Jutry und Jutro heißt aurora, die Morgenröthe,
der Morgen, und deuten sie κατ' εξο ην den
Oſtertag, als den frölichen, beſten, ſeligſten Morgen, damit an. Ueber dieſes iſt Jutrowniczka
das diminutivum von jutry, und brauchen die
Wenden dieſes Wort von Oſtern, als ein nomen
blandientis, weil ihnen dieſer Tag ſehr lieb und
angenehm iſt.

Das Feſt der Himmelfahrt Chriſti heißt
denen Niederlauſitzern ſtupena dӡ neba, die
Auffahrt oder der Eintrittstag in den Himmel;
denen Oberlauſitzern aber Boӡe ſtpjeczje, GOttes Auffahrt.

Die Pfingſten nennen die Oberlauſitzer überhaupt ßwjatki, plur. κατ' εξοχην, die heiligen
Tage oder Feſte, wegen Ausgießung des heiligen Geiſtes, ſo an dieſem Tage geſchehen; insbeſondere aber den erſten Pfingſttag, die Niederlauſitzer ßwetkowniz, die Oberlauſitzer aber
ßwjatoczniczka, und iſt das diminutivum von
ßwjatki.

Die Benennung des Feſtes der Heil. Drey-
faltigkeit iſt eine Ueberſetzung aus dem Deutſchen: ßwedzen ßwjatej Trojizy. Die Niederlauſitzer aber geben es kurz: S. Tſchoiſoſcz.

Der Adventname, Advent iſt aus dem
lateiniſchen genommen; die Niederlauſitzer ſprechen hingegen Pſchichoda. In vorigen Zeiten
war die Gewohnheit unter denen Wenden, daß
etliche von ihnen vom Advent bis zu Weihnachten

ten herum afengen, deren einer einen Engel, andere wieder was anders vorstellten, die Kinder beter lieſſen, und ihnen Semmel, Obſt u. dergl. austheilten, welches ſündliche Weſen aber meiſt abgeſchaft worden. Solches unter den Deutſchen bekannte Chriſtkindlein, oder der heilige Chriſt, hieſſen die Wenden Boże dżiecżo, das Kind GOttes.

Der Abend vor dem Chriſttage wird von den Wend n genannt, Patorżiza, der Vätertag, und kommt von dem lateiniſchen Pater her, womit die katholiſchen Geiſtlichen ſich beehren laſſen. Die Benennung dieſes Abends hat ſeinen Urſprung von der Gewohnheit, da die Patres im Papſtthum mit den Kindern allerhand Kinderſpiel den Chriſtabend trieben, wenn ſie die Mahlzeit hielten, wie Durandus Ration. L. 6. c. 74. f. 199. ſolches anmerket. (*)

Die Chriſtnacht heißt bey denen Wenden Boża noz, die Gottesnacht, und der erſte Weihnachtstag, Boży dżen, der Tag GOttes.

Nachdem in Oberlauſitz 1664. die Bußtage eingeführet wurden, gab man denſelben den Namen Pokutny pjatk, der bußfertige Freytag.

Das Kirchweihfeſt, ta Kermuſcha, die Kirmeß, iſt deutſch.

Die Marienfeſte führen bey den Wenden folgende Namen:

M 2　　　　Ma-

(*) In quibusdam locis die & in aliis in natali Chriſti Prælati cum ſuis Clericis ludunt &c.

Mariä Reinigung, wuczißczenje ßwja-
teje Marje, ist aus dem Deutschen übersetzt.

Verkündigung, pschipowedanje, wiederum daher.

Heimsuchung, domahpyttanje, auch aus
dem Deutschen.

Und das Frohnleichnamsfest, heißt ihnen
ßwjedzen Bozeho Czjela, der heilige Tag des
göttlichen Leibes.

Aller Heiligen, schitkich Sswjatych, so
eine deutsche Uebersetzung ist.

Vierter Titul.
Von dem Leben der alten Sorber-
wenden im Papstthum.

§. 1.

Wir fangen von der Priesterschaft an, und
da können wir nicht anders sagen, als
daß selbe größtentheils von elender Beschaffenheit gewesen. Ihre Wissenschaften betreffend,
so hatten selbe eine schlechte Gestalt. Die wenigsten unter ihnen waren der wendischen Sprache kundig, und sollten doch ihre anvertraute
Pfarrkinder, die sonst keine andere Sprache verstunden, unterrichten. Die lateinische Sprache
allein war ihnen bekannt, in welcher sie die Messe
lasen und die Psalmen sungen, womit sie vermeynten ihrem Amte ein Gnügen gethan zu haben. In denen Lehren des Christenthums und
denen

denen andern nöthigen Wiſſenſchaften waren ſie
Ignoranten, gleichwie ſolches damals eine allgemeine Klage von denen Prieſtern in allen Landen war. Waren auch einige, welche zu einiger
Wiſſenſchaft gelanget, ſo konnten ſie doch ſolche
nicht bey den Wenden anwenden, weil ſie die
wendiſche Sprache weder reden noch verſtehen
konnten. Daß dieſes der alten wendiſchen Prieſterſchaft nicht zur Laſt geleget werde, beweiſen
wir mit dem Zeugniſſe ihres eigenen Prälatens.
Johannes von Salhauſen, Biſchof zu Meiſſen,
bekennet im öffentlichen Drucke, daß viele Prieſter unter denen Wenden derſelben Sprache nicht
verſtanden, und alſo denen armen Wenden weder predigen, noch ſie Beichte hören, auch nicht
ihnen das Vater Unſer und den Glauben vorbeten können. Derohalben er ihnen ernſtlich befehlen mußte, daß ſie ſich Kapelläne oder Vicarios halten ſollten, die die Sprache derer Wenden verſtünden, und in vorbeſagten Stücken denen Wenden dienen könnten. Es ſahen dieſe
Prieſter nicht auf der Wenden geiſtliches Heil
in ihrem Amte, ſondern auf ihren Nutzen. Nur
einmal des Jahres machten ſie Anſtalt, daß ihre
Pfarrkinder beichten konnten, damit ſie die die
wendiſche Sprache verſtehende Vicarios nicht
lange halten und beſolden durften. Es verdienet allerdings dasjenige Statutum Synodale, in
dem bemeldter Biſchoff dawider eifert, und eine
ernſte Verordnung giebet, allhier erwehnet zu
werden, deſſen Inhalt dahin gehet, daß der Biſchoff denen wendiſchen Pfarren auf das ge-

naueſte

naueſte befiehlet, daß diejenigen, welche die wendiſche Sprache nicht verſtünden, folglich nicht
im Stande wären, das ihnen übergebene wendiſche Kirchvolk mit Predigen und Beichthören
zu verſehen, das Vater Unſer, den chriſtlichen
Glauben und anderes mehr, vorzuſagen, und ſie
darinnen zu unterrichten, daß ſie ſich Kapelläne
hielten, welche dieſe Sprache verſtünden, damit
dieſelben das Volk in vorgemeldten Stücken
heilſamlich unterrichteten; und wo das nicht von
ihnen geſchehen würde, ſollten ſie ihres Beneficii
verluſtig ſeyn.　Nicht weniger, da er, der
Biſchoff, mit Betrübniß vernehmen müſſen, daß
die Pfarrer ihre Kirchkinder nicht mehr, als einmal des Jahres, in der Faſten, Beichte höreten,
und ihnen das Abendmahl reichten, ſo befiehlet
er mit Ernſt, daß ſolches wenigſtens zweymal
des Jahres geſchehen ſollte. (*)

§. 2.

(*) De Plebanis Sclavos plebiſanos habentibus.
Item ſub pœna excommunicationis diſtricte
præcipimus & mandamus, quod ſinguli & omnes
Plebani noſtræ diœceſis, in ſuis plebanatibus &
eccleſiarum terminis plebem ſclavicam habentes,
qui in idiomate Sclavonico ignari ſunt, & inex-
perti, populum ſibi ſubjectum prædicationibus,
confeſſionibus, oratione dominica, Symbolo Apo-
ſtolico & aliorum dicendorum publicationibus non
valent aut poſſunt informare & perſonaliter expedire; ſecum teneant & habeant Capellanos ſeu
Vicarios in hujusmodi idiomate peritos & exper-
tos, qui ſciunt Sclavis prædicare & præeſſe, eosque in præmiſſis poſſunt informare ſalubriter &
expedire: alioquin ſuis beneficiis per nos priva-
buntur, & genti facienti fructus ſuos dabuntur.

Item

§. 2.

Wie die Priester bey den Wenden sich in ihrem Amte sehr schlecht bewiesen, also bezeigten sie sich auch in ihrem Leben. Bischoff Godeboldus, der 13te Bischoff zu Meissen, hielt Ao. 1130. einen Synodum Dioecesanam, von dessen Ursach und Beschaffenheit Fabricius Bericht ertheilet, daß er die Zucht wieder aufrichten, und dem ungezähmten Wesen der Priester steuern wollen,

M 4 dage-

Item, ad audientiam nostram deductum est, de quo non immerito plurimum dolemus, quod nonnulli animarum Pastores & Curati presbyteri plus lucrum ex parochianis suis & ovibus, quam ipsarum salutem sitientes, suos parochianos tantum semel in anno, in confessionibus audiunt & expediunt: & quod deterius est, tunc incipere solent aliquando post Dominicam Lætare, aliquando post Dominicam Judica: istos tunc confessos non prius, quam ad cœnam Domini aut ad diem Paschæ Eucharistia & corpore Christi providendo quod proh dolor in periculum multarum redundat animarum. Huic pestifero morbo remedium salubre invenientes: Omnibus & singulis per Dioecesin nostram Curatis, Presbyteris injungimus, atque præcipimus, ut consuetudini Romanæ Ecclesiæ se conforment, in antea parochianorum suorum ad minus bis in anno confessiones audiant; ut ipsi parochiani bis confiteantur admoneant & inducant, sicque cum eis agant, quod confessi post secundam confessionem infra biduum Eucharistiæ Sacramento, in die videlicet Palmarum & aliis sequentibus diebus provideantur. Si quis autem tam Plebanorum, quam Parochianorum hujus nostri præcepti inventus fuerint transgressor, sciat, se ut rebellem & inobedientem, condignam pœnam minime evasurum.

dagegen sich die Priesterschaft dergestalt gesetzet, daß er von seinem guten Unternehmen ablassen müssen. (*) Aus dem man siehet, wie es unter den Priestern mag zugegangen seyn: Und da der Bischoff derselben Bosheit steuern und eine Verbesserung vornehmen wollen, wie unbändig und wütend sich die Priesterschaft dabey bewiesen, daß auch der Bischoff von seinem guten Vorsatz abstehen müßen und also nichts ausrichten können.

In denen oft angeführten Statutis Synodal. des Bisthum Meissens, ist das erste alsbald: de vita & honestate Clericorum, überschrieben. In selbem befiehlt der Bischoff, daß die Priester seiner Diöces, (unter welchen unsere oberlausitzische wendische Priester einen großen Theil ausmachten,) innerhalb Monatsfrist die Concubinen und mulieres suspectas, die verdächtigen Weibespersonen, aus ihren Häusern schaffen sollten, (a se penitus ejiciant, amoveant & dimittant) bey Verlust ihres Beneficii oder Pfarrdienstes.

It. Er verbietet daselbst, daß die Priester nicht tanzen, Zoten reissen, (turpia dicere) spielen sollten. Wenn aber jemand das Bretspiel brauchen wollte, zur Erquickung und Trost, pro recreatione & solatii causa, solle ers heimlich, und mäßig thun.

Item.

(*) In ea congregatione disciplinam laxatam restituere & licentiam Sacerdotum coercere voluit: Sed ita ab omnibus ei repugnatum est, ut desistere à proposito cogeretur.

Item. Verbietet er, daß die Priester nicht in
die Sauf- Bier- und Weinhäuser gehen sollten,
sonst wollte er sie incarceriren, oder aus seiner
Diöces jagen laſſen.

Das folgende Statutum zeigt an, daß die Priester die divina officia saumselig verrichtet, und ärgerlich sich dabey aufgeführet haben; daher ver-
mahnt er sie ernstlich zu einem beſſern Bezeigen.
Allein die gottlose und unbändige Cleriſey achtete solches alles nicht, sondern, da sie bey ihrem
sündlichen Weſen nicht bleiben sollten, rebellirten
sie. Wie sie sich alsbald bey Antritt der Regierung des Biſchoffs gegen ihn bewiesen, saget der
Biſchoff in einer Schrift, so beym Lünig in
Specileg. Eccl. Cont. p. 850. und in Schöttgens
wurtzeniſchen Chronike in append. zu finden. (*)

§. 3.

Erwäget man aus dem vorgesagten den Zustand und die Beschaffenheit der Priester, so kan
man sich von denen Layen unter den Wenden
und ihrem Leben wohl nicht viel Gutes versprechen. Da die Priester und Lehrer in großer Unwissenheit steckten, anbey, wenn sie auch einige
Erkäntniß hatten, dennoch wegen nicht Erkänntniß der wendiſchen Sprache, das gemeine Volk

M 5 nicht

(*) Clerus in Præpositura ac Decanatu Budiſſinenſi,
& in sedibus Camentz, Lœbau, (das waren lauter
wendiſche Prieſter,) Gorlitz, Lauban, Reichenbach,
Seidenberg & Sorau, cum primum ad Episcopa-
tum veniremus, instinctu pravorum hominum, vel
ære alieno noſtræ eccleſiæ obſtrictorum, negabant
biennale subsidium episcopale.

nicht unterweisen konnten, so hat letzteres sich
freylich auch in der tiefsten Unwissenheit der Religionslehren befunden, und daher ist alsdenn ein
grobes sündliches Leben erfolget, daß man so
gar das Vieh und die Wenden in eine Classe
gesetzet.

Da nun also die Wenden von der Erkänntniß der wichtigsten Glaubens- und Lebenspunk-
te, wie solche die christliche Religion vorträget,
leer waren, so war es kein Wunder, wenn bey
ihnen der alte heidnische Aberglaube ihrer Vor-
eltern sich fand, der, weil er durch gründlichen
Unterricht nicht benommen worden, von Zeit zu
Zeit sich erhalten hatte. Zum Beweiß dessen
wollen wir etwas davon anführen, welches auch
so gar nach der Reformation bey den evangelischen Wenden sich gefunden, und es viele Arbeit
gekostet, bis durch gründlichen Unterricht der
Lehrer die Wenden das Abergläubische meist
abgeschaft.

So waren die Wenden gewohnt am Christabend hart gekochte Erbsen aufzusetzen und zu
essen, von denen sie welche in alle vier Winkel
der Stube warfen, aus Aberglauben, daß sie
das künftige Jahr alles im Hause gnugsam, hingegen keinen Mangel haben würden. Wiewohl
M. A. Frentzel de Diis Sorab. Sect. II. c. 22. §. 4.
fol. 233. sqq. in Script. R. L. davor hält, daß
solches von ihnen darum geschehen, die Lemures
und Hausgespenster zu vertreiben, gleichwie sie
auch dieses bey denen Trauer- und Begräbniß-
mahlen thaten.

An

An eben diesem Christabend banden sie denen Obstbäumen Strohseile um, damit sie desto fruchtbarer seyn sollten.

Da im Papstthum, gleichwie auch nach der Reformation an Pfingsten, die Mayen in die Kirchen gesetzet wurden, hatten die abergläubischen Wenden am ersten Tage den sündlichen Gebrauch, daß, wenn der Priester den Seegen sprach, sie von diesen Mayen Reiser abbrachen, solche mit nach Hause nahmen, und damit abgöttisches Wesen trieben.

Am Feste Johannis des Täufers nahmen Alte und Junge mancherley ungeziemende Dinge vor. Die Erwachsenen trugen Kränze von Beyfuß auf dem Haupte, daß ihnen der Kopf nicht weh thun sollte. Junge machten von Weidenruthen einen kleinen Galgen, sprungen über denselben, in der abergläubischen Meynung, wer darüber springe, habe das Jahr Glück.

Die Fastnacht war ihnen ein Freß- und Saufsest, ob sie selbe gleich Postniza, einen Fasttag nannten. Und dergleichen viel böse und abergläubische Gebräuche fanden sich unter ihnen.

Zwey-

Zweyter Abschnitt.

Von dem Zustand der evangelischen Religion bey denen Sorberwenden in Oberlausitz.

Das erste Capitel.

Von der evangelischen Reformation unter den oberlausitzischen Sorberwenden.

§. 1.

Da die armen Sorberwenden in Oberlausitz, wie im vorigen erzählet, in geistlicher Finsterniß saßen, ließ ihnen GOtt unvermuthet das helle Licht des Evangelii von der Gnade GOttes in Christo JEsu dem allgemeinen Heylande aufgehen, und sie erleuchten. Denn, als D. Martin Luther im Jahr 1517. zu Wittenberg anfieng, sich denen ärgerlichen Ablaßpredigern zu widersetzen, und nach Anleitung heiliger Schrift den wahren Ablaß in dem vollgültigen Verdienst JEsu Christi zu suchen, jedermann öffentlich zu zeigen, so wurde diese theure Wahrheit denen oberlausitzischen Wenden gar zeitig bekannt, welche sie auch mit Freuden an und darinnen von Zeit zu Zeit zugenommen haben.

§. 2.

So viel als ich aus denen hier und da zerstreueten Umständen schlüssen kan, hat bey den

ober-

oberlausitzischen Wenden das herrliche Evangelium schon um das Jahr 1520. seinen Eingang
gehabt, und die reine Lehre von der Rechtfertigung eines armen Sünders, aus Gnaden um
Christi willen, so die Wenden to praweho czi-
nenje, das gerecht machen, nennen, ist wohl der
erste Hauptpunkt, den sie aus dem Evangelio erkannt und heilsam angewendet. Denn dieses
war der Anfang der Reformation durch Lutherum, da er 1517. den Ablaß als ein vorgegebenes
Mittel der Vergebung der Sünden verwarf,
hingegen die Leute auf Christum wies, daß dessen vollgültiges Verdienst, der allein vor GOtt
geltende Ablaß sey. Hiernächst hielt Lutherus
1518. eine Predigt über das erste Gebot, in welcher er zeigte, was Abgröterey sey, und wie selbe
mit den Bildern der Heiligen getrieben werde.
Beydes muß unsern Wenden bekannt worden
seyn, und beydes muß sich auch in folgenden
Jahren bey ihnen, als eine Wahrheit, mit Ueberzeugung gefunden haben: weil sie zu der Zeit bey
dem Marienbilde zu Eilwitz, weder Ablaß gesuchet, noch auch mehr dahin gewallfahrtet,
als welche zwey Stücke mit der Lehre von
der Rechtfertigung, nach der Schrift, und mit
dem ersten Gebot unmöglich bestehen können.
Man siehet auch aus diesem die göttliche Kraft
der evangelischen Lehre, wie sie sich mächtig an
diesen Wenden derselben Gegend bewiesen, indem dieselben dasjenige, was ihnen von Jugend
auf so nachdrücklich eingepräget worden, und
was sie von Jugend auf mit der größten Andacht
vereh-

verehret, und auf das eifrigſte geübet, auf ein⸗
mal, bloß durch das bekannt gewordene und da⸗
mals von dem größten Theil verworfene Wort
GOttes, in kurzen ſo überzeuget worden ſind,
daß ſie dergleichen Handlungen vor unrecht, irrig,
falſch und ſündlich angeſehen, verabſcheuet, ver⸗
laſſen, das hochgehaltene Bild nicht mehr geach⸗
tet, und aller Verehrung abgeſaget, dergeſtalt,
daß die Kapelle leer ſtehen blieben, und das Geld,
ſo zu derſelben gewiedmet war, zu einem andern
Endzweck angewendet worden, worauf doch ſonſt
der Bann lag, welchen jedermann ſcheuete; und
hat 1523. mit der Kapelle alles ſeine gänzliche
Endſchaft erreichet.

§. 3.

Nebſt der Lehre von der Rechtfertigung iſt de⸗
nen Wenden die Lehre vom heiligen Abend⸗
mahl unter beyden Geſtalten, nach Chriſti
Einſetzung, gar zeitig bekannt worden. Denn
man findet, daß an etlichen Orten um Budißin,
das heilige Abendmahl auf dieſe Weiſe die Wen⸗
den gebrauchet. Die Gelegenheit dazu hat Lu⸗
therus mit ſeinem Sermon vom hochwürdigen
Sacrament des Leichnams Chriſti 1519. gegeben.
In demſelben ſagt Lutherus, er ſähe es gerne,
wenn in einem Concilio geordnet würde, daß de⸗
nen Layen das heilige Abendmahl in beyden Ge⸗
ſtalten gereichet würde. Es machte zwar der
Biſchoff zu Meiſſen alsbald Gegenanſtalt, daß
ſeine Diœceſani das heilige Abendmahl alſo zu
gebrauchen nicht verleitet würden. Dahero er
und

und das Kapitul d. d. 24. Jan. 1520. eine Verordnung in seinem Sprengel, und also auch im Sor-
berwendenland, ergehen ließ, vermöge welcher er,
in Kraft des Gehorsams, und bey den Pönen,
so von Rechten ausgesetzet, allen Herren, Aebten,
Pröbsten, Dechanten, Erzdiaconen, Priorn,
Guardianen, Thumherren, Pfarrern, Altari-
sten, Lectoristen und allen andern Priestern, Cle-
ricken und Geistlichen, Unbefreyeten, auch beyder
Geschlechte, männlichen und weiblichen, geist-
und weltlichen Christgläubigen, zweyerley befahl:
einmal, daß ein jeder, der Lutheri predigt hätte,
dieselbe abgeben sollte. Einmal aber, daß die
Priester das Volk unterrichten sollten, daß diejenigen, welche das Sacrament unter einer Gestalt empfiengen, solches nicht Stückweise und
zum Theil, sondern gänzlich und vollkommen erhielten, und daß die Empfahung des Sacraments unter beyden Gestalten, um der bisherigen Verordnung willen, freventlich, vermeßent-
lich, zwieträchtig, ärgerlich und betrüglich sey.
Dieses Verbotes des Bischoffes ungeachtet,
wurde doch die Communion unter beyden Gestalten, von Deutschen und Wenden in Oberlausitz angenommen und eingeführet, wozu ein
vieles beytragen mochte, daß Lutherus des Bischoffs Verordnung widerlegte. Diesemnach
findet man, daß der Pfarrer, Paul Boßack, zu
Postwitz, seinen Pfarrkindern bereits 1522. das
heilige Abendmal unter beyden Gestalten gereichet. Selbst in der Stadt Budißin hat kurz
nach diesem, der damalige Decanus, M. Paul
Cüch-

Cüchler, geordnet, daß die Communio sub utraque an etlichen Altaren gehalten wurde.   Da
nun solches in Budißin geschahe, so ist leicht zu
erachten, daß die Wenden auf denen umliegenden Dörfern hietinnen gefolget.   Von der Zeit
an, ist unter denen Wenden der Unterscheid de-
rerjenigen, welche das heilige Abendmahl unter
einer, und derer, welche es unter beyden Gestalten gebrauchten, den Namen nach entstanden.   Denn die ersten, die Papisten, so bey dem
Gebrauch einer Gestalt blieben, nannten sie, gleich
wie noch jetzo, von Podjan, einer, der unter einer, nämlich Gestalt, im heiligen Abendmahl
communiciret: Und ist von pod, sub, unter, und
jeden, unus, a, um, einer, eine, eines, zusammen-
gesetzt.   Daher kommt to Podjanstwo, Pa-
pismus, das Papstthum, der römische Glaube.
Hingegen heißt ein Evangelischer, Podwoby-
ski, von pod unter, und wobej, (nach der böhmischen Sprache) utraque, beyden, der nach
Christi Einsetzung das heilige Abendmahl unter
beyden Gestalten nimmt: to Podobystwo,
religio evangelica, die evangelische Religion und
Glaube, da die Communio sub utraque, die Communion unter beyden Gestalten, gewöhnlich ist.
Ueberhaupt ist zu merken, daß die Wenden das
heilige Abendmahl in ihrer Sprache Boze wot-
kasanje aussprechen, welches GOttes Ver-
mächtniß in unserer Sprache heißt, und die Sache, welche im neuen Testament vermacht, bedeutet.   So vielfältigen Widerstand die alten
Wenden funden, wenn sie theils, die Hostie
nicht

nicht mehr, wie vorher, anbeten, theils das Sacrament nicht mehr unter einer, sondern beyden
Gestalten nehmen wollten, so liessen sie sich doch
nicht irren, sondern widerlegten ihre Widersacher kurz mit den Worten Christi: Wßmicze,
jiscze, picze, nehmet, esset, trinket. Dieses
haben wir noch zu gedenken, daß, nachdem man
unter denen Wenden, das heilige Abendmahl
nicht mehr in lateinischer, sondern wendischer
Sprache zu handeln angefangen, die Wenden
sich dabey nach der Ordnung, wie sie Lutherus
in Wittenberg eingeführet, und bey der Conse-
cration, das Vater Unser, nicht wie es beym
Matthäo, sondern wie es beym Luca stehet, so
man das kurze Vater Unser nannte, gebrauchet.
Wie denn solches auch nach der Zeit beybehalten
worden, und in der 1696. gedruckten wendischen
evangelischen Kirchenagenda p. 75. zu finden.

§. 4.

Diese Lehren, von der Rechtfertigung und dem
heiligen Abendmahl nach Christi Einsetzung, sind
der Anfang der evangelischen Religion, womit
die Reformation an etlichen Orten unter den
Wenden den Eingang gehalten, worauf sich die
Erkänntniß der göttlichen Wahrheiten bey ihnen nach und nach gemehret, auch solche sich je
mehr und mehr unter ihnen ausgebreitet. Dieses beförderten die von Luthero und andern treuen
Lehrern von Zeit zu Zeit herausgegebenen geist-
reichen Schriften, sonderlich der Catechismus
mit der Auslegung Lutheri, und das neue Testa-
N   ment.

ment. Da nun aber die wenigſten wendiſchen
Prieſter und Pfarrer, die wendiſche Sprache
verſtunden, und alſo die evangeliſch-bibliſche
Wahrheiten ihren wendiſchen Zuhörern nicht
verſtändlich vortragen konnten, und diejenigen
wenigen, ſo wendiſch redeten, ſolches zu thun
nicht Luſt hatten, ſo ſuchten die heilsbegierigen
Wenden alle Gelegenheit, dazu zu gelangen. Sie
giengen dahero, wenn es auch noch ſo weit war,
an ſolche Oerter und Kirchen, wo ſich ſolche Pfarrer fänden, welche die in GOttes Wort gegrün-
dete evangeliſche Wahrheiten erkannten, glaubten und vortrugen. Man findet dieſelben unter
allen in Oberlauſitz, wie vorgedacht, am erſten zu
Poſtwitz und zu Budißin. An erſterm Ort that
es 1521. der obgedachte Paul Boßack, welcher
das Volk treulich unterrichtete und fleißig predigte. In Budißin geſchahe ſolches 1523. von
M. Mich. Arnold, bey denen Deutſchen. Ferner
geben von beyden die Annales Bud. dieſe Nachricht. Ao. 1527. wurden an M. Arnolds Stelle,
zwey neue, doch tapfere gelehrte Prediger geordnet. Einer derer Prediger predigte in der Kirche
St. Petri deutſch, der andere zu St. Nicolai
wendiſch. Weil ſie die Mönche in dem Kloſter
in der Diſputation: ob die Meſſe ein Opfer ſey
und dergleichen, überwunden, mußten ſie weichen. Und ſo wuchs das Wort GOttes unter
denen Wenden durch das Predigen. Wir haben bereits oben P. I. c. 4. §. 2. angeführet, daß
unter denen Wenden vier Namen gebräuchlich
ſind, womit ſie die Perſonen geiſtlichen Standes
belegen,

belegen, Pop, der Pfaffe, Duchowny, der
Geiſtliche, ton Farrar, der Pfarr, und ton
Prjedar, der Prediger. Der erſtere kommt
aus dem Heydenthum her; die andern zwey ſind
im Papſtthum gebräuchlich worden, der vierte
aber bey der Reformation entſtanden. Denn
das Predigen war in dem Papſtthum bey denen
Wenden was ſeltenes, jetzo aber wurde es was
gemeines. Dahero denn die Wenden, denenjenigen, ſo ihnen durch die Predigten fleißigen Unterricht ertheilten, in ihrer Sprache den Namen
Prjedar, von dem deutſchen Wort, Prediger
genommen, beylegten.

Hiernächſt erhielten die nach dem Evangelio
begierigen Wenden, die heilſame Erkänntniß
von andern Perſonen, die Evangeliſch waren, zu
denen ſie ſich hielten. Solche waren die Ædirui,
Küſter und Schulmeiſter, welche damals der
deutſchen und wendiſchen Sprache zugleich kundig ſeyn mußten, damit ſie bey denen Pfarrern
und derſelben Kirchkindern, wenn erſtere kein
wendiſch, letztere aber kein deutſch verſtunden,
Dollmetſcher abgeben konnten. Dieſe, gleichwie
andere verſtändige gemeine Wenden, waren hier
Gehülfen an dem Bau des Reiches GOttes.
Zu dieſen geſelleten ſich diejenigen Wenden, denen an der Wahrheit des Evangelii gelegen war.
Dieſelben, wenn ſie beyſammen ſich funden, handelten von dem, was zu ihrer Seelen Heil diente.
Die, ſo unter ihnen deutſch und wendiſch konnten, laſen das neue Teſtament, den Catechiſmum
und andere deutſche Schriften, überſetzt in wen-

N 2 diſcher

difcher Sprache ihren Sorben vor, hielten darüber Gespräche, unterrichteten, vermahnten und
trösteten sich unter einander, dabey sungen sie
geistliche Psalmen und Lieder. Lucas Osiander,
in seiner Bibel ad Act. II. edit. lat. pag. 324. führet an, daß er zu Schackau in Preussen, selbst
gehöret, wie der Pfarr dasiges Ortes, welcher
die daselbst gebräuchliche alte preußische Sprache
nicht gekonnt, sondern nur die deutsche verstanden, auf diese Weise seine Predigt verrichtet:
Erst habe er einen Periodum deutsch gesaget,
dann habe der Schulze des Orts, der beyder
Sprachen mächtig gewesen, selben in der alt
preußischen Sprache vorgetragen, und so die
ganze Predigt durch. Ob diese Art auch unter
unsern Oberlausitzern im Anfang, bey dem Mangel der wendischen Priester sich gefunden, kan ich
nicht sagen, wohl aber dieses, daß Küster, Schulmeister und Handwerker, welche Wenden gewesen, zu Pfarrern ordiniret worden sind, wie
unten zu sehen seyn wird.

Und auf diese Weise hat die evangelische Lehre in Oberlausitz unter denen Wenden ihren Eingang gehabt, welche von Jahr zu Jahr gewachsen und zugenommen.

§. 5.

Mit was vor Begierde und Freude unsere
Wenden das süsse Evangelium von dem Heil in
Christo, so GOtt in seinem Worte offenbaret,
gesuchet und mit Vergnügen angenommen, kan
man

man aus folgenden, was wir anführen werden,
erkennen.

Das **Evangelium**, oder den evangelischen
Text, worüber Sonn- und Festtags geprediget
wird, nennen die Wenden to Szenje, Szenio,
verba quietis s. Sabbathi Christiani, **Worte der
Ruhe oder des christlichen Sabbaths**: Szenßke
Knihi, liber Evangeliorum, das **Evangelienbuch**.

Die **Liebe zu GOttes Wort**, und die
Freude, die sie über den Empfang desselben hatten, bezeigten sie damit, gleichwie noch jetzo ihre
Nachkommen zu thun pflegen, daß, wenn sie aus
der Kirche und von dem Gehör des göttlichen
Wortes kamen, sie an statt eines Grußes einander anredeten: Sbozeho stowa witajcze,
willkommen aus, oder von GOttes Wort, ingleichen s-bozim stowom witajcze, willkommen mit Gottes Wort! Dem der andere antwortete: Boh werschny pombaj, der höchste
(allmächtige) GOtt helfe! tesch s-bozeho stowa
witajcze: auch willkommen von GOttes Wort.
Diese Grußformul ist bey denen Wenden erst
zur Zeit der Reformation in Gebrauch kommen.
Denn vorher im Papstthum war die Abhandlung des göttlichen Wortes in der Kirche was
seltsames, wie wir oben gehöret. Predigte man
des Jahres ein oder das anderemal in der Kirche, so waren es Menschenworte, die Geschichte
und Gedichte von denen Heiligen. Die Sonn-
und Festtagsevangelia oder Episteln, welche bey
der Messe gelesen oder gesungen worden, waren

lateinisch), und also verstunden die armen Wenden nichts von dem Worte GOttes. Nunmehro
hörten sie daßelbe in ihrer Sprache, verständlich,
deutlich und reichlich.   Und das bewegte sie gedachte Formul zu gebrauchen.   Es ist diese Art
bey dem Begegnen auf dem Kirchwege noch jetzo
unter denen Sorben gewöhnlich.   Gleichwie
man auch bey ihnen wahrnimmt, daß, wenn sie
zur Kirche gehen, oder gelautet wird, sie den Huth
abnehmen und beten. Wodurch die ersten evangelischen Wenden wohl nichts anders zu erkennen geben wollen, als daß sie sich dadurch aufgemuntert, zu GOtt um Zubereitung ihres Her-
zens zu geschickter Aufnahme des anzuhörenden
Wortes zu beten.   Und es ist zu wünschen, daß
die heutigen Wenden, bey beyden angeführten Gewohnheiten, also beschaffen seyn mögen,
wie die ersten Evangelischen.

  Wie süß und lieblich denen Sorben der Vortrag von dem großen Erlöser und dessen Namen JEsus worden, da sonst kein ander Name den Menschen gegeben, darinnen sie sollen
und können selig werden, (denn davon höreten
sie vorher wenig oder nichts, sondern nur von
dem Verdienst und Anrufung der Heiligen, vom
Ablaß, von Messen, von Fasten, von Wallfahrten, von Stiftungen zu Kirchen, Klöstern
und denen Geistlichen , darein man das Heil
setzte) erhellet daraus, weil die Gewohnheit unter ihnen entstanden, daß, wenn sie von dem Prediger den Namen JESUS aussprechen höreten, sie mit dem Munde zu schmatzen pflegten,
welche

welche Gewohnheit nachgehends fortgedauert.
Es redet davon Michael Frenzel, Paſt. Poſtwiz.
in ſeiner Altarpredigt, Zittau, 1688. 4. pag. 45.
wenn er Bernhardi Worte anführet: Jeſus mel
in Ore, melos in aure & jubilus in corde. JEſu
Name iſt Honig im Munde ꝛc. alſo: Wahin
kan gezogen werden, daß ihr, meine lieben Wenden, den Gebrauch haltet, daß ihr in der Kirchen bey Nennung des Namens JEſu, mit eu-
ren Lippen ſchmatzet, wie etwa küßende zu thun
pflegen, da ſonſt andere Nationen aus Ehrerbietung nur den Huth abnehmen, welche ehrerbie-
tige Liebe zu ſolchem werthen Namen an euch, als
etwas ſonderliches der ſel. D. Geier im VII. Lie-
besſpruch p. 86 gerühmet hat. Solche Gewohnheit hat heutzutage an den meiſten Orten im
Oberkreiſe aufgehöret, doch findet ſie ſich noch im
Niederkreiſe.

Im Jahr 1519. ließ der ſel. Lutherus eine
Sermon von den Brüderſchaften drucken,
und wieß die nichtige Beſchaffenheit der damaligen Brüderſchaften, St. Mariä, Franciſci,
Antonii u. dergl. im Papſtthum, hingegen die
rechte Art, wie alle wahre Chriſten Brüder wären. Daß dieſe Schrift unſern oberlauſitziſchen
Sorben bekannt worden, iſt daher zu ſchlüſſen,
weil die Wenden einander pflegen, lieben Brüder, zu nennen, alſo, daß einer zu dem andern
ſpricht: Luby Bratſje, lieber Bruder.

Das Wort GOttes, und von ſelben zu
reden und zu handeln, war ihnen nicht an die

N 4　　　　　　Kirche

Kirche gebunden, sondern alle Gelegenheiten und
Oerter mußten ihnen dazu dienen. So gar die
Kretschame und Schenken, in welchen gemeiniglich unnütze Geschwäze geführet werden, dienten ihnen bey ihren Zusammenkünften dazu, von
dem gehörten Worte GOttes Gespräche zu halten, und sich in der Erkänntniß geistlicher Sachen zu üben. Davon noch jezo übrig, daß die
Wenden an einigen Orten, wenn sie in Schenken zusammen kommen, die Gewohnheit haben,
von der Predigt zu reden und dieselbe zu wiederholen.

§. 6.

Von den Gesängen und Singen, sind die
Sorben besondere Liebhaber, sie pflegen in ihrer
Sprache ein geistlich Lied Kyrlisch zu nennen.
Woher diese Benennung kommen, lernet man
aus dem Dittmaro, welcher l. 2. f. 24. berichtet,
daß sein Vorfahrer im Bisthum Merseburg,
Boso, so in den Zeiten Ottonis I. lebte, denen
Wenden die Litaney in ihre Sprache übersetzet,
und damit er ihnen solche beybringen möchte, habe er sie ihnen vorgesungen und vorsingen lassen.
Allein die Wenden trieben nur damit das Ge-
spötte und sungen dafür Kyrkujolsa, (*) Inzwischen

(*) Ditmar L. II. Boso eos Kyrie eleison cantare
rogavit, exponens eis hujus utilitatem. Qui
vecordes hoc in malam irrisorie mutabant, Kyrcujolsa, quod nostra lingua dicitur, alnus, quæ
stat in Fructetis, dicentes, sic locutus est, Boso,
cum ille aliter dixerit.

zwiſchen erlernet man doch daraus, daß der erſte
chriſtliche Geſang unter denen Wenden das Kyrie Eleiſon geweſen, von deſſen Anfangsworten
die Wenden hernach alle andere chriſtliche Geſänge contracte alſo Kyrliſche benennet haben.
Außerdem heiſſet bey den Wenden ſpjewu und
ja ſpjewam, cano, ich ſinge, to ſpjewanje,
cantus, modulatio, das Singen: ton ſpjewar,
Cantor, der Sänger.   Was nun die Geſänge
nach der Reformation anbelangt, ſo giebet der
niederlauſitziſche Oberamtsrath, Herr Löſcher, in
Deſtinat. & Fragm. Luſ. infer. P. III. p. 170. an,
daß die zwey Lieder, Vater unſer im Himmel-
reich ꝛc. und, Es iſt das Heil uns kommen ꝛc.
die erſten ſeyn ſollen, welche in die wendiſche
Sprache durch Simon Gaſten, erſten evangeliſchen Kappellan zu Lübben in Niederlauſitz, auf
Befehl Graf Albrecht Schlickes, Landvoigts,
überſetzet, gebrauchet und in des Alb. Mollers,
zu Budißin 1574. gedrucktes wendiſches Geſangbuch geſetzet worden ſind.   Dieſe und dergleichen
Lieder haben die Wenden nicht allein in der Kirche, ſondern auch zu Hauſe und an andern Orten und Gelegenheiten abgeſungen.   Man findet dahero, daß in alten Zeiten unter den Wenden die Gewohnheit geweſen, ſo auch noch zu
Anfange dieſes Jahrhunderts ſich an einigen
Orten, als im Camentziſchen, im Senfftenber-
giſchen u. a. m. gefunden, daß die wendiſchen
freyledigen Weibesperſonen in der Faſtenzeit des
Sonntags ſich im Dorfe öffentlich zuſammen-
geſetzet, und etliche Lieder von dem Leiden und

Ster-

Sterben unfers Heylandes angeſtimmet und
abgeſungen.

So hielten ſie auch die Weiſe zur Oſterzeit,
und zwar ihre Vigilien nach Art der erſten
Chriſten. Denn die Oſternacht legte das Manns-
volk ſich wenig zu Bette, ſondern wachten, dergeſtalt, daß ſie ſich den Abend in einem Hauſe
verſammleten, um Mitternacht aus- und um die
Felder ihres Dorfes giengen, und dabey frőliche
Oſterlieder ohne Unterlaß ſungen. Endlich,
wenn ſie wieder zurück ins Dorf kamen, ſungen
ſie dieſelben Lieder wieder, und zwar vor jedem
Hauſe eines. Ein gleiches geſchahe am Oſter-
tage nach der Veſper, da ſie auf der Aue Oſterlieder abzuſingen pflegten, welche Gewohnheit
bey den heütigen Wenden an einigen Orten noch
im Gebrauch iſt.

Wir kőnnten noch ein mehrers von dergleichen, ſo zu Anfang der Reformation bey denen
Wenden entſtanden, anführen; es kan aber dieſes gnug ſeyn, zu erſehen, was vor ein ſeliger Zuſtand damals unter dem armen und verachteten
Sorberwendenvolk geweſen: worüber ſich ein jeder Chriſt, der etwas von dergleichen in dem
Reiche JEſu Chriſti geſchmecket, hertzlich freuet
und den HErrn preiſet.

§. 7.

Dieſes alles ſind Würkungen der gőttlichen
Kraft des Wortes der ewigen Wahrheit. Jedoch iſt es auch an dem, daß GOtt ſeine Werkzeuge

zeuge dazu gebraucht, welche dem Worte GOttes bey den Wenden den Weg bähnen, und def-
sen Lauf befördern helfen müssen. Und dahin
rechnen wir Anfangs, den damaligen Landvoigt
in Oberlausitz, Herzog Carl von Münster-
berg. Dieser war ein Enkel des Königes Georgii Podiebradii, in Böhmen, welcher von 1520.
bis 1526. die Landvogteyliche Würde in Oberlausitz verwaltet.   Wie nun derselbe von seinen
Vorfahren manche reine Lehrsätze, sonderlich von
dem heiligen Abendmal unter beyderley Gestalt,
erhalten, also war es an dem, daß, da die evangelischen Lehren durch Lutherum wieder ans Licht
gebracht wurden, und wie überhaupt Oberlausitz, also auch besonders die Wenden erleuch-
teten, verhinderte er solches Werk keinesweges,
sondern ließ demselben den Lauf, ja er beförderte
daffelbe unter der Hand. Er stund bey dem Könige Ludovico in Ungarn und Böhmen, in auf-
serordentlichen Gnaden, also, daß er ihn Ao. 1523.
zum Gouverneur des Königreichs Böhmen setzte,
welche Gnade er bey dem folgenden König Ferdinando I. auf gleiche Weise genoß, der ihm folgends die Oberhauptmannschaft in Schlesien
vertrauete.   So lange er lebete, (er starb aber
1536.) ließ er der Oberlausitz seine Gnade genüf-
sen, dergestalt, daß, wenn auf Anhetzen der Feinde, wegen der sogenannten neuen Religion scharfe
Verbote von denen Königen ergiengen, er durch
seine Vermittelung und Nachsicht dem Evangelio keinen Schaden geschehen ließ.

Selbſt einige von den vornehmſten Prälaten in Oberlauſitz waren dem Evangelio geneigt.
Was Chriſtoph von Haugwitz, Canonicus in
Budißin, vor eine Einſicht in die Beſchaffenheit
des damaligen Zuſtandes der römiſchen Kirche
und der evangeliſchen Lehre gehabt, weiſet ſein
Tractat, den er gefertiget, und der 1536. zu Wittenberg mit einer Vorrede D. Joh. Bugenha-
gens, in 4. gedruckt worden.

D. Paulus Cüchler war zu Anfang der
Reformation der Collegiatkirche zu Budißin Senior, und dann 1522. Decanus. Dieſer war der
evangeliſchen Religion und Reformation keinesweges entgegen, ſondern beförderte dieſelbe vielmehr, dergeſtalt, daß er das Evangelium ſelbſt
predigte, und zuließ, daß Deutſchen und Wenden das heilige Abendmahl unter beyden Geſtalten in Budißin durfte gereichet werden. Wiewohl er hernach, als die meiſten Canonici ihn
deswegen anfeindeten, auch bey dem Biſchoff zu
Meiſſen, und dem neuen Könige Ferdinando hart
verklagten, aus Furcht, und Liebe zu der Ehre und
dem Irdiſchen, davon wieder wich und dem Evangelio widerſtund. Es wird ſolches in der Re-
plique E. E. Raths in Budißin, auf des E. Capituls Beſchwerung, dem Kaiſer Ferdinando I.
als die oberlauſitziſchen Stände vor ihm ihre
Strittigkeiten abhandelten, worauf die bekannte
Deciſio Ferdinandina 1544. erfolgte, vorgeſtellet,
und die Worte, welche von dem Kaiſer daſelbſt
gebraucht werden, nach der Anzeige E. E. Rahts
in Budißin, verdienen allhier einen Platz:
"Da

"Da erſtlich (heißt es) etliche Bücher von Martin Luthern ausgangen, habe unſer Capitul zu
Budißin, und ſonderlich der Dechant, als ein
älter Mann, hiezu entgegen einen ſonderlichen
Studenten zu Wittenberg gehalten, der ihme
ſolche Bücher jederzeit zugeführet, die dann ein
Dechant unter die Bürger zu Budißin ausge-
theilet.　Darauf wäre er auf den Predigtſtuhl,
allda die Lutheriſchen viel Jahr geprediget, auch
etliche Altar das hochwürdige Sacrament unter
beyderley Geſtalt zu geben aufgerichtet, daſſelbe
ſelbſt gereichet, dabey geſtanden, und alſo das
Volk an die Lutheriſche Lehre bracht.　Darnach
habe das Capitul gleichmäßig viel Jahr ſolche
Prediger gehalten, dieſelben neben E. Rathe be-
ſoldet und belohnet.　Wie aber dieſer Mann
nunmals umgekehret, und ſolches alles mit Gewalt und ſo zu reden auf eine Stunde wieder
wollen niederwerfen, oder was ihn darzu verur-
ſachet, könnte E. Rath nicht wiſſen: Aber weil
das Volk an die berührte Lehr gerathen, und
dann viel fremdes Volk allda ſey, könnte E.
Rath nicht glauben, daß dieſes bald ohne Be-
ſchwerniß geſchehen möge u. ſ. w.

Das zweyte Capitel.

Von denen Hinderniſſen des Laufes der Reformation bey denen oberlauſ. Wenden.

§. I.

Bey dem Anfang der Reformation regierten
die zwey Könige, Ludovicus und Ferdinandus

nandus I. als Marggrafen in Oberlausitz. Der
erstere hielt sich meist in Ungarn auf, und hatte
mit den Türken zu thun, dahero er sich um die
Religionsbegebenheiten nicht sonderlich bekümmern konnte. Allein der Bischoff von Meissen
lag ihn hart wegen der Oberlausitzer an, deswegen dieser sonst gnädige Herr d. d. Ofen, am Tage Francisci, Ao. 1524. einen scharfen Befehl in
puncto Religionis, an dieses Marggrafthum ergehen ließ. Er büßte sein Leben Ao. 1526. nach
der unglücklichen Schlacht bey Mohatz in einem
Sumpfe ein, und an seine Statt kam Ferdinandus I. Ob er nun zwar, auf Anregen der Geistlichkeit, verschiedene Mandate wider die Evangelischen ergehen ließ, sonderlich d. d. Prag den
27. Febr. 1529. so huben doch solche nicht die Reformation in Oberlausitz auf, ob sie wohl dieselbe auf einige Zeit hinderten, daß sie nicht so bald
zu Stande kommen konnte.

§. 2.

Die meiste Hinderung in der Reformation
verursachte die hohe und niedere römisch-katholische Clerisey, als welche bey der alten römischen Kirchenlehre und Weise zu bleiben sich bemühete, damit sie sich bey dem alten Stand,
Ehre, Würden, Macht, Gewalt und Einkünften zu erhalten suchte.

Der Bischoff von Meissen, Johannes VII. vom
Geschlecht derer von Schleinitz, war ein Feind
Lutheri, und aller derjenigen, welche der aus

GOt-

GOttes Wort vorgetragenen Lehre beypflichten, und trat 1518. das Bisthum an.   Als Lutherus 1519. die Sermon von dem Sacrament
des wahren Leichnams Christi heraus gab, ließ
er deswegen 1520. einen Befehl in seinem Krispel
ergehen, vermöge welchem, niemand dieselbe lesen sollte, damit nicht jemand zum Gebrauch des
Sacraments unter beyderley Gestalt, verleitet
würde. (s. oben Sect. II. Cap. 1. §. 3.) Er ließ sich
nicht verdrüßen in eigener Person Aö. 1520. in
Oberlausitz zu reisen, und Visitation zu halten,
welche vornehmlich um der Wenden willen geschahe, unter welchen das Licht des Evangelii
hin und wieder zu leuchten anfieng.   Denn er
kam erstlich nach Budißin, von dar gieng er in
die niedere wendische Pflege, ließ daselbst die Gemeinen zusammen rufen, vermahnte die Herrschaften, Geistlichen und Layen, die neue ketzerische Lehre zu meiden, und bey der alten zu bleiben, welches ihm die Priester mit Hand und
Mund versprechen mußten, und bedrohete alle,
wo sie von der römischen Kirche und Papste wichen, mit geistlichen und weltlichen Strafen zu
belegen, welche diejenigen gewiß zu erwarten haben solten, die wider seinen Befehl handeln würden.   Nachdem er sich acht Tage unter den
Wenden aufgehalten, kam er nach Görlitz, und
gieng von dar zurück nach Stolpen.   Allein
seine Reise war von schlechter Würkung. Dannenhero, da er sahe, daß er auf diese Weise
nichts ausgerichtet, sondern das Evangelium sich
immer mehr in Oberlausitz ausbreitete, nahm
er

er den weltlichen Arm zu Hülfe, und brachte die
harten Befehle wider die Evangelischen, von K.
Ludwig und Ferdinand, zuwege, also, daß die,
so vom Papstthum wichen, hoch malefitzisch be-
strafet werden sollten. Es starb aber der Bischoff 1537. ohne daß er das Wort GOttes aufhalten konnte.

Ihm folgte in der bischöflichen Ehre und
Würde, Johannes VIII. von Maltitz. Er hatte
den Sinn seines Vorfahrers, und bewieß es bald
bey dem Antritt seiner bischöflichen Regierung.
Denn als K. Ferdinand 1538. nach Budißin
kam, von denen Oberlausitzern die Huldigung
zu nehmen, fand sich dieser Bischoff auch ein.
D. Joh. Cochlæus, Herzog Georgii zu Sachsen
Theologus und Canonicus zu Budißin, hielt im
Namen der in Oberlausitz noch rückständigen
römischen Religionsclerisey eine lateinische Rede,
und zeigte dem Könige an, daß in diesem Lande
schon viele evangelische Ketzer wären. Dazu kam
der Bischoff, welcher sehr derb redete, und den
König bath, nicht zuzugeben, daß Luthers Lehre
die Oberhand in Oberlausitz bekäme. Worauf
der König zur Antwort ertheilte, er wollte die alte
Religion schützen, und denen Ständen Befehl
ertheilen, daß sie mit Neuerungen aufhörten, und
das alte Abgeschafte wieder einführen sollten, wo
sie an ihm einen gnädigen Herren behalten wollten. Ja er, der Bischoff, ließ nochmals bey dem
Könige durch Fridericum Nausæum, Bischoff zu
Wien, vorstellen und bitten, ne in partibus Lusatiæ omnes reliquias collabi pateretur. Und damit

mit es nicht an seinem Fleiſſe mangele, ſchafte er,
daß ein Catechiſmus, darinnen aber nur zwey
Hauptſtücke zu finden, gefertiget, und 1539. in
4to, und wiederum 1540. gedruckt wurde, mit
der Aufſchriſt: Eine chriſtliche Lehre zu gründli-
chem und beſtändigen Unterricht des rechten Glaubens und eines gottſeligen Lebens. Solchen ſen-
dete er in die deutſchen und wendiſchen Kirchen,
mit dem Befehl, daß nach demſelben die Gemeinden im Glauben und Leben ſich richten ſol-
ten, und das nicht anders.

§. 3.

Wie die geiſtlichen Oberherren wegen der
evangeliſchen Lehre gegen die Oberlauſitzer geſin-
net waren, alſo gleicheten ſich ihnen die niedern
Prälaten. Nicolaus von Heinitz, Probſt in
Budißin, und Herzog Georgii zu Sachſen Rath,
hatte einen ſtarken Widerwillen gegen den Aufgang des Evangelii in Oberlauſitz, und Heinrich
von Bünau, der ihm 1527. in der Probſtey zu
Budißin folgte, war von eben der Art.

Die Aufführung des Decani Cüchleri iſt im
vorhergehenden Capitel angezeiget worden, und
ſeine beyden Nachfolger, Joh. Cochlæus und M.
Hieron. Rupertus, trieben den Widerſtand gegen
das Evangelium noch viel heftiger.

Die Canonici in dem Collegiatſtift zu Budißin waren Eiferer der alten papiſtiſchen Religion, und da ſie meiſtens geborne Wenden waren, ſo gieng ihr Bemühen vornehmlich dahin,

O   das

das Evangelium in dem wendischen Lande zu verhindern.

Der Dominæ Abbatißin des Fürstl. Gestifts Marienstern, bey Camentz, meiste Unterthanen befinden sich in der wendischen Pflege. Denen verwehrete sie schlechterdings das Evangelium anzunehmen. Und ob sie wohl diejenigen, so in andere Kirchen eingepfarret waren, davon nicht abhalten konnte, so ließ sie es doch nicht bey denen Kirchgemeinden geschehen, worüber sie das Jus Patronatus hatte, als in Wittgenau, Crosta.

Die adelichen Besitzer der Lehn- und Ritter-güther richteten sich größtentheils nach dem Landesherrn. Und ob sie wohl in der Lehre eines beßern überzeugt waren, so war doch die Furcht vor der Ungnade ihrer Obern so groß, daß sie nicht nach ihrer Erkänntniß handeln konnten. Jedoch hatte das Evangelium bey einigen eine solche Kraft, daß es aus den heftigsten Feinden, die treuesten Freunde und Bekenner machte. Ein ausnehmendes Exempel ist hievon Gottzsche von Gerßdorff und Baruth, auf See. Dieser bezeigte sich bey dem Aufgang der evangelischen Lehre unter denen Wenden so heftig, daß er von derselben bey seinen wendischen Unterthanen nicht das geringste leiden wollte. Ja sein Haß gegen Lutherum und seine Lehre war so groß, daß er sich öfters hören ließ: Wenn man in Wittenberg nicht Holz hätte, den Ketzer Luthern zu verbrennen, so wollte er aus seiner Seeischen Haide dasselbe dahin führen lassen, damit es geschehen könnte.

könnte. Allein GOtt kehrte ihm sein Herz so um,
daß er wegen seiner Rede und Bezeigens in große
Gewissensangst gerieth, an Lutherum schrieb,
und ihm seinen innern Seelenzustand entdeckte;
welchen hernach Lutherus in einem Gegenschrei-
ben tröstete. Er aber wurde darauf ein großer
Beförderer des Evangelii unter denen Wenden.

§. 4.

Nebst diesen, fanden sich auch andere Hin-
dernisse, welche die Reformation unter den
Wenden aufhielten. Dergleichen war die große
Unwissenheit derer wendischen Parocho-
rum oder Pfarren. Die meisten derselben
hatten ein mehrers nicht gelernet, als die Messe
in lateinischer Sprache zu celebriren, die Psalmen zu singen, und die Amtshandlungen derer
Sacramente, der Taufe, Copulation, der letzten Oelung u. s. m. zu verrichten. Was dabey
zu thun vorfiel, war ihnen in dem meißnischen
Benedictionali und Missali vorgeschrieben. Dieses lasen sie bey der Handlung ab, und machten
dabey die gezeichneten und angedeuteten Ceremonien, und so hatten sie ihr Amt verrichtet. Nun
gieng es aus einem andern Ton. Ihr Haupt-
werk sollte seyn, die Unwissenden in der Lehre des
Christenthums zu unterrichten, und zwar nicht
nach denen Kirchensatzungen, sondern nach dem
geoffenbarten göttlichen Worte. Von diesem
wußten und verstunden sie größtentheils wenig
oder gar nichts, hatten es nicht gelernet, ja die

aller-

allermeisten hatten ihr Lebetage keine Bibel gesehen noch gelesen, wenn sie auch sonst nach damaliger Art gelehrt waren. Hiernächst sollten
sie die aus dem Schlafe der Unwissenheit aufgeweckten und aufgewachten Seelen in der Ordnung des Heils fortführen. Das war ihnen
unbekannt. Gleichwohl wollten sie ihre Präbenden, Pfründen und Pfarren behalten, damit
sie ihre gnügsame Lebensmittel hätten, und ihre
bequeme Lebensart fortführen könnten. Da
konnte es nun freylich nicht anders seyn, als daß
sie diese Lehre anfeindeten, welche ihnen das
Brodt nehmen wollte, hingegen die Weise be-
haupteten, bey welcher sie solches alles fernerhin
ruhig zu genüssen hätten. Dahero machten sie
ihren wendischen Kirchkindern die neue Lehre verdächtig, schmähten dieselbe, und verdammten
diejenigen, die ihr anhiengen.

§. 5.

Zu dem kam dieses Hinderniß bey denen
Wenden, daß sie keine andere, als ihre
Muttersprache, verstunden. Denn damals
verstunden unter hundert Wenden nicht einer ein
Wort deutsch, folglich konnten sie von denen
Evangelischen Deutschen die Wahrheit nicht hören, noch lernen. In wendischer Sprache waren zu der Zeit keine geistliche Bücher, weder geschrieben noch gedruckt, anzutreffen. Und wenn
auch das gewesen wäre, so konnte doch kein
Wende, weder geschriebenes, noch gedrucktes,
lesen, weil sie dazu keine Unterweisung erhalten.

In

In denen Dorfschulen wurde ein mehrers nicht
gelehret und gelernet, als das Ave-Maria, Pa-
ternoster, das apostolische Glaubensbekänntniß
und die zehen Gebote.   Solchemnach konnten
die armen Wenden in den deutschgedruckten
geistlichen Schriften sich nicht Raths erholen,
noch mit denen Evangelischen, von der Frage:
Was muß ich thun, daß ich selig werde? eine
Unterredung anstellen. So konnten sie auch derer
deutschen Lehrer Predigten, welche von dem Reiche GOttes handelten, nicht besuchen und gebrauchen, weil ihnen die Känntniß der deutschen
Sprache mangelte.

§. 6.

Ferner war ein Hinderniß, der Mangel
evangelischer Lehrer, welche der wendischen Sprache kundig waren. Die Wenden fanden sich damals in großer Verachtung,
welche über sie Anfangs kommen war, als sie
gezwungen werden mußten, das Heydenthum zu
verlassen, und das Christenthum anzunehmen.
Man hielt sie so gering, daß man sie untüchtig
achtete, ein ehrliches Handwerk oder Profeßion
lernen zu lassen.   Wie denn noch im vorigen
Seculo in denen Geburtsbriefen der aufzuneh-
menden Lehrlinge, bezeuget werden mußte, daß
sie nicht von wendischen, sondern deutschen Ge-
blüt entsprossen; und Chr. Heckel, in histor. Beschreibung der Stadt Bischofswerda, pag. 281.
führet an, daß 1568. den 15. Jul. Blaß Vetter,
von Schmellen, daselbst Bürger worden, weil

er

er aber ein Wende gewesen, habe er 100 Rthlr.
für das Bürgerrecht erlegen müssen.   Da nun
die Wenden nicht einmal zu bürgerlichem Stande gelangen konnten, so war es desto schwerer,
sich denen Studiis zu wiedmen. Ueberdieses, wer
sollte die wendischen jungen Leute in studiis linguarum, artium und disciplinarum unterweisen? Die
gebornen Wenden verstunden nichts, als das,
wenn wendisch geredet ward, etliche wenige ausgenommen, welche in denen Städten Budißin,
Camenz und Löbau unter denen Deutschen lebten, die wegen des Umgangs mit denselben,
deutsch verstehen mußten.   Die Deutschen wa-
waren der wendischen Nation und Sprache
feind.   Und also hatten die Wenden keine, oder
kümmerliche Gelegenheit zu studieren.   Es kam
also auf die wenigen an, die etwa hie oder da unter denen Deutschen lebten, und also mit der
deutschen Jugend in die Schule gehen konnten.
Wenn nun gleich also etliche von denen Wenden die Studia trieben, und Priester wurden, so
reichten doch selbe nicht zu, die gesammten Wenden damit zu versehen.   Da es nun zur Zeit der
Reformation so aussahe, war es schwer, treue
evangelische, der wendischen Sprache kundige
Lehrer denen wendischen Kirchgemeinden vorzusetzen.

§. 7.

Satanas ruhete auch nicht, wie in den deutschen Landen, durch den Aufruhr der Bauern,
die evangelische Reformation zu hindern, derglei-

chen

chen bey den Wenden zu thun.   Die Annales
Budiſſin. beſagen: daß im Jahr 1527 die hoyerswerdiſchen Bauern (welche Standesherrſchaft
etliche 40 wendiſche Dörfer begreift) aufgeſtan-
den.   Solche zu ſtillen, wurde Mannſchaft aus
denen Städten dahin geſchickt, welche zwölf der
vornehmſten nach Budißin brachten, die aber
hernachmals aus dem Gefängniß gebrochen.
Die andern Bauern zogen nach Prag, ſich zu
rechtfertigen, allein denen Rädelsführern wurde der Kopf vor die Füſſe geleget, und damit endigte ſich der Aufruhr. Ob man nun gleich ſcharf
unterſuchte, ob die evangeliſche Lehre ſie dazu beweget? ſo fand man doch nicht das mindeſte,
ſondern die Urſache war die harte Dienſtbarkeit.
Und alſo konnte der Feind hierdurch keinesweges
der Religion einen Schaden zufügen.

Das dritte Capitel.

Von dem fernern Fortgang und Zuſtand der evangeliſchen Religion im XVI. Sec. bey den oberlauſ. Sorberwenden.

§. 1.

Obwohl, wie im vorhergehenden Capitel gedacht worden, das Evangelium ſo manchen Widerſtand und Hinderniß bey denen Wenden in Oberlauſitz erdulden müſſen, ſo hat es
doch die göttliche Weisheit und Güte alſo gefü-
get, daß deſſen ungeachtet ſich daſſelbe von Zeit
zu Zeit unter ihnen ausgebreitet und vermehret.

Selbst die hohen Landesherren waren dem
Evangelio nicht abgeneigt, und wenn sie widri-
ge Befehle ertheilten, mußten sie solches um der
Bischöffe willen thun, die ihnen immer anlagen.
Vom König, nachmaligen Kaiser, Ferdinand I.
ist bekannt, daß er selbst bey dem Papste angehalten, seinem Sohne Maximiliano II. die Communion sub utraque zu erlauben.   Unter seiner
Regierung von 1527. bis 1563. ist die evangelische
Lehre in alle seine Erblande, Ungarn, Böhmen,
Oesterreich, Mähren, Steyermark, Schlesien,
und dann auch in unsere Ober- und Niederlausitz, und zwar bey Deutschen und Wenden ein-
gedrungen.

Kaiser Maximilian II. hatte ein geneigtes Herz
gegen die evangelische Religion, dergestalt, daß
dieselbe unter seiner Regierung völlige Freyheit
genoß, ja er beförderte, was zu der Ehre GOttes und derer Unterthanen Heil dienlich war, davon unsere Oberlausitz viele Proben aufweisen
kan.   Besonders hat die slavische Nation an
diesem höchstglorwürdigsten Kaiser einen außer-
ordentlich hohen Patron und Beförderer in Ansehung der christlichen Erkänntniß und wahren
Religion gehabt.   Rieger, in der Vorrede zu
M. Clesens dritten Jubelfest der Buchdrucker-
kunst, 1740. führet davon verschiedenes an, besonders, wie er den ersten und reichlichsten Beytrag gethan, daß die Dalmatier die Bibel in
ihrer Mundsprache 1562. gedruckt lesen können.

Dessen

Deſſen Herr Sohn, Kaiſer Rudolphus II.
hat der evangeliſchen Religion in Oberlauſitz viel
zu gute gethan, und die theureſten Verſicherun-
gen gegeben, daß ihr kein Leides wiederfahren
ſollte. Zum Beweis führen wir an, die denen
Geſandten von Land und Städten des Marggrafthums Oberlauſitz d. d. Prag den 17. Dec.
1608. gegebene allergnädigſte Reſolution: — —
"Dieweil die Stände augſpurgiſcher Confeßion
ſowohl mündlich durch ihre Abgeſandten, vor Jhro
Kaiſerl. Majeſt. eigene Perſon, beſchehenes An-
bringen, alſo auch ſchriftlichen in Gehorſam ſelbſt
zugeſtanden und erkennet, daß in dieſem Punkte,
und bishero, und die Zeit Jhro Kaiſerl. Majeſt.
Regierung über ſie, ſich keiner Unbilligkeit oder
zugefügten Beſchwer nicht zu beklagen. Sollen
dieſemnach nurgedachte Stände nochmals des
unterthänigſten Vertrauens zu Jhro Kaiſerl.
Majeſt. ſeyn, wenn nur keinen Neuigkeiten Statt
und Platz gegeben, und einem jeden Theil dasjenige, was er befugt und berechtiget, ohne Ab-
dringung gelaſſen werde, daß Jhro Kaiſerl.
Majeſt. ihnen nochmals keine Unbilligkeit zuzu-
fügen verſtatten, ſondern es in Glaubensſachen,
wie ſie es bey Dero angehenden Regierung gefunden, bey Kaiſerl. und Königl. Gnaden bewenden laſſen würden.„ An dieſen theuerſten
und allergnädigſten Verheiſſungen haben dann
die oberlauſitziſchen Wenden gleichen Antheil in
der Religionsfreyheit ſowohl, als die Deutſchen,
gehabt und genoſſen.

O 5   §. 2.

§. 2.

Vermöge angeführten Kaiserl. Hulden und Gnaden, hat die evangelische Religion endlich freyen Lauf und Wachsthum in Oberlausitz auch unter denen Wenden erhalten.

Denn nachdem einmal um 1520. das Evangelium den Anfang unter den Wenden genommen, so ist es von Zeit zu Zeit gewachsen. Die erste evangelische Gemeinde unter den Wenden, ist die zu Postwitz, wo Paul Boßack seinen Kirchkindern schon 1520. das Evangelium geprediget, und folgends denenselben das heil. Abendmahl unter beyden Gestalten gereichet. Hierauf hat sich die evangelische Lehre zu Budißin, Löbau und Camentz bey den Wenden hervorgethan, bey Gelegenheit, da die Deutschen daselbst dieselbe angenommen. Auf denen Dörfern mag hin und her wohl ein gleiches geschehen seyn, nur daß die Einwohner wegen der papistischen Priester und Herrschaften, die bis dato dazu noch kein Belieben hatten, sich des öffentlichen Gottesdienstes noch nicht bedienen dürfen.

Nachdem aber 1530. die evangelischen Reichsstände ihr Glaubensbekänntniß dem Kaiser Carolo V. zu Augspurg öffentlich übergeben, so schien denen Wenden die Freyheit in der Religion etwas mehr anzugehen. Denn von der Zeit an findet man schon mehrere Gemeinden unter ihnen, denen das Wort GOttes öffentlich vorgetragen worden ist. Ich will diejenigen, welche ich als evangelische Prediger bey denen

wendi-

wendischen Gemeinen in Oberlausitz zuerst gefunden, hier mittheilen, daraus man ersehen kan, wenn die evangelische Lehre an diesem und jenen Orte unter denen Wenden öffentlich hervor getreten. Und da mir eine alte Matricula derer zu Wittenberg von 1537. bis 1560. ordinirten Pfarrer und Prediger zu Handen kommen, darinnen auch oberlausitzische Wenden sich befinden, so will aus derselben zugleich anzeigen, wenn und von wem sie die Ordination erhalten: Und wenn dabey der Unterscheid unter Pfarren und Predigern vorkommt, so ist zum Verständniß zu merken, daß an solchen Orten, wo der katholische Pfarr damals noch gelebet, er annoch seine Weise gehalten, der Prediger aber zu lehren, und das heilige Abendmal unter beyden Gestalten auszuthen, daselbst sich gefunden habe:

1520 Postwitz, Paul Boßak, ist unter allen wendischen Pfarren wohl der allererste, der das Evangelium denen Wenden geprediget.

1527. Reichwalde, Johann Art.

1532. Prietitz, Bartel Span.

1535. Kittlitz, Nicol Poster.

1537. Baruth, Gregor Kirst, dem gefolget Peter Berch, von Baruth, Schulmeister allhier, welcher 1555. zu Wittenberg ordiniret worden.

1539. Collm bey Görlitz, Martin Kißitz, von Spremberg gebürtig, daselbst Rathmann und Kürschner, ordinirt von D. Mart. Luthern, Dom. I. p. Trinit.   1539.

1539. Horcka, damals war es hier noch wendisch, Jacob Kolitsch, Ædituus daselbst, welchen Georg von Gersdorff, zu Wittenberg Dom. 1. Advent. durch D. Joh. Bugenhagen, Pomeranum genannt, zum Pfarr ordiniren ließ.

1540. Creba, zwischen Görlitz und Budißin, unter Herr Gotzschen von Gersdorff, Petrus Sutoris, von Mußkau, Ædituus zu Neukirch bey Budißin, Mittwochs Abends Eraßmi von D. Mart. Luthern ordinirt.

—— Beltzig oder Gebelzig, Thomas Platean, ordinirt Fer. IV. p. 11. Trin. von D. M. Luthern, zum Prediger.

—— Hohenbucka, Martin Koch, von Rußland, daselbst Bürger, berufen hjeher, und ordinirt Dom. 18. p. Trin. von D. Pomerano.

—— Ruhland, Matth. Zschorne, dem gefolget 1564. Elias Cüchler; 1573. Jacob Janus, der 1583. an der Pest starb, und von Lübenau hieher kommen war.

In diesem Jahre nahm auch die öffentliche Religionsübung der augspurgischen Cönseßion in der Stadt Hoyerswerda den Anfang, so durch Beförderung derer Herren von Schumburg, und Basilii Laurentii, des ersten evangelischen Pfarres, geschahe; von dar hat sich in kurzen das Evangelium fast durch die ganze weitläuftige Herrschaft gezogen.

Annoch habe ich in diesem 1540sten Jahre, als evangelische Pfarrer gefunden: zu

Hoh-

Hohkirch, Urban, N.

Särichen, Urban Henetz.

1541. Großgrabe, in der Lausitz, Georg Hoppe, von Gödau, Ædituus zu Lauten, ordinirt Fer. IV. Vigil. Ascens. von Pomerano.

1542. Kosel, Martin Tornow, gebürtig von Kosel, und Ædituus zu Fürstenwalde, ordinirt Fer. 4. in Vigil. Vit. von D. Pomerano. Dem gefolget Anton Richter, von Backwitz, der zu Wittenberg in Vigil Ascens. 1553. von D. Joh. Pommern ordiniret worden.

—— Geierswalde, Johann Simon.

1543. Gutta, Matth. N.

1544. Schwebnitz, Briccius Richter.

1545. Krischa, bey Budißin, Vincenz Möller, Ædituus zu Weissenberg, ordinirt Fer. 4. p. Exaudi, von D. Pomerano.

1546. Mußkau, Lazarus Welcke, fieng hier an das Evangelium zu predigen.

—— Taupitz, Thomas Cernick, gebürtig von Baruth, daselbst Schulmeister, nach Taupitz zum Pfarr berufen, ordinirt Fer. 4. p. Palm. von D. Pomerano.

1547. See, Simon Opitz, von Mußkau, befand sich damals als Schreiber bey Christoph von Gersdorf, auf See und Baruth, als er nach See berufen und Fer. 4. p. Septuag. von D. Pomerano ordiniret wurde.

—— Neschwitz, Sebastian Reinhard.

1548.

1548. Weißenberg, Peter Rostock, von Hoyerswerda, aus der Universität Frankfurt gen Weißenberg zum Pfarr berufen, und Fer. p. Cathar. von D. Pomerano ordinirt.

1551. Schmöllen, Thomas Richter, von Wittgenau gebürtig, Hanß von Nostitz, Kinderpräceptor, berufen gen Zschmellen, und ordinirt von M. Seb. Fröscheln, Fer. 4. post Septuag.

—— Ujest, Donat Müller, von Wittgenau, wurde mit Richtern an einem Tage ordiniret, und zwar als Prediger.

—— Zibelle, Wenzel Bruccatius.

1554. Wilthen, Friedrich Hirßberger, von Liebenwerda, etwa ein Jude, berufen und ordinirt zum Pfarr nach Wilthen, bey Baußen, Fer. 4. p. Judica. von D. Pomerano.

—— Milckel, Barthel Paulitz, von Wittgenau, damals Schulmeister zu Krebe, ordinirt Fer. 4. assumt. Mariæ, von Pommern. Nachdem der letzte Catholicus, Petrus N. hier 1554. gestorben.

—— Pohla, Gregor Stuhlschreiber, von Spremberg, aus der Universität Wittenberg gen Pohla berufen zum Pfarr, und ordinirt Fer. 4. Wolfgangi von Pomeran.

Ich könnte mehrere anführen, doch aus diesen kan man schon ziemlich ersehen, wo und wenn unter den Wenden die evangelische Religion zu ihrer öffentlichen und völligen Uebung gekommen.

Jedoch

Jedoch erachten wir annoch dasjenige vor dienlich beyzuſetzen, was M. Senff in ſeiner ſtolpen-
ſchen Kirchenhiſtorie, p. 268. ſeq. von denen beyden Kirchſpielen Neſchwitz und Gauſig meldet.
"Johann Temler, Pfarr zu Gödau, mußte als
ein Papiſte 1559. von dar fort, jedoch hielt er die
Reformation in zwey oberlauſitziſchen Kirchſpielen, Gaußig und Neſchwitz, auf, als welche im
Papſtthum dem Pfarr zu Gödau, ihrem Colla-
tori, obedientiam und reverentiam ſchuldig waren, und zur Recognition jeder alle Jahr ihm
zwanzig böhmiſche Groſchen reichen mußte. Dieſe
wurden, bey der in Göda geſchehenen evangeliſchen
Reformation, von ihrem Gehorſam gegen den
neugeſetzten evangeliſchen Paſtorem in Göda, von
dem Decano, Johann Leiſentritt, losgemacht,
daß alſo Lucas Jentzſch, der katholiſche Pfaffe
zu Gaußig, ob er wohl ſeine Inveſtitur noch vom
Gödauer empfangen, von der erſten (1559. Chur-
-ſächſ.) Viſitation bis zur andern geheget worden, da ſonſt alles umher Lutheriſch war, denen
Inwohnern des Dorfs zu großer Aergerniß und
Verführung, welches auch ſo gar ſieben eingepfarrte Dörfer, Nauendorf, Caſſern, Zucke,
Günthersdorf, Arnsdorf, Dretſchen und Dre-
bichow, alle des Churfürſten von Sachſen Unterthanen, mit entgelten müſſen, immaßen ſie
auf ihr vielfältig kläglich Anſuchen davon nicht
erlöſet, noch mit der Seelſorge chriſtlich verſor-
get werden mögen, bis endlich ihre Geduld aus-
geriſſen, der Hunger nach GOttes Worte an-
gewachſen, und der Pfaffe mit ſeinem höchſten
Unwillen hat weichen müſſen.   **Der-**

Dergleichen Eifer noch sieben andere Dörfer
in selbiger Pflege, so in die Mönchskirche zu Budißin sonst gegangen waren, und im stolpenschen
Amtsbezirk liegen, Schwarznaußlitz, Ober-
Gurck, Gnaschwitz, Doberschau, Schlungwitz,
Singwitz und Mönchswalde, erwiesen; denn sie
haben sich, da zumal ihre Kirche zur Wüstung
worden, von dem katholischen Ministerio losge-
rissen, und wenden sich nun an den Ort, welcher
ihnen am liebsten und nähesten ist. So weit
Senff.„ Wobey wir anmerken, daß, was
Neschwitz anbelangt, das Evangelium viel eher
daselbst eingegangen, als zu Gaußig, indem die
Herren von Schreibersdorf, welche Neschwitz
von 1448. bis 1572. besessen, und die sich bald
nach dem Anfang der Reformation zu dem Evangelio bekannten, bereits 1547. Sebastian Rein-
hardten, als evangelischen Pfarr hieher berufen
und gesetzet haben.

§. 3.

Wenn ich vorangegebene Pfarrer anführe,
will ich keinesweges damit sagen, als ob an denen bemeldten Orten vorher die Einwohner sich
zum Theil, oder ganz, zur evangelischen Religion
nicht sollten bekannt haben; sondern nur dieses,
daß entweder die dem Papstthum anhangende
Pfarrer, oder die Herrschaften, dasselbe in ihren
Kirchen nicht eher haben predigen lassen. Indessen sind die evangelischen Einwohner des Dorfes,
wo der papistische Gottesdienst noch im Gebrauch
war, in die benachbarte evangelische Kirchen zur
Pre-

Predigt und heiligem Abendmal gegangen. So
hielt das Capitulum zu Budißin strenge darüber,
daß die dasige wendische Nicolai-Kirchgemein-
de bey römischer Kirchenweise bleiben mußte. Da
nun die meisten um Bautzen liegende wendische
Dörfer in solche eingepfarrt waren, ein groß
Theil derselben Einwohner aber sich zu dem Evangelio hielten, so besuchten sie die ihnen angrän-
zenden evangelischen Dorfkirchen, zumal da sie
zu denenselben näher waren, als zu der Nicolaikirche.   Gleiche Bewandniß hatte es mit dem
großen Kirchspiel Göda, welches auf meißnischem
Grund und Boden liegt, und dahin 15 meißnische
und 52 oberlausitzische wendische Dörfer eingepfarret sind.   So lange der Bischoff von Meissen zu Stolpen blieb, so lange erhielt der dasige
Parochus, Joh. Temmler, die katholische Religion daselbst. Nachdem aber der Bischoff 1559.
das Bisthum dem Churfürst Augusto zu Sachsen übergab, sahe er, daß seines Bleibens daselbst nicht länger seyn könnte: daher begab er
sich mit dem daselbst befindlichen Marienbilde
nach Crostwitz.   Da nun lange vorher diese
oberlausitz-wendische Gegend das göttliche Wort
erleuchtet hatte, so waren viele eingepfarrte Dörfer genöthiget, diese Kirche zu verlassen, und in
denen evangelischen Kirchen in Oberlausitz den
Gottesdienst abzuwarten.   Dergleichen thaten
auch diejenigen adelichen wendischen Dörfer,
welche in eine Kirche, so dem Kloster Marienstern zustund, und darinnen der Convent keine
andere, als papistische Priester hielt, eingepfarrt

P   waren.

waren. Und diese Gestalt hatte es mit dem Gottesdienst unter den Wenden zur Zeit der Regierung Kaisers Ferdinandi I.

§. 4.

Unter der Regierung des Kaisers Maximilia-
ni II. kam es endlich dahin, daß den Einwohnern der Oberlausitz (denen Deutschen und Wenden,) an allen Orten die völlige Gewissensfreyheit, erlaubt war. Dahero denn, nach 1563. die
evangelischen Herrschaften und Gemeinden, bey
deren Kirchen bishero noch katholische Priester
gestanden, von nun an evangelische Priester be-
riefen, ihnen die Kirchen übergaben, um solche
zum Vortrag des göttlichen Worts und Gebrauch der heiligen Sacramenten, nach Christi
Einsetzung, anzuwenden. Und da sind alle wendische Kirchen unter diesem Kaiser reformiret
worden, bis auf die Kirchen, zu Wittgenau,
Crostwitz mit seinen zwey Filialen Ralbitz und
Rosenthal, Nebelschütz und Radibor, woselbst
bis jetzo noch der römisch-katholische wendische
Gottesdienst in Uebung ist.

§. 5.

Ob nun zwar solchergestalt die Wenden allenthalben den freyen öffentlichen evangelischen
Gottesdienst rhielten, so konnte es doch denen
Wenden in und um die Stadt Budißin nicht so
gut werden. Denn das Capitulum daselbst setzte
sich mit aller Macht dawieder, weil es vorgab, daß
die Wenden in die St. Nicolaikirche gehörten.

Da-

Damit aber doch den Wenden, welche die evangelische Wahrheit erkannten, im Gewiſſen gerathen werden möchte,ſo mußten die beyden evangeliſchen Kapelläne oder Diaconi bey der St. Peterskirche, die wendiſche Sprache verſtehen, damit
ſie die Wenden Beichte hören, ihnen das Abendmahl in beyden Geſtalten reichen , ſie beſuchen,
und ihnen ſonſten in allen Fällen mit ihrem Amte
beyſtehen könnten. Und damit die Wenden deſto
füglicher ſich der Communion ſub utraque zu bedienen Gelegenheit hätten, ſo wurde geordnet,
weil es unmöglich war des Sonntags alle Communicanten in der geſetzten Zeit zu beſtreiten, daß
die Woche zweymal das heilige Abendmal aus-
geſpendet werden ſollte. Dies beſagen die Com-
pactata, ſo deswegen zwiſchen E. E. Capitul und
E. E. Rath, wegen des evangeliſchen Chors und
der Orgel in der Kirche St. Petri, den 17. May
1583. errichtet worden: "Zum vierten, die wendiſchen Bauersleute betreffende, ſo ad S. Nico-
laum eingepfarrt, und ihren wendiſchen Seel-
ſorger und eigene Kirche haben , ſo will E. E.
Rath durch ihren Prediger und Diaconos dieſelben zu ihrer Communion gar nicht zwingen und
dringen, auch die endliche Anordnung thun, und
ernſtlichen Fleißes darob ſeyn, damit nicht mehr,
als wie es dieſe Vereinigung vermag, (vornehmlich in den Feſttagen) Communicanten befördert
und zugelaſſen werden, dann ſo viel ſie in den be-
ſtimmten und concedirten Stunden, als bis auf
8 Uhr beſtreiten und ſie beſchicken können, beſonders, weil ohne dies die Communion

zwier, wo nicht mehr gehalten wird, dahin sie
ein und den andern weisen und remittiren können — — Gleiches Schickfal erlitten die evangelischen Wenden in dem Städtgen Wittgenau,
welchem das Kloster Marienstern, aller unterthänigen und demüthigen Bitte ungeachtet, keinen
evangelischen Prediger und Gottesdienst zuließ.

Ja an einigen Orten, wo bereits der öffentliche wendische Gottesdienst aufgerichtet worden
war, versuchten etwelche denselben wieder abzustellen. Solches thaten die Herren von Maltitz
auf Hoyerswerda, bey dieser ihrer Stadt, als
sie mit denen Bürgern in einen Streit, wegen der
bürgerlichen Freyheiten, geriethen. Allein, als
solches an den Kaiser Rudolph. II. gelangete,
schützte S. Majest. die Stadt in einem gnädigen
Rescript d.d. 14. May 1550. bey ihrer Religion,
Freyheiten und Statuten. f. Frentzels hoyers-
werdische Chron. p. 40.

§. 6.

Diese Bewandniß hatte es mit dem äußerlichen Zustand der evangelischen Religion bey den
Wenden im XVI. Sec. Wir haben aber nunmehro zu sehen, wie und auf was Weise der öffentliche Gottesdienst bey denen Wenden bestellet und verrichtet worden. In dem Papstthum
mußten sich alle nach der Ordnung des meißnischen Bischoffs in ihrem öffentlichen Gottesdienst
achten. Und da brauchten sie die meißnischen
Missalia und Benedictionalia. Anfangs hatten sie
dieselben nur geschrieben, nach Erfindung der
Dru-

Druckerey aber gedruckt. Das Missale enthält
alles dasjenige, was zur ganzen Messe gehöret,
und zwar auf alle Sonn-Fest-Heiligen-und
Wochentage; das Benedictionale aber fassete in
sich die Abhandlungen, Gebete und Ceremonien
bey der Taufe, ehelichen Copulationen, Proces-
sionen, letzten Oelung, bey Begräbnissen, Ex-
communicationen, Absolutionen u. dergl. Beyde
waren in lateinischer Sprache gefasset, und wurden auch von dem wendischen Priester in derselben gebraucht.

Nachdem aber denen Wenden das Evangelium bekannt worden war, sahen sie darauf, daß
sie einen verständlichen Gottesdienst in ihrer bekannten Sprache haben möchten. Da nun das
heilige Abendmal das erste, und hernach die heilige Taufe dasjenige war, so die Wenden in ihren Kirchen auf evangelische Weise zu handeln
einführten, so übersetzten die Priester, so wendisch
konnten, das, was Lutherus, in seiner Schrift:
Eine Weise, christliche Meß oder Gottesdienst
zu halten, ingleichen, von der deutschen Messe
und Ordnung des Gottesdienstes, vom heiligen
Abendmal geordnet, und dann das Taufbüchlein Lutheri, in die wendische Sprache, und bedienten sich derselben bey denen Handlungen dieser beyden Sacramenten. So verfuhren sie in
folgender Zeit mit andern Stücken des Gottesdienstes, und richteten sich in allen nach denen
Chursächsischen Kirchen. Als aber Herzog
Georg zu Sachsen Ao. 1539. starb, und Herzog
Heinrich die meißnischen Lande erbte, darauf als-
P 3

bald

bald die Kirchen reformirte, und die durch D. Juſt.
Jonam, Georg Spalatinum, Caſpar Creutzi-
gern, Fried. Myconium, Juſtum Menium und
Johann Webern gefertigte Agenda, d. i. Kirchenordnung, wie ſich die Pfarrherren und Seel-
ſorger in ihren Aemtern und Dienſten verhalten
ſollen, in ſeinem Lande einführte, ſo haben die
Oberlauſitzer, die Deutſchen und Wenden, ſolche alsbald freywillig angenommen, in ihre Kirchen eingeführet, und ſind in den meiſten Stücken bis jetzo dabey geblieben.   Wie mir denn
etliche dergleichen alte ins Wendiſche überſetzte
Agenden im MSt. aus dem XVI. Sec. zu Handen gekommen, die bey denen wendiſchen Kirchen, ehe die gedruckte erſchienen, im Gebrauch
geweſen.   Selbe enthalten I. die Form zu taufen; II. von ehelichen Trauungen; III. von der
Beichte und Privatcommunion der Kranken;
IV. Ordnung und Form des Geſanges zum Amte
der Communion; V. die Collecten und Gebete.
Es hat zwar der Decanus zu Budißin, Joh. Leiſentritt, eine und die andere Kirchenordnung und
Agende in Druck gegeben, als formam bapti-
ſandi infantes 1568. formam copulandi deſponſa-
tos & proclamatos, allein Deutſche und Wenden ſind bey Herzog Heinrichs Agende verblieben.

§. 7.

Sobald man nun wendiſche Prediger erhalten konnte, iſt bey denen oberlauſitziſchen Wenden geſorget worden, daß der Gottesdienſt ordentlich

denklich in denen Kirchen auf- und angerichtet
würde. Dies geschahe nicht nur in denenjenigen Kirchen, welche bishero wegen Mangel der
wendischen Sprache kundigen Prediger unbrauchbar gelegen, sondern man machte auch hin und
wieder die Filiaikirchen und Kapellen zu Paro-
chial- und Pfarrkirchen, damit durch Vermehrung des öffentlichen Gottesdienstes allenthalben
das Christenthum befördert werden möchte. Zu
Geyerswalde hielt im Papstthum alle 14 Tage
ein Kapellan von Hoyerswerda einmal Messe.
Nach der Reformation setzte man zu derselben
einen eigenen Evangelischen Pfarr, der darinnen
fleißig predigen, unterrichten und die Sacramenta administriren sollte. In groß Partwitz
hatte es im Papstthum gleiche Bestellung mit der
Kirche: bald nach dem Aufgang des Evangelii
wurde sie gleichfalls mit einem eigenen Pfarr versehen, u. dergl. m.

§. 8.

Die Beschaffenheit derer wendischen Lehrer,
Prediger und Pfarrer in dem XVI. Jahrhundert
ist unterschiedlich. Bey dem Anfang der Reformation verstunden die wenigsten papistischen
Priester unter denen Wenden die wendische
Sprache, wie oft gedacht. Dahero es eben so
war, als hätten sie keinen Pfarrer. Etliche waren der wendischen Sprache kundig, so, daß theils
sie dieselbe erlernet, theils es ihre natürliche Muttersprache war. Unter diesen widerstunden einige dem Evangelio, einige nahmen dieses an, und

lehr-

lehrten es auch ihren Kirchkindern; wie Paul
Boßack zu Poſtwitz. Der wenigſte Theil derer bisherigen wendiſchen Prieſter war geſchickt,
Lehrer bey dem Volke abzugeben, und wenig ſtu-
dirte Wenden konnte man haben. Dahero denn
die Kirchpatronen und Gemeinden ſolche Perſonen, die in der Schrift erfahren und geſchickt waren, Junge und Alte in den Haupt-
ſtücken des Chriſtenthums zu lehren und zu unterrichten, unter den Gemeinen ſorgfältig aufſu-
chen, und zu Kirchenämtern befördern müſſen.
Solchemnach erwählte man fromme und jetzan-
gezeigte Eigenſchaften habende Ædituos, Cuſto-
des, Schulmeiſter, Schreiber, Handwerker,
Bürger und Bauer, und berief ſie zu Pfarrern,
welches bis Ao. 1560. geſchehen. Nachdem hat
man, weil geborne Wenden auf Schulen und Univerſitäten Studia getrieben, ſolche zu Pfarrämtern
bey denen Wenden angenommen und befördert.

Bey denen erſtern fand ſich ein rechtſchaffenes
lauteres Weſen in ihrem Amte, eine brennende
Liebe gegen den Nächſten, ein unverdroſſener
Fleiß in Unterweiſung der Lehre und Erkänntniß
der Wahrheit zur Gottſeligkeit, und Beweiſung
eines lebendigen Chriſtenthums. Der Beweiß
von dieſer Abmahlung und Bilde der erſten wendiſchen Pfarrer, ſind die Früchte, die ſich bey
ihren Zuhörern und Kirchkindern gefunden, davon wir cap. I. gehandelt. Es wurden die erſten Lehrer durch das Kreuz bewähret. Denn
der Welt waren ſie ein Spott und Hohn; denen hohen und niedern päpſtiſchen Geiſtlichen ein
Ana-

Anathema und Greuel; hatten zum Lohn Verachtung und Verfolgung von Geist- und Weltlichen, Hohen und Niedrigen, welche es nicht
mit Christo, sondern mit der Welt hielten: sie
lebten in steter Gefahr, vertrieben und aus dem
Lande gejagt zu werden, wie dem Prediger zu
St. Nicolai in Budißin 1527. und andern wendischen Priestern widerfuhr. Dieses machte sie
zu rechtschaffenen Knechten und Dienern Christi,
die nicht das Ihre, sondern das, was des Herrn
ist, suchten.

Nachdem Ao. 1555. der Religionsfriede errichtet worden war, und die Wenden desselben
Freyheit zu genüssen hatten, folglich die Verfol-
gungen und Bedrückungen aufhörten, fand sich
allmählich bey vielen Lehrern Laulichkeit, andere
trieben das Amt als ein Gewerbe. Jedoch waren noch immer treue Wendenlehrer, welche zu
ihrem Zweck hatten, das Heil der Seelen zu befördern.

§. 9.

Um solche zu erhalten, bekümmerten sich christliche Herrschaften, und ich will davon zum Exempel Herrn Caspar von Nostitz, den ältern, auf
Jahmen ꝛc. welcher viele, und lauter wendische
Güther in die dreyßig Jahr besessen, und 1587.
gestorben, anführen. Denselben rühmet der redliche Laur. Dresser, Past. in Budißin, in der
ihm gehaltenen Leichenpredigt, e. a. zu Budißin
in 4. gedruckt, unter andern also: "Die erzehlten Tugenden an ihm zeigen und bezeugen uns

P 5   noch

noch viel eine herrlichere höhere Tugend, aus
welcher, als aus dem rechten Brunnquell, durch
Gnade und Würkung des heiligen Geistes, die
andern alle flüssen, nämlich einen rechten Glauben und wahre Furcht GOttes, welche aller
Weisheit Anfang ist. Das hat er beweiset,
nicht allein an und mit seiner Person selber, daß
er GOttes Wort geliebet, — — sondern
auch dies alles durch treue rechtschaffene
Lehrer, bey seinen Unterthanen (diese waren lauter Wenden) und Mündlein, in ihren Kirchen treulich gefördert und erhalten, bis ans Ende, GOtt helfe ferner mit Gnaden, Amen. Dabey auch den Dienern göttlichen Worts gebührliche Ehre und mögliche Förderung erzeiget„ Dem setze ich billig bey Hrn.
Michael von Gerßdorf, auf Nostitz, von welchem Matth. Gryphius in der 1598. ihm gehaltenen Leichenpredigt schreibet: "Dies ist sonderlich an ihm zu rühmen und lobenswerth, daß er
einen rechten Eifer und Ernst zum Worte GOttes getragen; denn da er etwas weit von der Kirchen (zu Kittlitz) entsessen, hat er an seinem
Hause die Kapelle renoviren, und sein zurichten
lassen, auch auf seinen eigenen Sold, und bey
seinem Tisch, einen Pfarrherrn gehalten, der ihm,
seinem Gesinde und Unterthanen, mit Predigen
und Reichung der Sacramenten dienstlichen gewesen...

Wie nun einzele Herrschaften sich um treue
Haushalter der Kirche Christi bekümmerten;
also habe gesammte Herren Stände in Ober-

lausitz Sorge getragen, daß die wendischen Kirchen und Schulen tüchtige, brauchbare und nützliche Lehrer erhalten, und dahero dazu zubereitet
werden möchten. In der oberlausitzischen Lan-
des- und Policeyordnung von Ao. 1538. stehen
bey dem Puncto I. diese merkwürdige Worte zu
lesen: "Sonderlich nachdem man auf dem Lande, der wendischen Sprache halber, an Pfarrherren und Seelsorgern großen Mangel leiden muß,
so soll ein jeder Unterthan durch seine Herrschaft,
auch auf dem Predigtstuhle, fleißig ermahnet
werden, welcher einen Sohn oder Freund hätte,
der zur Schulen tauglich und zu lernen geschickt
wäre, daß man den oder dieselben mit ernsten
Fleiß zur Schulen halten, und an möglicher Dar-
lage nicht fehlen lasse.,, Als die oberlaus. Herren
Stände Ao. 1551. diese Ordnung erneuerten, sind
vorangezogene Worte abermal vorangesetzt. Ja es
trachteten hochbelobte Stände dahin, daß vor die
Wenden eine besondere Schule aufgerichtet, und
vom Kaiser Maximiliano II. dazu eine Gnade aus-
gebeten werden möchte. Wir wollen die eigenen
Worte derselben von diesem Vorhaben, welche
sich in der Instruction finden, die sie Ao. 1570.
denen nach Prag zu Kaiſ. Majest. abgesendeten
Deputatis ertheilet, anführen. "Und endlich,
heißt es, nachdem zuvor Ihro Kaiſ. Majest. unterthänigst zu Gemüthe geführt ist, wie allbereit
ein großer Mangel ahn gelerten Leuten beides in
geistlichen und weltlichen Regimenten zu spüren,
sich desselben auch in Kirchen noch mehr zu befah-
ren, und sonderlich ahn Priestern, welche der
wendi-

wendiſchen Sprache, der ſich ein gut Theil gemeinen Volckes von Pauerleuten in dieſem Marggrafthum allein gebrauchet, kundig. Derwe-
gen die Landſtände zu Vorkommung dieſes Mangels keinen beſſern Weg noch Mittel gewuſt,
dann do ein Schulen in dieſem Marggrafthum
aufgerichtet ahn einem Orthe, da ermeldte Sprache im Prauch, ein wohlfeile und leichte Zerung
were, damitt durch ſchwere Uncoſten der lernenden Jugend Eltern nicht abgeſchreckt, noch auch
ermeldte Jugend durch Avocamenta, wy in groſ-
ſen und ſonderlich Handelsſtedten zugeſcheen
pflegt, von ihren Studiis abgehalten und gezogen
werden. Und aber keine gelegenere ſtelle, da alle
erzelte Bequemikeit vorhanden, als die Stadt
Lubaw erachtet worden, Sonderlich weil ermeldte Stadt ſich ihrem höchſten Vermögen nach
das öde Barfüſſerkloſter daſelbſt Ihrer Kaiſerl.
Majeſt. Zulaſſung nach, zu einer ſchulen zuer-
pauen und anzurichten, Auch ein Weldlein jehr-
lichen zu vnderhaldunge der Schuldiener zu hülff
zugeben ſich erpoten haben, Inmaßen ſie dan
auch dem allen, ſouill ihnen müglich nachkommen, das wouern die Sterbens Gefahr nicht
vorhindert, zu hoffen geweſen, albereith eine
ziemliche Frequentz von ſchülern, auch vom Adel,
daſelbſt beyſammen ſein worde, welches ſich
gleich falls itzo wieder, nachdem das Sterben
auffgehöret, die Magiſtri und Schuldiener wieder
ihre Lectiones halten, ſich zugetröſten, weil aber
voriges Vermögen ermeldte Stadt Lubaw durch
angezogene Sterbe der Peſt in ferner Unrath und

Ar-

Armuth gekommen, das ihnen unmüglich sein
würde ohne besundere Hülffe vnd Beschub die
Professores und Schuldiener mit gepürlichen be-
soldungen, zuerhalten, Also sollen Abgesandten
Ihro Keys. Maj. voriger ditzfalls vnderthenigster
ersuchung der Land-Stände gehorsamst erynnern,
Vnd abermalß in tieffster Demuth bitten, solches cristlichs gottseeliges löbliches vnd dem ge-
meynen nutz vortreglichs dienstlichs werg gne-
digst zubefürdern zu peßerer Vnderhaltunge ge-
lerter tuchtiger Professorn Jerlich ettlich hundert
Taller (Jrer Keys. Maj. gnedigsten gefallen
nach) vnd den auch was Stipendien, wodurch
ettliche arme knaben die zum Studien geschigt,
Vnd aber wegen Vnvormegens nitt dabey bleiben khunden, vnderhalden, zu deputiren, Wie
denn woll wege weren, dadurch J. Kay. Maj.
solchs ohn sundere ihre Vncosten ahnordnen
khundt, Vnd suyder zweiffel GOtt dem All-
mechtigen ein angenemes gefelligs, dem gemeinen nutz aber, vnd ihrer Kays. Maj. durch erzi-
hung tüchtiger Personen zu allerhand Regimenten ein zutreglichs Werg hiedurch erzeigen.„

So vortreflich die Absicht und Bemühuug
derer Herren Landstände war, vor die wendischen
Kirchgemeinden Lehrer zu erziehen, und sie in dieser Schule zubereiten zu lassen, so konnte doch
solches nicht zu Stande kommen, obschon die
Deputati bey Kaiserl. Majest. solches bereits an-
gebracht, auch dazu gute Hoffnung hatten, ihrer
Bitte erhöret zu werden. Denn eben in diesem
1570ten Jahr entstund den 4. Sept. in der Stadt
Löbau

Löbau eine Feuersbrunst, welche die ganze Stadt
in die Asche legte. Solchemnach da die Bür-
gerschaft aus Armuth ihre Häuser nicht sobald
wieder in Stand setzen, und also die Scholaren
keine Hospitia und Unterhalt daselbst finden konnten, so unterblieb nicht nur vor diesmal alle fernere Veranstaltung zu einer Wendenschule, sondern es ist auch in künftigen Zeiten nicht mehr
daran gedacht worden. Es haben aber die Wenden
damals, als auch folgender Zeit, Gelegenheit gefunden, wenn sie studiren wollen, in denen wohl-
eingerichteten Gymnasiis zu Budißin, Görlitz,
Zittau, ingleichen in denen Schulen Lauban,
Camentz und Löbau in Sprachen, Künsten und
Wissenschaften sich so zubereiten zu lassen, daß sie
mit Nutzen auf Akademien ziehen können. Wie
denn auch durch göttliche Fürsehung geschehen,
daß Ao. 1575. die Einrichtung getroffen worden,
daß zwey geborne und auf die Studia sich appli-
cirende Wenden jederzeit in die Fürstenschule zu
Meissen aufgenommen, darinnen frey unterhal-
ten, und bis sie auf die Universität ziehen, unterrichtet werden können. S. Heckels histor. Beschreibung der Stadt Bischoffswerda, p. 375.

§. 10.

Senfftenberg, eine kleine Stadt an der lausitzischen Grenze, woselbst ein Churfürstl. Amt
und Schloß, lieget zwar in Meissen, es hat aber
in denen ersten Zeiten zu Oberlausitz gehöret,
gleichwie sich damals lauter Wenden daselbst gefunden, und noch jetzo die Gegend daherum meistens

stens Wenden bewohnen, welche theils ihren
Gottesdienst in Senfftenberg halten, theils aber
auch ihre eigene Kirchen haben.   Wie denn alle
drey in Senfftenberg befindliche Kirchenlehrer,
der Pastor und beyde Diaconi der deutschen und
wendischen Sprache kundig seyn, und in beyden
Sprachen predigen müssen.   Angesehen in die
dasige wendische Kirche, die, nachdem sie durch
den großen Brand 1670. eingeäschert, und wieder aufgebauet worden, den Namen, zum geistlichen Schaafstall, bey der 1682. geschehenen Einweihung erhalten, eingepfarret sind, Juttendorf,
Neusorge, Thamm, Buchwalde, so gleichsam
Vorstädte sind, Brießkow, Horelitz, Zschiep-
kow, Soro, Buckow oder Bückgen, Dürr-
walda, Rauno, Klein-Röschen, Reppis, Sed-
litz, Skado, Klein-Koschen und Nauendorf.
Von derselben hat man besonders zu merken, daß,
als Ao. 1555. die von Churfürst Augusto abge-
ordneten Visitatores den 31. Jul. diese Verab-
schiedung gegeben: "Weil der Superinter.dens
zu Großenhayn, (zu welcher Superintendur
Senfftenberg und die umliegenden wendischen
Dörfer gehören,) der wendischen Sprache unerfahren, soll der Pastor zu Senfftenberg, dessen
Coadjutor und Adjunctus primarius seyn, und
nebst denen Stadtdiaconis und Schulcollegen,
auch über folgende Pastores auf dem Lande Aufsicht haben, als 1) über den Pastorem und zwey
Diaconos zu Finsterwalde, 2) über den Past.
zu Bockwick, 3) Mückenberg, so vorjetzo nur
eine Filialkirche hat, 4) Betten, 5) Nehsdorf,
6) Lau-

6) Lauta, 7) Cletewitz, 8) Groß-Röschen,
9) Sorno. Diese soll berührter maßen der Pastor zu Sennftenberg dergestalt beobachten, damit es jedes Orts mit Administrirung des Gottesdienstes in wendischer Sprache ordentlich und
der Kirchen in Sennftenberg gleichförmig gehalten werde.„

In Oberlausitz hat es nie dazu kommen können, daß weder die Deutschen, noch Wenden ein
Consistorium, oder nur Inspectores erhalten
hätten, welches allerley Umstände verhindert.

§. II.

Da die evangelische Lehre und Religion sich
lediglich auf das feste Wort GOttes, als einen
unumstößlichen Fels der ewigen Wahrheit, grün-
det, und aber die Wenden durch die Reformation unter göttlicher Gnadenverleihung dieselbe
erlanget, so haben wir nachzusehen, ob dieselben,
nebst dem gepredigten Worte GOttes, auch dasselbe geschrieben oder gedruckt, in ihrer Sprache,
zur Erbauung Gelegenheit gehabt, lesen zu können? In dem Papstthum kam denen Wenden vom
Worte GOttes nicht vielmehr vor, als die Episteln und Evangelia, welche nach der lateinischen
Vulgata in dem Missale stunden, und in solcher
Sprache von dem Priester gelesen oder gesungen
wurden. Wurde ihnen dann und wann eine
Predigt wendisch gehalten, und dazu ein biblischer Text genommen, so übersetzten die Prædica-
tores selben aus der Vulgata ins Wendische, so
gut sie konnten, und meynten. Es ist nicht
glaub-

glaublich, daß unter diesen Herren sich ein einzig
geschriebenes wendisches Buch gefunden, denn
gedruckt waren damals noch gar keine. Haben
nun die Herren Geistlichen keine gehabt und gelesen, so darf man vielweniger solche bey den gemeinen Wenden suchen, zumal da die wendische
Schreib- und Leseart auch einige Zeit nach der
Reformation unbekannt geblieben. Dahero
denn auch die ersten evangelischen Prediger bey
den Wenden sich allein dieser Art bedienten, daß
sie die lateinische oder deutsche Bibel, oder die
sonst deutsch edirten Evangelienbücher und Agenden vor sich hatten, und solche im Lesen, denen
Wenden in ihre Sprache übersetzten und vortrugen.

Primus Truber, der denen Crainern das Evangelium nach der Reformation geprediget, hat die
ersten Bücher ins Wendische übersetzet, als er
von denen Papisten aus Crain vertrieben, und
er sich ins Würtenberger Land gewandt, und waren solche: die evangelische würtenbergische Kirchenordnung und Phil. Melanchthonis Examen,
so in Wien gedruckt: worauf 1561. der Catechismus Lutheri folgte, und einige andere, sonderlich 1563. das neue Testament in Crabatischer
Sprache, zu welchen Kaiser Maximilianus II. einen reichen Beytrag gethan. Georg Dalmatinus übersetzte 1568. die ganze Bibel, so 1583. in
Wittenberg gedruckt. Gleichwie 1562. Nicolaus
Radziewill, Herzog zu Olgk, die Bibel in die
Pohlnische, und Basilius Fürst zu Ostrow, 1581.
in med. 4. zu Prag drucken ließ. Dergleichen

Q.   sich

sich auch eine zu Teuschenbroda 1596. in 4to gedruckte böhmische Bibel findet. C. meine Annal. typograph. Luf. fup. Cap. 1. Sect. 2.

Vorangezeigte Bücher kommen wohl in der
Sprache, mit der oberlaufitzischen Wenden
Sprache in vielen überein, weil die Slavonische aller andern Dialectorum Mutter ist. Allein
sie haben doch unsern oberlaufitzischen Wenden
nicht gedienet. Denn es sind dieselben von der
oberlaufitzischen sehr unterschieden, also, daß die
oberlaufitzischen gelehrten Wenden sie kaum mit
Mühe verstehen, folglich sind sie denen gemeinen Wenden unbrauchbar gewesen, zumal diese
in der Lesekunst damals sich noch unerfahren befunden. Hiernächst haben die oberlaufitzischen
Wenden dieselben wegen des entfernten Druckes
schwerlich erhalten können, und da solche im
Werthe hoch zu stehen kamen, ist es denen armen
oberlaufitzischen Wenden schwer, ja unmöglich
gefallen, selbe sich anzuschaffen. Jedoch hat
man bey denen alten Wenden in denen Kirchen
hie und da ein Exemplar gefunden, welche von
gottseligen Kirchenpatronen dahin geschaffet worden sind. Indessen haben die oberlaufitzischen
wendischen Prediger die deutsche Bibel gehabt,
und aus derselben ihren Wenden die Evangelia,
Episteln und Hauptsprüche wendisch übersetzt,
vorgesaget, daß sie dieselben verstehen und auswendig lernen können. Eben so machten sie es
auch mit dem Catechismo in den Hauptstücken
der christlichen Lehre, welche sie dem gemeinen
Volke so lange vorsagten und nachsagen liessen,

bis

bis sie selbe in das Gedächtniß gedruckt. Endlich erschien der Catechismus, als das erste Buch
in oberlausitz-wendischer Sprache im Druck,
welchen Wencesl. Warichius, Pfarr in Göda,
übersetzte, und 1567. denselben zu Budißin in
lang 12mo in Druck gab, dazu L. Albertus Li-
tichius, Superint. zu Bischoffswerda eine Vorrede machte. Dem folgte M. Albinus Mollerus,
Past. zu Straupitz, der 1574. zu Budißin den
Catechismum im niederlausitzischen Dialecto drucken ließ, gleichwie auch ein wendisches Gesangbuch. Solchemnach hatten die armen Wenden
einiges Hülfsmittel, sich, nebst denen Predigten,
zu erbauen; wiewohl auch hier die Schwierigkeit sich abermal fand, daß die gemeinen Wenden solche Bücher nicht lesen konnten, sondern
das Lesen erst erlernen mußten. Es blieb also
bey den meisten dabey, daß sie die Erkänntniß
im Christenthum und die Erbauung, durch den
mündlichen Unterricht erhielten.

§. 12.

Soll man etwas von dem Lebenswandel derer Wenden, von der Zeit der Reformation bis
zu Ausgang des XVI. Sec. so viel man aus denen Umständen nehmen kan, sagen, so muß man
bekennen, daß das Leben in denen ersten dreyßig
Jahren, bey den meisten evangelischen Wenden,
rechtschaffen, und nach der Lehre und Geboten
Christi eingerichtet gewesen. Denn da dieselben damaliger Zeit keinen Vortheil in dem Ird-
schen von dem Evangelio zu genüssen hatten, son-

dern

dern vielmehr Verfolgung, Verachtung und
Verlust deſſen, was dem Fleiſch und Blute angenehm iſt, und ſie ſich dennoch zu dem Evangelio bekannten, ſo zeigt dies gnugſam an, daß es
dieſen Leuten um ihre Seelen zu thun geweſen.
Wie denn auch das, was wir oben Cap. I. von
ihnen angeführet, Beweis giebet, daß ſie das
Evangelium angenommen, daß ſie würden
fromm. Allein, nach dem erlangten Religions-
frieden, und der vom Kaiſer Maximiliano II. erlangten Freyheit, daß die evangeliſchen Herrſchaften in ihre wendiſche Kirchen dergleichen
Pfarrer ſetzen durften, wurden viele in dem Chriſtenthum lau. Es erklärten ſich nun die meiſten
Wenden vor evangeliſch, aber viele, ohne gnugſam und überzeugend zu wiſſen und zu verſtehen,
was Evangeliſch nach dem Worte GOttes ſey?
was es würke und nach ſich ziehe? Sie begnüg-
ten ſich damit, daß ſie von dem ſchweren Joch
des Papſthums, welches über die kleinen Ver-
brechen denn Bannfluch ſprach, ſchwere äußerliche Pönitenzen, Wallfahrten, Seelgeräthe,
und dergleichen befahl, und die Sterbenden mit
dem Fegfeuer, heiſſer, als mit der Hölle ängſtig-
te, los geworden waren, und den leichten äußerlichen evangeliſchen Dienſt zu beobachten hatten.
Hingegen blieben ſie entfernt von den innerlichen
Geiſtesübungen der wahren Evangeliſchen, von
dem wahren lebendigen Glauben, Verläugnung
ſeiner ſelbſt und der Welt, Kreuzigung des Flei-
ſches, gänzlichen Uebergebung an GOtt, Nachfolge Chriſti u. dergl. m. Und daher kam es,
daß

daß bey einem Theil Wenden, auch nach der
Reformation so vieles von ihrem vorher beybe-
haltenen und langgewohnten heydnischen Aberglauben, Frechheit, Weltleben u. s. m. übrig
geblieben und getrieben worden ist. Wodurch
es denn auch geschehen, daß viele unter denen
Wenden, die vorher fein liefen, nunmehro aufgehalten wurden, der Wahrheit zu gehorchen.
Doch hat GOtt auch zu der Zeit seine Gläubige, von Lehrern und Zuhörern, unter denen Wenden behalten, wozu verschiedene fromme Herrschaften, als die von Metzrad, von Gersdorf,
von Nostitz u. a. m. mit ihrem evangelischen Bekänntniß und Leben bey ihren Unterthanen ein
vieles beygetragen.

§. 13.

Eine besondere große Bewegung entstund Ao.
1578. unter denen budißinischen Stadt- und Land-
wenden, davon die Annal. Budiss. folgenden Bericht ertheilen: "Es that sich im gedachten Jahre eine wendische Weibesperson ohnweit Stolpen hervor, welche denen Wenden in ihrer Sprache ihr sündliches Leben vorhielt, sie deswegen
ernstlich bestrafte, GOttes bevorstehende Zorn-
gerichte, und bald einbrechende große Strafen
und Landplagen ankündigte, und sie zu ernstli-
cher Buße und Bekehrung vermahnte. Dies
hatte bey denen Wenden einen solchen Eindruck,
daß, wie die Annales melden, in die 15000 Wenden derselben zugelaufen, und wie die Worte
lauten, also darüber erstarret worden sind. Es

dauer-

dauerten dergleichen Verſammlungen eine geraume Zeit, und es koſtete Herrſchaften und Pfarrern viele Arbeit, ehe ſie ihre Wenden wieder in
Ordnung bringen konnten. Man nennte dieſe
Perſon insgemein die wendiſche Prophetin. Ich
halte davor, daß unter denen benachbarten übel-
geſinnten und unrecht informirten Böhmen daher das Sprichwort von unſrer Oberlauſitz entſtanden: Stokowym proroken do Lauze!
welches heiſſet: Mit dergleichen Propheten in
Lauſitz. Es hat der in dieſem Seculo bekannte
Controvertiſt, P. Hanß-Krauſe, ein Jeſuite zu
Prag, in ſeinem daſelbſt 1716. gedruckten wun-
derbaren, wunderthätigen und wunderſamen Luther, ſolches angeführet und damit geſpottet, als
ob die Lauſitzer einem jeden Mährleinträger,
Weiſſager oder Propheten beyfielen. Solches
leget er ihnen mit Unrecht bey, und zur Laſt, angeſehen die evangeliſchen Oberlauſitzer bey dem
ewigfeſten Worte GOttes ſtehen bleiben. Es
fällt aber dem Jeſuiten und ſeines gleichen, dieſe
Spötterey zurück in ſeinen Buſen, und behauptet ſich als Wahrheit, wenn er und ſein Anhang
denen Mährleinträgern, die eine und andere neue
Legende, von den Wunderthaten dieſes und jenes
Bildes vorbringen, und mit unüberlegter Behen-
digkeit, als himmliſche Wahrheiten annehmen
und glauben. Lebte er noch, ſo könnte er zu ſeiner Erbauung und Beſſerung diejenige Predigt leſen, welche der Herr Erzbiſchoff zu Wien 1761. gehalten,
und daſelbſt in 4to drucken laſſen, als man einem Bilde der heil. Jungfrau Maria, daſelbſt
große

große Wunder zugeschrieben, welches er, um
Aergerniß zu verhüten, aus der Kirche wegneh-
men und an einen andern Ort setzen lassen: und
würde er von diesem großen Prälaten gar viele
Verweise bekommen.

Das vierte Capitel.

Von dem Zustand der evangelischen Religion in dem XVI. Sec. bis zu dem Westphälischen Frieden, bey denen oberlausitzischen Sorberwenden.

§. 1.

Wie gnädigst Kaiser Rudolphus II. als Marggraf in Ober- und Niederlausitz, sich gegen die Herren Stände 1608. in puncto Religionis evangelicæ erkläret, kan man Cap. præced. 3.
§. 1. lesen. Sein Herr Bruder und Nachfolger
in seinen Reichen, Kaiser Matthias, gab denen evangelischen oberlausitzischen Ständen, d. d.
Budißin den 5. Sept. 1611. einen besondern Ma-
jestätsbrief, welcher in diplomatica continuata Lus.
sup. p. 113. und anderweit zu finden. Ja, als er
von Prag nach Budißin zur Huldigung 1611.
reisete, und er zu Postwitz, das von den Herren
Ständen bereitete Mittagsmahl hielt, und aber
der dasige Pfarr, Michael Schwach, das Tisch-
gebet den 3. Sept. verrichten müssen, haben Se.
Kaiserl. Majest. sich gegen ihn gnädigst ausge-
lassen, er solle um eine Gnade bitten, welches
Herr Schwach gethan, und gebeten: der post-

Q 4   witzi-

witzischen Kirche den Kelch im heil. Abendmahl
zulassen; worauf Se. Majest. mündlich und
theuerlich versprochen, sie bey dem Gebrauch des
Kelches allezeit zu lassen und zu schützen. S.
Mich. Frentzels postwitz. Altarpred. p. 8. Annales Budiss.

§. 2.

Als die böhmische Unruh 1618. angieng, wurden die Oberlausitzer 1619. in der Böhmen Conföderation, wiewohl wider ihren Willen, gezogen. Dahero deren Abgesandten nicht nur bey
der Rejection Ferdinandi II. sondern auch bey der
Election und Crönung Friderici Palatini sich gegenwärtig funden. Es schien diese Handlung
Anfangs der evangelischen Religion in Oberlausitz, mithin auch denen Wenden, günstig zu seyn,
indem die Directores in Böhmen, und dann König Friedrich vieles, so zu Ausbreitung der
Religion diente, versprochen, die Wenden auch
eines und das andere erhielten. Allein, die Ao.
1620. den 29. Oct. vor K. Friedrichen unglücklich ausgefallene Schlacht, auf dem weissen Berge vor Prag, machte alles zunichte, und es schien
der Oberlausitz Gefahr vorhanden zu seyn.

Jedoch auf Interposition des Churfürst Johannis Georgii I. zu Sachsen, dem der Kaiser Ferdinand die Commißion in Lausitz aufgetragen,
wurde alle Gefahr gewendet. Denn als die
oberlausitzischen Stände sich submittirten, erhielten sie von Chursachsen im Namen des Kaisers, den 21. Febr. 1621. in einem aufgerichteten

Receß

Receß, vollkommene Pardon, und die Versicherung, daß Se. Churfürstl. Durchl. sie bey der
ungeänderten augspurgischen Confeßion schützen
wollte, bis Kaiserl. Majest. dieselbe confirmirte.
Darauf erfolgte die Kaiserl. Versicherung, sowohl was den politischen, als Kirchenfreyheits-
stand in Oberlausitz betraf, d. d. Oßenburg, den
25. Jul. 1622. In dem Immißions-Receß, d. d.
Budißin den 23. Jun. 1623. wurde solche aufs
neue vestgesetzt, und Se. Churfürstl. Durchl.
ertheilte wegen der Religion einen besondern Re-
vers. Ja, als Ao. 1635. Kaiser Ferdinandus II.
dem Churfürst, Johann Georg I. die Ober- und
Niederlausitz vor die aufgewandte Kriegsunko-
sten, erb- und eigenthümlich übergab, 1636. auch
die Tradition geschahe, und 1637. Se. Churfl.
Durchl. die Huldigung von Oberlausitz zu Görlitz einnahm, wurde die völlige Religionssicher-
heit veste gesetzet. Ao. 1650. erfolgte der allgemeine Friede vor ganz Deutschland. Was demnach in Jetztgesagten von denen Gesinnungen und
hohen Versprechungen derer Landesherren gegen
die oberlausitzischen Evangelischen angeführet
worden, das gehet auch die oberlausitzischen Wenden an, und haben sie gleiches Glück mit denen
Deutschen genossen,

§. 3.

Etwas von denen Schicksalen der wendischen
Kirche insbesondere zugedenken, so ist es an dem,
daß, nachdem die böhmische Unruhe 1618. angegangen, und die Böhmen darauf Directores ge-

Q 5   setzet,

ſetzet, und die Oberlauſitzer in die Conföderation
gezogen, haben die Directores an die oberlauſitziſchen Stände eine ſchriftliche Erinnerung ergehen
laſſen, die Gravamina in politicis und eccleſiaſti-
cis bey ihnen einzugeben. Solchem kamen die
oberlauſitziſchen Stände nach, und überreichten
dergleichen in einer Schrift. Wir ſetzen bey
Seite das, was darinnen wegen der oberlauſitziſchen deutſchen Evangeliſchen erinnert worden,
und bleiben bey dem, was die evangeliſchen Wenden angehet. Der erſte Punct betrift die Wenden in und um Budißin, welche in die Kirche
St. Nicolai eingepfarrt waren, denen man
ſchlechterdings verboten, ſich des evangeliſchen
Gottesdienſtes zu gebrauchen, hingegen zwingen
wollen, den papiſtiſchen Gottesdienſt abzuwarten, ſich wider ihren Willen zum Papiſtthum zu
halten und daſſelbe zu bekennen. Vor das andere, daß zu Radibor eine wendiſch-katholiſche
Kirche, die mit einem katholiſchen Parocho be-
ſetzt ſey, die Herrſchaft aber und die Einwohner
wären der evangeliſchen Religion zugethan, denen wollte man das Exercicium Relig. evangel.
nicht zulaſſen. Und drittens würden die Evangeliſchen in dem Städtlein Wittgenau auf eben
dieſe Weiſe gedränget. Auf dieſes erfolgte die
Reſolution von denen Directoribus, daß denen
evangeliſchen Wenden in beſagten Oertern billig
die Gewiſſensfreyheit und der Gottesdienſt zuzu-
laſſen ſey. Und weil die oberlauſitziſchen katholiſchen Stände ſowohl, als die Evangeliſchen die
Conföderation beſchworen hatten, ſo ließen die
Dire-

Directores deswegen an die erstern ein Schreiben
ergehen, in welchem sie dieselbten vermahnten, der
Conföderation gemäß sich zu erweisen, und den
evangelischen Wenden den freyen Gottesdienst
zuzulassen und zu befördern, welchem dann auch
die Katholischen nachkamen.

§. 4.

Der Anfang dazu wurde in Budißin gemacht,
da die bishero unbrauchbar gelegene St. Michaeliskirche denen evangelischen Wenden, in und
um Budißin, zu ihrem öffentlichen Gottesdienst
eingeräumet, zurechte gemachet, und den 1. Sept.
1619. durch den Archidiaconum, Antonium Gom-
mern, die erste evangelische wendische Predigt
darinnen gehalten wurde, wohin sich der meiste
Theil der Wenden hielte, welche bisher in die
St. Nicolaikirche hatten gehen müssen. Es er-
eignete sich hiebey der besondere Zufall, daß ein
Weib, auf der Gegenpart Anstiften, das wendische Bauervolk überredete: wenn sie nach geen-
digter Predigt aus der Kirche gehen würden,
sollte ein jeder Geld zu Bauung der Kirchen geben, welches verursachte, daß viel Volk unter
der Predigt aus der Kirche lief, vornehmlich diejenigen, welche wenig Geld bey sich hatten. Das
Weib wurde zwar in Verhaft genommen, aber
nach dem Verhör wieder losgelassen. Dieser
öffentliche wendische Gottesdienst wurde hierauf
durch Peter Bräuern, den E. E. Rath, als
Pfarrer setzte, und der am Fest Michaelis die erste
Predigt hielt, ordentlich bestellet, und in der St.
Michae-

Michaeliskirche fortgesetzet, bis 1622. Als hierauf sich verschiedene Umstände in Budißin fanden, welche fernere Hindrung machten, ist der
Gottesdienst eine Weile unterblieben. Allein,
1628. setzte E. E. Rath denen Wenden in diese
Kirche einen eigenen und beständigen Pfarr, Sa-
lomon Möllern, Lœbav. welcher von 1595. bis
1605. Diaconus und wendischer Prediger in Löbau, und dann bis 1628. wendischer Pastor zu
Hohkirche gewesen. Er predigte in der St. Michaeliskirche ordentlich und allein, bis die Stadt
und mit derselben die Stiftskirche St. Petri,
Ao. 1634. im Feuer verdarb, da man alsdann
die deutschen evangelischen Predigten in dieser
Kirche hielt, und die wendischen früh vorher.
Ao. 1640. Dom. I. Advent. verliessen die Deutschen diese Kirche wieder, und zogen in die neu-
erbauete St. Peterskirche, und so bekamen die
Wenden die Michaeliskirche wieder zum alleini-
gen Gebrauch. Moller lehrte darinnen bis 1635.
da er wegen der Pest wich, zu Burg daran starb
und zu Hohkirch begraben wurde. Hierauf hat
der wendische Gottesdienst einige Zeit gelegen,
und ist solche Kirche zu einer Garnisonkirche
gebrauchet worden, bis 1647. da E. E. Rath
sorgte, den wendischen Gottesdienst darinnen wieder aufzurichten, wie solches aus dem Churfürstl.
Rescript d. d. Dreßden den 3. Aug. 1647. an den
Landeshauptmann, erhellet: "Weil wir aber berichtet, daß in gemelter Kirche Michaelis bishero
dem Regiments-Prediger vergönnet worden, für
die Soldaten zu predigen, so hättet ihr in Zeiten
mit

mit dem Veſten unſern beſtellten General-Major,
Oberſten zu Fuß, und lieben Getreuen, Wolff
Chriſtoph von Arnimb, zuvernehmen, wie es
ufm Fall das wendiſche Religions-Exercicium
wieder angerichtet, alſo anzuſtellen, damit ein
Theil das andere an ſeinem Gottesdienſt nicht
verhindern, ſondern zu gewiſſen Stunden (deren
man ſich mit einander zu vergleichen) denſelben
verrichte; jedoch daß hierinne dem Rathe, als
welchem das Jus Patronatus zuſtehet, der Vorzug
gelaſſen werde.„ — — Hierauf hat E. E. Rath
Ao. 1648. Caſpar Bierlingen zum wendiſchen
Pfarr in dieſe Kirche berufen, welcher darinnen
in ungeſtöhrter Ordnung ſeine Succeſſores bis je-
ßo gehabt: Gleichwie dem Paſtori 1679. ein
Diaconus zugeordnet worden.

§. 5.

In Radibor hatte ſich bey der Reformation
der katholiſche Parochus erhalten, weil die damalige Herrſchaft bey der katholiſchen Religion
beharrte, obſchon die ganze Gemeinde die evangeliſche Religion angenommen. Nachdem nun
nach der Zeit das Dorf eine evangeliſche Herrſchaft erhielt, hätte ſelbe, nebſt der Gemeine, gerne ihren Gottesdienſt darinnen gepfleget, woge-
gen ſich aber das Capitulum in Budißin ſetzte,
alſo, daß es blieb bis auf das Jahr 1619. da die
Directores verſchaften, daß der katholiſche Pater
ſeines Dienſtes erlaſſen, hingegen ein evangeliſcher Lehrer, M. Andreas Martini, als Pfarrer
in die Kirche geſetzet wurde. Allein 1622. mußte
dieſer

dieser die Kirche wieder verlassen, und ein katho-
lischer Parochus wurde abermal eingeführet.

§. 6.

Wittichenau, ein wendisches Städtgen an
der schwarzen Elster, dem Cistercienser-Nonnenkloster Marienstern gehörig, hat bald nach der
Reformation Einwohner gehabt, welche größtentheils das Evangelium angenommen, denen aber
das öffentliche Religionsexercitium nicht vergönnet werden wollen.   Den Zustand der Evangelischen daselbst in alten Zeiten, ersiehet man aus
einer Supplique, die die Wittichenauer an den
Churfürst Johann Georg I. den 9. May 1621.
übergeben, in welcher sie erzehlen: daß vor 40 und
50 Jahren zu Wittichenau in der Pfarrkirche,
des Herrn D. Martin Luthers Catechismus und
Gesänge gebraucht, sowohl das heilige Abendmahl in zweyerley Gestalt nach Laut des HErrn
Christi Einsetzung den Leuten gereicht, auch wären gute evangelische Schuldiener gehalten worden, so die Jugend unterwiesen.   Der meiste
Theil sey evangelisch gewesen, gleichwie derer zei-
tigen Katholischen ihre Väter.   Als aber der
alte Pfarr, Herr Phillpp Lehn, verstorben, und
ein andrer an seine Stelle gekommen, wären die
Evangelischen gedränget, und vor etlichen Jahren die evangelischen Schuldiener abgeschaft
worden, auch hätte man die Bürger zur katholischen Religion mit Gewalt zwingen wollen,
welches alles mit noch lebenden Bürgern zu erweisen.   Man habe auch alle Raths-Personen,

Kirch-

Kirch-Väter, Stadt- und Gemein-Elteſten, ꝛc.
der Handwerker Elteſten, ſo Evangeliſch, ihrer
Aemter entſetzt, und Katholiſche an ihre Stelle
befördert.   Man habe befohlen, wer nicht katholiſch werden wolle, ſolle ſeine Güter verkauffen
und aus der Stadt ziehen: Die Prieſter ver-
weigerten denen Kranken die Communion unter
beyden Geſtalten und lieſſen ſie ſo ſterben, wenn
ſie es nicht ſub una nehmen wollten: wollten den
Evangeliſchen nicht die Kinder tauffen, die Verſtorbenen nicht auf den Kirchhoff laſſen, und mü-
ſten ſie dieſelben ungelautet und ohne Schüler
begraben: Den evangeliſchen Pfarr von Sdri-
chen hätten ſie mit Steinen aus der Stadt weit
hinaus ins Feld gejagt und geworfen, u. v. a. m.

Als nun 1619. die Conföderation errichtet, und
ſolches denen Directoribus bekannt worden, thaten ſie die Verordnung, daß, weil in Wittichenau zwey Kirchen wären, ſo ſolte denen Evangeliſchen das Kirchlein zum Kreuz, vor der Stadt,
da ohnedem die Papiſten ſolche nicht gebrauchten, außer, daß ſie an denen Kreuztagen Meſſe
darinnen läſen, eingeräumet werden, doch denen
Papiſten an benannten Tagen ihrer Verrichtungen unbeſchadet.   Dieſes thaten die Defenſores
der Frau Abbatißin kund. Als ſie aber ſich nicht
dazu bequemen wollte, ſchrieben die Defenſores
an ſie alſo:

Unſern freundlichen Ehren-Gruß, Ehrwür-
dige und Andächtige, beſonders gute Freundin, Euch iſt ſonder allen Zweifel mehr als
zuviel

zuviel wiſſende, was maßen die zu Wittichenau wohnhaffte A. C. zugethane Bürger, bey
den Hrn. Ständen von Land und Städten,
über den zeithero in Verübung ihres Reli-
gions-Exercitii zugefügten Zwang ſich bekla-
get, und um Einräumung der kleinen Kirchen
vor dem Budißin. Thor, gebeten , und was
hierauf den 19. Dec. a. pr. 1619. ſowohl am
30. Jan. inſtehenden Jahres, damals von den
geſammten Ständen und denen verordneten
Defenſoren mit vorhabten reiffen Rathe angeordnet, daß nemlich denen armen bedräng-
ten Einwohnern zu Verübung des freyen
Exercitii A. C. nach Laut und Beſage der ab-
gehandelten beſchwornen Confœderation eingeräumet und zugeeignet werden ſolle, maßen
dann ja in eurem zu der obangezogenen Confœderation gethanen Juramento gebührl. Folge geleiſtet, und obgedachte Bedrängte am wenigſten keine fernere Beſchwer zugefügt haben
würdet, So kommt uns doch nicht mit gerin-
ger Befremdung für, zu vernehmen, wie daß
von Euch beſchehener euer endlichen Verſpre-
chung zuwieder demjenigen ſo diesfalls unter-
ſchiedlichen und auf vorgehabten reiffen Rath
der Confœderation gemäß, von den Defen-
ſorn angeordnet, die obgedachte bedrängte Perſonen noch ferner beſchweret und ihnen die
Kirche bis zu gegenwärtiger Stunde nicht ein-
geräumt ſeyn ſolle. Wann dann vielerwehnte
Unterthanen bey der ihnen zuerkannten Kirchen billig zu ſchützen: als wollten wir Euch
noch-

nochmals und zu allen Uberfluß hiermit endlich ermahnet haben, daß ihr denen A. C.
Verwandten die kleine vor dem Budißin. Thore gelegene Kirche zu Verübung ihres Religionis exercitii alsbald einräumet, und durch
fernere Verweigerung nicht Ursach gebet, damit wir wieder euch mit der, in dem von euch,
der in eurer Seelen geschwornen Juramento
ausgesetzten Straffe zu Erhaltung und manu-
tenirung der angezogenen Confœderation nicht
verfahren und procediret werden müßen.
Wollten wir euch nicht bergen und seyn rc.
Dat. Budißin den 28. Febr. A. 1620.

     N. N. anwesende Defensores.

Der Ehrwürd. und Andächtigen
Jungfr. Ursula Weißhauptin,
Abbatißin des Jungfr. Closters
Marienstern, Unser besonders
guten Freundin.

Auf solches war die Abbatißin willig, das
Kreuzkirchlein denen Evangelischen zu überlassen,
und erklärte sich durch folgendes Schreiben:

Wohlgeborne, Edle, Gestrenge, Wohl-
Ehrenveste, Hoch- und Wohlgelahrte, Hoch-
und Wohlweise, Gnädige, Großgünstige
Herren und liebe Nachbarn,

Ew. Gn. Gestr. und der Herren Schreiben
der Evangelischen halber zu Wittgenau habe
ich zurecht erhalten. Und hätte mich allbereit,

         R   da

da ſie dieſfalls die kleine Kirche der Stadt be=
gehret, aller Gebühr bezeiget, bin auch erbö=
tig, wenn ſolches von den Evangeliſchen da=
ſelbſt bey mir geſucht wird, den Confœdera=
tions=Artickeln nach, ſchuldigſter maßen zube=
quemen und oberwehntes Kirchlein vor dem
Budißin. Thor einräumen zu laſſen. Ew.
Gn. Geſtr. und den Herren mich und hieſiges
Convent zu guter Beförderung und Protection
uns allerſeits göttlicher Allmacht treulich be=
fehlen. Marienſtern den 1. Mart. 1620.

Urſula Weishauptin,
Abbatißin daſelbſt.

An die Herren Defenſores des Marggraffthums Oberlauſitz.

Auf wiederholte demüthige Bitte der Evan=
geliſchen, überließ endlich die Abbatißin denen=
ſelben das Kirchlein, und überlieferte die Schlüſ=
ſel dazu. Worauf der Diaconus zu Hoyers=
werda, Matthäi, zum Prediger erwählet wur=
de. Weil aber die Papiſten zu Wittgenau al=
lerley Drohungen ausſtieſſen, wollte er dahin
nicht ziehen. Dahero der Oberamtsverwalter,
Adolph von Gersdorff, d. d. Budißin den 8.
May 1620. an Rudolph von Ponickau, auf
Hoyerswerda, ſchrieb, ihn um Licentirung des
Diaconi erſuchte, und anbey im Namen derer
Defenſorum ihm Schutz und Beyſtand ver=
ſprach. Solchemnach zog Matthäi zu Witt=
genau an, fand daſelbſt eine evangeliſche Gemeine
von

von mehr, als 300 Seelen, denen er das Wort
GOttes predigte, und ihnen die Sacramenta
nach Christi Einsetzung administrirte.

Allein nachdem die Conföderation, als die
Schlacht bey Prag 1620. den 30. Oct. (8. Nov.)
geschehen, aufhörte, so wurde denen Evangelischen zu Wittgenau das Exercitium Religionis
wieder entzogen.   Der Abt von Königssaal,
Georg Vrat, als Visitator und Commissarius generalis, kam nach Marienstern, und trieb es mit
großem Eifer, daß die evangelischen Pfarrer zu
Wittgenau und Bernstadt abgeschaffet, und alles katholisch werden sollte.   Wie es mit denen
Bernstädtern in diesem Stücke ergangen, findet
man in der Historia ecclef. Zittav. von p. 525. —
555. eine aus denen Acten gezogene umständliche
Nachricht, also, daß sie Kirche und Pfarrer behalten.   Denen Wittigenauern aber konnte es
nicht so gut werden.   Denn die Abbatißin forderte durch ein Schreiben d. d. den 24. May 1621.
vier evangelische Ausschußpersonen ins Kloster,
mit Befehl, die Schlüssel zum Kreuzkirchlein
mitzubringen, und zwar bey 40 Rthl. Strafe,
wo sie solche nicht mitbrächten, und 10 Rthlr.
jedweden, wer außenbliebe.   Nun erschienen
zwar die citirten Personen, und baten demüthig
und wehmüthig um fernere Conceßion des Gottesdienstes, allein vergebens.   Und weil sie die
Schlüssel nicht mitgebracht, wurden sie ins Gefängniß geführet.   Ob nun zwar die Evangelischen an Se. Churfl. Durchl. supplicirten und
ihre Gewissensnoth vorstellten, wie auch, daß sie

die Papiſten auf keine Weiſe hinderten, von dem
Einkommen der Kirchen nichts begehrten, ſondern den evangeliſchen Pfarr auf ihre eigene Unkoſten hielten: Der Landeshauptmann in Oberlauſitz auch d. d. Budißin den 29. Jul. einen Bericht in dieſer Sache fertigte: ſo half doch alles
nicht. Ja es wurde denen Papiſten die Zeit zu
lang, die Churfürſtl. Reſolution zu erwarten;
dahero ſie vor das Kirchlein zogen, ein Eiferer,
Ticinus genannt, mit einer Axt die Kirchthüre
aufſchlug, und Poſſeſs von demſelben nahmen,
wie der Jeſuit Ticinus in ſeiner Hiſtor. Roſenthal.
ſolches referiret. Die Churfürſtl. Reſolution
erfolgte d. d. Dreßden den 7. Aug. 1621. und lau-
tete:

Johann Georg, Churfürſt 2c.

Veſter Rath, lieber Getreuer, Uns iſt für-
getragen worden, was ſowohl aus dem Ober-
Amte ſ. d. 19. May nechſt verſchienen, als
auch jetzo von euch, wegen des zu Witgenau
hiebevor den Evangeliſchen daſelbſt eingeräum-
ten Kirchleins berichtet worden. Nun giebet
der mit den Ständen in Oberlauſitz aufgerich-
tete Accord klare Maaß, wie es in dergleichen
bey dem neuen Regiment fürgenommenen
Sachen gehalten, und daß es allerdings in
vorigen Stande ſolle gebracht werden, darum
ihr hierinnen einen ſolchen Ausſchlag, ſo dem
Accord gemäß, zugeben wißen werdet. Wie
uns aber nicht zuwieder, da bey den Catholiſchen in der Güte zuerhalten, daß ſie eines und
                                            das

das andere in dem Stand, wie es die Evangelischen gerne sehen, laſſen möchten, alſo ſtellen
wir dahin, ob und wie man ſich bemühen wolle,
daß die Catholiſchen ſich zu dergleichen vor-
ſtehen thäten.   Und möchtens Euch, deme ꝛc.

Ob nun zwar die Evangeliſchen in Wittgenau
das Kirchlein wiedergeben mußten, ſo wurden ſie
doch bey ihrer Gewiſſensfreyheit geſchützet, daß
ſie, in ihren Krankheiten und Sterbensnöthen einen
evangeliſchen Pfarr zu ſich holen laſſen konnten.
Allein als die folgende Jahre, die kaiſerlichen
Waffen gegen die Proteſtanten ſiegeten, und
Tylly mit denſelben 1631. in Sachſen rückte, wurde das Kloſter dahin gebracht, daß es die Evangeliſchen daſelbſt gar auszurotten ſich bemühete.
Dahero denn die Abbatißin, Dorothea Schu-
bartin, auf Befehl des obengenannten Viſitato-
ris, den 24. März 1631. einen Befehl an den
Richter zu Wittgenau ſtellte, welcher die evangeliſchen A. C. Verwandte zuſammen forderte,
und in Gegenwart des Raths ihnen andeutete:
"Daß weil etliche der Bürgerſchaft verhanden,
welche ſich bis dato nicht zur katholiſchen römiſchen
Religion accommodiren wollten, ſondern bey
der evangeliſchen augſpurgiſchen Confeßion ver-
harrten, als ſollte er ſolche nochmals anhalten,
daß ſie binnen dato und Oſtern ſich zur römiſch-
katholiſchen Religion bekennten, und das heilige
Abendmahl sub una gebrauchten, und wenn ſie
dem nicht Folge leiſteten, ſollten ſie das Ihre verkaufen und weiter ziehen,, Solches berichteten
die Evangeliſchen an den Landeshauptmann,

R 3   wel-

welcher die Umſtände an Se. Churfürſtl. Durchl.
gelangen ließ, von dem d. d. den 31. May 1631.
dieſes Reſcript erfolgte:

Johann Georg, Churfürſt.

Veſter, lieber Getreuer, Wir haben aus euern
Bericht und deßen Inſchluß vernommen, wel-
chermaßen die Abbatißin des Jungfr. Cloſters
Marienſtern einen Befehl an den Richter zu
Wittgenau ergehen laſſen, darinnen denen
Evangeliſchen Innwohnern des Orts auferle-
get, ſich zwiſchen hier und Oſtern zur Catholiſchen Religion zu bequemen, oder nach
Verflüſſung ſolcher Zeit das ihrige zuverkau-
fen und an andere Orte ſich zu begeben. Wann
uns nun ſolches der Abbatißin Anmuthen und
Beginnen gantz befremdlich vorkommt, dieweil
es dem, mit dem Marggrafthum Ober-Lauſitz
aufgerichteten Accord, darauf erfolgten Kayſ.
und Königl. Confirmation, auch wegen des
freyen Exercitii Relig. A. C. habenden höchſt-
anſehnlichen Privilegien und ſonderlich dem,
bey beſchehener Tradition des Marggrafthums
Ober-Lauſitz aufgerichteten Immiſſion Abſchied
gantz zuwieder, indem vermöge deſſelben in
Religionsſachen gantz keine Neuerung welches nicht allein uns, ſondern auch die Abbatißin und andere Catholiſche bindet, ſolle fürgenommen werden, wir auch der Abbatißin
keinesweges einräumen können, daß ſie ſich
einiger Reformation unterfange; Als begehren wir hiermit, ihr wollet daſſelbe der Abbatißin

tißin vermelden, und sie dabey ernstlich erinnern, von diesem Fürnehmen abzustehen, sich
demjenigem, so angeregte Confirmation, Privilegium und Abschied besaget, gemäß zu verhalten, und mit Ausgebietung der Evangelischen Unterthanen gänßlich in Ruhe stehen.
Daran ꝛc. dat. Leipz. den 3. Mart. 1631.

An den Landeshauptmann in Ober-
Lausiß.

Auf solches hat zwar die Abbatißin die
Strenge in etwas unterlassen, gleichwohl aber
haben die Papisten die Bedrängniß gegen die
Evangelischen nicht unterlassen, bis den 7. Sept.
die Schlacht bey Leipzig geschahe und die Evangelischen über die Katholischen den großen Vortheil erhielten.　Worauf das Kloster stille gesessen, und künftighin die Wittgenauer zufrieden
gelassen, bis endlich der wendische Clerus daselbst
1664. wieder angefangen, die Evangelischen zu
verfolgen und zu vertilgen.

§. 7.

Ob es nun zwar an jeßtgedachten Orten denen evangelischen Wenden so widrig gieng, so
haben doch die übrigen anderweit nie eine Anfechtung gehabt.　Vielmehr haben gottselige
Herrschaften, bey allen Trübsalen des langen
Krieges, alle mögliche Anstalt gemachet, den
Gottesdienst unter ihnen zu befördern, aufzurichten und zu erhalten.　Der Catechismus wurde
an einigen Orten, auf Veranstaltung derer Kir-
chen-

chenpatronen, etwas fleißiger, als vorher, getrieben. Einige Prediger fiengen an, den Sommer über Nachmittags des Sonntags Catechismus-predigten zu halten. Andere catechisirten die Jugend in der Gemeinde. Etlicher Orten wurde eingeführet, daß die Prediger in der Fastenzeit in die eingepfarrten Dörfer giengen, allwo die Kinder in den Kretscham zusammen kamen, und sich die Gebetsformuln hersagen liessen, auch sie aus dem Catechismo fragten. Und damit eine desto mehrere Lust zum Gebet und Catechismo bey den Kindern erwecket würde, so ward aus denen Kirchen-Ærariis etwas Geld hergegeben, um Kleinigkeiten vor die Kinder einzukaufen, und selbe unter sie zu theilen.

§. 8.

Und damit denen Wenden Gelegenheit verschaffet würde, in der Erkänntniß des göttlichen Wortes unterrichtet zu werden, und darinnen zu wachsen, sorgten christliche Herrschaften, daß ihre wendische Unterthanen, welche keine eigene Kirchen hatten, und in die von ihnen weit entfernten gehen mußten, überdies, wo viele Dörfer in eine Kirche sich hielten, und der Pfarr nicht alle bestreiten konnte, eine eigene Kirche und eigenen Pfarr bekämen. Dergleichen that Hanß von Metzrad, auf Uhyst, welcher Ao. 1612. die alte ungebrauchte Kapelle St. Ursulä, die vor dem Dorfe Mertzdorf stund, abbrechen ließ, in das Dorf eine neue Kirche baute, und darein Johann Fabricium zum Pfarr setzte.

§. 9.

§. 9.

Weil auch die meisten evangelisch-wendischen
Pfarrer sehr schlecht im Aeußerlichen versorget
waren, also, daß verschiedene sich genöthiget fanden, andere Verrichtungen bey ihrem Amte vorzunehmen, um ihr Leben kümmerlich hinzubrin-
gen, so liessen verschiedene christliche Herrschaften ihre erbarmende Liebe nicht nur denen zur Zeit
lebenden Predigern reichlich wiederfahren, sondern sie waren auch darauf bedacht, die Pfarrein-
künfte überhaupt zu verbessern, damit die künftigen Pfarrer bey ihrem Amtsthun bleiben, und
nicht durch andere Verrichtungen davon abgelei-
tet werden möchten.   So begabte Georg Rudolph von Ponickau, der 1649. starb, die Pfarrt
zu Neschwitz mit einem Pfarrbauer, und andern
Reditibus. Von ihm schreibet George Bether,
Past. Hoyerswerd. in dessen Leichenpredigt: "Hier
in dieser Herrschaft Hoyerswerda, als er selbe
durch Erbschaft erlanget, hat er aus sonderbarer
Dankbarkeit gegen GOtt, etliche hiesige Dorf-
pfarren merklichen melioriret, indem er zu einer
jeden einen Hüfner sammt den Diensten und Ge-
fällen, auch die Aecker von einem wüsten Gut,
sammt andern Intraden geschlagen, daß, da zuvor die gemeldte Pfarrstellen gering sind gewesen, und öffters nach Absterben der Pfarrer, eine
geraume Zeit wayse geblieben, nunmehro, ob
GOtt will, an treuen Lehrern und Predigern
keinen Mangel haben werden.„ Demnach auch
die Kirche zu Groß-Partwitz nebenst dem Dorfe
im Feuer und Rauch aufgegangen, hat er aus

angeborner Mildigkeit zu Erbauung derselben
das Holz und ein ansehnliches an Gelde verehret.
Jerem. Herfard, Past. zu Pulßnitz, sagt in der
Wolf Georg von Schönberg, auf Brauna, Heselich und Rohrbach 1619. gehaltenen Leichenpredigt: daß er denen Geistlichen, auch Schuldienern
ansehnlich ihren Lohn verbessert und gestärket habe.   Ja er hat (heißt es ferner) auf seine eigene
Unkosten eine neue Schule von Grund auf erbauet, damit die Jugend in dem heil. Catechismo 2c. könnte und möchte unterrichtet werden.

§. 10.

Von Büchern, welche denen Wenden zur Erbauung geschrieben, finde ich nicht mehr, als des
Gregorii Martini, Past. zu Purschwitz, übersetzte
sieben Bußpsalmen, welche zu Budißin 1627.
deutsch und wendisch gedruckt.   Sonst sind auch
in dieser ersten Hälfte des XVII. Sec. verschiedene erbauliche Lieder von einem und dem andern
Pfarr in das Wendische übersetzet worden, welche die Schulmeister anfänglich denen Kindern
durch vieles Vorsingen auswendig lernen liessen,
und darauf zum Gebrauch bey dem öffentlichen
Gottesdienst eingeführet.

§. 11.

Diese Zeitperiode hält in sich den dreyßigjährigen Krieg, in welchem die Wenden viele Trübsalen erfahren müssen, die dem Kirchenzustand
auf verschiedene Weise schädlich gewesen.   Ich
will vorjetzo nicht wiederholen, was wir von
Witt-

Wittgenau und Radibor angeführet, sondern
nur etliche betrübte äußerliche Umstände anzeigen. Nicht allein der Krieg verwüstete viele
Dörfer und Kirchen, als in Budißin, Kotitz,
Kleinbautzen u. a. m. also, daß manche bis zum
Frieden wüste liegen, und der Gottesdienst unterbleiben mußte, sondern, wenn auch dies nicht
geschah, dennoch der Gottesdienst in Ermange-
lung eines Pfarrers öfters unterlassen wurde.
Die Pest, welche auch unter denen Wenden,
sonderlich 1631. 32 und 33. bald hie, bald da
graßirte, vertrieb Lehrer und Zuhörer, und verhinderte, daß sie in ihren ordentlichen Kirchen
nicht zusammen kommen konnten, noch durften,
sondern unter öffentlichem Himmel sich versamm-
len mußten. So mußte, als in Spröwitz die
Pest 1631. heftig wüthete, der dasige Pfarr,
Matthäus Lehmann, sich nach dem Hammer,
dann nach Burck, und endlich nach Hoyerswerda reteriren, und in die ¾ Jahr von seiner Kirche entfernt leben: Inzwischen aber hat er auf
Veranstaltung, denen spröwitzischen Kirchkindern auf dem freyen Felde die Predigten, Taufe
und Communion gehalten und verrichtet.

§. 12.

Die Lehrer unter denen Wenden dieser Zeit,
waren nicht einerley Art. Wo sich gottesfürchtige Herrschaften fanden, da sorgten sie, so viel
möglig, vor sich und ihre Unterthanen, treue, gelehrte und fleißige Lehrer aufzusuchen, und sie denen Gemeinden vorzusetzen. Ich folgere dieses
aus

aus denenjenigen Predigten, welche verschiedene
Pfarrer bey Leichen und andern Gelegenheiten gehalten haben, und drucken lassen, als: Andreas
Garzer, Past. zu Klux, 1615. Andreas Copi-
nus, Past. zu Gröditz, 1624. Matthias Lehmann, Past. zu Hoyerwerda, 1627. Georg
Vether, Past ibid. 1649 u. a. Aus welchen
man siehet, daß sie seine biblische Exegeten, gute
Didactici und erbauliche Asceten gewesen, die
vorgehabten Texte gründlich erkläret, und dann
alles zur Lehre im Glauben, und thätigen Ausü-
bung des Christenthums angewendet, mit dessen
Ausführung ich mich und den Leser nicht aufhalten will. Wer Gelegenheit hat, dieser und anderer Schriften zu lesen, der wird mir Beyfall
geben, daß sie sich der erbaulichen und kernichten
Lehrart derer Patrum, des sel. Lutheri und Arnd-
tes bedienet. Wobey die Liebe uns hoffen heisset, daß derselben Endzweck dabey gewesen, ihre
wendische Kirchkinder auf dem schmalen Wege
durch Christum zu dem Leben, das aus und in
GOtt ist, zu führen, worinnen sie ihnen mit einem ernsten Christenleben vorgegangen seyn
werden.

Man findet aber auch, leider! wendische Prediger, welchen es an gnugsamer theologischen,
und zu Führung ihres Amtes nöthigen und erfor-
derlichen Erkänntniß und Gelehrsamkeit, wie
nicht weniger an gebührender Treue und Fleiß
gemangelt; ja, derselben Lebenswandel nicht zum
besten gewesen. Angesehen einige Patroni der
Kirchen genöthiget worden, einige Pfarrer ihres
Diensts

Diensts zu erlassen, davon Exempel sind: Elias
Teichler, zu Löbau, 1607. Paul Lehmann, zu
Gebelzig, Caspar Arend, zu Camentz, 1618.
u. a. m.   Hiezu kam der Mangel der Candida-
ten, derer wenig sich fanden, welche zu Bestellung derer Pfarr- und Schulämter erforderlich-
waren.   Denn da in denen langen Kriegeszeiten die wendischen Unterthanen sehr verarmten,
konnten sie ihre Kinder nicht studiren lassen.

§. 13.

An guten äußerlichen Anstalten unter denen
Wenden hat es hie und da nicht gefehlet, wodurch das freche, freye und offenbar böse Leben
verhindert, hingegen die Erkänntniß und die Uebung des Guten befördert werden können.   Ich
will nur zum Beweis etliche Articul aus denen
Statuten des wendischen Städtleins Weissenberg anführen, welche ohngefähr 1612. errichtet
worden.   Unter selben ist das Erste: Es soll ein
jeder in Gottesfurcht leben, GOttes Zorn fürch-
ten, sich an Christum unsern Erlöser halten, und
auf keine andere Creatur seinen Glauben stellen,
die Predigt und GOttes Wort gerne hören, auch
das hochwürdige Sacrament mit dem ganzen
Hausgesinde mit Fleiß, nach dem Befehl Christi,
und Ordnungen der christlichen Kirchen gebrauchen, sowohl die Jugend dazu anhalten, und sie
beten lehren, im ehrbarlichen Leben und schuldigen Gehorsam unterweisen und auferziehen, allen
falschen Aber- und Mißglauben, sowohl alle
Hexerey und Zauberey meiden. II. Es soll niemand

mand auf den Namen GOttes fluchen, schwören,
noch bey seinem Namen lästern, vielweniger von
GOtt und seinem Worte, noch sonsten, schmäh-
lich reden, do aber jemandes dißfalls sträflichen
befunden, soll derselbige in das Halseisen geschlagen werden, und darinnen so lange das Kirchen-
Amt wehret, stehen bleiben. — — Wer es von
andern höret, und nicht anzeigt, soll in gleiche
Straffe verfallen seyn. III. Die Sonntage und
andern Apostel- und gewöhnliche Fest-Tage, soll
ein jeder feyerlich halten, und den Tag mit GOttes Wort zubringen, unter dem Amte kein Bier
noch Brandtewein-Zechen halten — darauf E.
E. Rath mit Ernst und Fleiß acht zu haben
schuldig seyn soll. Es soll auch keiner unter der
Predigt vor der Kirchen, oder auf dem Kirchhofe,
kein unnütze Geschwetz oder spazirgehen treiben,
vielweniger desselben tages fahren oder andere
Handarbeit thun, bey schwerer Straffe. IV.
Alle Gebäude, an Kirchen, Pfarrhaus und
Schulen, sollen in baulichem Wesen erhalten
werden, es sollen auch die Eltern, so es im Vermögen haben, ihre Kinder fleißig zur Schulen
halten, damit sie in aller Zucht und Erbarkeit
aufgezogen werden. — — XLI. Alle Geld und
Doppelspiele, weil viel Unraths daraus entste-
het, sollen bey männiglich und sonderlich in den
Bierhäusern, oder sonsten zusammen kriechen,
durchaus verboten seyn, Und sollen diejenigen,
so da gespielet, jeder der Herrschaft 30 Kgl. und
dem Rathe 12 Kgl. zur Straffe geben, und welcher Wirth oder Mitwohner solches in seinem

Hause

Hause gestattet, der soll der Herrschaft 1 fio. und
E. Rathe 12 klgl. sowohl als der Spieler zur
Straffe geben.   XLII Das unzüchtige unerba-
re Tanzen und Drehen, es geschehe von Manns-
oder Weibes-Personen, sollen ernstlich verboten
seyn, dazu dann sondere Personen sollen geordnet werden, die darauff sehen sollen, desgleichen
soll ein jeder Haus-Vater und Mutter auf seine
Kinder und Gesinde achtung geben, und sie von
solchen leichtfertigen schwencken abhalten, die
Verbrecher sollen zur Peen geben eine Manns-
Person, der Herrschaft 1 Schfl. Hafer, dem
Rath 18 klgl. Weibes-Personen aber, die sich
unordentlich verdrehen lassen, oder über 9 Uhr
am halben Zeiger im Bierhäusern ergriffen würden, sollen dem Rathe 9 klgl. zur Straffe geben,
oder an mangel des Geldes in die Halseisen geschlagen oder sonst in andere Wege mit Gefäng-
nis gestrafft werden.   XLIII. Das Nachtsitzen,
schwermens, fiedeln, pfeiffen und tantzen soll
durchaus verboten seyn, und bey keinem Wirth
oder Einwohner, länger, als bis um 10 Uhren, gestattet werden, darauff dann E. E. Rath durch
die bestallten Wächter fleißige Aufacht soll haben lassen, da es aber deme zuwieder geschehe,
sol der Wirth der Herrschaft 1 weiß fic. und dem
Rathe 24. klgl. zugeben verfallen seyn.   XLIV.
Alle Rockengänge, so bey nacht geschehen, sollen hiemitt gänzlichen abgeschafft und verboten
seyn, da aber ein Wirth solches hierüber gestat-
ten würde, der soll der Herrschaft 30 klgl. und E.
Rathe auch 30 klgl. Straffe geben.„

§. 14.

§. 14.

Die mancherley äußerlichen Gerichte GOttes
und Plagen, Feuer, Krieg, Rauben, Pest,
Mißwachs, Theurung u. dergl. so über Deutsche und Wenden in Oberlausitz dreyßig Jahr
ergangen, haben nach der Absicht GOttes die
Einwohner von dem unseligen Sündenstande
und dem daher folgenden Zorne GOttes über-
zeugen, aus der Sicherheit erwecken, und das
Heil in Christo zu suchen treiben sollen. Allein
bey den wenigsten hat GOtt diese seine Absicht
erreichet. Denn das wüste Kriegeswesen hat
nicht nur Land und Leute verderbet, sondern die
Einwohner sind dabey in das unordentliche, wüste, freye und freche Sündenleben gerathen, gleich
denen mancherley Nationen der Kriegesvölker,
so unsere Oberlausitz geplaget. Der Unterricht
in den Christenthumslehren vor die Wenden
war schlecht, indem manche Gemeinden eine Zeit
weder Kirche, noch Pfarr und Schuldiener hatten, als welche Krieg, Brand und andere dergleichen verderbliche Zufälle verwüstet und verjaget. Die Herrschaften konnten zur Zeit des Ver-
derbens wenig helfen, andere meynten, es sey ratio status belli, der Krieg bringe es so mit. In
einem Patent des Herrn Landvoigts, d. d. Budißin den 31. Mart. 1651. ins Land ergangen,
wird der vorige Zustand derer Deutschen und
Wenden beschrieben, daß sich bey ihnen gefunden unverantwortliches, und GOtt dem Aller-
höchsten mißfälliges Wesen, insonderheit Hoch-
muth, Zorn, Mißgunst, Fluchen, und Schwören,

ren, sowohl Falschheit, Betrug und Ueberſetzung
der armen Leute, falſche Waaren, übermäßige
Pracht in Kleidung, Ueberfluß an Speiß und
Trank bey den Zuſammenkünften, bevorab bey
den Perſonen ſo dergleichen übermachte Speſen
zu ihrer eigenen, auch derer Ihrigen Wohlfahrt
und Aufnehmen, viel beſſer anwenden könnten ꝛc.

§. 15.

Aus dieſem und dergleichen, entſtund unter
denen meiſten Wenden ein ſolcher kläglicher Zuſtand des Chriſtenthums, daß kaum die äußerliche Geſtalt und Schein davon übrig blieb. Und
eben von der Zeit an, hat man aufs neue angefangen, die Wenden als ein heßliches, tummes und
boshaftiges Volk auszuſchreyen und davor zu
halten, alſo, daß man ſo gar in Schriften dieſen Ausdruck findet: die Wenden lebten wie das
Vieh. Womit man, wiewohl zur Ungebühr,
die ganze Nation beſchmitzet, alſo, daß dieſer
Flecken auch in folgenden Zeiten kaum ausgelö-
ſchet werden können.

Das fünfte Capitel.

Von dem Zuſtand der evangeliſchen Religion
unter den Wenden in Oberlauſitz, von
dem weſtphäl. Frieden bis 1725.

§. 1.

Gleichwie der glorwürdigſte Churfürſt, Johann Georg I. bey dem Anfang des betrübten

S

trübten dreyßigjährigen Krieges gelebet, also hat
er denselben durch seine unermüdete Vorsorge
helfen zu Ende bringen. Dahero durch seine Anordnung den 6. Dec. 1648. und den 22. Jul 1650.
wie in seinem ganzen Lande, also auch unter denen Wenden, allgemeine Lob - und Dankfeste
wegen des erlangten Friedens öffentlich und solenn gefeyert worden.

Ihm folgte 1656. sein ältester Herr Sohn,
Johann Georg II. Unter Dessen Regierung
haben die Herren Stände die bey denen Wenden zur Zeit des Krieges eingerissenen Unordnun-
gen und wilde Lebensarten, durch die ins Land
publicirten Befehle, abzustellen, hingegen manche
gute äußerliche Zucht und Ordnung einzuführen
eifrigst gesucht. Wiewohl der 1663. entstandene
große Türkenkrieg, der auch Oberlausitz in
Schrecken setzte, einige Hinderung machte, daß
vor der Wenden Seelenheil nicht so gesorget
werden konnte, wie sie es nöthig hatten.

Johann Georg III. trat 1680. die Regierung an, und erzeigte sich als ein tapferer Held,
sowohl gegen den Feind der Christenheit, den
Türken, als auch gegen den Reichsfeind, den
Franzosen, denen er sich im Felde entgegen stellte.
Man kann sagen, daß unter diesem Herrn bey
den Wenden eine ernstlichere Verbesserung vorgenommen worden, obgleich gemeldte Kriegs-
umstände hie und da Verhindrungen machten.

Churfürst Johann Georg IV. regierte
kurze Zeit. Da hingegen

Fri-

Fridericus Auguſtus durch eine längere
Regierung erſetzte, was in der erſtern kürzern
nicht ausgeführet werden konnte.   Und ob zwar
bey entſtandenen pohlniſchem Kriege und dem
ſchwediſchen Einfall in Sachſen 1706. manch
Gutes, ſo denen Wenden bereitet war, ins
Stöcken gerieth, ſo hat es doch nicht verhindert
werden können, ſondern es iſt nur etwas langſa-
mer zu Stande gekommen.

§. 2.

Die oberlauſitz-wendiſche Nation hat in dieſem Periodo verſchiedene hohe Patronen, welche
ausnehmend vor derſelben Seelen Heil und
Wohlfahrt beſorgt geweſen, gehabt.
Vorzüglich ſind die Herren Stände insge-
ſammt hieher zu ſetzen.   Denn dieſelben haben
unausgeſetzte Sorge getragen, daß die große Unwiſſenheit in geiſtlichen Sachen, und das fleiſchlich geſinnte Weltweſen unter denen Wenden
abgeſchaffet, hingegen die Erkänntniß des Chriſtenthums und deſſen Uebung aufgerichtet und
befördert werden möchte.   Dahero die Herren
Stände von Land und Städten, am Landtage
Oculi 1691. durch einmüthigen Schluß, die Reſolution faßten, mit allem Fleiß dahin zu denken,
daß die Kirchenſachen der oberlauſitziſchen Wenden in eine richtige und erbauliche Ordnung gebracht werden möchten, und wurde denen Herren Landesälteſten die Sache zu ſchleuniger Beförderung aufgetragen.   Dieſe erforderten
den 25. Martii, Herr M. Paul Prätorium, Archidiac. Budiſſ. zu ſich auf das Landhaus, unter-

redeten sich mit ihm, wie die evangelische Kirchenagende per versionem accuratam publica autoritate ad communem ecclesiarum Serbicarum
usum verfertiget und zum Drucke befördert werden könne? Anbey verlangten sie von ihm, etliche
Prediger vorzuschlagen, welche zugleich der wendischen Sprache und des Grundtextes der heiligen Schrift rechtschaffen kundig, und zu Ausführung dieses wichtigen Werkes tüchtig wären.
Darauf Herr Prätorius nach einiger Zeit vor-
schlug: aus dem camentzischen und hoyerswerdischen Kreise, Tobiam Zichuderly, Pfarr zu
Lose; aus dem gefildischen und moskauischen
Kreise, Johann Christoph Krügern, Pfarr zu
Milckel; aus dem görlitzischen und löbauischen
Kreise, Ge. Matthäi, Pfarr zu Colm; und aus
dem budißinischen und gebirgischen Kreise, Mich.
Rätzen, Diac. zu St. Michael in Budißin.
Auf solche Anzeige haben, im Namen der gesammten Herren Stände, die Herren Landes-
ältesten, Herr Rudolph von Bischofwerder, des
budißinischen, und Herr Wolff Heinrich von
Muschwitz, des görlitzischen Amtskreises, durch
den Herrn Steuereinnehmer, obgedachten Predigern den 5. April 1691. diese Erklärung schriftlich zugestellet: "1) Man sey mit den vorge-
schlagenen Personen durchgehends zufrieden, und
könnte mit ihnen dieses Werkes wegen baldige
Abrede genommen werden. 2) Wurde beliebet,
daß Anfangs ein jeder das ganze Werk mit besondern Fleiße durchgehen, und seine Erinnerung
dabey anmerken möchte. 3) Sodann alle Herren

ten Geistlichen sich zusammen setzten, ihre Erin-
nerungen erwegeten, und dann einen gewissen
Schluß faßten, dabey 4) das Werk beschleu-
nigten, daß es künftig Bartholomäi zu Stande
käme, immaßen 5) die Herren Stände vor solche angewendete Mühe ihre Dankbarkeit spüren
lassen würden.,, Hierauf ist den 25. April, nach
herzlichem Gebet, der Anfang gemachet worden,
mit der anbefohlnen Arbeit, und zwar mit den
Episteln und Evangelien, und solche, sowohl mit
schriftlicher Correspondenz, als mündlicher Con-
ferenz, den 22. Aug. 1692. zu Stande gebracht
worden.   Solche Uebersetzung wurde vielen andern Geistlichen communiciret, und endlich denen Herren Ständen übergeben, welche denn
mit Darreichung der Unkosten den Druck beförderten.   Denen Herren Uebersetzern waren in
ihrer Arbeit sonderlich beförderlich: Mich. Frentzel, Pfarr zu Postwitz, und Mich. Jacobi, Pfarr
zu Schwepnitz. Hierauf folgete 1692. an Martini, der Catechismus, und 1695. den 1. Nov.
die Kirchenagenda.   Die Herren Stände reichten denen Arbeitern vor ihre Bemühung 100
Rthlr.

Herr Carl Christoph, Burggraf von
Dohna, auf die Standesherrschaft Mußka, ließ
seine Pietät gegen die Wenden darinnen spüh-
ren, indem er nebst der Policeyordnung, auch eine
wohlgefaßte höchst nützliche Kirchenordnung Ao.
1652. den 6. Jan. publicirte, und dabey verord-
nete, daß selbe jährlich in der Stadt und allen
der Herrschaft Mußkau zugehörigen Kirchen, so alle

S 3   wen-

wendiſch ſind, von den Kanzeln abgeleſen, und
einem jeden, ſowohl Lehrern als Zuhörern, Alten und Jungen, wie ſie ſich derſelben gemäß zu
bezeigen haben, vorgehalten werden ſollte, damit
alles nach des Apoſtels Vermahnung, 1 Cor. 14,
v. 40. ehrlich und ordentlich zugehen möge. Ingleichen erfolgte eben daſſelbe Jahr den 13. Jun.
eine chriſtlöbliche Eheordnung, welche ebenfalls
Dom. II. p. Epiphan. jährlich abzuleſen befohlen
ward.

Curt Reinecke von Callenberg, auf die
Standesherrſchaft Mußka, Churſächſ. geheim-
der Rath und Landvoigt im Marggrafthum
Oberlauſitz, ſahe, als ein verſtändiger und frommer Herr, das Elend des gemeinen wendiſchen
Volkes ſehr wohl ein. Seine Standesherrſchaft Mußka hatte lauter wendiſche Unertha-
nen, und ſo war ihm der Zuſtand der Wenden
gar genau bekannt. Dahero er nicht nur bemühet
war, vor dieſelben eines und das andere Gute zu
ſtiften, ſondern auch, vermöge ſeines hohen Amtes, dem geſammten wendiſchen Volke durch
mancherley gute Verordnungen zu helfen.

D. Philipp Jacob Spener, Churſächſ.
Beichtvater, Kirchenrath, und Oberhofprediger,
iſt ein ſonderbar von GOtt geſegnetes Werkzeug
in Beförderung des Chriſtenthums unter denen
Wenden geweſen. Denn nachdem ihm bekannt
worden, wie ſchlecht es in dieſem Stücke mit
ihnen ſtehe, hat er nicht allein bey der churfürſt-
lichen Landesherrſchaft, ſondern auch bey dem
hohen

hohen geheimden Rathe, nöthige Vorstellung
deswegen gethan, welches so viel gefruchtet, daß
die churfürstlichen Herren Abgesandten auf dem
großen Landtage zu Budißin, im Namen Ihro
Churfürstl. Durchl. denen Ständen die Sache,
der Wenden Christenthum betreffend, sich be-
stens angelegen seyn zu lassen, vorgetragen, woraus alsdann mancherley Gutes geflossen, wie
wir unten hören werden.   Wir wollen des sel.
Mannes eigene Worte beysetzen, welche sich in
dem Schreiben von 1689. finden, so er an Michael Frentzeln, Pfarr in Postwitz, abgelassen,
als er ihm seine postwitzische Taufsteinpredigt zugeschicket, und welche Frentzel, als eine Vorrede seiner Predigt vorgesetzt, sonst aber auch in
dem theologischen Bedenken P. I, Cap. I. Sect. 63.
pag. 292. zu lesen: "Solche Arbeit, heißt es, ist
mir, sonderlich wegen zweyer Ursachen, angenehm, nämlich wegen der wendischen Sprache,
sodann wegen der Materie selbsten. Jenes zwar
deswegen, weil ich bisher so oft klagen gehört,
daß, da doch ein ziemliches Volk von solcher
Nation unserer Religion zugethan ist, dannoch
kaum etwas in sothaner Sprache von geistlichen
Materien herausgegeben befindlich seye. Welches
ich in die Harre von denen, welchen solche arme Leute unterworfen sind, und sie also nicht nur sich ihrer
Dienste gebrauchen, sondern auch nachdrücklich
vor ihre Seele sorgen sollten, da sie immer in
diesem Stücke sich nachläßig weisen würden,
nicht verantwortlich zu seyn achte.   Sonderlich
dauert mich das gute Volk, daß dasselbe nicht
          S 4   die

die heilige Schrift, ja nicht einmal das gantze
Neue Testament in ihrer Sprache haben solle.
Weswegen billig davor zu sorgen, und am gehörigen Orte davon zu reden seyn wird, wie för-
derlich das Neue Testament gantz, oder doch die
Episteln, also der gantzen christlichen Lehr Auszug, herausgebracht und den Leuten vor Augen
geleget werden möge; damit nicht, die wir an
den Papisten strafen, daß sie den Layen die Le-
sung der heiligen Schrift wehreten, wir den Vor-
wurff leiden möchten, es müße dieselbe so nöthig
oder nützlich nicht seyn, nachdem wir bey den un-
serigen wenig Sorge anwendeten, daß sie dieselbe zu lesen erlangen möchten (*).   Indessen da
es den guten Leuten noch an solchen heiligen Büchern selbst, dieselbe lesen zu können, mangelt, so
ist aufs wenigste nicht unnützlich, daß sie andere
christliche und die Wahrheit aus der Schrift
vorstellende Bücher haben mögen, daraus sie sich
in ihrem Glauben stärcken, und also ihren Durst
aus reinen Gefässen, damit ihre Lehrer aus der
Qvelle geschöpffet haben, so lange löschen, bis ihnen

(*) Folgende Worte stehen noch in der Schrift, bey der
Predigt, die aber in den Responf. l. c. nicht zu finden: "Massen der Mangel und Abgang der wendischen
Schrifften, sonderlich die mancherley Dialecti, denn
quot parochiæ, tot Dialecti, so viel Kirchfahrten, so
viel Redens-Arten, bey ihnen dem gemeinen Mann,
sonderlich dem armen Gesinde, welches von Jahr zu
Jahr fortzeucht, eine Verwirrung und Ungewißheit in
den Glaubens-Artickeln verursachet, daß sie wohl wenig Sprüche aus der heiligen Schrifft von Wort zu
Wort mögen wissen."

nen auch diese selbs, unmittelbar aus derselben zu
trincken (welches der HErr bald zugeschehen fügen, und diejenigen, welche solches anzuordnen
und zu bewerckstelligen vermögen, Muth und
Trieb dazu geben wolle) geöffnet werde. Daher
sich mein werther Herr Pfarrer um die wendische
Kirche mit dieser Arbeit nicht übel verdienet haben wird. Das andere was mir sonderlich vergnügt ist, daß die Materia von der Taufe vorgetragen worden rc.„

Frau Henrietta Catharina, geb. Freyin
von Friesen, Herrn Nicolai, Freyherrn
von Gersdorffes, Landvoigtes in Oberlausitz,
Frau Gemahlin, hat sonderlich gute Werke
an denen Wenden gethan, die ihr Gedächtniß
unter ihnen erhalten werden, so lange diese Nation stehet: Denn sie ließ auf ihre Kosten die
von Michael Frentzeln übersetzte Epistel St.
Pauli an die Römer und Galater 1693. und
dann das gantze Neue Testament 1706. drucken,
und unter die Wenden in Ober- und Niederlausitz austheilen; ohne was sie sonst denen
armen Wenden vor viele Wohlthaten erwiesen.

Auch sogar ausländische große Herren haben
ein liebreiches Hertz zur Beförderung des Christenthums, gegen unsere Wenden gehabt. Als
Ao. 1704. der vornehme englische Lord, Baron
von Hales, von Wien über Budißin nach Berlin, als königl. englischer Gesandte, gieng, und bey
seinem Daseyn in Budißin, das wendische Volk
aus der Michaeliskirche, nach geendigtem Got-

tesdienste, in ihrer besondern-eigenen Kleidung
und Tracht kommen sahe, fragte er, was das
vor Leute wären? Und als er nachdem berichtet
worden, daß es noch eine Ueberbleibung derer
alten Sorbenwenden sey, so vor 1000 Jahren
dieses Land inne gehabt, ließ er M. Paul Prætorium, den Archi-Diaconum, einen Wenden, zu
sich erbitten, mit welchem er sich von dem Zustande derer Wenden unterredete, und besonders
nach ihrer Seelen- und Christenthumsbeschaf-
fenheit fragte. Worauf er demselben eine in englischer Sprache geschriebene, nachmals aber ins
Deutsche übersetzte Schrift, deren Titul: die
nothwendige Seelensorge, d. i. eines Predigers
Seelensorge an seine Pfarrgenossen, übergab,
mit dem christlichen Ansinnen, selbe in die wendische Sprache zu übersetzen und drucken zu lassen, alsdenn aber unter die Wenden auszuthei-
len, wozu er nicht allein die Unkosten des Druckes vorschoß, sondern auch Prætorium mit einem
Honorario vor die Bemühung der Uebersetzung
begnadigte.

§. 3.

Wie nun viele Vornehme sich um das Heil
derer gesammten Wenden Mühe gaben, so fanden sich auch viele Herrschaften, denen die Beförderung des Guten bey ihren wendischen Unterthanen am Herzen lag. Dahero denn einige
Gemeinden, welche bishero nie eine eigene Kirche gehabt, dergleichen nebst darzu geordneten
Lehrern bekamen. So wurde zu Bluno, welches

ches bishero nach Hoyerswerda in die Kirche
gegangen, auf hohe Verordnung Churfürst Johann Georgii III. zu Sachsen, als damaligen
Innhabers der Standesherrschaft Hoyerswerda, Ao. 1670. eine neue Kirche erbauet, und 1673.
Montags nach dem ersten Adventsonntage, von
M. Samuel Martini mit einer Predigt über
Gen. 27. v. 16 bis zum Ende, eingeweihet, worzu
die sämmtlichen Unkosten Se. Churfl. Durchl.
gnädigst dargaben ; Wie sie denn auch verordneten, daß denen beyden Diaconis zu Hoyerswerda dieselbe zu besorgen, anvertrauet, und das
Dorf Sabrodt eingepfarret wurde.

Aus Filialkirchen machten die Patroni Pa-
rochial- und Mutterkirchen. Solches geschahe
Ao. 1679. zu Nostiz, da Joachim Ernst von Zieg-
ler und Kliphausen, die in Nostiz befindliche
alte Kapelle und Filialkirche, so bishero nach
Kittlitz gehöret, davon separirte, nachdem er sie
ganz neu gebauet, reichlich begabet, und alsdenn
mit einem eigenen Pfarr, davon der erste Heinrich Holzhammer war, besetzte.

Andere wendische Kirchen, so der lange Krieg
verwüstet, und den Gottesdienst aufgehoben,
wurden wieder aus den Ruinen erneuert. So
hat bald nach dem erlangten Frieden, ein Ritt-
meister, Caspar von Junghans, Herr auf Kotitz und Särcka, die ruinirte Kirche zu Kotitz
neu aufgeführet und mit einem ordentlichen
Pfarr besetzet.

Wo

Wo das Einkommen derer Pfarrer sehr
schlecht und geringe war, daß sie davon kaum
leben konnten, haben die Kirchenpatronen daffelbe verbessert, damit sie desto geschicktere, gelehrte
und fleißige Lehrer erlangen könnten. Solches
that Hanß Ernst von Rechenberg, auf Crosta und Baudißin, und sagt von ihm Georg
Eder, Past. Crost. in der Leichenpredigt 1648.
Noch vor 2 Jahren machte er eine Disposition,
darinn er unter andern Verordnungen alle seine
theologische oder geistliche Bücher der Kirchen
allhie (zu Crosta) vermachte, derer ein Pfarrer,
im Mangel nothwendiger Bücher, sich zu gebrauchen haben solle; legirte auch über die vorigen 100 Thaler, die sein Herr Vater, (Rudolph von Rechenberg, auf Crosta. Baudißin,
Soland, Rodewitz Oppach und Preititz, verordnet. noch 200. davon dem Pfarr dieses Orts,
jährlich die Zinse, als 12 Thlr. und also in der
Summa 18 Thlr. aus dem Gute Crosta gereichet werden sollen. — — Ingleichen ließ er ihm
auch sehr angelegen seyn, daß die durch Kriegs-
macht eingegangene Kirche und Pfarrgebäude zu
Kleinbaudißin wieder angerichtet, und der Gottesdienst daselbst in Schwang gebracht werden
möchte, wie er denn darzu einen guten Anfang
gemacht. — Von seiner Pietät zeugen die merk-
würdigen Dicta, die er bey neulichster Renovi-
rung dieser Crostawischen Kirchen an die Kanzel, Porkirchen und Mauren anschreiben lassen.
Er besserte die Pfarrwiedmuth mit etlichen Sche-
feln Aussaat und etlichen Fudern Wiesenwachs

von

von seinen eigenen Aeckern und Wiesen. Zach.
Prätorius, Past. zu Malschwitz, rühmet von
Herrn Heinrich von Metzradt, auf Malschwitz und Dobroschitz, Ober-Amtshauptmann,
der 1662. gestorben, daß er mit theils weltlichen,
theils geistlichen Personen gern converfiret und
disputiret, und zu besserer Sustentation hiesiger
Pfarrer, mit Einwilligung des andern Herrn
Collatoris, des von Nostitz, den Decem in
etwas verbessert. Frau Kunigunda von Re-
chenbergin, geb. von Uchtritzin, auf Kleinbudißin, starb 1658. Von ihr saget Christian
Küffner in der Leichenpredigt: Sie ließ auf ihre
eigene Unkosten eine Glocke gießen, spendirte sonst
zur Kirchen andere nothwendige Sachen, infon-
derheit hat sie die Kirche zu Kleinbudißin bedacht im Testament, und über 400 Rthl. legi-
ret, davon der Pfarr des Ortes allezeit von 200
Capital Zinsen, wie auch die Kirche von 200
Capital Zinsen, zu Besserung, Unterhaltung des
Pfarrers und Erbauung der Kirchen jährlich erlangen soll. Herr Carl Heinrich von Nostitz, that viel bey der Erbauung der Kirche zu
Kleinbaudißin: gab zu derselben nebst andern
kostbaren Kirchengeräthe viele schöne Bücher,
besonders eine alte Bibel in Münchsschrift ante Lutherum &c. womit er den Anfang zur Kir-
chenbibliothek machte. Weil das Pfarrlegat
angegriffen werden müssen, legirte er aufs neue
200 Thlr. zu bessern Unterhalt des Pfarrs, und
setzte es auf das Gut Kleinbautzen. Sein Sohn
Carl Christoph von Nostitz, auf Preititz
und

und Cannewitz, ertheilte vor die Pfarrer zu
Kleinbautzen einen besondern Donationsbrief,
da er die von seinem Vater gegebene 6 Scheffel
Feld auf immer und ewig ohne alle Ausflucht,
zur Pfarrwiedmuth legirte, und solches eigen-
händig in das Kirchenbuch schrieb. Und dergleichen finden sich vielmehr.

§. 4.

Doch nicht allein beförderten die Kirchenpatronen das äußerliche Kirchenwesen, sondern sie
sahen auch mit Ernst darauf, daß der Bau des
Reiches GOttes in der Wenden Seelen geführet
werden möchte. Hierzu rechnen wir die Einführung der heilsamen Catechisation. Dieselbe
war bishero sehr sparsam getrieben worden, dahero denn die Catechismusexamina, einem Theil
der wendischen Lehrer und Zuhörer, die die Vermehrung des Christenthums durch dies Mittel
befördert sahen, lieb und angenehm war: da
hingegen der andere Theil an diesem heilsamen
Werke, einen schändlichen Widerwillen hatte.
Und da sich die Catechismuslehren meist von
dem sel. Spener her schreiben, so mußte er auch von
denen unbekehrten Wenden deswegen leiden,
und sich als verdächtig ausschreyen lassen. Wie
denn diese Miethlinge, diese so höchstnöthige und
nützliche Arbeit, als unnöthig, schädlich und
von übler Folge hielten. Allein die Herren
Stände insgesammt zeigten ihren Ernst, und
schaften, daß es bey Deutschen und Wenden
zu Stande kommen mußte. Nebst dem ordneten

ten sie die Nachmittagspredigten und die Beth-
stunden an, gleichwie sie auch vor bessere Feye-
rung des Sabbaths sorgten. Sie haben dieses
alles zu bewerkstelligen, öfters auf denen Land-
tagen in Deliberation gezogen, besonders am
Landtag Elisabeth 1682. als Se. Churfl. Durchl.
d. d. 25. Nov. deswegen ein allergnädigstes Rescript ergehen liessen. Dannenhero der Oberamtsverwalter Herr Gottlob Ehrenr. von Gerßdorf, d. d. Budißin den 3. Apr. 1683. im Marggrafthum Oberlausitz denen Deutschen und Wenden ein Patent publicirte, und in beyder Kirchen
abzulesen befahl, vermöge dessen ernstlich befohlen wurde, daß 1):nach dem Churfürstl. Befehl,
d. d. Torgau den 26. Mart. an denen Sonn-
und hohen Festtagen alle sonst gewöhnliche Jahr-
Märckte, Kirmsen, Lobetäntze und dergl. aller
Handel und Wandel, Hand- und Acker-Arbeit
abgeschaffet, und auf andere bequeme Tage in
der Woche verleget seyn sollten. 2) Daß unter
denen Predigten die Brandtewein-Schenk-und
Bierhäuser zu besuchen verbothen wurden; auch
am Sonn- und hohen Festtagen keine Fresserey
oder übermäßige Gasterey, keine Kirmsen, Lobe-
Täntze, Hochzeit oder Tauff-Essen, Gerichts-
oder andere Gedings-Tage, keine Kramerey vor
den Kirch-Thüren, und sonst keine Comödien,
oder andere unzuläßige Spiele, ferner keinesswe-
ges zugestatten: auch weder vor, noch unter denen Predigten und Sonntäglichen Beth-Stun-
den und Catechismus-Examinibus, einige Gäste
gesetzet, und Sauff- und Schwelgerey in denen

Brandt-

Brandtwein-Bier- und Schenck-Häusern oder
Kretzschmarn, vielweniger andere Uippigkeiten mit
Spiel-Leuten, Tantzen, Jauchtzen und Schreyen,
oder dergleichen ärgerlichen Bezeigungen getrieben werden, sondern sich 3) alle und jede eines
ehrbaren, sittsamen, stillen, eingezogenen, christlichen Lebens und Wandels befleißigen, den Gottesdienst eifrig besuchen, die Predigten göttlichen Wortes mit hertzlicher Andacht hören, um
Abwendung aller wohlverdienten Stkaffen und
Plagen den höchsten GOtt inbrünstig anruffen,
und sich hieran nichts zeitliches, noch vergängli-
ches irren oder davon abhalten lassen, auch sonsten was zu GOttes heiligen Ehren und deren
Ausbreitung dienet, treulich befördern sollten, damit also die Entheiligung des Sabbaths- oder
Sonntags gäntzlich vermieden, und dem Willen
GOttes christschuldigst nachgelebet werden möge. Gestalt dann auch zu solchem Ende, und
wann an einem oder andern Orte in hiesigem
Marggrafthum, an denen Sonn- oder hohen
Festtagen keine Vesper-Predigten gehalten würden, in denen Kirchen dennoch gewisse Beth-
Stunden, und darbey ein Catechismus-Examen,
welches sonsten, wenn gleich Vesper-Predigten
sind, dennoch das gantze Jahr über zu halten,
angeordnet und unfehlbar gehalten werden sollte,
damit die Jugend und andere einfältige Leute in
ihrem Christenthum fleißig unterwiesen, und darinne je mehr und mehr erbauet werden möchten 2c. —

Dieses

Dieſes vortrefliche Patent wurde Ao. 1702.
den 2. Nov. auf Inſtanz derer Herren Stände
in Oberlauſitz durch den Oberamtshauptmann,
Herrn Caſpar Chriſtoph von Noſtitz, mit einigem Zuſatz renoviret, als nämlich: wegen der
gewöhnlichen monatlichen Bußpredigten, Frey-
tags, bey welchen die Geiſtlichen denen Gemeinen die gefährlichen Läufte und einbrechende
Strafen GOttes vorzuſtellen, und ſie zu wahrer
Buße, einem beſſern Leben und Wandel an-
und von Sünden und Bosheiten abzumahnen,
auch nach denen Predigten, die bey denen allgemeinen Bußtagen ſonſt gewöhnliche Bußgebete
abzuleſen hätten, fleißig und unausſetzlich fortzuſetzen: inſonderheit das ruchloſe Fluchen, Schwe-
ren und Gotteslästern, auch lüderliche Spielen,
nachdrücklich verboten, und mit ernſter Strafe
zu verfahren ꝛc. Ein mehrers ſiehe in Corp. Jur.
Luſ. p. 303. und 306.

§. 5.

Die Schulen unter denen Wenden hatten
bisher ein Jahrhundert durch in den ſchlechteſten
Umſtänden geſtanden. Deren Geſtalt war keine andere, als daß die Kinder in denſelben zuſammen kamen, und der Schulmeiſter denenſelben den Catechismum in wendiſcher Sprache,
der nach des Dorfes Dialect und Ausſprache
aus dem Deutſchen überſetzet, oder auch Fragſtücke, ingleichen Gebete, Lieder u. dergl. ſo lange vorbetete, und ſolches ſich von der Jugend
nachſagen ließ, bis ſie es auswendig herſagen
konn-

konnten. Verstund der Schulmeister etwas
mehr, so that er einige Fragen zur Erläuterung,
wiewohl solches was rares war. Wendisch Lesen und Schreiben hatte darinnen keinen Platz,
weil man keine gedruckte Bücher in wendischer
Sprache hatte, gleichwie auch keine geschriebene, weil bis in diese Zeitperiode keine gewisse wendische Schreibart derer Wörter gesetzet war. Denn nach der Reformation hat ein
jeder unter den Wenden, seiner eigenen und besondern Art nach, so gut es ihm gedünket, daß
man es werde lesen können, wendisch geschrieben,
wie die alten geschriebenen Gesangbücher in denen Kirchen, ingleichen des Wencesl. Warichii
wendischer Catechismus, und Georg Martini
sieben Bußpsalmen zeigen. Schrieben die Wendischen, oder andere, die schreiben konnten, etwas wendisch, so brauchte einer die deutschen, der
andere die lateinischen Buchstaben. Einige richteten sich nach der pohlnischen, andere nach der
böhmischen Schreibart. Etliche bedienten sich
der Punkte über den Buchstaben, wiederum andere nicht. Ueberdieses war der Dialect so sehr
unterschieden, so, daß man nicht eine Meile gehen durfte, so sprach man schon die Worte anders aus. Bey solcher Bewandniß schien es
nun fast eine unüberwindliche Hinderniß zu seyn,
die wendische Lese- und Schreibekunst in denen
Schulen einzuführen, und denen Schülern davon Lectiones zu geben.

Allein nach dem westphälischen Frieden, da
hie und da unter denen Wenden sich redliche Lehrer

rer fanden, erkannten diefe gar wohl, wie höchſt-
nöthig die Erlernung des Lefens ſey; und dann,
daß man Lehr- und zur gemeinen Erbauung dien-
liche Bücher ſchriebe, und ſelbe denen Wenden
zum Gebrauch gäbe.   Es wurden dergleichen
geſinnte Lehrer mit dem Beyfall kluger und verſtändiger Herrſchaften unterſtützet.   Dies nun
ins Werk zurichten, ſo war das erſte, daß man
ein wendiſches A B C - Buch fertigte und drucken ließ, damit in demſelben die Jugend ange-
wieſen würde, die Buchſtaben kennen, zuſammen zuſetzen, ausſprechen und leſen zu lernen.
Es erſchien ſolches in Octav Format Ao. 1670.
und hat ſich der Autor nicht genannt, es iſt aber
wohl kein anderer, als Michael Frentzel, Pfarrer
zu Poſtwitz.   Denn dieſer ließ in dieſem Jahre
die von ihm überſetzten zwey Evangeliſten, Matthäum und Marcum, in 4to drucken.   Dieſes Buch wurde als ein Leſebuch in den Schulen gebrauchet, von denenjenigen wendiſchen Kindern, welche mit dem A B C den Anfang gemacht.   Dieſes gute Werk, wendiſch leſen und
auch ſchreiben zu lernen, beförderte Zacharias
Bierling mit ſeiner 1689. zu Budißin in 8vo in
Druck gegebenen Didaſcalia Vandalica, d. i.
Wendiſche Schreib- und Leſelehre auf das bu-
dißiniſche Idioma oder Dialectum gerichtet, oder
wie man die Buchſtaben in hochwendiſcher Sprache erkennen, ſchreiben und ausſprechen ſoll.
Dieſer führte die deutſche Schreibart ein, dem
hernach die meiſten Wenden hierinnen nachgefolget.

Hätte

Hatte man nun vorhero meiſtentheils ſchlechte Leute, welche nur den Catechiſmum dem Buchſtaben nach, wendiſch gefaſſet, und in der Kirche ſingen, und an denen Orten, wo Orgeln waren, dieſelben ſpielen konnten, zu Schulmeiſtern geſetzet, ſo ſahen ſich nunmehro die Patroni nach ſolchen um, welche etwas mehr verſtunden, und beſonders die Gabe hatten, denen wendiſchen Kindern das Leſen, Schreiben und den Catechiſmum mit Verſtande beyzubringen. Und auf ſolche Weiſe bekamen die Schulen der Wenden eine andere Geſtalt, als ſie zuvor gehabt, welche, nach der Beſchaffenheit der Kirchenpatronen und derer Pfarrer eines Ortes, immer von Zeit zu Zeit in beſſern Stand geſetzet worden ſind.

Die Wenden ſchickten nunmehro ihre Kinder fleißiger, und längere Zeit, als ſonſt, in die Schule, weil ſie ihre Mutterſprache leſen und ſchreiben zu lernen, Gelegenheit fanden. Denn wer vorher die Leſe- und Schreibekunſt begreifen wollte, konnte ſolche nicht anders, als in deutſcher Sprache erlernen. Man muß hier ſich vorſtellen, daß ein Wende, über denen Sachen, ſo ſeiner Nation von dem Urſprung oder älteſten Zeiten her, eigen und natürlich iſt, als z. E. ſeine wendiſche Sprache, Tracht und Kleidung, und dergl. überaus ſtark, eifrig und beſtändig hält, dieſelben ehret und hochachtet. Dannenhero, da die Wenden nun Gelegenheit hatten, wendiſch leſen und ſchreiben zu lernen, ſo bezeigten ſie ſich dazu geneigt und emſig.

Man

Man hatte sowohl in denen vorigen Zeiten,
als auch nach dem westphälischen Frieden, darauf gedacht, daß die wendische Sprache in Oberlausitz gar aufhören, hingegen die Wenden die
deutsche Sprache reden, lernen und gebrauchen
sollten.   Viele Herrschaften thaten es darum,
weil die wenigsten der wendischen Sprache kundig waren, und also mit ihren Unterthanen nicht
selbst, sondern durch einen Dolmetscher reden
mußten.   Verschiedene Prediger wollten auch
gern der Last entlediget werden, nicht zweymal,
nämlich deutsch und wendisch zu predigen. Manche konnten auch nicht viel Wendisch.   Denn
wenn sie auch geborne Wenden waren, so hatten
sie doch auf den deutschen Schulen und Akademien nicht die Uebung der wendischen Sprache,
dahero wenn sie ins Amt kamen, fiel es ihnen
schwer.   Ueber dieses waren auch eher deutsche,
als wendische Subjecta vorhanden, die unter
denen Wenden vacant gewordene Pfarrstellen zu
besetzen.   Und aus jetzt angeführten Ursachen ist
es denn auch an verschiedenen Orten, sonderlich
an denen, die mit den deutschen grenzen, als in
der königsbrücker, pußnitzer, rühländer rc. Herrschaft, wirklich dahin gekommen, daß der Gottesdienst und die Schularbeit nicht mehr in wendischer, sondern allein in deutscher Sprache, mit
Unterlassung und Ausrottung der wendischen
Sprache, ist verrichtet worden, und noch verrichtet
wird, welches denen Wenden schwer eingegangen.

Wenn denn nun die Wenden sahen, daß man
in diesem Zeitlaufe ihre Sprache würdigte, in
dersel-

derselben Schriften zu fertigen und drucken zu
lassen, so sahen sie solches als einen Beweis an,
daß man ihre Sprache, mithin sie auch selbst
achte, und ihnen solche nicht nehmen, sondern
vielmehr erhalten wolle. Dahero sie denn nun
auch sich um desto bereiter finden liessen, lesen und
zum Theil schreiben zu lernen; welches zu Beförderung einer mehrern Erkänntniß im Christenthum ein vieles beygetragen.

§. 6.

Der Zustand und die Beschaffenheit derer
Lehrer und Prediger unter denen Wenden in diesem Periodo, ist, wie allezeit und allenthalben
unterschiedlich. Man findet Gelehrte, Fleißige,
Treue und Fromme: Es giebt aber auch Ignoranten, Träge, Miedlinge und Böse. Von
letzterer Art hat man leyder Exempel, deren Art
und Bezeigen im Amt und Leben so beschaffen
gewesen, daß sie ferner im Pfarrdienst nicht haben können gelitten, sondern removiret werden
müssen: davon betrübte Exempel sind Paul Lehmann, 1668. Caspar Dulichius zu Camenz, der
den 8. Jul. 1655. gar decolliret wurde, Jeremias
Cubäus zu Uhyst, Peter Schmoler, welcher seine Pfarrt zu Kotitz verließ, und zu denen Papisten übertrat.

Doch wir lassen diese fahren, und gedenken
vielmehr mit Vergnügen an diejenigen, welche
ihr Amt treulich ausgerichtet. Unter selbigen
verdienet billig vorzüglich angeführet zu werden:

Mi-

Michael Frentzel, welcher zu Pietschwitz in Meiſſen gebohren, von 1651. bis 1662. Pfarr zu Koſel, und dann bis 1706. Pfarr in Poſtwitz geweſen, woſelbſt er den 27. Jun. ſeines Alters 78.
und ſeines Amtes unter den Wenden 55 Jahr,
geſtorben. Ein Mann, der eine feine philologi-
ſche und theoloaiſche Wiſſenſchaft und Gelehr-
ſamkeit gehabt; der eine ungemeine Liebe in Abſicht derer Seelen gegen ſeine wendiſche Landes-
leute getragen, und der in ſeinem Amte erſtau-
nend arbeitſam geweſen. Er iſt der erſte, der
denen oberlauſitziſchen Wenden durch Ueberſetzung bibliſcher Bücher, GOttes Wort in ihrer
Mundart zu leſen gegeben, ja die Koſten zu An-
ſchaffung derer wendiſchen Littern, im Druck zu
gebrauchen, vorgeſchoſſen. Er hat Schrriften
theils überſetzet, theils ſelbſt verfertiget, und gedruckt denen Wenden zum chriſtlichen Gebrauch
in die Hände geliefert, als Ao. 1671. die Evangeliſten Matthäum und Marcum in 4. Ao. 1687.
eine Predigt von der Taufe, nebſt der Beichte,
Kirchengebeth, der Litaney und etlichen Geſängen, 4. Ao. 1693. die Epiſtel an die Römer und
Galater, 4. Er war ein Mitgehülf an der wendiſchen Ueberſetzung der Pſalmen 1703. 8. Noch
in ſeinem Sterbensjahre hatte er die Freude,
das von ihm überſetzte ganze Neue Teſtament,
ſeinen lieben Wenden im Druck zu überreichen.
Der ſel. Spener giebet ihm bey der ihm über-
ſchickten Taufpredigt das Zeugniß l. c. p. 295.
"Wenn er nun, wie ich zu demſelben das brü-
derliche Vertrauen trage, mein werther Freund,

T 4   ſolche

solche Taufmaterie auf dergleichen Maaß, und
zu solchen Zweck ausgeführet hat, so wüßte nicht,
ob in etwas dieser Art, derselbe seinen Wenden
einen angenehmern Dienst hätte leisten mögen,
indem sie darauf ihr ganzes Christenthum grün-
den können.'' Wieviel er in seinem Amte bey
denen Wenden ausgerichtet, kan man daraus
erkennen, weil ihn die wendische Nation insgemein: Tych ßerbow wjery pschisporer, den
wendischen Glaubensmehrer genannt.

Andere wendische Prediger wurden durch ihn
aufgemuntert, gleichen Ernst und Fleiß in ihrem
anvertrauten Pfarramte zu beweisen. Ja einige
hielten sich zusammen, und pflegten sich von nutz-
barer Führung ihres Amtes bey denen Zuhörern,
zu besprechen. Aus diesem ist hernachmals vor
1660. die Fraternität unter denen Wendenpfar-
rern in dem evangelischen Bezirk des Marggrafthums Oberlausitz entstanden, welche bis in den
Anfang dieses 18ten Jahrhunderts, unverrückt
gedauert. Die ersten Mitglieder davon, waren
obbelobter Frentzel, Johann Martini, Johann
Sinapius, beyde in Budißin, Christian Lehmann in Löbau, Johann Rothe in Camenz,
Georg Schertz in Daubitz, Martin Subcasius
in Gottau, Matthäus Lehmann in Hoyerswerda, Christian Küffner in Hochkirche, Ernst
Büttner in Kreba, Matthäus Büttner zu Loh-
sa, Daniel Prätorius zu Neschwitz, Caspar
Prätorius zu Malschwitz, M. Johann Eichorius
zu Oßling, Zacharias Bierling zu Purschwitz,
u. a. m. Wenn sie zusammen kamen, so meistens

stens in Budißin geschahe, unterredeten sie sich
von dem, was in ihrem Amte besonders vorgefallen. Sie trugen vor, was ihnen bey Handlung der Taufe, Beichte, Abendmahl, Trauungen und Begräbnissen besonders begegnet, und
eröffnete dabey ein jeder seine Gedanken, und die,
eine Zeit im Amte gestandene Prediger, redeten
aus Erfahrung. Anbey legten sie allerley theologische und philologische, sonderlich die wendische Sprache angehende Themata und Fragen
vor, und ein jeder antwortete nach seiner Erkänntniß und Einsicht. Die vorfallenden Zweifel und Bedenklichkeiten wurden erörtert, deutlich und gewiß gemacht. Sie ermunterten einander zum Gebeth, sowohl vor die ganze Christenheit, als besonders vor ihre wendische Gemeinden und sich. Sie erinnerten einander in
Liebe ihrer Fehler: vertheidigten einer den andern
gegen die boßhaftigen Verleumdungen, verbunden sich in Glück und Unglück bey einander zu
halten, und wenn ein oder der andere verstürbe,
sich der hinterlassenen Wittwen und Waysen
treulich anzunehmen. Dieses hat denn einen
ungemeinen großen Seegen unter denen Wenden nach sich gezogen und geschaffet; ja einige
redliche Lehrer unter denen Deutschen, liessen sich
diese Fraternität zur Nachfolge dienen, daß sie
1660. auch unter ihnen dergleichen Conventum
Charitativum aufrichteten.

Die redlichen wendischen Prediger bewiesen
ihre Treue, Ernst, Fleiß und Liebe, in Trei-
bung der Catechismuslehre, welche einige vorher
T 5 schon

schon als eine nützliche Arbeit beobachtet, als in
Senftenberg 1662. ehe 1689. durchgehends in
allen wendischen Gemeinen, sowohl als in den
Deutschen, die öffentliche Catechisation eingeführet ward. Sie machten denen ihrigen mehrere
und theils neue, geistreiche und erbauliche Lieder,
sowohl zur öffentlichen, als Hausandacht bekannt. Nebst diesen gaben sie verschiedene Bücher in wendischer Sprache in den Druck, welche dienten zur Unterrichtung in Glaubenslehren
und Lebenspflichten, als den Catechismum ohne
und mit der Auslegung: Gebeth- und Gesangbücher u. dergl. davon unten umständlicher Bericht ertheilet werden wird.

Die Herren Studiosi auf Universitäten,
machten Anstalt, künftighin denen Wenden in
ihren künftigen Aemtern nützlich zu werden. In
solcher Absicht haben Ao. 1716. M. Johann Gottlieb Ast, letztens Oberprediger bey der wendischen Kirche zu Budißin, und M. Adam Zacharias Schirach, der 1758. als Past. zu Malschwitz verstorben, das wendische Predigercollegium
in Leipzig aufgerichtet, da die daselbst Theolo-
giam studirende Wenden in der Paulinerkirche
wöchentlich einmal predigen.

§. 7.

In dem langen Kriege war unter denen Wenden, sonderlich auf denen Dörfern, vieles im
Hauswesen verwüstet, und in Kirchen- und Po-
liceysachen in große Unordnung gerathen, also,

daß

daß auch in diesem Zeitraum das Leben derer
Wenden annoch mit vielen Untugenden beste-
cket war. Dannenhero waren die Herren Stände darauf bedacht, daß das im Kriege eingerif-
sene wilde wüste Wesen auf dem Lande unter
denen Wenden abgestellet werden möchte. Zu
dem Ende sie am Landtag Elisabeth 1651. unter
andern Landtagsschlüssen, puncto XIV. dieses setzten: "Nachdem das wendische Bauervolk bey
vorgehenden Kriegs-Wesen ziemlich insolent worden, und sich fast keiner, zumal aber die jüngsten
starcke Bauer-Knechte, wo nicht mit Degen,
doch mit starcken und Bley eingegossenen Prü-
geln in Bierhäusern und Kretschmen finden lassen, und dadurch viel Unglück, ja Mord und
Todtschlag öffters causiret und verursachet worden, daß keiner hinfüro mit dergleichen Gewehr,
beydes in Städten und auf den Dörffern, in denen Bierhäusern und Kretzschmen sich finden lassen solle, bey Vermeidung 2 Schock Straffe, welche er jedesmal, so offt er wieder das Verboth
sündiget, auch do einer oder der andere mit Büch-
sen, oder andern gefährlichen Gewehren betreten
würde, alle diese Straffen gedoppelt zu erlegen
schuldig seyn soll. Denen Wirthen aber solle
hiebey bey Straffe 5 ß. anbefohlen werden, daß
sie alsbald dergleichen Delinquenten auf frischer
That zu gefänglicher Hafft bringen, und ehe
nicht ledig lassen sollten, bis die Straffe von denenselben jedes Ortes Obrigkeit bezahlet und ent-
richtet worden. Da aber ein und der andere
Delinquent zu gefänglicher Hafft nicht gebracht
werden

werden könnte, so solle dessen Obrigkeit schuldig
seyn, denselben ad locum delicti zu gebührender
Straffe zu remittiren.„ Diesen Landtagsschluß
ließ der Herr Landvoigt durch öffentliche Paten-
te ins Land publiciren, mit der Verordnung, daß
solcher in deutscher und wendischer Sprache von
allen Canzeln abgelesen würde.

Ingleichen wurde in beyden Sprachen des
Herrn Landvoigts C. N. von Calenberg Amts-
patent d. d. Budißin den 31. Mart. 1651. von den
Kanzeln abgelesen, wegen hochschädlicher Verachtung GOttes und seines Wortes, schändli-
cher Pracht, Wucher, gefaßten neidhaften Zorn,
Mißgunst, Falschheit und Betrug, auch anderer Laster, insonderheit aber wegen des Fluchens
und Schwörens, vornehmlich bey den jungen
Leuten. — — Dannenhero vor allen Kirchhöfen auffn Lande, und wo nicht Kirchen wären,
vor den Höfen der Kretschmar, oder auf den
Dorff-Auen, Säulen aufgerichtet, und die Lä-
sterer, Schwörer, Flucher auf die Sonn- oder
Festtage, so lange das Amt währet, vor den
Kirchhöfen, oder wo nicht Kirchhöfe, eine Stunde oder zwo vor den Höfen der Kretschmar, oder
auf den Dorff-Auen, an dieselben gestelt, und
also andern zum Abscheu damit verhöhnt und ge-
straft: Wer sich aber damit nicht bessern wollte,
— — am Leib oder Gut noch weiter gestrafft
werden sollte. Corp. Jur. Lusat. p. 309. Wie
denn dieses Patent d. d. den 3. Oct. 1652. umständlicher und geschärfter wiederholet ward.
Und auf dem Landtage Elisabeth wurde Propos.
XXXV.

XXXV. in specie dieser Schluß gemachet: "Nachdem große Beschwere eingelauffen, daß diejenigen wendischen Bauer-Leute, so lange Haare
trügen, die andern, so dergleichen Haare nicht
hätten, neben sich verachteten, und dahero viel-
mahls große Schlägereyen causiret und verur-
sacht würden, und andern daraus kommenden
Ubel in Zeiten zubegegnen, sollen alle und jede
Bauern, sie wären gleich Wirthe oder Knechte
bey willkührlicher Straffe, so eines jeden Ortes
Herrschaft heimfielen, keine andere Haare, als
die gewöhnliche Bauer-Kolben zutragen, gäntzlich verboten: denen Herrschaften aber, daß sie
darüber halten möchten, anbefohlen werden.

Auf dem Landtage Bartholomäi 1654. war
die 1ste Proposition und Schluß derer Herren
Stände: "Denen wendischen Bauer-Leuten
und Knechten, damit ihre überhandnehmende
Hoffarth gestillet werden möchte, zu verbieten,
die kostbaren Bänder und Federn um die Hüt-
te, wie auch die Stiefeln mit Absätzen, und die
verbramten Stolpen zu tragen; item: Daß den
wendischen Mägden die theuren Bänder um die
Köpffe, wie auch Halsbänder von Corallen zu
tragen, verboten seyn sollten." Dieses wurde
1679. wiederholet, über deßen Beobachtung sonderlich E. E. Rath in Budißin hielt, und melden die Annal. Budiss. "Den 2. Jun. sind 4
Raths-Herren und der Gerichts-Notarius nebst
allen Dienern bey der Fischer Pforten gesessen.
Als nun die wendischen Bauern aus der wendischen Kirche S. Michaels gegangen, sind die,
welche

welche gröſe Stiefeln von Jochten Leder anhat-
ten, aufgezeichnet und darnach beſtraffet worden,
weil ihnen das Patent ohnlängſt von der Can-
tzel verleſen war, und ſie zum Theil nicht gehorchen wollten."

Ferner wurde auf klagende Vorſtellung derer Geiſtlichen und andern frommen gottlieben-
den Hertzen, bey den Herren Ständen, ein O-
beramtspatent d. d. Budißin den 6. Jul. 1677.
publicirt: "In welchem alle nächtliche Zuſam-
menkünfte der Knechte und Mägde, inſonderheit
in Spinn- und Rocken-Stuben bey 50 Thaler
Straffe verboten worden." Und dergleichen
ſind mehr in das Land ergangen, um das ruchloſe Weſen und die fleiſchlich geſinnten Lüſte
nicht überhand nehmen zu laſſen, ſondern demſelben zu ſteuren.

§. 8.

Durch dieſe heilſame Verordnungen iſt das
freche und wüſte und das Wachsthum des Guten hindernde Weſen abgeſchaffet, und den Tugenden hingegen der Weg gebähnet worden.
Dahero denn die dieſem Volke gegen Fremde
gewöhnliche Unart und Moroſität ſehr abge-
nommen, zumal da die Herrſchaften darauf gegangen, daß ihrer wendiſchen Unterthanen Kinder eine Zeit bey denen Deutſchen dienen müſſen, um ſowohl letzterer Sprache zu erlernen,
als auch ihre Sitten anzunehmen. Beſonders
haben die Wenden mehrere Aufrichtigkeit gegen
die

die Deutſchen bezeuget, nachdem man ihre Kinder
gewürdiget, daß ſie in bezünftete Handwerker
aufgenommen worden ſind, von welchen ſie vorher ausgeſchloſſen waren.   Der ihnen von ihren heidniſchen Vorfahren anhangende Aberglaube iſt durch mehrern Unterricht derer Herren Geiſtlichen von dem wahren Chriſtenthum
bey den meiſten ausgerottet worden.   Derſelben Kinder gehen mit Luſt in die Schulen, und
lernen in denenſelben leſen und ſchreiben, und
zwar vielmal beydes in wendiſcher und deutſcher
Sprache zugleich, dadurch ſie in manches gutes
Buch, ſonderlich in die Heil. Schrift geführet
worden, ſo ihren Verſtand und Willen gebeſſert.   Es haben die Wenden auch ihre Kinder
in dieſem Zeitlauf zum Studiren mehr als zuvor
gehalten, und hat man aus ihrer Nation in allen Facultäten gelehrte Leute, die unter ihnen,
als auch in andern Landen in vornehmen Aemtern geſtanden.   Es gibet ihnen deswegen Hr.
Johann Schneider, Paſt. Prim. in Budißin,
in der Vorrede zu Chriſtoph Schlenkers kleinen
Himmelswege, 1722. dieſes Zeugniß: Weil auch
dieſes Volk nicht geringen Eifer vor ſeine Seligkeit bezeuget, ſo hat es GOtt auch ihnen nicht
dabey an Mitteln, darzu zu gelangen, nicht wollen fehlen laſſen, und däher aus ihren Kindern
ſelbſt einige, und deren nunmehro viele, zu den
Studien, und folglich zu ſeinem Dienſte in die
Kirche gezogen, und es nicht gnug ſeyn laſſen,
daß ihnen das Evangelium ordentlich und in ihrer Sprache geprediget wird, ſondern hat auch
durch

durch seinen guten Geist dieselben so weit getrieben, daß die wendische Sprache so weit excolirt,
daß sie geschrieben und gedruckt, mithin auch
Bücher in derselben gedruckt werden können.

Es wäre ein leichtes, viele rechtschaffene
Christen aus der Wenden Geschlecht darzustel-
len, welches aber zu weitläuftig fallen dörfte.
Doch eines will ich anführen, welches Sal.
Gottlob Frentzel in seiner Hoyerswerd. Chronika p. 195. von Bluno anführet: Im Jahr
1728. den 14. Sept. früh um 2 Uhr schlug das
Wetter in des eines Richters Scheune, brannte
auch nebst des Nachbars Scheune ab, und
weil wegen trockener Zeit wenig Wasser in denen Brunnen war, mit welchem das Volk das
Feuer hätte löschen können, das Feuer aber
gleichwohl über das ganze Dorf flog, und also
große Gefahr vorhanden war, so trat der
Schulmeister auf, rufte die Leute zusammen
und ihnen zu: Weil wir hier nichts machen
können, so kommet alle her, wir wollen auf unsere Knie niederfallen und ein Vater Unser beten, GOtt wird uns helfen. Als solches geschahe, wandte GOtt alsbald den Wind von
dem Dorfe weg, daß alle Flamme des Feuers
auf die Huttung zugieng, und GOtt augen-
scheinlich zeigete, daß er ihr Gebet erhöret.

Das

Das sechste Capitel.

Von dem Zuſtand der evangeliſchen Religion unter denen Wenden in Oberlauſitz von Ao. 1725.

§. 1.

Wir haben in dem vorhergehenden Capitel geſehen, wie nach dem weſtphäliſchen Frieden, bey denen oberlauſitziſchen Wenden, durch
chriſtliche Anſtalten derer Herren Stände und
Herrſchaften, und durch den Dienſt treuer Knechte
GOttes, das Reich der Finſterniß, ſo in Unwiſſenheit geiſtlicher Sachen, Aber- und Unglau-
ben auch Bosheit beſtehet, einen gewaltigen
Stoß bekommen, hingegen das Reich Chriſti
ſich hie und da herrlich dargeſtellet und vermehret worden. Und auf gleiche Weiſe haben die
Herren Stände und Pfarrer ſich in dieſem Periodo eifrigſt bemühet, das angefangene gute
Werk fortzuſetzen. Und da, wie gewöhnlich, der
Feind durch ſeine Gehülfen dem Reiche Chriſti
mit Gewalt und Liſt, ſonderlich mit Verläum-
den und Läſtern wiederſtehet, und die Vermehrung deſſelben zu hindern ſuchet, ſo gieng es auch
bey denen Wenden. Denn da fanden ſich Leute,
welche die ſchöne chriſtliche Geſtalt vor was
neues ausſchrieen, und diejenigen mit allerhand
verdächtigen Namen zu belegen ſuchten. Allein
GOtt wußte dieſe Hinderniſſe durch heilſame
Verordnungen aus dem Wege zu räumen. Ich

U   will

will unter verſchiedenen nur dasjenige Oberamts-
patent d. d. Budißin den 5. F br. 1731. anführen,
in welchem, vermöge des d. d. 21. Jan. e. a. eingelaufenen königlichen Reſcripts, denen Verhin-
derern des Guten ein Zaum angeleget ward.
Denn darinnen wird angedeutet: "den zeithero
allzuweit extendirten, und nach eines jeden eigenen Willen oder Paſſion ganz unbeſchränckt an-
gemaßten Gebrauch derer zwey ſectiriſchen und
gehäßigen Worte, Pietiſten und Pietismus ab-
zuſtellen, da aus dieſen verhaßten Namen die
Evangeliſche Kirche gar wenig gutes und gedey-
liches, vielmehr der ſchädlich befundene und immer weiter um ſich greiffende Mißbrauch entſte-
het, daß zum öfftern redliche unbeſcholtene Leute
und Lehrer, ohngeachtet ſie ſich zu denen ihnen
beygemeſſenen Irrthümern am allerwenigſten
bekannt, oder deren überführet geweſen, dennoch,
ſowohl inn- als auſerhalb Landes gröblich beſchmitzet und verdächtig gemachet, hiedurch Ver-
bitterung und allerhand Mißtrauen in denen Ge-
müthern derer Lehrer und Zuhörer, welches unter ſich und gegen andere an Theils Orten gar zu
vielerley ungezähmten Frevel, zu Zanck, Auflauff,
und andern beſchwerlichen und den Ruheſtand
des gemeinen Weſens turbirenden Folgerungen
mehr ausgebrochen, veranlaßt, erweckt und fortgepflanzet hat, dabey vielen mit unterlauffenden
Affecten und unzuläßigen Neben-Abſichten mehr-
mahlen indulgiret, und auch dasjenige, was noch
das Anſehen eines ſtillen, eingezogenen, frommen und unanſtößigen Wandels vor ſich hat,

ſofort

sofort ohne Ziel und Maaße nach eigener Will⸗
kühr verschrieben, verkehret und vertilget worden,
also hiedurch es fast das Ansehen gewinnen wol⸗
len, daß in der Augspurgischen Confeßion selbst
was enthalten, was dem thätigen Christenthum
entgegen sey, ferner nicht geduldet, sondern ernst⸗
lich verboten seyn solle.,, Diese Verordnung
war nöthig, und denen Wenden höchst erprieß⸗
lich. Denn zu der Zeit waren viele Wenden
von treuen Lehrern aus ihrer sündlichen Sicher⸗
heit erwecket, und durch göttliche Gnade zur wah⸗
ren Buße und Bekehrung gebracht worden. Die
Heuchler, langgewohnte Sünder und Miethlin⸗
ge lästerten, verspotteten und hielten diese als Irr⸗
gläubige, und legten ihnen obgedachte Namen
bey, dadurch denn mancher einfältiger Wende
in der Bekehrung und dem Lauf des Christen⸗
thums auf⸗ ja wohl gar abgehalten wurde. Und
nachdem dergleichen Unfug unterbleiben mußte,
hatten die Wenden also nähere Gelegenheit, sich
von Herzen zu GOtt zu bekehren.

§. 2.

So erweckte der treue GOtt immerzu hohe
Beförderer, die alles mögliche thaten, daß das
Christenthum unter denen Wenden immer ver⸗
herrlichter würde. Wie sich die Herren Stän⸗
de bemühet, denen Wenden die heilige Schrift,
und andere erbauliche Bücher zu verschaffen,
werden wir unten hören. Der theuren Frau
Landvoigtin Henrietten Catharinen von
Gersdorffin, geb. Freyin von Friesen, müs⸗

sen wir nochmals gedenken, weil sie ihre sorgsa-
me Liebe in Beförderung des Christenthums unter den Wenden bis an ihr Ende 1726. thätig
erwiesen. Der wir billig beysetzen, Herrn Friedrich Caspar, Reichsgrafen von Gersdorf, Oberamtshauptmann des Marggrafthums Oberlausitz. Es wird dieser Herr in der
Gedächtnisschrift des Herrn Past Johann Gottfried Kühnes, in Klüx, nach dem Leben und der
Wahrheit abgebildet, und verdienet gelesen zu
werden. Das wenige was wir aus derselben
hier anführen werden, wird seinen geheiligten
Sinn und Herz gegen das Wendenvolk entdecken. "Seine Seele, heißt es, hatte die Menschen, welche von der Kraft des Evangelii am
Herzen was erfahren, und den Sohn GOttes
mit seiner Erlösung im Glauben verehrten, herzlich lieb, und unterredete sich sehr gern von den
Wegen GOttes und seines Reiches, auch des
gemeinschaftlichen Gutes in Christo, mit ihnen,
und suchte desselben immermehr theilhaftig zu
werden. Recht väterlich sorgte er vor seine wendische Unterthanen und die Armen. Er lieferte
ihnen das Wort GOttes in die Hände. Er legte viel freye Schulen auf seinen Güthern zum
Behuf derer Armen und ihrer Kinder Unterricht
an. Er war jederzeit von Herzen bekümmert, die
Kirche Christi, soviel als er konnte, mit redlichen
Männern und treuen Arbeitern zu besorgen.
Fragte bey aller Gelegenheit recht fleißig, wie sie
ihr Amt führten und vor die Seelen Sorge trügen?" Wobey wir anmerken, daß seine vielen

Dörfer

Dörfer fast alle mit wendischen Einwohnern besetzt gewesen.

§. 3.

Da auch an verschiedenen wendischen Orten
die Kirchgemeinden sich sehr stark mit Kirchkindern vermehret, also, daß es einem Lehrer zu
schwer, wo nicht gar unmöglich fallen wollte,
dieselben gebührend und gewissenhaft nach den
Seelenumständen zu besorgen, so haben die Kir-
chenpatroni, wo sie es also befunden, auf Mittel und Wege gedacht, noch einen Lehrer, Prediger, oder Catecheten denen daselbst befindlichen
Pfarrern beyzusetzen.   Dies geschahe Ao. 1728.
bey der großen Kirchgemeinde zu Neschwitz, welche an George Kaltschmieden den ersten Diaco-
num erhielt.   Gleichwie bereits vorhero Herr
Christoph Friedrich von Gersdorf, auf
**Kaupa, Klüx, Rattwitz, Bolberitz, Salga,
Döbschke** ꝛc. Königl. Pohln. und Churfürstl.
Sächs. Cammerherr, Vice-Oberhofrichter zu
Leipzig, Hof- und Justitien- auch Appellations-
rath, und gevollmächtigter Abgesandter bey der
Reichsversammlung in Regenspurg, dergleichen
schon 1709. bey dem weitläuftigen Kirchspiel zu
Klüx gethan: als welcher 1000 Rthlr. aus sei-
nem eigenen Vermögen zu Stiftung des Dia-
conats bey dasiger Kirche, hergab, die Diaco-
natwohnung auf seine Kosten bauete, und Christ.
Friedrich Fabern zum ersten Diacono setzte.

Ein vortrefliches Mittel, das wahre Christenthum unter denen Wenden zu befördern, war die
in diesen Zeiten geschehene Verbesserung und
Vermehrung derer Schulen unter denen Wenden. Denn die Kirchenlehnspatronen sahen sich
nach solchen Leuten bey Besetzung derselben um,
welche nicht nur Erkänntniß, sondern auch einen
guten Ruf eines gottseligen Wandels hatten, anbey die Geschicklichkeit besassen, denen Kindern
die Lehren gründlich, deutlich und leicht beyzubringen. Die Prediger waren bereit denen
Schulmeistern ihres Ortes Unterricht zu ertheilen, wie sie mit der Jugend recht und wohl im
Lehren zu verfahren hätten. Sie besuchten auch
selbst fleißig die Schulen, und lehrten in denenselben.

Und weil die Kirchgemeinden, öfters, denen
Dörfern und Wohnungen nach, weit auseinan-
der gelegen sind, indem vielmals 6, 10, 15 und
mehrere Dörfer in eine Kirche gehören, bey denenselben aber nicht mehr, als ein Pfarr und ein
Schulmeister stunden, so konnte die zerstreute
Jugend sich der Schule zum heilsamen Nutzen
nicht allezeit gebrauchen. Dahero christliche
Herrschaften dahin trachteten, auf ihren, von der
Pfarrkirche entlegenen Dörfern, eigene Schulen
anzurichten. Sie bewerkstelligten solches auch,
setzten an dergleichen Oerter besondere Schulhalter, versahen sie mit nothdürftigem Gehalt, und
hielten die Eltern an, ihre Kinder zur Informa-
tion und Unterricht dahin zu schicken. Hierinnen hat sich Herr Friedrich Caspar Graf von
Gers-

Gersdorf, Oberamtshauptmann in Oberlauſitz ausnehmend bewieſen, indem er zu Lippen,
Särichen und allen ſeinen übrigen wendiſchen
Güthern, eigene Schulhalter geordnet, und
ihnen gnugſames Auskommen verſchaft. Ja
dieſer Herr Graf gieng in ſeiner Schulliebe gegen die Wenden ſo weit, daß er es nicht bey denen vorerwehnten neuangelegten Schulen bewenden ließ, ſondern er war auch auf ſolche Schulen bedacht, die da Seminaria und Pflanzgärte
wären, in welchen von Jugend auf wendiſche
Kinder in heilſamer Lehre unterrichtet, und zu einem wahren Weſen im Chriſtenthum angeführ-
ret würden, daß mit der Zeit redliche, gelehrte
und gottesfürchtige Männer daher genommen,
und Kirchen und Schulen unter den Wenden
zur Aufnahme und Beförderung des Reiches
JEſu Chriſti mit denenſelben verſehen und beſetzet werden könnten. Das erſte ſolcher Semi-
narien wurde zu Klüx angerichtet, und der damalige Diaconus daſelbſt, Johann Gottfried
Kühn, übernahm die Einrichtung und fernere
Beſorgung. Dahin wurden wendiſche Studenten, welche von Univerſitäten kamen, berufen,
die die umliegenden Herren Pfarren, bey Vorfallenheiten, mit Predigen vertraten, des Schul-
weſens auf des Herrn Grafens Dörfern ſich annahmen, auch in der Kapellaney zu Klüx ſelbſt
junge Leute unterrichteten, und zu vielem Seegen
und Nutzen, bey denen aufgeweckten und Heilsbegierigen Seelen gebrauchet wurden. Aus dieſem klüxiſchen Seminario entſtunden fernerhin
U 4   die

die Schule zu Uhyſt an der Spreu, und dann
die Anſtalt zu Teichnitz bey Budißin.

Uhyſt, 3 Meilen von Budißin, lieget ganz
tief in der wendiſchen Haide, war der glückſelige
Ort, wo der Herr Graf eine beſondere Schule
und Seminarium vor die Wenden anlegte, und
dazu anfänglich das alte Schloß einräumte,
nachmals aber außer dem Dorfe, hinter der Kirchen, Ao. 1745. ein ganz neues ſteinernes Gebäude dazu aufführen ließ, nach deſſen Vollen-
dung denn die Schulanſtalt darein verlegt wurde. Es fanden ſich darinnen vier Claſſen, und
wurde daſelbſt gelehret und gelernet, in den niedern, die Anfangsgründe des Chriſtenthums,
Buchſtabiren, Leſen und Schreiben; in denen
obern aber, die Theologie, die lateiniſche und
griechiſche Sprache, Hiſtorie, Geographie u.
d. m. Zu ſolcher Schularbeit waren fünf Prä-
ceptores beſtellt. Die Kinder, ob ſie auch Wenden waren, mußten deutſch können, oder dieſe
Sprache erlernen. Nebſt denen fünf Lehrern
fanden ſich verſchiedene Präparanden, die hernach zu denen Schuldienſten gebraucht wurden.
Allhier wurde ein gemeinſchaftlicher Tiſch gehalten, welchen ein Oeconomus beſorgte. Ein Theil
der Schüler gaben Koſtgeld; vor die armen
aber ſorgte der Herr Graf. Die Kinder lagen
alle auf einem Schlafſaale, unter der Aufſicht
eines Präceptors. Der Numerus derer Schüler belief ſich auf 40, 50, 60. Dieſe Schule
florirte in und zu vielem Seegen zur Erweiterung
des Reiches JEſu Chriſti unter denen Wenden,

ange-

angeſehen eine ziemliche Anzahl darinnen den Anfang zum Studiren und lebendigen Chriſtenthum
genommen, welche nachmals unter denen Wenden mit vielem Seegen, als öffentliche Lehrer und
Prediger geſtanden, und noch ſtehen, bis an des
Herrn Grafens ſel. Tod 1751. Da denn dieſelbe
mit denen Lehrern und Schülern von Uhyſt nach
Nißke bey Daupitz, verleget worden iſt. Nach
einigen Jahren iſt daraus ein Pädagogium entſtanden, welches zwar anjetzo eigentlich nicht
mehr der wendiſchen Jugend gewiedmet, jedoch
werden dergleichen junge Leute auf Verlangen
nach Befinden, daſelbſt auf- und angenommen.

. Nebſt der jetztgedachten Schule zu Uhyſt, hatte der ſel. Herr Graf eben daſelbſt auch eine
Mägdgen-Schulanſtalt aufgerichtet, in welcher
die Mägdgens von drey erwachſenen Weibesperſonen im Leſen, Schreiben, Nähen u. dergl.
Unterricht erhielten, und zur wahren Gottſeligkeit angeführet wurden. Dieſelben hatten gleichfalls einen gemeinſchaftlichen Tiſch und Schlaf-
ſtätte.

Was oberwehntes Teichnitz anbelangt, ſo
veranſtaltete der Herr Graf, zum Beſten der
wendiſchen Nation daſiger Gegend, die Gelegenheit, daß Alt und Jung den nützlichſten und
erbaulichſten Unterricht auf die bequemſte Art
erlangen konnten. Nachdem der Herr Graf zu
ſeiner Ruhe gegangen, ſo nahm zu Teichnitz dieſe
Anſtalt ihr Ende; dagegen wurde ſolche auf dem
Reichsgräfl. Reußiſchen Guthe, Klein-Welcke,

U 5   bey

bey Budißin, aufgerichtet, welche lediglich zum
Dienst derer Wenden gewiedmet ist, darinnen
auf die Erziehung der Jugend, und deren heilsamen Unterricht mit vieler Sorgfalt gearbeitet
wird. Es findet sich auch daselbst eine wendische Brüdergemeine, welche mit fast mehrern
Wenden in Niederlausitz, als mit oberlausitzischen Wenden in Vereinigung stehet.

Gleiche ruhmwürdige Schulanstalt unter den
Sorben besorgte Herr August Adolph von
Bülow, auf Groß-Welke, Gegenhändler im
Marggrafthum Oberlausitz, von welcher mir folgende Nachricht ertheilet worden: "Im Jahr
1752 ist mit der Schulanstalt zu Groß-Wölka bey
Budißin, im Namen und unter Beystand des
Dreyeinigen GOttes, der Anfang gemachet worden. Solche bestehet aus zwo Classen, darinnen die heilige Schrift, der Catechismus Lutheri,
die christliche Lehre, Buchstabiren, Lesen. Schreiben und Rechnen abgehandelt werden. Die Methode und Lehrart ist nach der ehemaligen jenai-
schen, klosterbergischen und berlinischen Methode eingerichtet. Die Kinder wohnen theils unter Aufsicht des Schulhalters, Herrn Stüm-
pels, so noch der erste, und von Klosterbergen dahin gekommen ist, theils des Präparantens, derer schon unterschiedene gewesen, gegenwärtig
aber Monf. Herzog. Der Schulhalter hat einige von den Kindern, so die entferntesten sind, in
der Kost, die mehresten aber, welche sich wegen
der Nähe ihrer Heimath versehen können, bekö-
stigen sich selbst. Die meisten Kinder sind Wenden,

den, es wird aber deutsch gelehret. Anfänglich
war ein kleines Haus dazu erbauet. Da aber
solches wegen der Kinder zu klein wurde, ist seit
einigen Jahren ein neues und größeres erbauet
und bezogen worden.

§. 5.

Die Lehrer dieser Zeit hat GOtt zum Theil,
als besondere Werkzeuge zu Erweiterung des
Reiches seines lieben Sohnes unter den Wenden gebrauchet. Zu geschweigen, daß man unter selbigen gründlich-gelehrte Theologos gefunden, so machet sie doch die Treue, der Fleiß und
Ernst in ihrem Amte vorzüglich. Vermöge derselben sind ihre Predigten und Lehren dahin gerichtet worden, daß sich die Zuhörer bekehreten
von der Finsterniß zum Licht, von der Gewalt
des Teufels zu GOtt, zu empfahen das Erbe
sammt denen die geheiliget sind: ferner auf die
Tödtung des alten, und Lebendigmachung des
neuen Menschen; kurz, daß ein wahrer von
GOtt gewirkter Glaube sich finde, der durch die
Liebe gegen GOtt und den Nächsten thätig sey.

Es war denen Lehrern nicht genug, solches in
denen ordentlichen Sonn- und Festtagszeiten,
von Alters her ausgesetzten Predigten und Ca-
techisationen zu thun, sondern sie hielten auch
besondere Präparationes und Vorbereitungs-
andachten Jungen und Alten, so zum H. Abendmahl gehen wollten, und das sowohl öffentlich
in der Kirche, als auch denen, so es verlangten,
in ihren Pfarrwohnungen. Und weil durch die
Cate-

Catechisation ungemein großer Nutzen bey Jungen und Alten geschaffet werden kan, mehr als durch viele Predigten, als ließen sie sich diese Arbeit besonders angelegen seyn, solche sowohl Sonntags, als in der Woche, in den Kirchen, in der Schule und zu Hause zu verrichten. Ueberdieses stellten sie fleißige Hausbesuchungen an, welche bis anhero anders nicht, als nur bey denen Kranken geschehen waren. Bey denenselben fragten sie nach dem Seelenzustande, Hindernissen und Wachsthum im Christenthum: Ermunterten zum treu seyn und bleiben im Glauben, und Fortgang in der Gottseligkeit: Gaben denen Unwissenden deutlichen und einfältigen Unterricht, trösteten die Betrübten, Angefochtene und Verfolgte, beteten mit ihnen u. s. m. Sie handelten also, wie die ganze evangelische Kirche es öffentlich bekennet, und der sel. Lutherus in dem 10ten Vers des Liedes: Nun freut euch lieben Christen gemein, ꝛc. sehr schön ausgedruckt: Was ich gethan hab und gelehrt, das sollt du thun und lehren, damit das Reich GOttes werd gemehrt zu Lob und seinen Ehren. Diesen sel. Endzweck immer weiter zu befördern und zu erhalten, übersetzten sie verschiedener reiner und eifriger Theologorum geistreiche Schriften, fertigten dergleichen auch selbst. Sie verschaften ihren Wenden also wendische Handbibeln, catechetische Lehrbücher, Postillen, Gesangbücher und andere ascetische und das Christenthum befördernde Bücher. Ich könnte dergleichen, sowohl bereits in die se-

lige

lige Ruhe eingegangene, als noch lebende treue
Knechte GOttes in ziemlicher Anzahl anführen;
ich halte es aber vor unnöthig, weil sie allen
Rechtschaffenen bekannt sind. Ein Zeugniß
mag genug seyn, welches öffentlich sich in dem
dreßdn. polit. Anz. 1764. No. IV. findet. „Ao.
1763. den 14. Sept. starb der treuverdiente Ober-
pfarrer zu Klix, Hr. Joh. Gottfried Kühn,
im HErrn sanft und selig. Seine ungemeine
Liebe bey seinen Zuhörern, besonders bey der wendischen Nation, macht, daß er allgemein bedauert
wird. Der reelle Seegen, den er unter den
Wenden gestiftet und zurück läßt, darzu die Be-
sorgung der kleinen und wohlfeilen wendischen
Bibel, wie auch die Uebersetzung Joh. Arnds
wahres Christenthum und mehrere kleinere
Schriften in die wendische Sprache, erhalten
sein Andenken: und besonders unter den Wenden, ist es unvergeßlich.„

§. 6.

Bey so bewandten Umständen kan man leicht
erachten, daß, da das Reich Christi so herrlich
unter denen Wenden sich erbauet, solches auch
die Gestalt eines Kreutzreiches bekommen. Das
Wort der ewigen Wahrheit: Alle, die gottse-
lig leben wollen in Christo JEsu, die müssen
Verfolgung leiden, mußte sich auch bey denen
rechtschaffenen wendischen Lehrern und Zuhörern,
legitimiren und bey Recht erhalten. Denn da
die Lehrer ihr Amt redlich ausrichteten, dem Satan viele Seelen entrissen, und ins Reich Christi
brach-

brachten: Die Zuhörer und Kirchkinder aber
dies vor ihre Seligkeit hielten, daß sie nicht
bloße lutherische oder evangelische Namen führten, sondern nach der Lehre des Catechismi im
andern Artikel, wahre und reelle Christen wären,
die mit Freuden bekennten, erführen und bewiesen: JEsus Christus sey ihr HErr, der sie als
verlorne und verdammte Menschen erlöset, er-
worben, gewonnen von allen Sünden, vom
Tode und von der Gewalt des Teufels, nicht
mit Silber oder Gold, sondern mit seinem heiligen theuern Blut und mit seinem unschuldigen bittern Leiden und Sterben; auf daß sie
sein eigen seyn, und in seinem Reich unter
ihm leben und ihm dienen können und sollen, in ewiger Gerechtigkeit, Unschuld und Seligkeit; so erfolgte, daß sie durch viel Trübsal
in das Reich GOttes eingehen mußten. Alles,
was sie als wahre Christen redeten, thaten und
vornahmen, kam denen, die nicht darnach ringen
wollten, als neu, irrig und verdächtig vor. Es
befremdete die Namenchristen, daß die Wahr-
haftigen nicht mehr mit ihnen liefen in das wüste unordentliche alte wendische Wesen und Lästern, und daß sie es genug seyn liessen, die ver-
gangene Zeit des Lebens zugebracht zu haben
nach heidnischem Willen, da sie wandelten in
Unzucht, Lüsten, Trunkenheit, Fressen, Sauffen,
und greulichen Abgöttereyen. Da hieß es denn,
sie wollten sie um ihre alte Religion bringen.
Lehrer wurden als Verführer und Neulinge von
den weltlich Gesinnten ausgeschrien: Zuhörer
als

als Verführte. Erstere aber gedachten an das
Wort des HErrn, Matth. 10, 25. Es ist dem
Jünger genug, daß er sey, wie sein Meister, und
der Knecht, wie sein Herr: Haben sie den Haus-
herren Beelzebub geheissen, wie vielmehr werden sie seine Hausgenossen also heissen. Darum
fürchtet euch nicht vor ihnen. Wahrhaftig Be-
kehrte mußten leiden, daß man Lü en auf sie
tichtete. Sie waren aber frölich und getrost,
weil es unwahr war, zumal da sie im Gegentheil mit Worten und Werken ein anders bewiesen, so mit der ewigen Wahrheit überein-
stimmete. Denn wer die Wahrheit thut, der
kommt an das Licht, daß seine Werke offenbar
werden, denn sie sind in GOtt gethan.

§. 7.

Daß sich dieses alles also verhalte, was wir
von denen Wenden in dieser Periode gesagt,
wissen alle Redliche, so noch leben und es gesehen und gehöret haben. Wir wollen es aber
doch auch mit einem schriftlichen und im öffentlichen Druck liegenden Zeugniß bewähren. Hr.
Salomo Gottlob Frentzel, Pfarrer in Geyerswalde, schreibet in seiner Hoyerswerdischen Chronika p. 73. von Andrea Jokusch, Past. Prim.
und Inspector der Kirchen und Schulen zu
Hoyerswerda also: "Er war ein sehr eifriger
Mann, welches ihm auch sein Leben verkürtze,
er hielt es weder mit seinen Collegen, noch sonsten mit ehrbaren Leuten. Man hatte ihn im
großen Verdacht, als ob ers mit den heutigen

Neulingen hielte, welches auch nicht ohne Grund
gewesen, indem er mit solchen Leuten des Nachts
verbotene und heimliche Zusammenkünfte hielte,
welches und noch viel anders mehr, nach seinem
Tode erst recht an den Tag kam." Hierüber
giebet die auf seinem Grabesteine daselbst befindliche und zu lesende Schrift, so ein Documen-
tum publicum ist, die beste und deutlichste Erklärung, welche gedachter Herr Frentzel l. c. im
Anhange p. 296. seq. mittheilet, und billig allhier einen Platz verdienet.

Erleuchter Leser!
Dieser Stein decket ein
in seinem Amte ehemals helle scheinendes und
brennendes Licht,
den weyl. Hoch-Wohl-Ehr-Würdigen und von
GOtt gelahrten Herrn,
Herrn Andreas Jokuschen,
treuverdienten Past. Prim. und Inspect. der Kirchen
und Schulen zu Hoyerswerda,
er erblickte das Licht dieser Welt
Ao. 1706. am Tage Andreä zu Schwartz-Naußlitz.
Weil er sich von Jugend auf der Kirchen GOttes
zu einem Lichte aufgeopffert,
so begab er sich
auf das Gymnasium nach Budißin und verblieb
daselbst bis 1728.
von dar ging er auf die hohe Schule
nach Leipzig,
Die Gottes-Gelahrheit im göttlichen Lichte
zu erlernen,
und hielt sich daselbst so lange auf bis er
Ao. 1735. als ein Licht der
Ubister Kirchfarth an der Spee mit Lehr und
Leben vorzuleuchten,
beruffen ward.

Ao.

Ao. 1736. d. 6. Novemb. begab er sich in Ehstand
mit Salv. Tit.

Jungfer Maria Eleonora,

Salv. Tit. Herrn Johann Georg Ritters, beyder Ju-
stitien = Aemter Budißin und Görliß, Advocat.
Ordin. einzigen hinterlassenen
Jungfer Tochter,
und erhielt aus dieser Ehe
kurtz vor seinem Tode einen einzigen Sohn
Johann Gottfried.
Ao. 1738. wurde er von Ihro Königl. Majest. in
Pohlen und Churfl. Durchl. zu Sachsen
als ein helles Licht
zum Past. Prim. nach Hoyerswerda beruffen
woselbst er
kaum ein gantz Jahr geleuchtet,
indem er
Ao. 1738. d. 22. Octobr.
als ein sich selbst
zum Dienste GOttes gewiedmetes Licht,
da er in dieser Welt 32 Jahr, im Ehestande 2 Jahr,
und im Amte 4 Jahr gelebet,
verlöschte.

Johannes als ein Licht im Amte und im
Leben
Jock'sch ward zu solchem Licht der Kirchen auch
gegeben,
Uhst, Hoyerswerda kan von solchem Gna-
den=Schein,
O Heyland habe Danck! Der beste Zeuge
seyn.

X   Drit-

Dritter Abschnitt.

Von dem Zuſtand der Römiſch-Ka-
tholiſchen bey denen Sorberwenden in
Oberlauſitz, nach 1517.

Das erſte Capitel.

Von Erhaltung und Schickſalen der rö-
miſch-katholiſchen Religion unter den
Sorberwenden.

§. 1.

Die abendländiſche oder römiſche Kirche
war bey dem Anfange des XVIten Jahrhunderts zu der höchſten Gewalt, Macht,
Hoheit, Pracht, Anſehen, Reichthum u. ſ. m.
in den kirchlichen Sachen, dergeſtalt, daß Got-
tes- und Rechtsgelehrte dargethan und erwieſen,
daß keine Monarchie in der Welt es jemals ſo
hoch gebracht habe. Unſere Oberlauſitz, ein kleiner Strich Landes, in Gegenhaltung anderer
Fürſtenthümer und Königreiche, kann davon einen Beweis geben, wenn man den geiſtlichen
Kirchenſtaat in derſelben betrachtet. Der geiſtliche Oberherr über dieſes Marggrafthum, als
Vicarius des allgemeinen Hauptes zu Rom,
war der Biſchoff zu Meiſſen. Dieſer hatte in
demſelben ſeinen Archidiaconum, den Probſt in
Budißin, welcher in gewiſſen Stücken die geiſtliche Gerichtsbarkeit und die völlige Inſpection
und Aufſicht über die Kirchen und Prieſterſchaft
führte.

führte. Letztere verwaltete er durch die Archi-
presbyteros oder Erzpriester, derer zwölfe waren, und jeder seinen besondern Sedem oder geistlichen Stuhl hatte. Solche waren: der geistliche Stuhl 1) des Probstes zu Budißin, 2) des
Erzpriesters zu Bischofswerda, 3) des Dechants
zu Budißin, 4) des Erzpriesters zu Camentz,
5) zu Görlitz, 6) Hohnstein, 7) Stolpen, 8) Löbau, 9) Lauban, 10) Reichenbach, 11) Seidenberg, 12) Sorau. Zu jedem Stuhl gehörten
eine Anzahl Kirchen, derer man über drittehalb
hundert zählte. Ueber dieses fanden sich auch
an Oertern, wo keine, und auch wo Kirchen waren, öffentliche Oratoria oder Kapellen, ich geschweige derer vielen Privatkapellen, so vornehme und reiche Leute auf ihren Schlössern und
Häusern hatten. Derer geistlichen Personen
war eine ungemeine große Anzahl. Jede Ecclesia baptismalis s. parochialis, oder Pfarrkirche,
hatte ihren eigenen Plebanum oder Pfarr, welcher
in denen Städten und größern Oertern sich einen
Prediger und verschiedene Kapelläne hielt. Und
da bey jeder Kirche sich mehr, als ein, nämlich
der hohe Altar, fand, so war zu einem jeden Altar ein besonderer Priester gestiftet, der dabey
celebrirte, und der Altariste genannt wurde, und
hat man in den großen Städten derselben 20,
30, 40 und mehr gezählet, also, daß dergleichen
Weltgeistliche sich über etliche tausend gefunden.
Nebst diesen hatte Oberlausitz in denen Klöstern
zu Budißin, Görlitz, Zittau, Lauban, Camentz
und Löbau, Franciscaner, auf dem Oybin, Cöle-

stiner-

ſtinermönche; in Budißin, Canonicos regulares,
im Kloſter St. Marienſtern, und zu St. Marienthal, Ciſtercienſer; und zu Lauban, S. Mariæ Magdalenæ de pœnitentia Ordensnonnen;
welche religioſi Mönche und Nonnen wiederum
eine ziemliche Anzahl betrug.   Ich geſchweige
anderer Religiöſen, als der Beghinen, der Layen-
ſchweſtern St. Franciſci, der Pilgramen, der
ſo vielen Brüderſchaften, ſo vornehmlich in
Städten, aber auch auf dem Lande aufgerichtet
waren.   Durch die Seculares oder Weltgeiſtli-
che und durch die Religioſos oder Ordensleute
wurden Meſſen geleſen, Horæ oder Bet- und
Singeſtunden gehalten, u. dergl.   Aus dieſem
kurzen Abriß erſiehet ein jeder, wie die damalige
Religion in Oberlauſitz floriret und in groſſem
Anſehen geſtanden hat.

§. 2.

Als nun Ao. 1517. die evangeliſche Reformation angieng, und mit dem Articul von der
Rechtfertigung eines armen Sünders durch den
einigen Seligmacher Chriſtum, aus Gnaden,
ohne des Menſchen Verdienſt und Würdigkeit,
gemachet wurde, ſo bekam alle dieſe kirchliche
Verfaſſung und Herrlichkeit, welche zum Grunde, die Verdienſte zur Seligkeit hatte, nicht nur
einen gewaltigen Stoß, ſondern das ganze Gebäude fieng an zu zittern, zu beben und drohete
den Umſturz der prächtigen Religionsübung, und
derer dabey in guten äußerlichen Umſtänden ſte-
henden Ordensleute und Weltgeiſtlichen, derer
gutes

gutes Einkommen, gemächliche Lebensart, hohes und gewaltiges Ansehen und Ehre in große Gefahr gerieth. Bey so bewandten Umständen, hatten also diejenigen, denen an vorbenannter Beschaffenheit gelegen war, freylich Ursach, sich zu bemühen und allen Fleiß anzuwenden, den völligen Umsturz sich entgegen zu setzen, und dahin zu arbeiten, daß ihr Zustand, wenigstens zum Theil, erhalten werden könnte und möchte.

§. 3.

Dieses that nun die hohe und niedere Clerisey, wie anderweit, also auch in Oberlausitz. Die Bischöffe, denen an ihrer Ehre, Ansehen, Gewalt, Herrschaft und Einkommen gelegen war, machten dazu den Anfang. Bischoff Johannes VII. zu Meissen, der damals geistlicher Oberherr auch über Oberlausitz, und die darinnen befindlichen Deutschen und Wenden war, setzte sich mit aller Macht dagegen, die evangelische Reformation allenthalben zu verhindern. Der Jesuit Calles giebt ihm das Zeugniß, daß er zu Unterdrückung des Lutherthums, wie er es nennt, weder Kosten noch Mühe gespahret, und am päpstlichen Hofe vorgebauet, auch Beschützer der alten Religion gehalten (*). Er selbst ließ sich

X 3 keine

(*) In serie Episc. Misn. p. 342. ad opprimendos Lutheranos nulli sumptui pepercit, aut labori, estque usus plurimum autoritate & opera Nicolai Schœnbergii, Cardinalis, & Caroli Milticii, Secretarii Pontificis, qui tum gratia singulari apud Leo-

keine Mühe und Beschwerlichkeit dauern, das
wankende Papstthum in Oberlausitz zu unterstü-
tzen und zu erhalten. Sein erstes war, daß er
ein Patent von dem Sacrament der Firmung
1519. drucken, und in seiner ganzen Diöces publiciren ließ. Er selbst reisete 1520. in die Oberlausitz und ertheilte die Firmung. Besonders redete
er denen Wenden hart zu, bey dem alten Glauben zu beharren, und drohete ihnen mit geistlichen und weltlichen Strafen, Und als hierauf
seine Diöcesani anfiengen, das heilige Abendmahl
unter beyden Gestalten zu empfahen, und sie die
Priester wegen ihres bösen Wandels nicht mehr
achteten, gab er an die Priester und Layen d. d.
Stolpen den 15. Jun. 1523. ein ernstlich Patent,
darinnen er klaget, daß die neue Lehre allenthalben einreisse, die Sacramenta, der alte Gottesdienst und die Verehrung der Heiligen, verachtet
würde, viele sich zu denen falschen Lehrern wendeten, denen geistlichen Obrigkeiten nicht mehr
gehorchten, Mönche und Nonnen ihr Gelübde
nicht hielten, keiner Gottseligkeit sich befleißigten, heidnisch würden u. d. m. Er bittet demnach alle Weltgeistlichen, wie auch die Ordens-
personen, daß sie bey dem Papste halten sollten.
Diejenigen, welche das Papstthum verlassen,
solten sich wieder einfinden, wo nicht, so droht
er ihnen mit dem Bann, ja er excommunicirt
als-

Leonem X. valebant. Defensores Pontificis Em-
serum, Cochlæum, Paulum Bacman, (Abt zu Neuen-
Cell in Niederlausitz) Plicium, Silvium, Alvedium
fovit & adjuvit.

alsbald alle die, so nicht in Monatsfrist mit
Reue zurückkehrten. Endlich befiehlet er, daß
dies sein Mandat alle Sonntage und bey andern
Zusammenkünften verkündiget werden sollte.
Diesem ist beygefüget eine harte Rede an die
Geistlichen, bey welchen bishero der Concubinat
im Gebrauch gewesen. Er vermahnet sie also
zu leben, daß ihm, dem Bischoff, nicht vorge-
worfen werden dürfe, als wenn er an ihrer üblen
Aufführung Ursach, und es ihm nur um den
Milchzinß zu thun sey (*). Er hält ihnen vor,
daß der Priesterstand sich dadurch Verachtung
und Schande, auch GOttes Strafe zu der Zeit
zu gezogen (**). Er rathet ihnen daher, täglich zu beten, recommendiret ihnen den cœlibat und Keuschheit, mit Anführung biblischer und aus den Vä-
tern genommener Exempel. Er gebietet ihnen
bey Verlust ihrer Pfründe, innerhalb zwey Monatsfrist die Concubinen und Köchinnen abzuschaffen (***). Allein diesen ohngeachtet breitete
sich die evangelische Religion unter Deutschen
          X 4   und

(*) Quasi in hoc Sacerdotibus ac religionem profes-
sis matrimonia interdicamus, ut ex ipsorum con-
cubinatu uberiorem quæstum faceremus & nostrum ditesceret ærarium, quod nobis immeren-
tibus multoties falso impositum est.

(**) Laici graviter propter spurcissimam vitam of-
fendantur.

(***) Requirimus, ut concubinas & focarias de scor-
tatione suspectas & imprimis de quarum inconti-
nentia viva existunt testimonia, a se penitus amoveant & eliminent, ac ab earundem consuetudine consortioque sibi temperent & abstineant.

und Wenden immerzu aus, welches ihm denn
sehr zu Herzen gieng. Um deswillen ließ er ein
neu Patent d. d. Stolpen den 1. Oct. 1524. aus-
gehen, in welchem er befahl, daß die Priester in
allen Predigten, und sonst, wenn das Volk zusammen käme, dasselbe ernstlich vermahnen solten, daß sie Buße thäten, die Fasttage hielten,
beteten, Proceßiones anstellten u. d. m. damit
GOtt die Ketzer und den Türken ausrotten wolle.
Diese angezeigte ernstliche Verordnungen hatten die Wirkungen, daß die Nonnen in den Klöstern in Oberlausitz blieben, obgleich die Mönche
sich nicht so genau daran bunden: Gleichwie der
größte Theil der wendischen Priester bey ihm hielten; wozu die Herrschaften ein vieles beytrugen,
als welche sich befüchteten, der Bischoff möchte
sie bey dem Könige verklagen. Ein Theil der
wendischen Priester aber, gleichwie viele Layen,
liessen sich solches nicht anfechten.

Bischof Johannes VIII. von Maltitz, trat in
seines Vorfahren Fußstapfen. Er klagte die
Oberlausitzer 1538. bey dem König Ferdinand
an, als er in Budißin war, und bat vor die
päpstische Religion, daß er sie in Oberlausitz
nicht gar untergehen liesse.

Bischof Nicolaus II von Carlowitz, war im
Eifer denen vorigen gleich. Konnte aber ein
mehrers nicht schaffen, als, daß die unter die
Stifter gehörige wendische Unterthanen, den
mehrern Theil beständig bleiben mußten.

Von dem letzten Bischof Johannes IX. der
1559. dem Churfürst Augusto zu Sachsen, das
Bißthum Meissen übergab, habe ich nichts besonders gefunden. Indeß erhielt der Herr Decanus Johann Leisentritt zu Budißin, die geistliche Aufsicht: obwohl der Jesuit Calles, in diesem Stücke, wie solches geschehen, zweifelt (*).

Ueberhaupt suchten die Bischöffe das Papstthum in Oberlausitz bey den Deutschen und
Wenden zu erhalten, theils durch scharfe Befehle, theils aber auch durch mancherley Verbesserung, da sie dasjenige abschafften, was zum
Abfall vom Papstthum den Leuten Gelegenheit
gab, hingegen vieles von denen Evangelischen
annahmen und bey ihnen einführten, welches
wir im folgenden Capitel anzeigen werden.

§. 4.

Wie sich die Bischöffe um die Erhaltung des
Papstthums in Oberlausitz befleißigten, so folg-
ten ihnen hierinnen die niedern Prälaten. Denn
X 5 diesel-

(*) In serie Epp. Misn. p. 357. An Leisentritius hic
à Joanne IX. Misn. Antistite constitutus sit Administrator ac Proepiscopus, dubito: tum quod
Lusatia utraque (ut videre est in Diss. hist. Sect.
VI. apud Hoffmannum R. L. Tom. II. p. 307.)
Misnensis episcopi obedientiæ se subtraxit, ita, ut
nec tributa amplius ei penderent, nec ejus in rebus ecclesiasticis autoritatem & jurisdictionem
agnosceret: tum, quod in Documento, quod af-
fert Carpzovius in sua Lus. Sup. p. 299. diserte
S. Cæsareæ Majestatis in spiritualibus Commissarius generalis vocetur.

dieselben wurden theils von dem Bischof zu
Meissen, theils, was die Klöster anbelangt, von
denen Ordensprovincialen, hart angegangen, daß
sie und ihre Stiftsunterthanen unverrückt bey
dem alten Glauben beharren sollten. In Budißin ließ sich zwar Paul Cüchler, Decanus,
nebst etlichen Capitularen, die evangelische Religion anfangs gefallen: allein sie giengen davon bald wieder ab, als der Bischof mit ihm
hart verfahren, und die meisten Capitularen ihn
und sie nicht leiden wollten. Daraus erfolgte,
daß die unter das Capitul gehörigen Wenden
nicht handeln konnten, wie sie wollten, sondern
bey dem Alten bleiben mußten. Die Conven-
tualen des Klosters Marienstern erfuhren nicht
viel von der evangelischen Lehre, weil sie an denen Pröbsten aufmerksame Hüter hatten, welche von derselben ihnen nichts zukommen liessen.
Derselben wendische Unterthanen konnten sie
zwar nicht so genau beobachten, daß sie von der
allenthalben sich offenbarenden evangelischen Lehre nicht etwas erfahren und gelernet haben sollten; allein die Klösterlichen wehreten doch, so viel
in ihren Kräften stund. Besonders besetzten sie
die wendischen Kirchen, über welche sie das Jus
Patronatus hatten, mit keinen andern, als catho-
lischen Priestern, unverrückt.

§. 5.

In Budißin waren bey dem Collegiatstift die
zwey Canonici, Joh. Cochläus und Hieron. Rupertus, heftige Widersacher der evangel. Religion.

ligion. Dahero war es denen Wenden nicht
zugelassen, daß ihnen in ihrer Sprache, zu St.
Nicolai, evangelisch geprediget werden durfte.
Jedoch bezeigte das Capitul die Billigkeit gegen die Wenden, daß, ob sie zwar sich zu ihnen
in die St. Nicolaikirche halten mußten, sie doch
ihnen die Gewissensfreyheit liessen, in der St.
Peterskirche sub utraque zu communiciren. Auf
denen wendischen Dörfern, so E. E. Capitul in
Budißin zustehen, finden sich keine Kirchen, die
demselben zugehören, sondern sind meist in Kirchen derer Herrschaften eingepfarret. Da nun
letztere anfiengen ihre Kirchen mit evangelischen
Predigern zu besetzen, so haben die Eingepfarrten sich größtentheils zu dem Evangelio bekannt.
Jedoch sind auch hie und da einige catholisch geblieben: weil des Evangelii Lehre, Art und Natur ist, niemanden zum Glauben zu treiben, oder
jemanden einen Gewissenszwang anzulegen, sondern jedem darinnen die völlige Freyheit über-
lässet. Zwar hat E. E. Capitul dann und wann
versuchet, seine evangelische Unterthanen in ihren
Religionsübungen zu hindern, als in Kirsche,
Callenberg, Klein-Postwitz; allein die hohe
Landesherrschaft hat solchem allzeit abgeholfen.
Wie denn Churfürst Joh. Georg II. ein Rescript d. d. Dreßden, den 4. May 1661. das freye
Religionsexercitium benannter Dörfer betreffend, an den Herrn Landvoigt ergehen ließ, besagte Dorfschaften bey ihrer Religion zu schützen. Nachdem Georg von Löben, im dreyßigjährigen Kriege, das nach Klix eingepfarrte Dorf
Sdier

hier an E. E. Capitul verkaufte, hat sich der Status Religionis daselbst in diesem Jahrhundert ziemlich alteriret, indem daselbst eine catholische Kapelle erbauet worden, dahin alle 14 Tage ein Missionarius von Budißin kommt, welcher darinnen celebriret.

§. 6.

Das Kloster Marienstern hat meist wendische Dörfer, und auf selbigen das Jus Patronatus über die Kirchen zu Wittgenau, Crostwitz mit seinen zwey Filialen Ralbitz und Rosenthal und Nebelschütz, welche weitläuftige Parochien und Kirchspiele haben. Diese Kirchen hat das Kloster niemals anders, als mit römisch-catholischen Priestern besetzet. Dannenhero auch in diesen Kirchen derselben Gottesdienst zu allen Zeiten gepfleget worden. Inzwischen haben verschiedene Einwohner in denen dahin eingepfarrten Dörfern, bald nach der Reformation, sich zur evangelischen Religion bekannt. Besonders geschahe solches in dem Städtlein Wittgenau, dergestalt, daß in dem 16ten Jahrhundert, bereits über die Hälfte, sich zu dem Evangelio bekannte, auch die Stadtämter mit dergleichen Religionsverwandten besetzet worden sind. (Siehe oben) Ob nun wohl dieselben, auf wiederholtes Bitten bey dem Kloster, den öffentlichen Gottesdienst nie erhalten konnten, so pflegten sie doch denselben in der benachbarten evangelischen Kirchen. Zu der Zeit der böhmischen Conföderation erlangten die evangel. Einwohner denselben, indem sie durch

Ver-

Veranſtaltung derer Directorum, das Kreuzkirchlein vor der Stadt erlangten, welches ſie
aber 1621. wieder abtreten mußten. S. Sect. II.
C. 4. §. 6. p, 254. Jedoch erhielten ſich die
Evangeliſchen daſelbſt, wiewohl unter vieler Be-
drängung, indem ihnen ihre Gewiſſensfreyheit
gelaſſen wurde, daß ſie ſich in die benachbarten
evangeliſchen Kirchen halten konnten, auch in ihren Todesnöthen ein benachbarter evangeliſcher
Pfarr zu ihnen kommen durfte. Allein als Ao.
1664. ein neuer Kapellan, M. Johann Ferdinand Serbin, nach Wittgenau kam, trieb er es
mit Hülfe ſeines Parochi, M. Sebaſt. Maximilian. Nicolaides, ſo weit, daß denen Evangeliſchen fernerhin nicht erlaubt ſeyn ſollte, einen
Geiſtlichen zu ſich kommen zu laſſen, wenn ſie
denſelben in ihrer höchſten Noth zum Troſt, und
die heilige Communion verlangten. Wie denn
genannte beyde an Matthäum Lehmannen, Paſt.
Prim. in Hoyerswerda, d. d. Wittgenau den
13. Febr. 1666. deswegen ſchrieben, und, unter
Bedrohung des zu erwartenden Schimpfes, ihm
es zu thun verboten (*). Dannenhero, wenn
ſich ein Evangeliſcher krank befand, ſie Wächter an die Thore ſetzten, welche auf die Evangeliſchen lauern mußten. Hingegen giengen die
wittgenauer Prieſter zu den evangeliſchen Kranken, redeten ihnen ſüß und ſauer zu, katholiſch
zu werden, zwungen ſie auch, wider ihren Willen, das heilige Abendmahl ſub una zu nehmen.
Wie

(*) Declaramus illi abſolute, non illum ſine deſpe-
ctu abiturum.

Wie sich dann der Kapellan einst auf der Kanzel
rühmte, daß er in kurzer Zeit in die vierzig Personen zum römisch-katholischen Glauben gebracht.
Diese römisch-kathol. Priester wollten auch derer
evangelischen Bürger und Einwohner neugeborne
Kinder nicht mehr taufen, die in den Ehestand
tretende Eheleute nicht copuliren, ja auch die
Verstorbene nicht mehr begraben, wie solches
alles weitläuftig in denen Actis zu finden. Endlich kam es dahin, daß kein Evangelischer, weder zum Bürger, noch Einwohner aufgenommen,
noch daselbst gelitten wurde, dergestalt, daß nach
der Zeit der Ort lauter Römisch-katholische erhalten. Diese und dergleichen Nachrichten haben außer dem Nutzen, den sie bey der Geschichte
leisten, noch diesen Vortheil, daß sie die Vorzü-
ge unsers Glaubens vor einer Religion behaupten, welche ihre Erhaltung und Ausbreitung
durch List und Gewalt befördern muß.

§. 7.

Auf denen wendischen Klosterdörfern finden
sich viele Evangelische, welche in dergleichen Kirchen eingepfarret sind. Solche hat man auch
nicht gar unangefochten gelassen. Ja so gar hat
man mit denen Evangelischen, welche evangelische Herrschaften haben, aber in katholische Kirchen eingepfarret sind, auf gleiche Weise handeln wollen. Wie man denn in Actis eine Verordnung des Herrn Landvoigts Ao. 1681. an den
von Lottitz, auf Schöna, so nach Crostwitz eingepfarret, findet, Bericht zu erstatten, wegen der
katho-

katholiſchen Geiſtlichkeit gebrauchten Perſuaſion, das wendiſche Bauervolk zum päpſtlichen Glauben zu verleiten.

§. 8.

Die evangeliſchen Herrſchaften haben zwar an einigen Orten katholiſche Unterthanen, allein man trift bey ſelben in Oberlauſitz nicht mehr, als eine einige katholiſche Kirche an, und dieſelbe iſt zu Radibor. Daſelbſt blieb der Pfarr bey der römiſchen Religion, weil die Herrſchaft im XVI. Sec. ſich auch dazu bekannte, ob gleich die Einwohner die evangeliſche Religion annahmen, welches auch nachmals von der Herrſchaft geſchahe. Bey der böhmiſchen Conföderation, wurde der damalige katholiſche Parochus, Johannes Molitor, von der Herrſchaft, Chriſtoph von Minckwitz, dem das Kirchenlehn gehörte, auf Veranſtaltung der Directorum erlaſſen, (der darauf die Parochie zu Croſtwitz erhielt,) und ein evangeliſcher Pfarr in dieſe Kirche geſetzet. Allein es blieb derſelbe dabey nicht länger, als bis 1621. da ein katholiſcher Parochus, Joh. Olenius, wieder an die Stelle kam; wie ſolches der darüber ausgefertigte lateiniſche Inveſtiturbrief bezeuget (*).

§. 9.

(*) Gregorius Chattmannus à Mauruck, Artium & Philoſophiæ Magiſter Sacr. Cæſar. nec non Reg. Bohem. & Hung. Majeſtatis Conſiliarius & in ſpiritualibus Commiſſarius Generalis, Epiſcop. Miſn. per utriusque Luſatiæ Marchionatum Adminiſtrator

§. 9.

Mit denen übrigen jetzo noch verhandenen wendisch-catholischen Dörfern hat es diese Bewand-

tor & Loci Ordinarius, Proto-Notarius Apostolicus, Collegiatæ Budiſſinenſ. Ecclesiæ ad D. Petrum Decanus &c. Turbis in Bohemia excitatis, eoque cum dementiæ perventum eſſet, ut ab obedientia legitimi Regis non modo recederetur, ſed & fatali confœderatione inita & pacta, legitimo rege & domino abrogato, alius ſufficeretur, iisque in locis, quibus catholica religio eo uſque exercitata fuerat, reformata induceretur: idem in Parochiali Radeborienſi factum: Amoto enim legitimo ejusdem ecclesiæ Parocho, Reverendo Domino Joanne Molitore, à Nobili Chriſtophoro á Minckwitz, Hæreditario in Radibor, ad quem Jus patronatus ſpectare quidem dignoſcitur, antiquata deſuper nomine regio à Præſide Provinciali quondam Transactione, quæ ſuper proviſione ecclesiæ hujus pro norma habenda erat, Auguſtanæ Confeſſionis quidam divinis ibidem præfectus eſt. Sed regno Bohemiæ ad legitimi regis debitam obedientiam reducto, confœderatione infauſta reſciſſa & omnibus in priſtinum ſtatum reducendis, mandato Imperatorio & Regio, cum præfato Chriſtoph. Minckwitio remotio intruſi Parochi & Catholicæ Religionis reductio injuſta eſſet, Reverendum Dominum & Presbyterum, Joannem Olenium legitime vocatum nobis præſentavit. Noſtri itaque muneris erat, ecclesiam ipſam non modo auctoritate Nobis in hac parte conceſſa, ceremoniis conſuetis reconciliationem, ſed & præfatum Dominum Joannem Olenium legitime nobis præſentatum, inveſtiendum & inſtituendum duximus, eumque præſentibus inſtituimus & inveſtimus, eidem curam & regimen animarum, tam in ſpirituali-

wåndniß: Die adelichen Herrschaften haben
sich zur evangelischen Religion nach der Reformation bekannt. Deren wendische Unterthanen
sind in solche Kirchen, die den katholischen Gottesdienst beybehalten und fortgetrieben, eingepfarret. Von deren nexu parochiali haben sie
sich nicht losmachen können. Dahero denn, da
sie in solche Kirchen gegangen, und des katholischen Gottesdiensts gewohnt gewesen, haben sie
denselben ferner mitgemacht, und die evangelischen Herrschaften haben ihnen die Freyheit gelassen. Dergleichen Beschaffenheit hat es mit
den katholischen Dörfern, Pißkowitz, Räckel-
witz, einem Theil von Schöna, welche in die
Kirche

ritualibus, quam temporalibus præfatæ ecclesiæ
pure & propter Deum committentes, eumque in
& ad realem, corporalem vel quasi dictæ ecclesiæ
possessionem ipsimet in præsentia Judicis & Sca-
binorum præfati pagi, ut & Vitricorum ecclesiæ
parochialis post Missarum Solennia Dominica I.
p. Epiphan. Domini introducentes & inthroni-
zantes. Eidem de omnibus & singulis fructibus,
proventibus, reditibus & emolumentis per eos,
quorum interest, aut quomodolibet in futurum
intererit, aut ad id obstricti fuerint, plenarie &
in integrum respondere facientes, adhibitis in
præmissis solennitatibus debitis ac consuetis ha-
rum testimonio litterarum sub Sigillo Nostro præ-
sentibus facietenus ad impresso, datarum Sexto
Id. Januarii Anno 1673.

(L. S.)

Gregorius Khattmann a Marugk,
Admitor & Decanus.

Y

Kirche nach Croſtwitz und deren Filial Roſenthal, eingepfarret; ingleichen mit Malſitz, ſo
nach Radibor gehöret, u. a. m. welche bis dato
in gedachten katholiſchen Kirchen ihren Gottesdienſt ungehindert abwarten. Ja die katholiſchen
Wenden, welche evangeliſche Herrſchaften haben, und in evangeliſchen Kirchen eingepfarret
ſind, werden keinesweges gehindert, ihre Reli-
gionsart, außer ihren ordentlichen Kirchen, in
katholiſchen Kirchen zu verrichten. Alſo iſt
Briſchke, in der Hoyerswerdiſchen Herrſchaft, in
die daſige evangeliſche Stadtkirche eingepfarrt,
die Einwohner aber gehen ungehindert in die katholiſche Kirche nach Wittgenau. Ingleichen
Rachlo, ſo nach Särichen, in die Kirche gehört,
hält ſich gleichfalls nach Wittgenau, u. a. m.

Das zweyte Capitel.

Von dem Zuſtand der römiſch-katholiſchen Religion unter den Sorberwenden.

§. 1.

Daß vor der Reformation die römiſche katholiſche Kirche, ſich in dem tiefſten Verderben befunden, geben die damals lebende geiſt-
und weltliche Perſonen, aufrichtiges Bekänntniß
und Zeugniß. Man leſe nur des Nicolai de Cle-
mangis, Archidiani Bajocenſis, der 1417. gelebet,
Buch: De corrupto eccleſiæ ſtatu, und die 100.
Gravamina, welche die deutſchen Reichsfürſten
Ao. 1500. dem Kaiſer Maximiliano I. zu Beförderung

derung einer Reformation der Kirche übergeben,
so wird man genug haben, davon überzeuget zu
werden.   Dahero, da Lutherus dieselbe nach
göttlichem Worte vernahm, geschahe es, daß in
sehr kurzer Zeit ein groß Theil von Europa das
Evangelium annahm, und die Kirche und den
Kirchenzustand, nach demselben, in Lehr und Leben einrichtete.   Ob nun zwar verschiedene von
Deutschland entfernte Länder, denen die Lehre
des Evangelii nicht so bekannt werden konnte,
als denen nahgelegenen, auch sonst andere Umstände solches hinderten, die evangelische Wahrheit nicht annahmen, so ist es doch an dem, daß
die römischgesinnten Politici, als auch Geistliche, das unerbetene Zeugniß geben müssen, daß
unter ihnen auch die evangelische Reformation,
zur Verbesserung des geistlichen und weltlichen
Standes, und der Kirche, viele Gelegenheit gegeben habe.

§. 2.

Wie es nun überhaupt mit der römisch-katholischen Kirche und Lehre diese Bewandniß gehabt,
also hat sich auch solche Gestalt bey der Kirche
und Religion in Oberlausitz vor der Reformation gefunden.   Den elenden Zustand damaliger Zeiten in unserm Lande, wird man leicht einsehen, wenn man sich desjenigen erinnert, wie
wir denselben oben Sect. I. Cap. 4. Tit. 1. seq.
vorgestellet haben.   Selbst der Bischoff, Johannes VI. zu Meissen, als der geistliche Oberherr in Oberlausitz, konnte das große Verderben

Y 2   nicht

nicht verheelen, ſondern mußte es frey bekennen,
und war deswegen auf Abhelfung deſſelben bedacht. Solches ſuchet er zu bewerkſtelligen in
denen oft angeführten und 1504. in 4to in öffentlichen Druck gegebenen Statutis ſynodalibus, welche ſein ganzes Bisthum, und alſo nicht allein
Meiſſen, ſondern auch Ober- und Niederlauſitz,
mithin auch die darinnen befindliche wendiſche
Kirche angehen. Und daß ſelbe vor die Oberlauſitzer ausdrücklich mit gehören, hat der Decanus zu Budißin, Herr Gregorius Chatman à
Maurigk, bewieſen, indem er die Statuta ſynodalia epiſcopatus Miſnenſis 1627. zu Budißin in
4to nicht allein wieder auflegen laſſen, ſondern
auch dieſelben, in der vorgeſetzten Vorrede, denen
untergebenen Geiſtlichen in Oberlauſitz ſeiner
Zeit, darnach ſich zu achten, ausdrücklich anbe-
fiehlet. (*)

§. 3.

Wir wollen nun kürzliche Anzeige thun, wie
die Verbeſſerung der Kirche unter denen Wenden

_____

(*) Omnes itaque & ſingulos Juriſdictionis noſtræ
ecclefiaſticæ, cujuscunque dignitatis, ſtatus & con-
ditionis ſubjectos clericos, & alios in Domino co-
hortamur, ratione officii iisdem injungimus ac
præcipimus, ut in omnibus iis ſe conforment, &
ad eorum tenorem vitam & actiones ſuas, tam
quoad divinum cultum, quam alia inſtituant,
prout ad eorum obſervantiam ſub pœnis & mul-
ctis in iisdem expreſſis quemlibet eorum ſevere
adſtringimus. Budiſſinæ, ex aedibus reſidentiæ
noſtræ, feria tertia Paſchatis Non. Aprilis A. D.
1627.

den geschehen. Und da machen wir den Anfang
bey d'nen Geistlichen. Diese gaben damals
dem Volke mit ihrer schlechten Aufführung gros-
ses Aergerniß, und Gelegenheit, daß daffelbe das
Papstthum verließ, und sich zu den Evangelischen wandte. Man findet in denen Statutis von
ihren Clericis ausdrücklich gesaget: p. 7. daß dieselbe Concubinen und verdächtige Weiber in ihren Häusern hielten, p. 8. an öffentlichen Orten
tantzten, Zoten rieffen, spielten, p. 9. die Schenken besuchten, p. 11. die Gottesdienste nicht ab-
warteten, sondern dieselben versäumten, p. 17. denen Kirchkindern keine Lehre von dem christlichen
Glauben und vom Vater Unser beybrächten u.
dergl. m. Hieran ärgerten sich nun sowohl die
Deutschen, als wendischen Kirchkinder, und bekennet der Bischoff, daß zu seiner Zeit schon deswegen viele Klage eingelaufen sey (*). Diesem üblen
Bezeigen suchte nun nicht allein dieser, sondern
auch sein Nachfolger, durch ernstliche Mandate,
Befehle und Verbote, bey den Priestern abzuhelfen, wie wir solches im vorhergehenden ersten
Capitel §. 3. angeführet.

Wenn die Zuhörer im geringsten was versa-
,hen, oder denen Priestern nicht den Willen thaten, huben sie die divina officia, oder ihr heilig
Amt auf, liessen sie nicht zur österlichen Beichte,
und zum Sacramenten, excommunicirten sie,
schlossen sie von der christlichen Gemeine aus, und

Y 3

tha-

(*) It. cum quotidianis vulgi clamoribus informati
sumus, quomodo Sacerdotes — —

thaten sie in den Bann (*). Solche Lasten waren dem Volk unerträglich. Damit nun die Wenden dadurch nicht bewogen würden, das Evangelium anzunehmen, so nahmen die Bischöffe solche Lasten ihnen ab, und verboten den Priestern, nicht mehr so hart zu verfahren.

Das

(*) In Statutis Synodal. Ep. Misn. p. 38. seqq. Statu-tum: de mulieribus abortivos parientes. Quo-niam ex longæva & hucusque consuetudine, qua indifferenter omnes nostræ Diocœsis mulieres ab-orcientes solennem subire pœnitentiam solitæ sunt, plures utriusque sexus homines, plurima acceperunt scandala, prout in his quoque indies magis ac magis accipiunt: Nos scandalis hujus-modi acceptis, de venerabilis Capituli nostræ Ec-clesiæ Misnensis maturo consilio & unanimi as-sensu, statuimus, volumus & ordinamus, ut de cætero nullus Sacerdotum parochialium nostræ Diocæseos, aliquam suæ Parochiæ mulierem abor-tivum parientem, pro solenni suscipienda pœni-tentia, nisi certificatus, quod causam l. occasio-nem talis modi partui dederit, ad nos, l. genera-lem nostrum remittere attentet: Sed potius, ubi de causa l. occasione hujusmodi non constiterit, eandem, ut se Archipresbytero sedis ejus, in qua abortivum illud editum est, ad examinandum de culpa, infra spatium trium mensium infelicis sui partus continue computandum, sub pœna suspen-sionis ab ingressu Ecclesiæ, repræsentet, moneat, & inducat: cui quidem Archipresbytero in vir-tute sanctæ obedientiæ præcipimus ac mandamus, quatenus omni acceptione personarum seclusa, mulierem sic ad eum venientem, de circumstan-tiis singulis ad rem facientibus, diligenter exami-net & inquirat, an ipsa videlicet, vel ejus mari-tus,

Das Volk gieng so in Unwiſſenheit hin, daß
es weder das Vater Unſer, noch den Glauben auswendig konnte. Die denen Wenden vorgeſetzten Prieſter konnten nicht die wendiſche Sprache;
ſolchergeſtallt war es unmöglich, denen Wenden
die Lehren des Chriſtenthums beyzubringen. Da
nun die evangeliſchen Lehrer ihre Kinder fleißig
und treulich darinnen unterrichteten, ſo geboten
die Biſchöffe denen Prieſtern, die ſich noch vor
Römiſch katholiſch ausgaben, daß ſie in ihrem
Amte fleißiger ſeyn, ſich, wenn ſie nicht wendiſch verſtünden, dergleichen Kappelläne halten,
und dem Volke das Vater Unſer und den chriſtlichen Glauben lehren ſollten. Ja ſelbſt der Biſchoff, Johannes VIII. ließ einen Catechismum
unter dem Titel: eine gemeine Chriſtliche Lehre
in Articuln, die einem Chriſten zu wiſſen vonnö-
then, vor ſeine Diöceſanen drucken, (in welchem
zwar nur die erſten beyden Hauptſtücke enthalten) und befahl denen Prieſtern, daß ſie ſelben
mit ihren Kindern fleißig abhandeln ſollten, deſſen
Y 4 denn

tus, l. alter qualiscunque, ea faciente l. conſen-
tiente, abortivo ſuo cauſam dederit l. occaſionem:
& ſi illum, aut quemcumque alium in hoc cul-
pabilem reperiet; talem ad nos, l. Vicarium no-
ſtrum in ſpiritualibus, pro condigna ſumenda pœnitentia; alioquin ſine omni emenda ad Paſtorem
aut Plebanum ejus, qui ei, nec intereſſentiam di-
vinorum, neque prætextu partus illius ſubtrahat
Sacramenta, remittat: ut eo medio innocentes
mulieres, ultra perpeſſam earum afflictionem, minime affligantur; & nocentes qualescunque debitam non effugiant diſciplinam.

denn auch die wendischen Priester zum Unterricht des Volkes sich bedienen mußten.

Von denen evangelischen Lehrern wurden, an statt der bisherigen vielen Kirchenceremonien, an Sonn- und Festtagen, Predigten gehalten, und da bekam das Volk Lust und Liebe zu GOttes Wort. Da die römischen Priester dieses sahen, wurden sie genöthiget, da sie vorher sehr wenig von den Predigten hielten, dergleichen anjetzo auch zuhalten. Und so gieng es in andern mehr, daß ein Mißbrauch nach dem andern abgeschaffet, und dafür was nützlichers angeordnet wurde.

§. 4.

Fernerhin, als der Decanus zu Budißin, Johann von Leisentritt, die Administration 1562. bekam, war er, als ein gelehrter und kluger Herr, sehr bemühet, bey denen seiner Religion annoch zugethanen Deutschen und Wenden vieles zu verbessern. Weil sich viele, wie er selbst bezeuget, daran stiessen, daß die Taufe in lateinischer und dem Volk unbekannten Sprache bisher verrichtet worden, so gab er 1568. zu Budißin. in 4to ein Taufbüchlein gedruckt aus, in welchem er denen Priestern eine deutsche Form zu taufen vorschrieb, und ich achte, daß auch die wendischen Priester sich darnach zu halten gehabt haben, weil die Wenden so wenig Latein, als die Deutschen verstunden, zumal da diese Schrift von dem Herrn Decano vor seine gesammte Priesterschaft, die aus Deutschen und Wenden bestund, gefertiget war. Darinnen giebt er den
Prie-

Priestern den Unterricht, wie sie dem gemeinen
Manne, die bey der Päpstischen Taufe gebräuchlichen Ceremonien, welche von einem Theil vor
unnütze und abergläubisch gehalten würden, erklären, und ihm dieselbe geistlich deuten sollten, damit die Pathen nicht mit Unverstand und Aergerniß derselben beywohnten.

Weil dieser Prälat auch unter denen Priestern grobe Unwissenheit und Ungeschicklichkeit
zu ihrer Amtsführung vermerkte, wollte er auch
solchen abhelfen. Zu dem Ende schrieb er unterschiedene Tractate vor die oberlausitzischen
Priester, um dieselben zu lehren, wie sie sich bey
denen divinis officiis aufzuführen und zu beweis
sen hätten, und solches gieng alle, und zwar vornämlich die wendischen Priester an, weil man
dieselben nehmen mußte, wie sie zu bekommen
waren (*).

Ja noch mehr, er fertigte selbst Gebet- und
Gesangbücher, derer sich nicht allein die Prie-
Y 5   ster,

(*) Dahin gehören von seinen Schriften diese, unter folgenden Tituln gedruckte: Informatio, qua ratione
catholici Sacerdotes SS. Missæ sacrificium rite ce-
lébrare, horas canonicas absolvere & absolutio-
nem confitentibus dicere debeant, una cum ap-
pendice de vera Christi ecclesia. 1570. 8. Forma
vernacula copulandi desponsatos & proclamatos,
1568. It. die obgedachte Forma germanico idiomate baptisandi infantes, secundum catholicæ ecclesiæ ritum, pro utriusque Lusatiæ Misnensis
diœcesis Presbyteris. 4.

ſter, ſondern auch die Layen zu gebrauchen hätten (*).

§. 5.

In dem Anfange des 17ten Jahrhunderts
gieng es mit der katholiſchen Religion und deren Uebung in ordentlichem Gang wie vorher.
Allein, als Ao. 1618. die böhmiſche Unruhe ſich
erhub, und die Oberlauſitz nebſt andern, der
Kron Boheim incorporirten Landen, darein ver-
wickelt wurde, kam das katholiſche Religionsexercitium in Confuſion und Unordnung, auch
Hinderung, als zu Radibor. Jngleichen, als
das Capitulum die Peterskirche zu Budißin räumen mußte, und der Herr Decanus die Divina
officia in die Nicolaikirche verlegte, wurde in
derſelben in beyden Sprachen deutſch und wendiſch geprediget. Jedoch, als der Churfürſt zu
Sachſen die Oberlauſitz eingenommen, kam alles wieder in den vorigen Stand. Und da in
der folgenden Zeit und in dem Kriege Geiſtliche
und Weltliche ſich ſehr inſolent und ſchlecht im
Leben bewieſen, ſo hat der damalige Decanus,
Herr Gregorius Khatmann à Mauruck & Temritz,
verſchiedene gute Anſtalten geſchaffet, denenſelben

(*) Dergleichen ſind: Libellus precationum e ſcri-
ptura S. & doctoribus catholicæ eccleſiæ. Budiſſ.
1560. 1568. 8. devotæ & piæ preces ante & poſt
Miſſæ celebrationem dicendæ. 1564. 12. 1574. 1584.
in 8 Geiſtliche Lieder und Pſalmen der alten apo-
ſtoliſchen recht- und wahrgläubigen Kirche, 1567. 8.
Catholicum Hymnologicum germanicum. 1584.
1585. 8.

ben abzuhelfen und zu steuern.   Wie denn in
Anſehung der Geiſtlichen, die obengedachten,
aufs neue 1627. gedruckten Statuta ſynodalia, darauf ihre Abſicht gehabt haben.

§. 6.

Da bey denen Evangeliſchen, durch das öftere
Predigen, die Leute in der Religion unterrichtet
wurden, bey denen Katholiſchen aber bisher ſolches ſelten geſchehen war, ſo ordnete man, daß
in der wendiſchen St. Nicolaikirche, ein ordent-
licher Prediger geſetzet wurde, der Sonn- und
Feſttags denen Wenden predigen mußte. Dergleichen war zur Peſtzeit Ao. 1568. Thomas
Wagner. Als aber die St. Nicolaikirche bey
der Belagerung der Stadt Budißin 1620. ab-
brannte, hielten die katholiſchen Geiſtlichen denen wendiſchen Bauern ihren Religionsdienſt
auf dem Decanathauſe auf dem Saale vor der
Cancelley, mit Meſſen und predigen. Es verlegte aber fernerhin das Capitul den wendiſchen
Gottesdienſt in die Kirche B. M. V. auf dem
Salzmarkte vor der Stadt, und beſtellte ſolchen
durch einen dazu geſetzten wendiſchen Prieſter;
dawider ſich die Stadt ſetzte, und in einer Schrift
d. d. 24. Mart. 1641. Sr. Churfl. Durchl. Johann Georg I. die Beſchaffenheit dieſer Kirche
alſo anzeigte: "Templum B. M. V. iſt nicht vor
die Bauern, ſondern vor gemeine Stadt- und
Bürgerſchaft fundiret, darinnen zuweilen Lei-
chenbegängniſſe und conciones funebres gehalten
worden. Auch hat man öfters jungen Studenten,

denten, sich darinnen im Predigen zu exerciren,
zugelassen.„ Ao. 1685. den 5. Jul. brannte dieses Kirchlein, so aus Holz war, in Grund ab,
und es entstund wegen des Aufbaues ein Streit,
indem E. E. Rath sonderlich einwandte, daß,
wenn solche nicht hölzern, sondern steinern, gebauet würde, könnte selbe in Kriegeszeiten von
den Feinden zu einer Batterie gegen die Stadt
gebrauchet werden. Es wurde aber 1690. den
31. Jul solche zu bauen angefangen, um selbe zu
einer wendischen Kirche zu gebrauchen, und 1691.
war sie im Stande, daß sie am 11. Nov. am
Tage Martini eingeweihet werden konnte, wobey der Herr Decanus, Martin Ferdinand
Brückner von Brück nstein, die erste wendische
Predigt hielt. Von denen wendischen Herren
Predigern in Budißin sind mir bekannt:

Herr **Andreas Adalbertus Buccov,** Witt-
genav. Senior Capituli & Concionator Slavicus,
starb 1669. æt. 69.

—— **Georgius Bernhard Kus,** 33jähriger
Vicarius, bey St. Petri, und wendischer Prediger bey B. M. V. starb 1694. æt. 66.

—— **Joh. Lud. Tinicides,** Vicarius und
30jähriger wendischer Diaconus, starb 1690.
æt. 70.

—— **Michael Franciscus Mihan,** Administrator Parochialis bey U. L. Fr.

—— **Martin Golian,** Ostro. Canonicus und
Pfarr bey U. L. Fr.

—— **Georg Beer,** Capellanus daselbst.

§. 7.

§. 7.

Bey Vermehrung der wendiſchen Gemeinden, ſind denen Ordinariis bey großen Kirchfahrten, zu Gehülfen Kappelläne geſetzet worden: als
zu Wittgenau, Croſtwitz, Nebelſchütz. Nach
S dier iſt ein Mißionarius geordnet. Und vor
nicht allzuvielen Jahren machte das Kloſter Marienſtern, das von der Pfarrkirche zu Croſtwitz
dependirende Filial Roſenthal zu einer Parochie
und ließ dieſelbe durch einen Profeſſum ordinis
Cisterciensis aus dem Kloſter Oſſeg, Herrn
Bernhard Petſchick, verſehen, womit der Herr
Decanus nicht zufrieden war, weil die Kirche
Croſtwitz, und die damit verbundene Fillale,
Ralbitz und Roſenthal, unter ſeine Jurisdiction
gehören. Dahero denn bey der päpſtlichen Nun-
ciatur ſich zwiſchen beyden Theilen ein Rechts-
ſtreit erhoben.

§. 8.

So ſind auch einige beſondere gottesdienſtli-
che Handlungen, ſo nach Art der römiſchen Kirche bey denen Wenden vorgefallen, zu merken.
Nach 1520. war kein Actus confirmationis, oder
die Firmung unter denen Wenden vorgegangen.
Ao. 1577. aber kam der am kaiſerl. Hofe reſidi-
rende päpſtliche Nuntius nach Kloſter Marienſtern, und firmete daſelbſt den 9 May in die
400 Mannes- und Weibesperſonen. Dergleichen geſchahe auch 1670.

Zu dem Bilde B. M. V. zu Roſenthal haben
ſich die Wallfahrten in vorigem Seculo ſtark
ver-

vermehret, dahin die Wenden mit großem Eifer und Anzahl, des Jahres zweymal, ziehen,
nämlich Mariä Heimsuchung und Mariä Himmelfahrt, und hat der Jesuit, Jacobus Ticinus,
ein eigen Buch in 8vo zu Prag in Druck gegeben, darinnen er eine weitläuftige Erzählung
von denen vielen Wundern und Hülfen, welche
das daselbst befindliche Bild B. V. M. denen, die
demselben Gelübde gethan, soll geleistet haben,
mittheilet.

Ao. 1700. den 15. April reiseten durch die
Stadt sieben Paar Pilgrimme mit zwey rothen
Fahnen, in aller Stille. Die Wallfahrt gieng
nach Rom, da der Papst, der 86 Jahr alt war,
ein Gnaden- und Jubeljahr ausgeschrieben, und
Gnade und Ablaß ertheilte. Zwey Capitulares
begleiteten sie, jedoch ohne Pomp. Es waren
Bauers- und andere wendische Leute, welche sich
um Wittgenau zusammen begeben.

§. 9.

So haben auch die wendischen Herren katholischen Geistlichen gegen das Ende des vorigen
Seculi angefangen, sich zu bemühen, unter denen
Wenden öffentliche Catechisationes zu halten,
und ist in Budißin dazu ein besonderer Catecheta
geordnet. Deswegen denn auch Ao. 1690. auf
Verordnung des damaligen Herrn Decani und
Capituli, der Catechismus Canisii von ihnen
in die wendische Sprache übersetzet und gedruckt
worden. Gleichwie von ihnen auch die wendisch
übersetzten Evangelia und Episteln e. a. und
sonst

sonst einige andre Schriften im Druck erschienen.

§. 10.

Endlich ist auch noch zu gedenken, daß die
wendischen Schulen, nach dem westphälischen
Frieden, eine bessere Gestalt unter ihnen erhalten,
und daß die römisch-katholischen Wenden ihre
Kinder fleißig dazu und zum Studiren gehalten,
welche es durch ihren Fleiß so weit gebracht, daß
sie hernach in und außer Landes zu geistlichen
Aemtern befördert werden können; wie denn von
denenselben sich viele Canonici im Collegiatstift
Budißin gefunden; einige auch gar das Decanat erlanget, als: Herr Joh. Huse von Lichten-
feld, von Neschwitz, Herr Matthäus Joseph
Viezke von Viezenthal, von Wittgenau, Re-
verendißimus Jacobus Johannes Josephus
de Bærenstamm, Episcopus Pergamensis, S.
Theol. & SS. Canonum Doctor, Notarius Apostolicus juratus, Administrator Ecclef. & Loci Ordinarius, Ecclesiæ ad S. Petrum Budissæ Prælatus
& Decanus Infulatus, Laubæ Præpositus & Par-
thenonis ibidem Visitator perpetuus.

Vierter

Vierter Abschnitt.

Topographia ecclesiastica Sorabica
Lusatiæ superioris.

das ist:

Die Sorberwendischen Kirchspiele in
Oberlausitz.

§. 1.

In dem Marggrafthum Oberlausitz finden
sich deutsche und Sorberwendische Einwohner. Solchemnach giebt es zweyerley
Kirchspiele, deutsche, in deren Kirchen und Schulen Gottes Wort denen Alten und Jungen in deutscher Sprache, und wendische, in derer Kirchen und
Schulen die Kirchkinder in wendischer Sprache
unterrichtet, und der Gottesdienst in jeder Nation Mundart verrichtet wird. Es ist aber an
dem, daß in vorigen Zeiten die Wenden mehrere
Kirchen, in denen ihnen wendisch geprediget worden, gehabt, als jetzo, indem von Zeit zu Zeit
die Wenden angehalten worden, deutsch zu reden, und verstehen zu lernen, welches denn sonderlich bey denenjenigen geschehen, welche mit
denen Deutschen gränzeten, als die in der Königsbrücker, Pulßnitzer, Ruhländer Herrschaften,
die an Meißen anstoßen. Sobald ihnen nun die
deutsche Sprache bekannt worden, haben die
Herrschaften, bey Absterben derer Pfarrer, einen
neuen gesetzet, der allein deutsch verstanden, und

folg-

folglich den Gottesdienſt allein in deutſcher Sprache gehalten hat.   Auf dieſe Weiſe ſind viele
wendiſche Parochien in deutſche verwandelt worden.   Wir wollen aber in unſern Verzeichniß
nicht allein diejenigen wendiſchen Kirchſpiele anführen, woſelbſt vorietzo noch die wendiſche Sprache floriret, ſondern auch die ehemaligen, die ſich
noch im XVI. XVII. und jetzigem XVIII. Sec. gefunden, und mit denen die Veränderung, theils
gantz, theils größtentheils vorgegangen, doch
ſo, daß wir dieſelben mit einem * zum Unterſcheid
derer andern, bemerken, gleichwie die römiſch-
katholiſchen Kirchen unter denen Wenden mit
dem Zeichen † bemerken.

§. 2.

Wie der geiſtliche Kirchenſtaat in Oberlauſitz
zur Zeit des Papſtthums geſtanden, haben wir
Sect. III. C. 1. §. 1. bereits angezeiget.   Durch
die Reformation wurde ſolcher bey den Evangeliſchen aufgehoben, folglich auch die Subordi-
nation der Kirchen und der Prieſter.   Und obzwar ein und das anderemal in Vorſchlag kommen, eine Ordnung aufzurichten, ſo haben ſich
doch immer Hinderniſſe gefunden, dieſelbe ins
Werk zu ſetzen.   Wenn wir demnach gegenwärtig die wendiſchen Kirchſpiele darlegen wollen, ſo bedienen wir uns der Ordnung, wie ſie
nach denen zwey Amtskreiſen, Budißin, ſo ſich
wieder in den Ober- und Niederkreiß ſcheidet,
und Görlitz eingetheilet werden, nnd beliebet
uns dabey die Alphabetiſche Ordnung.   Die
Z   Con-

Consignation der wir uns bedienet, ist von dem
Jahr 1723. Da nun unter verschiedenen Wenden gewöhnlich, daß sie sich nicht zu ihrer eigentlichen Pfarrkirche halten, theils, weil sie nicht derselben Religion zugethan sind, theils, weil sie allzuweit davon entfernet sich befinden, und also in
eine andere gehen, auch öfters damit zu wechseln
pflegen, so ist dieses anzumerken nöthig, wenn
man bey einem und dem andern Dorfe finden
sollte, daß sie sich in gegenwärtiger Zeit nicht zu
der Kirche hielten, die hier angegeben.

§. 3.

In dem Budißinischen Oberkreise finden
sich folgende wendische Kirchen, in welche zugleich
eingepfarret sind, oder sich dahin halten:

1. Baruth, wendisch Barth.

Buchwalde.	Klein-Dubra.
Neudorf.	Leibgen.
Ober- und Nieder-Oelsa.	Klein-Saubernitz.
Wartha.	Weigersdorf.
Neudörfel, halb.	

2. Budißin, wend. Budyschin.

a) Die evangelische Kirche St. Michaelis.

Auritz.	Bajankwitz.
Borck.	Ober-Reina.
Senckwitz.	Seyda.
Stiebitz.	Strehle.
Seyda.	Waditz.
Klein-Seyda.	Grobschütz, u. v. a. m.

a) Die katholische Kirche, B. M. V. †

Ebendörffel.	Nimschitz, ein Theil.
Saltz-Förstgen.	Temritz.

3. Co=

3. Cosel, wend. Koslow.

Petershayn, ein Theil.　　Stannewisch.

4. Creba, wend. Krebja.

Micka.　　　　　　　Neudorf.
Zettlitz.　　　　　　Zschernicke.

* 5. Cunewalde, wend. Kumaud.

Neudorf.　　　　　　Keblitz.
Schömberg.　　　　　Weigsdorf.
　In den drey letzten sind Deutsche und Wenden.

* Crusta, oder Crosta, wend. Krostowa.

Bederwitz.　　　　　　Eilewitz, wend. und deusch.
Callenberg, deutsch.　　Kirsche, ein Theil, wendisch
Halbendorf, deutsch.　　　und deutsch.
Worbs, deutsch.　　　　Rodewitz, wend. und deusch.

7. Förstgen, wendisch Borschcz, ic. Borschka.

Leippen.　　　　　　Ober-Delsa.
Tauben.　　　　　　Tauer.
Water.

8. Grödiz, wend. Rodzischczo.

Belgern.　　　　　　Cannewitz.
Briesen.　　　　　　Drehsa.
Cortnitz, ein Theil.　　Nechern.
Rackel.　　　　　　Weicha.
Wuischke.　　　　　Wurschen.

* 9. Großgrabe, wend. Rabow.

Wicknitz, Bernsdorf und Großgräbichen; letztere
zwey Dörfer sind eigentlich nach Camentz eingepfarrt, weil sie aber eine Meile davon liegen, bedienen sie sich, mit Einwilligung der camentzischen
Geistlichkeit, des Gottesdienstes zu Großgrabe.

Lohkirche, wend. Bukeze.

Bieliß.

Kohlwese.

Laußke.

Meschwiß.

Pomriß.

Rabiß.

Rodewiß, ein Theil.

Secula hora.

Steindörffel.

Woischke.

Klein-Zschorna.

Dehlen.

Kopperiß.

Lehn.

Niethen.

Plotzen.

Rachel.

Scheckwiß.

Gornßig.

Wawiß.

Zschorna.

Wadiß.

Soriß.

Rittliß, wend. Kettlizy.

Bellwiß.

Breitendorf.

Corbiß.

Eiserode.

Gloßen.

Lauche.

Mechen.

Wendisch-Paulsdorf.

Unwürde.

Wohla, halb.

Beschen.

Buda.

Cunnewiß.

Groß-Dehsa.

Fritzsches Guth,

Jauernig.

Lautiß.

Mauschniß.

Oppeln.

Klein-Radmeriß.

Rosenhayn, halb.

Zobliß.

Klein-Baußen, wend. maly Budyschinck.

Preitiß.

Klüx, wend. Kluksch.

Bremen.

Geißliß.

Gommerau.

Jetzscheba.

Groß-Leichen.

Neudorf.

Salga.

Gaupe, oder Kaupe.

Göbeln.

Halbendorf.

Klein-Leichen.

Ließkau.

Sährgen.

Stier.

Rotiß,

Rotitz, wend. Rotezy

Sercka.

Löbau, wend. Luby.

Alt-Löbau.   Delfa.

Malschwitz, wend. Maleschizy.

Briefen.   Schillichau.
Klein-Dubrau.   Groß-Dubrau.
Doberschütz   Krumm-Förstgen.
Nieder Gurick.   Jeschitz.
Lutrowitz.   Klein-Malschwitz.
Mientschitz.   Mörcke.
Plißkowitz.   Quatitz.

Mertzdorf, wend. Wucjo.

Beerwalde.   Schöpsdorf.

Milckel, wend. Minakow, Minakol.

Crosta.   Lippitzsch.
Drebna.   Oppitz.
Lauska.   Teicha.
Rauden.   Weßel.
Tröben.

Nostitz, wend. Nossackizy, Nossatze.

Grube.   Krappe.
Spittel.   Trauschwitz.
Wobla, halb.

Postwitz, wend. Budestec, Budestezy.

Berge.   Klein-Könitz.
Groß-Könitz.   Kosel.
Münchswalde.   Klein-Postwitz.
Rasche.   Außer diesen halten sich hieher: Heinitz,
Groß- und Klein-Döbschütz, Lehna, Ober-Gurick,
Schwarznauslitz, Binnewitz, Mehltheuer, Pie-
litz, Ebendörfel, Rodewitz, Eulewitz, Pödewitz,
Denckwitz.

Z 3   Pursch-

Purschwitz, wend. Porschizy.

Baschitz.	Canitz.
Janckwitz.	Kupschitz.
Röschwitz.	Kreckwitz.
Zieschitz.	Litten.

† Radibor, wend. Radwor.

Brahne.	Bornitz.
Camenau.	Cölln.
Groß-Dubrau.	Luppe.
Lutewitz.	Mercka.
Stositzscho.	

* Wendisch-Sohland an der Spreu, wend. Soland.

Uhyst an der Spreu, wend. Wujesd.

Drähna.	Mönau.

Weissenberg, wend. Wospork.

Wilthen in Meissen.

Irgersdorf.	Tautewalde und Sora.

Sonst besuchen diese Kirche: Klein-Postwitz, Ober-
Gurck, Schwarz-Naußlitz.

§. 4.

In dem Budißinischen Niederkreiße.

* Bischheim.

Heselich.

Bluno, wend. Bluno.

Sabroth.	Serpe.

* Burckau, wend. Bork.

Schwartz-Collmen, wend. Kunz, mit dem Filial Tetschwitz, wend. Tadzez.

Leipe.	Michaucka.
Naarb.	Treppe.

Gey=

Geyerswalde, wend. Lehn, Lehnow.

Cortiß.   Schade.

Góda, wend. Hodżij.

Lieget zwar in Meissen, es gehören aber in dasige Kirche mehr Dörfer aus Oberlausitz, als aus Meissen, und ist die allerstärkste wendische Kirchgemeinde. Es sind darein gepfarret:

A. Aus Meissen.

Cannewitz.   Dobranitz.
Buschwitz.   Koblentz.
Nedeschitz.   Bircka.
Praga.   Dahren.
Pietzschwitz.   Semichau.
Potzschappel.   Mäuselwitz.
Welcke.

B. Aus Oberlausitz.

Pulveritz.   Petzschke.
Jannewitz.   Ober-Förstgen.
Bloaschütz.   Dobergiebs.
Groß-Seitschen.   Klein-Seitschen.
Klein-Förstgen.   Siebitz.
Praßke.   Techeritz.
Drauschkowitz.   Thunitz.
Roth-Naußlitz.   Spittwitz.
Stache.   Pannewitz.
Gürtlitz.   Hänichen.
Neraditz.   Sollschwitz.
Weidlitz.   Panitz.
Schmochwitz.   Ober-Uhna.
Lesche.   Loge.
Minckwitz.   Bresern.
Nieder-Uhne.   Groß-Welcka.
Klein-Welcka.   Saritzsch.
Prietzschwitz.   Libono.
Tschaschwitz.   Utzschkowitz.
Leitewitz.   Demitz.

Saltzförſtgen.   Stroſchitzo.
Baſtitz.   Zſchornitz.
Tſchiſchkowitz.   Lehn.
Storche.

Not. Von dieſen Oertern halten ſich
nach Neſchwitz:

Garitzſch.   Loge.
Milckwitz.

nach Radebor:

Stroſchitzo.

nach Budißin:

Groß-Welka.   Klein-Welcka.
Saltz-Förſtgen.

nach Gauſig:

Thumitz.

nach Schmellen:

Dehnitz.

nach Pohle:

Stache.   Welcke.
Potzſchapplitz.

nach Uhyſt:

Pannewitz.   Klein-Hänichen.
Neraditz.   Güglitz.
Potzſchkowitz.   Kruglitz.

ins Kloſter Marienſtern:

Lehen.   Baſtitz.
Schoßwitz.   Storche.
Tſcharnitz.

Stadt Camentz, wend. Camenz.

Tſchorne.   Petershayn.
Baſelitz.   Bernboch.
Schiedel.   Haußdorf.
Jeſau.   Schimbach.
Biele.

Herms-

* Hermsdorf, wend. Hermanczy.

Lipſa.
Koſel.

Jannewitz.
Zeißboltz.

Hohen-Bucka, wend. Bokow.

Beucknitz.
Hoſen, gehört nach Lauta.

Grünwald.
Sella.

Königswartha, wend. Rakezy.

Caminau,
Colbitz.
Johnsdorf.
Steinitz.
Warthe.

Hermsdorf.
Neudorf.
Troppen.
Weißig.

* Kroppen.

Frauendorf.

† Kroſtwitz, l. Croſtwitz.

Brantſchütz.
Horcke.
Lauſig.
Neudörffel.
Siebitz.

Höffgen.
Kruntze.
Naßeritz.
Reckelwitz.
Zerne.

* Lindenau.

Tetta.

Burckersdorf.

Lohſa, wend. Wahs.

Colm.
Drey-Weiber.
Dyglich.
Geißlitz,
Lietzſchen.
Mortcke.
Neuhof.

Colpen.
Driewitz.
Friedersdorf.
Laußke.
Lippen,
Neide.
Ratſen.

† Kloſter Marienſtern, wend. Kloſchter.

Bantzſchwitz.
Kanitz.

Jauer,
Kucke.

Oſtro.

Oftro.   Schmeckwitz,
Schweinerden.   Dürr-Wicknitz.

Heyerswerda, wend. Wojrez, Wojyrezy.

Bergen.   Bröthen.
Burg.   Brieschke.
Klein-Partwitz.   Laubusch.
Naritz.   Neuwiesa.
Neide.   Künicht.
Michalcken.   Rügel.
Saidewinckel.   Spohle.
Zeißig.

Neschwitz, wend. Neßtacziodo.

Buschwitz.   Caßlau.
Cummerau.   Dubrau.
Doberschütz.   Eytrnch.
Crinitz.   Holscha.
Gura.   Lißahohra.
Jeßnitz.   Luga.
Laußke.   Neudorf.
Luppa.   Quoß.
Niesendorf.   Wietrau.
Ubigau.   Zescha.

† Nebelschütz, wend. Nebelschiz.

Milcknitz.   Wendisch Baselitz.

Oßling, wend. Woßlinka.

Döbra.   Liebegaſt.
Lißka.   Mülſtrich.
Scaßke.   Trada.
Weißig.   Zeißholtz.

Partwitz, wend. Parzow.

Klein-Partwitz.   Schade, liegt in Meiſſen,
 hält ſich hieher, iſt aber nach Senfftenberg eingepfarrt.

Pohla.

Schönborn.   Stache.

*Prie-

* Prietitz.

Wohle.   Zwey Bauern von Wiese.

* Pulßnitz, wend. Polsniza.

† Rallwitz.

Naußlitz.   Cunnerwitz
Schöne.   Schmerlitz.

† Rosenthal, wend. Rozan.

Leßke.

* Ruhland, wend. Ruland.

Arnsdorf.   Bielen.
Gudeborn.   Schwartzbach.
Naundorf.   Janewitz.

   Folgende Dörfer decimiren nach Ruhland: Bockau, Grünwald, Sölle, Hermsdorf, Kroppen, Porsdorf und Lindenau. Es haben von langen Zeiten her erlanget, Bockau, Hermsdorf und Kroppen, daß sie sich haben mögen Kirchen bauen, weil sie von Ruhland weit entfernet sind.

Särichen, wend. Zarki.

Buchwalde.   Coblentz.
Kummerau.   Mauckendorf.
Rachel.

Schmöllen, wend. Ssmolena.

Dämitz.   Neu-Schmöllen.
Träbichen.   Thumitz.

* Schmorcka, wend. Ponchawezy.

Otterschütz.   Zyzsch.

* Schwepnitz, wend. Ssypenza.

Bulleritz.   Grüngräbgen.
Sella.   Cosel.

Spröwitz, wend. Sproewiz.

Burghammer.   Deschka.
Neudorf.   Schilda.
Neustadt halb.   Zerra.   Tätzsch-

Tätzschwitz.

Hat die Kirche vor sich, und ist niemand eingepfarrt: ist sonst eine Filia von Colm.

Uhyst am Taucher, wend. Wujesd.

Bocka.	Gäschwitz.
Groß-Hänichen.	Jüdlitz.
Klaubnitz.	Behan.
Neraditz.	Neustädtel.
Pannewitz.	Seuritz.
Taschendorf.	Utschkowitz.

† Wittgenau, wend. Kulow.

Birckenhausen.	Kelle.
Koßke.	Kotten.
Neudorf.	Salör.
Zulsdorf.	

* Elstra, wend. Halstrow.

Debrick.	Gebla.
Kindisch.	Kriepitz.
Oßel.	Podewitz.
Rauschitz.	Rensdorf.
Talckenberg.	

Gausig, wend. Huska.

Arnsdorf.	Briesancke.
Diehmen.	Goblens.
Günthersdorf.	Klein-Gausig.
Koßum.	Kunschwitz.
Weiß-Naußlitz.	Neudorf.
Medewitz.	Schlunckwitz.

§. 5.

Im Fürstenthum Görlitz.

Collm, wend. Kowm.

Horscha.

Daubitz, wend. Dubz.

Hammerstadt.	Ritschen.
Berge.	Linde.

Tai=

Teicha.

Moholtz.

Werda.

Neu- und Altliebel.

Viereichen.

Trebnitz.

Neuhammer.

Prauske.

Nappatsch.

Zweybrücken.

Gablentz, wend. Jablonz.

Krommlau.

Klein-Düben.

Gemlitz.

Gebeltzig, wend. Belsk.

Jurawitz.

Sand-Förstgen.

Brauske.

Groß-Saubernitz.

Stein-Oelsa.

Gottau, wend. Lucżina.

Brösa.

Lehmisch.

Gleina.

Neudorf halb.

Aliethen, wend. Aljetno.

Dürrbach.

Jahmen.

Oelsa.

Kaschel.

Böcksberg.

Eselsberg.

Zimpel.

Krengelsdorf.

Klein-Radisch.

Kriescha, wend. Kśischow.

Maltitz.

Wasser-Kretschen.

Klein-Tetta.

Roth-Kretschen.

Tetta, wend. Cżtok, eine Filia von Kriescha.

Nochten, wend. Wochosy.

Moßka, wend. Mużakow.

Der Berg.

Neustadt.

Köbeln.

Braunsdorf.

Luckenitz.

Sagar.

Skerbersdorf.

Weiß-Keusel.

Keule, ausgenommen die
Hammerleute, so in die
deutsche Pfarrkirche ge-
hören.

Weiß-Wasser.

Krauschwitz.

Neundorf.

Pechern.

Pechern.

Ein Filial von Moßka.

Petershayn, wend. Hosniza.

Ein Filial von Colm.

Radisch, wend. Radziczow.

Drähna.

Reichwalde, wend. Richwald.

Wünsche.	Schadendorf.
Public.	Ziegelscheune.

Schleifa, wend. Sslepow.

Robna.	Halbendorf.
Groß-Düben.	Liška.
Neustadt.	

* See, wend. Jysor.

Moholtz.	Sprotz.

Spree.

Ein Filial von Moßka.

Tschellen, wend. Czilne.

Ein Filial von Nochten, woselbst der Pfarr von
Nochten, den dritten Sonntag Predigt, Commu-
nion rc. hält, da ihm und dem Schulmeister, die
Bauern Zechweise, die Mahlzeit geben.

Ziebelle, wend. Zybelny.

Beinsdorf.	Bogendorf.
Rosenitz.	Mertzdorf.
Schönborn.	Wendisch-Mußka.

Dritter Theil.

Von den Schickſalen der Sorber-wenden Sprache, und von denen dar-innen geſchriebenen Büchern, in Oberlauſitz.

Das erſte Capitel.

Von den Schickſalen der wendiſchen Spra-che in Oberlauſitz.

§. 1.

Da Sprachen ein Mittel ſind, die Lehren des Chriſtenthums unter den Völkern aus-zubreiten, durch ſelbe auch GOtt gelobet und ihm gedienet wird, ſo erfordert es auch der Zweck dieſer Schrift, unſerer oberlauſitz-wendi-ſchen Sprache zu gedenken, und derſelben Schick-ſale kürzlich anzuführen.

§. 2.

Die Sorberwenden-Sprache, welche eine Tochter der uralten ſlavoniſchen Sprache iſt, iſt mit dem Sorberwendenvolk, im fünften Jahr-hundert nach Chriſti Geburt, in unſere Lande ge-kommen, und hat ihr Recht und Beſitz des frey:n und öffentlichen Gebrauchs genommen:

In

In dem 6. 7. und 8ten Jahrh. da sich die wendischen Einwohner vermehret, hat sie sich mehr ausgebreitet, ist gewachsen, und in ungestöhrter Freyheit geblieben.

In dem 12ten Jahrhundert hatte sie Anfechtung von denen in dieses Land mit Kriegesvolk eingefallenen Franken, welche ihr aber wenig anhaben können, indem die Wenden sich derer Franken erwehreten, folglich ihre Sprache unverrückt beybehalten wurde.

§. 3.

In dem 10ten und 11ten Jahrhundert geschahe der wendischen Sprache Gewalt, indem die Sachsen in diese Lande kamen, die Sorben überfielen, und einmal nach dem andern überwanden. Ob nun zwar die Wenden sich ihnen widersetzten, wieder abfielen und stritten, mußten sie sich doch endlich geben. Und da verlohr die wendische Sprache gar viel, indem sie nicht nur bey denen neuen Einwohnern denen Sachsen, in große Verachtung und Druck gerieth, sondern auch die überwundenen Wenden zum Theil nach der Ueberwinder Sprache sich bequemen mußten.

In dem 12ten Jahrhundert wurde, da die Deutschen ihr Regiment in völliger Kraft über die Wenden führten, auch deutsch redende Herrschaften und gemeine Personen, unter, bey und neben die Sorberwenden sich setzten, die wendische Sprache an theils Orten gar abgeschaft, theils an andern Orten kümmerlich erhalten.

Die

Die deutſchen Ritter, welche mit dieſem und jenem wendiſchen Dorf belehnet wurden, gaben
demſelben einen neuen und zwar deutſchen Namen ; die Wenden aber nahmen ſolchen nicht
an, ſondern behielten die alte wendiſche Benennung, dergeſtalt, daß obgleich nach der Zeit die
Wenden in demſelben ganz aufhörten, und lauter deutſche Einwohner daſelbſt ſich geſetzet, ſo iſt
doch die Nation bis heute bey dem alten Namen geblieben, wenn ſie eines ſolchen Dorfes gedenket: z. E. Bernsdorf, wendiſch, Njeſch-
kow ; Hausdorf, wend. Wukeza. Gleichwie auch bey den Orten, wo noch Wenden ſind,
als: Förſtchen, wendiſch, Borſchcz, Unwürde, wendiſch, Wujer, Breitendorf, wendiſch,
Wujeſd u. dergl. m.

§. 4.

Bey dem allen, da man alle Gelegenheit ſuchte, die Wenden deutſch zu machen, und ihnen
ihre Sprache zu benehmen, iſt ſie doch an den
meiſten Orten, in Ober- und Niederlauſitz, nicht
gewichen, ſondern geblieben; obgleich in dem
13ten Jahrhundert in Meiſſen, außer an etlichen
Orten, welche an Ober- und Niederlauſitz grenzen, die wendiſche Sprache völlig eingegangen.
Wie denn Heidenreich in Chron. Lipſ. ſchreibet,
daß Ao. 1327. die wendiſche Sprache in und um
Leipzig bey den Benachbarten abgeſchaft worden
ſey, und hätten die Leute ihre Sachen in und
außer Gerichten in deutſcher Sprache vorbringen müſſen. Es ließ ſich alſo der Serb in Ober-
A a
lauſitz

lausitz keinesweges seine alte Sprache nehmen,
sondern beharrte dabey; und zwar nicht allein
der gemeine Mann auf den Dörfern, die sie erbauet und völlig-bewohnten, sondern auch die
Priester, auch ein Theil Herrschaften. Und
obschon die Landesherrlichen Gerichten und Aemter in Oberlausitz mit deutschen Personen von
denen Landesherren besetzt worden, vor welchen
die Wenden stehen, auch Dero Befehlen Gehorsam leisten mußten, so wichen sie mit ihrer
Wendensprache doch nicht der deutschen, sondern
die letztere mußte der erstern weichen. Angesehen denn, wenn denen Wenden ein landesherr-
licher Befehl publiciret ward, mußte solches in
wendischer Sprache geschehen. Stunden sie
vor Gerichte, so redeten sie wendisch, und wenn
die Landvoigte, Amtshauptleute, und andere
Amts- und Gerichtspersonen selbst die wendische
Sprache nicht verstunden, noch reden konnten,
mußten sie sich Dollmetscher halten, die das ge-
redete Wendische in das Deutsche, und das
Deutsche in das Wendische übersetzten; welches
auch mit denen landesherrlichen, Amts- und andern Befehlen so gehalten wurde, gleichwie bis
jetzo es noch so gehalten wird.

§. 5.

Und daß in dem 14ten Jahrhundert die wendische Sprache in großem Ansehen gestanden, erhellet daher, weil Kaiser Carl in der goldenen
Bulle vor dieselbe also gesorget, daß er geordnet,
daß die beyden Churfürsten, Sachsen und Brandenburg,

denburg, derselben kundig seyn, Dero Prinzen
darinnen unterrichten laſſen, und ihnen der
Sprache Kundige zum Umgange geben ſollten,
damit ſie Slavoniſch lernten (*).

§. 6.

In dem 15ten Jahrhundert iſt ſowohl die wendiſche Nation, als derſelben Sprache, in ſchlech-
ter Achtung geweſen, und findet man weder im
Gedruckten noch im Geſchriebenen einige Nachricht von beyden.

A a 2　　Glei-

(*) Tit. XXVI. Quapropter ſtatuimus, ut illuſtrium
principum, puta, regis Bohemiæ, Comitis Palatini ducis Saxoniæ & Marchionis Brandenburg. Ele-
ctorum Filii, l. hæredes & ſucceſſores, cum veriſimiliter teutonicum idioma, ſibi naturaliter in-
ditum, ſcire præſumantur, & ab infantia didiciſſe,
incipiendo á 7 ætatis ſuæ anno in germanica, ita-
lica & ſlavica lingua inſtruantur, ita quod infra
14 ætatis annum, exiſtant in talibus, juxta datam
ſibi a Deo gratiam, erudiri, cum illud non ſolum
utile imo ex cauſis præmiſſis ſumme neceſſarium
habeatur, eo quod illæ linguæ ut plurimum ad
uſum & utilitatem S. R. J. frequentari ſint ſolli-
tæ, & in his plus ardua ipſius Imperii negotia
ventilentur.
　　Hunc a. proficiendi modum in præmiſſis poſui-
mus obſervandum, ut relinquatur optioni paren-
tum in filios, ſi quos habuerint, ſeu proximos,
quos in principatibus ſibi credunt veriſimiliter
ſucceſſores, eosque ad loca dirigant, in quibus de
hujusmodi poſſint linguas edoceri, l. in propriis
domibus pædagogos inſtructores & pueros conſo-
cios, in his peritos, eis adjungant, quorum con-
verſatione pariter & doctrina, in linguis ipſis valeant erudiri.

Gleiche Bewandniß hat es auch mit der Serbenſprache in dem erſten Viertheil des ſechzehenden Jahrhunderts gehabt, und kan man ſolches daher erkennen, indem der Biſchoff zu Meiſſen in ſeinen Statutis ſynodalibus einen ſcharfen Befehl an die wendiſchen Prieſter in Ober- und Niederlauſitz geben müſſen, daß diejenigen, welche gedachte Sprache nicht verſtünden, ſich einen der wendiſchen Sprache kundigen Prieſter halten ſollten, damit die Wenden beichten könnten. Man kan daraus ſchlüſſen, daß die wendiſche Sprache und Nation ſich in äußerſter Verachtung gefunden, und die Sprache ſich allein unter dem gemeinen Volke kümmerlich erhalten müſſen.

§. 7.

Doch, wie die evangeliſche Reformation, nebſt der Hauptſache, auch allen guten Wiſſenſchaften und Sprachen, eine Beſſerung verſchaft: alſo hatte auch die wendiſche Sprache ihren Antheil und Nutzen davon. Zum Beweiß geben wir das, was wir von denen oberlauſitziſchen Herren Ständen Sect. II. cap. 3. §. 8. angeführet, wie daß ſie auf allgemeinem Landtage Ao. 1538. 1551. geſchloſſen, daß die geborne Wenden zum Studiren befördert werden ſollten. Ingleichen, wie ſie ſich bemühet, Ao. 1570. im Marggrafthum Oberlauſitz eine lateiniſche Schule vor die Wenden zu errichten.

§. 8.

Bey alle dem, konnte doch die wendiſche Sprache das Glücke nicht haben, daß in derſelben

ſelben etwas von oberlauſitziſchen gelehrten Wenden geſchrieben und dem Drucke übergeben worden wäre, oder auch, daß die Wenden etwas
in ihrer Sprache nur zu leſen bekommen hätten,
ſondern es blieb derſelben Gebrauch allein im
Reden. Zwar wie oben Sect. II. C. 3. §. 10,
gedacht worden, hat man zu der Zeit verſchiedene Bücher, und auch die heil. Schrift in ſla-
voniſcher, crainiſcher, dalmatiſcher, pohlni-
ſcher, böhmiſcher ꝛc. Sprache gedruckt gehabt,
allein unſere oberlauſitziſchen Wenden, konnten
theils aus Armuth ſolche nicht erlangen, theils
konnten ſie auch ſelbige nicht nutzen, weil ſie keine Leſekunſt verſtunden.

§. 9.

Gleiches Schickſal hatte die wendiſche Sprache in Niederlauſitz. Herr Johann Gottfried
Ohnefalſch Richter, Ordensprediger zu Rampitz, ſchreibet in ſeiner Schrift von gelehrten
Niederlauſitzern zur Zeit der Reformation, welche in den Deſtinatis Liter. fragmentis Luſat. P.
VIII. p. 809. zu finden: Es iſt wahr: viele
Prediger haben erſt wendiſch lernen müſſen,
und von denen konnte man nicht verlangen, daß
ſie in der Sprache ſchrieben: Ex certa ratione
ſtatus ſollte die wendiſche Sprache, wo möglich,
gar ausgerottet werden: und die, ſo etwan wendiſch geboren, hatten entweder den Trieb nicht
zum Bücherſchreiben ererbet, oder mußten mit
dem Ackerbau ihr Brodt erwerben, oder ſahen
den Nutzen nicht ab, etwas damit zu ſchaffen,

A a 3

in

in Ansehung des kleinen Strich Landes, wo dieser Dialect galt: dazu kam, daß man die wendische Mundart mit unsern deutschen Buchstaben nicht exprimiren konnte, weil die Wenden
zwey Littern oder Sonos mehr haben.

§. 10.

Es genoß also die wendische Sprache sowohl
im 16ten als auch in der ersten Halfte des 17ten
Jahrhunderts, wenige Pflege. Was die wendischen Pfarrer etwa schrieben, geschahe in der
lateinischen oder deutschen Sprache. Wurde
auch was Wendisches geschrieben, oder von ihnen in diese Sprache übersetzet, so schrieb ein
jeder, wie es ihm am Besten dauchte, oder er
damit fortkommen konnte. Gedruckt hat man
nicht mehr als Albini Molleri Gesangbüchlein,
Catechismum und Kirchenagende, 1576. in nie-
derlausitzischer wendischer Sprache: und in
oberlausitzischem Dialect, Wencesl. Warichii
Catechismum 1597. und Martini sieben Bußpsalmen.

§. 11.

Doch da die wendische Sprache sich in dem
dreyßigjährigen Kriege erhielt, und sich keinesweges vertreiben ließ; der Wende dieselbe auch als
seinen größten Schatz achtete; hingegen den
größten Widerwillen gegen die Erlernung der
deutschen Sprache bewies; und nur an wenigen
Orten die wendische Arten abgeschaffet werden
konnten: so fieng alsdenn mit dem westphälischen

schen Frieden auch der Serben Sprache Glück
an zu blühen. Die wendischen Prediger bekümmerten sich vor allen Dingen um die wendische
Schreibart. Denn da bey denen Oberlausitzern,
weder in alten noch neuern Zeiten, eine dergleichen bekannt, noch im Gebrauch gewesen, so war
dies die allergrößte Schwierigkeit, solche zu er-
finden, bekannt und unter ihnen allgemein zu
machen.

§. 12.

Von der alten slavonischen Schreibart zugedenken, ist zu merken, daß dieselbe zweyerley ist:
die Cyrillische, und die Glagolische. Cyrillus,
der Bulgarier, Mährer und Böhmen Apostel,
fieng zuerst die slavonische Sprache mit griechischen Buchstaben zu schreiben an, da es vorher
mit lateinischen versucht worden. Er ersann hiebey besondere Figuren für die Töne, die im griechischen Alphabeth nicht anzutreffen waren, und
gleichwohl in der slavonischen Sprache vorka-
men. Um solche besser zu verstehen, setzte er zu
denen erfundenen Figuren einige slavonische
Wörter, die sich mit diesen Tönen anfiengen, dahero man hernach solche Züge mit den gebrauchten Wörtern benennte. Dieses Alphabeth nennte
man das Cyrillische, oder Kyrillische. Der
glagolische Character und Schreibart, soll den
heiligen Hieronymum zum Urheber haben, dessen
sich die Croaten und Dalmatier noch jetzo bedienen: Wie denn die slavonischen Meßbücher auf
diese Art in Rom gedruckt sind und werden.

A a 4 §. 13.

§. 13.

Keine von beyden haben die Oberlausitzer in ihrem Schreiben und Drucken angenommen, sondern, wie obgedacht, hat Anfangs ein jeder nach seiner Meynung und Sinn geschrieben, wie er davor gehalten, daß er die Ausdrücke und Mundart der serbischen Wörter am besten geben, vorstellen, und gelesen werden könnte. Hierauf hat der alte Michael Frentzel, Pfarrer in Postwitz, bey Herausgebung der Evangelisten, Matthäus und Marcus, in oberlausitzischer Sorberwenden Sprache, 1670. die böhmische Schreibart erwählet und gebrauchet, und hat dieselbe auch in seiner geschriebenen Uebersetzung des Neuen Testaments beybehalten. Diesem folgte darinnen der Jesuit, Jacobus Ticinus, als er seine Principia linguæ Wendicæ 1679. heraus gab; und diesem folgten die römisch-katholischen Dollmetscher der wendischen Evangelien und Episteln, und des Catechismi Canisii. Als M. Abraham Frentzel, Past. Schœnav. den ersten Theil seines Lexici Etymologici drucken ließ, richtete er sich auch darnach. Weil er aber besorgte, daß die auf besagte Weise gesetzten Worte nicht so leicht von allen zu lesen seyn würden, so fügte er, desto besser fortzuhelfen, in parenthesi eine gantz neue deutsche Schreibart derselben bey. Z. E. Czebern, Zeberem, lege Sebern, Seberem, cum S leni. Bižu lege bischu cum Sch leni. Dieser Vorschlag gab denen Herren evangelischen Dollmetschern des Catechismi Lutheri, der Evangelien und Episteln, wie auch der Kirchenagende, Anlaß, besonders

sonders, da sie bemerkten, wie Zach. Bierling in
seiner Didascalia Vandalica gleichfalls darauf gegangen, daß das Wendische, so viel möglich, nach
der deutschen Schreibart gar wohl geschrieben
werden könnte, daß sie, ehe, als sie ihre Arbeit
fürgenommen, zuvor den 25. April 1691. sich mit
einander berathschlaget, wie die wendische
Schreibart anzustellen? und da andere darein
consentiret, den Schluß gefasset, daß sie bey der
bekannten deutschen Schreibart verbleiben, doch
aber das cż, dż, é, ż behalten wollten. Es
ist aber hernach in denen Psalmen das punctirte
é davon wieder ausgemustert worden. S. m.
Annal. typogr. p. 17. seqq. Da nun die ins
Wendische übersetzten Evangelia und Episteln
der Anfang und der Grund zu der jetzigen
Schreibart sind, die Herren Dollmetscher aber
darüber ihre Erklärung in der Vorrede gethan,
und das Buch nunmehro rar worden, wollen
wir etwas aus gedachter Vorrede, so zu unserm
Zweck dienet, ausziehen und hier mittheilen;
"Ob wir wohl hätten wünschen mögen, daß die
böhm. und pohlnische Schreibart hier in unserm
wendischen Lande besser bekannt wäre, als sie ist,
damit man also dieser alten, regulirten und durch
oftmaligen Druck autorisirten Schreibart sich
hätte bedienen, und um keine neue bekümmern
dürfen. Weil aber in unsern deutschen und lateinischen Schulen uns von Jugend auf impri-
miret wird, daß das ż nicht als ein einfaches ſ,
und dieses einfache ſ, nicht als ein doppeltes ſſ,
noch dieses doppelte ſſ, als ein sch, (wie es

A a 5　　　　gleich-

gleichwohl in der pohln- und böhmischen Sprache geschiehet) gelesen und ausgesprochen wird,
so würde gar schwer fallen, solche præconceptam
opinionem allen und jeden auszureden, und also
die besorgliche Confusion zu vermeiden. Dannenhero hat man vorjetzo den einfältigen Weg
erwählen müssen, die Buchstaben, und vornem-
lich die Consonantes, auch also in der wendischen
Sprache auszusprechen, wie sie in dem Lateinischen und Deutschen ausgesprochen werden, ohne
dem einigen bestrichenen ʒ, welches, wie man es
aus der böhmischen und pohlnischen Sprache er-
borget hat, also behält es seinen sonderbaren
Laut; das bloße c aber, welches in jenen Sprachen allezeit als ein deutsches ʒ, ausgesprochen
wird, haben wir, um eben dieser Ursachen willen,
hier gar weggelassen, weil es in der deutschen
Sprache nicht üblich, in der lateinischen aber ein
æquivocum ist, und bald als ein k, bald als ein
ʒ gelesen wird, darum sind wir auch in der wendischen Sprache bey dem bloßen ʒ, geblieben.
Allein die Vocales, welche bey der eigentlichen
Pronunciation der wendischen Sprache die größte
difficultæt machen, erfordern eine andere und bessere Crisin, und müssen nach ihren unterschiede-
nen Zufällen accurate observiret, und diversimo-
de pronunciret werden, welches aus folgendem
Schemate, dem wir in unser wendischen Schreibart nachgegangen, zu ersehen ist:

s:ch sch,

ſ:ch)		ſch, von einander geſondert und ohne ziſchen, e. g. ſ:chowacż, aufheben,
ſch {		ſch, mit einem harten Ziſchen, e. g. ſchonowacż, das heißt ſchonen,
ż		ſch, mit einem gelinden Ziſchen, e. g. żonowacż, ſeegnen,
dż {		dſch, (gelinde) dżak, der Dank,
tż		tſch, (harte) cżakacż, warten,

gilt ſoviel. oder wird ausgeſprochen, wie ein

e	oe, mehrentheils, doch noch etwas ſtumpfer als das deutſche in Oel: Manchmal, doch ſelten (abſonderlich aber in den præfixis: we, ke, ſe, und welche Wörter daher componiret ſeyn, als ſebracż,) wie das e, in Exempel, welches aus dem uſu zu diſcernizen,
ẽ	je, da das e der principal Buchſtabe iſt, das j aber nur abſorbiret, und das e gar helle ausgeſprochen wird, wie im Exempel, er, ex, eſt, wer, er, der,
je	je, daß beyde Buchſtaben zugleich ausgeſprochen werden, das e aber den Laut behalte, wie das obbeſchriebene oe, im Anfange.
ej	e, (gemein in eja, ego, Ehre, gehe: das j aber wird nur abſorbendo berühret,
j final.	je, meiſtentheils, welches am nechſten beſchrieben worden, doch wird es an manchen Orten, als ein gemeines i ausgeſprochen, man muß ſich alſo nach der Landesart richten, und peccirt man in keinem,
oh o fin.	oa, doch daß es zugleich ausgeſprochen werde, e. g. to, das, wohn, hinaus. Excipiuntur Boh, GOtt, Broh, das Ufer, Roh, das Horn, welche wie ein gemein o pronunciret werden.
y	als oe, (wie oben im Anfange) doch daß es dem i in etwas näher komme. e. g. tem in ſingul. gen. neutr. tym in plur. gen, omn.

Im

Im übrigen behalten die andern hier nicht spe-
cificirten Vocales und Consonantes ihren Laut,
wie in der lateinischen und deutschen Sprache,
und werden die wendischen Diphthongi aj, oj,
uj, ja, jo, ju, nach dem Laut ihrer Buchstaben,
daraus sie bestehen, nur mit einander zugleich
pronunciret.

Aus diesem unsern Schemate Orthographico
ist zu ersehen, daß wir das i, so einem andern
Vocali entweder vor, oder nachgesetzt wird, und
einen Diphthongum machet, wie ein jod schreiben, welches vor uns gethan M. Ge. Dalmatinus,
in editione Bibliorum Slavonicorum, nec non Can-
ticorum ecclesiasticorum, Witt. 1584. impresso-
rum. Daß wir aber demselben hierinnen nach-
folgen, geschiehet

1.) Secundum analogiam proportionis: daß
gleichwie das jod allezeit mit seinem Vocali zugleich ausgesprochen wird, also müsse auch unser lang j mit seinem vor- oder nachstehenden Vocali zugleich ausgesprochen werden.

2.) In differentiam i clari & obscuri, quorum
illud extra Diphthongum, hoc v. in ipsa Di-
phthongo locum habet, & per ipsum Jod non ob-
scure indicatur.

3.) Pro nota Diphthongi, damit man primo
intuitu sehen könne, wenn und wo man das i
schlecht für sich, oder zugleich mit einem beyste-
stenden Vocali, als einen Diphthongum, pronun-
ciren müsse.

4) Ad-

4.) Ad imitationem linguæ græcæ, da indifferenter das i in Diphthongis bald kurz, bald
lang gedruckt. vid. Nov. Teſtam. cura Eraſmi &
Iſ. Caſauboni.

Nachgehends iſt zu erinnern, daß wir zwar
anfangs Sinnes geweſen, zu dem o, wenn es
in der Mitten eines Wortes ſtehet, und als ein
oa ſoll pronunciret werden, das h beyzufügen:
nachdem wir aber in praxi befunden, daß ſolche
Pronunciation ſehr oft fürkommt, und es ſich
alſo nicht gar wohl ſchicken will, allezeit das h
zu inſeriren, muß ſolcher Unterſcheid aus dem
uſu erlernet, und nach demſelben das o bald als
ein gemein o, bald als ein ſonderbares oa, wie
es die Gelegenheit eines jeden Wortes mit ſich
bringet, ausgeſprochen werden, dannenhero in
unſern wendiſchen Verſionibus das h manchmal
hinzugethan, mehrmals aber, wegen der beſorgten Unanſtändigkeit, ausgelaſſen worden, welches ſich niemand wolle irren laſſen. — — So iſt
auch ferner zu annotiren, daß wir nach Anweiſung Georgii Ludovici, Paſt. zu Baruth, in ru-
dimentis Grammat. Sorabicæ zwiſchen der Præpoſition und ihrem Nomine die lineolam hyphen
adhibiren, von welcher lineola insgemein Rey-
herus in Theſ. latin. univerſ. alſo ſchreibet: Hyphen, unio indeclin. figura Grammaticæ, cum
duo vocabula ὑφ᾽ ἓν, ſub unum velut coguntur,
ut uno accentu proferantur. Dieſe Bezeich-
nung nun halten wir, ſalvo aliorum judicio, faſt
für ein neceſſarium in der wendiſchen Sprache,
non quidem ad eſſe ſimpliciter, ſed ad bene eſſe,
damit

damit man alſo die Præpoſition von dem Nomine, cui præponitur, neutiquam vero cum eo
componitur, deutlich unterſcheiden, und beyde
mit einander gebührlich ausſprechen könne.
Denn obwohl in der wendiſchen Sprache eine
genauere Verbindung der Præpoſition mit ihrem
Nomine iſt, als in andern Sprachen, ſintemal
da der Accentus nominis zurück auf die Præpoſition fällt, ſo ſind es doch keine rechte Compoſita, ſondern nur ὑφ᾽ ἕν ſub unum ſcil. accen-
tum redacta, quæ hac ratione non ſegregantur
aut divelluntur, ſed potius per lineolam conjun-
guntur, & ſimul accurate diſtinguuntur. Dannenhero deutet unſere gebrauchte lineola dieſes
an, daß zwar die Præpoſition & Nomen zwey
unterſchiedene Wörter ſeyn und bleiben, doch
aber alſo genau mit einander verbunden ſeyn,
daß ſie, wie ein Wort, müſſen ausgeſprochen
werden, und weil, nach dem genuino principio
Sorabico, der Accent allezeit auf der erſten Syl-
ben, wenn gleich das Wort ſechs- oder ſieben-
ſylbig wäre, ruhet, ſo lautet es nach der wend.
Mund- und unſer Schreibart alſo: ná-bock,
auf die Seite; pó-wecżeri, nach dem Abend-
eſſen; wé-Bohabojoſcżi, in der Gottesfurcht.
Hingegen wenn man es ſchlecht hin ſeparirt
ſchreiben wollte, würde es contra communem
uſum alſo klingen: na bók, pó wéecżeri; wé
Bóhabojoſcżi.

Nach dieſer alſo eingerichteten Orthographia,
haben wir in der Etymologia und Syntaxi zu unſern adminiculis gehabt, theils die principia L.
Wend.

Wend. Ticini, theils in Mst. die obangezogene
Rudimenta Ludovici. Welche beyde Autores,
wie sie in constituenda Grammatica Sorabica,
tam formaliter, quam materialiter, unter einander sehr discrepant sind, also hat uns oftermals
der wohlbedachte usus ein tertium diversum ge-
wiesen, daß es bey so bestalten Sachen, indem
wir uns selbsten ex usu & praxi die meisten Fun-
damentalregeln setzen müssen (welches ein uner-
müdetes Nachsinnen, und in dieser, wegen der
wenigen Elaboration, annoch confusen Sprache, bey denen vielfältigen Veränderungen, ein
behutsames Judicium erfordert hat) uns nicht so
hoch wird zu verargen seyn, so wir etwa, propter
anomaliam non satis perspectam, in einem oder
dem andern Buchstaben möchten verfehlet haben."

§. 14.

Nachdem nun die bisher fast unüberwind-
lich geschienene Schwierigkeit, die ober- und
niederlausitzische wendische Sprache zu schreiben,
gehoben, die Schreibart aber in Gang gebracht
worden, so bekam diese Sprache ungemein viele
Liebhaber und Diener, also, daß man dieselbe
von Zeit zu Zeit politer, brauchbarer und gemeiner zu machen suchte, und wurden in derselben
viele Bücher gefertiget, geschrieben und gedruckt.

§. 15.

Unter denen hohen Beförderern der wendischen Sprache, stehen billig oben an, die Hoch-
löbli-

löblichen Herren Stände des Marggrafthums
Oberlausitz, durch Dero Sorge und Kosten,
die Evangelia, Episteln, Catechismus, Kirchenagenda, Gesangbuch u. a. m. aus der deutschen
in die wendische Sprache übergetragen und gedruckt worden. Was die Frau Landvoigtin,
Frau Henrietta Catharina, Freyin von Gerßdorf, geb. Freyin von Friesin, ingleichen der
Herr Ober-Amtshauptmann, Graf von Gerßdorf, der wendischen Sprache und dem Volke zu
Gute gethan, ist mehr, als einmal, erwehnet worden, und auch im folgenden Capitel geschehen.

Ein großer Theil der Herrn Geistlichen gaben sich ganz besondere Mühe, theils vor sich,
theils in Gemeinschaft dahin zu arbeiten die
Schönheit, den Nachdruck und den Reichthum
der wendischen Sprache zu zeigen, und schrieben in
gebundener und ungebundener Rede, und sind
von ersterer Art die Liederdichter und Uebersetzer
der Gesänge aus dem Deutschen in das Wendische, Zeugen. Ja sogar geborne Deutsche
und Ausländer legten sich auf diese Sprache,
und erlernten dieselbe dergestalt, daß sie dem
wendischen Volk in ihrer Muttersprache das
Evangelium von der großen Seligkeit in Christo
JEsu öffentlich verkündigen können, als Hr. Johann Just Matthenius, von Frankenberg aus
Hessen, Past. in Weissenberg, Hr. Joh. Heinr.
Herwig, von Homburg vor der Höhe in Hessen,
wend. Past. in Moßka, Hr. Chr. Friedr. Brahtz,
von Stramehl ans Pommern, Past. in Kittlitz,
Hr. Michael Friedrich Frantz, von Hamburg,
Past.

Paſt. in Klür, Hr. Gottfried Leßke, Raſteburg
Boruſſ. Paſt. in Königswarte, Johann Friedrich
Schmutz, Paſt. in Uhyſt, jetzt Paſt. zu Mehrau
im Churkreiſe, Hr. Ludwig Lickeſett, von Hil-
desheim, Paſt. in Gutta, Hr. Joh. Chr. Koch,
von Leipzig, Paſt. zu Schleiffa. Hr. M. Ge.
Körner von Pöllwitz bey Zwickau, anjetzo Paſt.
zu Bockau bey Schneeberg, u. a. m.

Die oberlauſitziſch-wendiſchen Herren Studioſi
der Gottesgelahrheit errichteten auf Univerſitäten, zur Aufnahme der wendiſchen Sprache, wendiſche Predigercollegia, als zu Leipzig 1716. und
zu Wittenberg 1749. Woraus der Sprache ein
unvergleichlicher Nutzen entſtanden.

Zu Ehre dieſer Sprache iſt billig auch anzuführen, daß, als Ao. 1712. Se. Czaar. Majeſt.
Petrus der erſte, ſich den 14. October zu Wittenberg fanden, und daſelbſt die Schloßkirche,
Bibliothek u. a. m. mit Dero hohen Gegenwart
begnadigten, und die befindlichen Merkwürdig-
keiten betrachteten, Sie geruheten dieſelbigen ſich
in wendiſcher Sprache beſchreiben zu laſſen.

§. 16.

In der Niederlauſitz hat man zwar der Ser-
biſchen Sprache ſich ſo emſig, als in der Oberlauſitz, nicht angenommen. Jedoch haben ſich
auch welche gefunden, ſo ſich ihrentwegen große
Mühe gegeben, unter welchen ſich vorzüglich Hr.
Gottlieb Fabricius, Paſt. in Kahren, befindet;
zumal da Se. Königl. Majeſt. Friedrich der

Erſte

Erste, in Preussen, sein Unternehmen allergnädigst approbirten, und durch einen königlichen
Beytrag die Herausgabe des Neuen Testaments
in niederlausitz-wendischer Sprache begnadigte.
Es gedenket dessen Herr Fabricius in der Vorrede zum Neuen Testament also: "Se. Königl.
Majest. in Preussen haben meine Uebersetzung
nicht allein allergnädigst concediret, sondern auch
zum Drucke einen allergnädigsten Beytrag gethan, und durch Dero hohes königl. Exempel
auch andere zu einer gütigen Beysteuer aufgemuntert.„ Wie denn gedachter Herr Fabricius
eine eigene wendische Druckerey auf dem Dorfe
Kahren angeleget.

Das zweyte Capitel.

Von denen in Ober- und Niederlausitz gedruckten wendischen Büchern, auch Msten.

§. 1.

Das erste Verzeichniß von denen in oberlauf.
wendischer Sprache gedruckten Büchern, an
der Zahl 72. habe ich in meinen Annalibus Typograph. L. S. 1740. p. 29. seqq. und p. 93. seqq.
mitgetheilet. Weyl. Herr Christoph Faber,
wendischer Pfarr zu Klüx, hat die in oberlausitzischer Serberwendensprache gedruckte Bücher,
so viel er habhaft werden können, fleißig gesammlet, und davon eine ziemliche Anzahl zusammen gebracht, deren Catalogum er in die
Acta eccles. Vinarienf. eindrucken lassen, welche
nach

nach seinem Tode E. Hochedl. Rath der Stadt
Budißin von denen Erben erkauft, und der da-
sigen Bibliothek einverleibet.   Weil mir aber
nicht allein noch andere, sonderlich MSta vorge-
kommen, sondern auch nach seinem Tode viele wendische Schriften im Druck erschienen, so habe
selbe allhier mittheilen wollen, und anbey denenselben diejenigen beygefüget, welche in niederlausitzischem Dialect geschrieben worden sind, bekenne aber, daß derselben wohl mehr seyn können.
Wir theilen diese wendische Bibliothek in zwey
Repositoria, dergestalt, daß in dem ersten zu stehen kommen, diejenigen Bücher, welche die oberlausitzische Serberwendische Sprache angehen;
in dem andern aber, die in wendischer Sprache
geschriebene und in dieselbe übersetzte theologische
Bücher.

Repositorium I.
Bücher so die wendische Sprache angehen.

A.) Libri Grammaticales: die wendische
Sprache lehrende Bücher.

1. Anonymi wendisches A B C, und Buch-
stabierart, 1671. in 8. Der Autor ist ver-
mutblich Michael Frenzel, Past. zu Postwitz. In
diesem sind nicht allein die deutschen stummen
Buchstaben, sondern auch drey besondere angenommen: das bestrichene ƶ, welches wie das
französische g, z. E. in dem Worte obligiret,
das cƶ, so wie tsch, und das pƶ, so wie ein dsch
ausgesprochen wird.

2. Sserßke Khatolßke A B C. Knischkï. Czizcżane wo tom Letu teho Kneßa, 1735. d. i. Wendisch-catholisches A B C-Büchlein, gedruckt im Jahr des HErrn 1735. Der Verfertiger ist der damalige Senior des Capituls in Budißin, Hr. Jacob Anton Kylian, und ist in Budißin gedruckt. Es enthält solches die Buchstaben, eine Buchstabiertafel, das Vater Unser, den englischen Gruß, (Powitano, Willkommen) den Glauben, die zehn Gebote, die fünf Gebote der Kirche, die sieben Sacramenta, Schul-Morgen- Abend- Mariengebetlein u. a. m. Am Ende ist diese Erinnerung an die Schulhalter gesetzt: "Denen lernenden Kindern das Buchstabiren in der wendischen Sprache leichter zu machen, wird hierzu dienlich seyn, daß man sie gleich Anfangs, da sie die Buchstaben sollen kennen lernen, die gedoppelte Buchstaben also lehre nennen und aussprechen, wie sie in der Aussprache lauten, gleich als wäre es nur ein, und nicht zwey Buchstaben. Zum Exempel, cż ohne Punct, nenne man nicht ce, cet, sondern beyde zusammen nur wie ein pures ce. cż mit dem Punct, nenne man cże, dż dże, kż kże, pż pże, ß ß, b bje, kh kha, l elje, m emje, n enje, r erje, rż erż, w wje. So könnte man auch das ż, eż, und das ß, eß nennen, würde also das Buchstabiren viel leichter seyn. Auch kan man die Buchstaben auf wendisch Pißmiki nennen, einen Punct Depk, punctirte Buchstaben depkowane Pißmiki. Das Buchstabiren heiße man Pißmiki znoschowaci, das Lesen Sworrla znoschowaci, damit sie lernen recht wendisch reden.

3. Rudimenta Grammaticæ Sorabo-Vandalicæ Idiomatis Budißinensis, delineata à Georgio Ludovici, Past.Baruthan oin Mst. er starb 1673.

4. Prin-

4. Principia linguæ Wendicæ. J. X. T. S. J. ge=
druckt zu Prag, 1679. in 8.   Der Autor
ist Jacobus Xaverius Ticinus, gebürtig von
Wittgenau in Oberlausitz, und seiner Profeßion
nach ein Jesuit zu Prag.

5. Zachar. Bierling, Hoyerswerd. Past. Ale=
manno = Wandal. in Porschwitz, Didascalia
s. Orthographia Vandalica, d. i. Wendische
Schreib= und Lese=Lehr, auf das Budißi=
nische Idioma, oder Dialectum mit Fleiß ge=
richtet, nemlich wie man die Buchstaben
erkennen, schreiben, und aussprechen soll,
damit ein jeder durch solche Unterweisung
gar leicht und fast vor sich selbst in kurzer
Zeit, richtig die wendische Sprache begreif=
fen, schreiben, aussprechen und reden lernen
soll. Budißin, 1689. in 8.

6. Johannis Choinani, Grammatica Idioma=
tis Sorabici, in specie dialecti Cottbusianæ.Mst.

7. Georgii Matthäi, Past. in Colm, wen=
dische Grammatica, welche in deutscher
Sprache abgefaßt, nach dem neu inventir=
ten Principio und leichtesten wendischen
Schreibart und Budißinischen Dialecto mit
Fleiß eingerichtet, und mit Anmerkungen,
Schematibus, Paradigmatibus, aufs deutlich=
ste erkläret, und mit einem deutschen und
wendischen Register der Wörter versehen.
Budißin, 1721. in 8.   Diese Grammatica ist
nach des Joh. Rhenii Grammatica eingerichtet,
und enthält Orthographiam, Etymol. Syntaxin
und Prosodiam, und das Register kan zu einem
wendischen Wörterbuche dienen.

8. Neue Probe einer oberlausitz=wendischen Grammatic, hauptsächlich nach dem Budißinischen Dialect eingerichtet, darin so viel möglich, alle General=Ideen und Regeln aufgesetzt, und auf die Specialumstände appliciret und limitiret sind, in einer natürlichen Ordnung vorgetragen, und mit einem hinlänglichen Anhange von Tabellen versehen, verfertiget von Johann Gottfried Schmutzen, Argentorat. Diener des Wortes an der wendisch= und deutschen Pfarrkirche in Uhyst an der Spree. Mst.

9. M. Ge. Körner, Past. zu Bockau bey Schneeberg, von der wendischen Sprache und ihrem Nutzen in den Wissenschaften, Leipzig, 1766. in 8.

B.) Lexica und Wörterbücher.

1. M. Abrahami Frencelii, Past. Schœnav. de originibus Linguæ Sorabicæ, Tom IV. Es bestehet solches Werk aus zehn Büchern, und handelt Lib. I. de vocabulis Sorabicis materialiter & formaliter Ebræis. Lib. II. de vocabulis Sorab. quæ secundum figuras grammaticas ad ebræa referuntur. Lib. III. de vocabulis Sorab. quæ secundum tropos Rhetorices ad ebræa referuntur. Lib. IV. de vocabulis Sorab. quæ mediantibus linguis aliis ad ebræa referuntur. Lib. V. de Diis Slavorum & Soraborum in specie. Lib. VI. de vocabulis propriis Sorabicis virorum. Lib. VII. de vocabulis propriis sorabicis mulierum. Lib. VIII. de vocab. propriis regionum s. terrarum aut provinciarum & populorum e lingua Sorabica l. Slavica acceptis. Lib. IX. de vocab. propriis Sorabicis

Urbium

Urbium. Lib. X. de vocab. Sorabicis pagorum.
Das erſte Buch kam Ao. 1693. zu Budißin in
4to zum Vorſchein, und die folgenden dreye zu Bu=
dißin und Zittau, im Verlag Joh. Wiliſches,
Buchführers in Budißin. Das fünfte Buch fin=
det man gedruckt in denen Scriptoribus Hiſt. Rer.
Luſat. Tom. II. p. 85 — 236. unter dem Titul:
A. Frencelii Commentarius Philologico - Hiſtoricus de Diis Soraborum aliorumque Slavorum,
in quo Slavorum antiquitates multaque haſte-
nus obſcura illuſtrantur, aut minus recte intel-
lecta & ſcripta corriguntur. Das VI. VII. und
VIIIte Buch hat das Licht niemals geſehen.; das
IX. und Xte Buch aber enthält meiſt der Tracat,
ſo in die Scriptores R. L. Tom. II. pag. 23 — 63.
eingedruckt: S. T. Luſatiæ utriusque Nomen-
clator, exhibens Urbium, Oppidorum, Pagorum, Montium & Fluviorum nomina. Des
Autoris Arbeit gehet dahin, zu zeigen, daß die
nendiſchen Wörter aus der ebräiſchen, chaldäi=
ſchen und ſyriſchen Sprache herkamen ; wobey
er die Aehnlichkeit der wendiſchen Wörter mit
d'n böhmiſchen und pohlniſchen zeiget. Die la=
teiniſchen Acta Eruditorum reden von denen vier
erſten gedruckten Büchern lobenswürdig; und
die Unſchuld. Nachr. 1703. p. 237 Herr Autor
hat in ſeinem herausgegebenen Lexico Etymol.
ſatſam bezeuget, wie gründlich er in der wen=
diſchen und orientaliſchen Sprachen erfahren ſey

2. M. God. Ludovici, diſſ. hiſtor. philol. de
fonte Linguarum communi, potiſſimum Au-
tori Originum Sorabicarum oppoſita. Reſp.
Mattheo Rheniſch, Loebav. Lipſ. 1693. 4.
Der Autor, welcher nachmals Doctor Theol.
und Director des Gymn. zu Coburg worden,
und durch viele Schriften ſich bekannt gemacht,
hat ſich den Originibus Frencelii entgegen geſetzt, und zeiget an, daß viel wendiſche Wörter falſch

geſetzt, die Autores unrichtig allegiret, Fehler
in der Hiſtorie, σρεβλοτητα & ἀδηλαια
begangen, bey vielen Wörtern keine origines geſetzet, und nicht mehr als 48 Wörter im ganzen
Werke, ſo ebräiſch, zu finden wären.

3. Abrahami Frencelii medicina linguæ
pro iis tantummodo, qui contra origines So-
rabicas diſputarunt. Budiſſin. 1694. in 4.
Dieſes iſt eine Verantwortung gegen die vorhergehende Schrift.

4. M. A. Frencelii, Paſt. Schœn. Sylva Vo-
cabulorum Sorabicæ Linguæ, oder, der wendiſchen Sprache Wörterbuch, wie ſolche,
beyde in der Ober- und Niederlauſit vorkommen, Tom. IV. Mſt. Ein Werk von
ſtupender Arbeit und Fleiß.

5. Voces Sorabicæ Luſatiæ inferioris, excerpſit
eas ex Cl. Gottlieb Fabricii verſione Sorabica
N. T. M. A. Frencelius. Mſt. Das Nſt. iſt
in Folio, beſteht aus 28 Bogen, und ſtetzt erſt
das wendiſche Wort, dann das lateiniſche, und
endlich das deutſche. Dabey ſind die Loca bi-
blica N. T. angezeigt, in welchem Buch, Capitel und Vers das Wort zu finden, und kan das
Werk zu einer wendiſchen Concordanz dienen.

6. Lexici Sorabici Luſatiæ inferioris, primæ lineæ
Autore Gottlieb Fabricio, Inſpector Cotbu-
ſianorum; auxit eas ſupplemento M. Abrah.
Frencelius. Mſt. Das Autograph. beſtehet
aus 38 Bogen, und ſind zuerſt die ſinplicia und
primitiva, als radices geſetzt, unter deſelben aber
die compoſita und derivativa, und zwar wendiſch, deutſch und lateiniſch.

7. Lexicon Sorabicum inferioris Luſtiæ collige-
bat, Ao. Chr. 1739. ætat. 79. 80. Miniſt. 51-52.

M. A-

M. Abrah. Frencelius, V. D. M. Schœnaviens.
in agro urbis Lœbaviæ. Das Original=Mst.
bestehet aus 80 Bogen und ist wie das vorher=
gehende eingerichtet, nur, daß noch mehr, als
einmal soviel Wörter darinnen anzutreffen sind.

8. Joh. Gottfr. Schmutz, Past. in Uhyst,
wendischer Cellarius oder Wörterbuch). Mst.
Die Methode ist wie bey des Cellarii lateinischen
Wörterbuch.

9. D. Joh. Franckii, Phys. Budiss. Hortus
Lusatiæ, Plantarum in Lusatia superiori & in-
feriori crescentium, latine, germanice & so-
rabice. Budiss. 1594. 4. Er erzehlet darinnen
die lateinischen, deutschen und wendischen Namen, derer in der Ober- und Niederlausitz wach-
senden Kräuter, nach dem Alphabeth.

10. M. Ge. Körner, Past. zu Bockau, wen-
disch-deutsches Wörterbuch. promiss.

11. Ejusd. Hebräisch-deutsches Wörterbuch,
worinnen die Stammwörter aus ihren Saa-
menwörtern aufgesucht, und die genaue Uebereinstimmung der hebräischen mit den deutschen vornehmlich, und mit den slavonisch-
wendischen hiernächst gezeiget werden soll.
promiss.

12. Ejusd. Idioticon Misnico-Sorabicum, d. i.
Wörterbuch zu Erklärung einiger Wörter
und besondern Redensarten, deren sich der
gemeine Mann im meißnischen Obererzge-
birge bedienet. prom.

Repositorium II.

Geiſtliche Bücher, oder ſolche, welche das Chriſtenthum angehen.

I. Biblische Bücher.

A.) Die Sonn - und Feſttags Evangelia und Epiſteln.

1. M. **Johann Cichorius**, Paſt. Osling. wendiſche Verſion der Sonn- und Feſttagsevangelien und Epiſteln. Mst. 1663.

2. **Georgii Schertzii**, Paſt. Daubitz. Ueberſetzung der Sonn- und Feſttagsepiſteln. Mst.

3. **Zachar. Bierlings**, Paſt. Porſchw. Sonntagsevangelia mit den Epiſteln, wend. Mst. Beyde haben ſich nach dem Deutſchen gerichtet: gleichwie man dergleichen von verſchiedenen andern Pfarrern in Mst. hat.

4. Sonn- und Feſttagsevangelia und Epiſteln, auf Verordnung des Hrn. Decani, Budiſſin, 1690.

5. **Mich. Frentzels**, Paſt. Poſtwic. wendiſche Evangelia und Epiſteln, Mst. Deren ſich die evangeliſchen Interpretes, bey ihrer Ueberſetzung bedienet, und bekennen ſie, daß ſelbige ihnen einen guten Vorſchub gethan, auf den rechten Weg in der Schreibart zu kommen, und in ihrer guten Meynung geſtärket worden.

6. Die Epiſteln und Evangelia des ganzen Jahres, nebſt der Hiſtorie von der Paßion, Auferſtehung und Himmelfahrt JEſu Chriſti, wie auch von Zerſtöhrung der Stadt Jeruſalem;

salem, auf Verordnung der gesammten
Stände des Marggrafthums Oberlausitz,
in die wendische Sprache übersetzet, Budis-
sin, 1695. 8. Der Uebersetzer Verfahren bey
den Evangelien und Episteln, zeigen sie in der
Vorrede mit den Worten an: „Was fürnemlich
den modum tractandi realia bey diesem Wercke
betrifft, haben wir neben der teutschen höchst-
preißl. Version Hrn. D. Lutheri seel. den Hebräischen und Griechischen Grund-Text mit Fleiß
erwogen und befunden, daß sich dessen emphasis
vielmals besser nach der wendischen, als nach der
teutschen Mund-Art geben laße: Hiebey haben
wir die Böhmische, Polnische und Slavonische
Bibeln, (so wir alle 3 in Händen haben, deren
die erste im Jahr Christi 1613. die andere zu Am-
sterdam 1660. die dritte zu Wittenberg 1584.
gedruckt worden) mit gutem Vortheil consuliret,
uns nach dem gemeinen Gebrauch in der Wendischen Redens-Art gerichtet, und den Fundamen-
tal-Dialectum mit dem L. erwehlet. Doch wo
der Dialect mit W. gebräuchlich ist, als in und
um Budißin, kan schon ein jeder dasjenige l,
welches wie ein w, soll ausgesprochen werden,
nach seiner Art zeichnen, und es also lesen, wie
es seines Orts Gelegenheit mit sich bringet.

7. Die Episteln und Evangelia durchs ganze
Jahr, deutsch und wendisch, Budiß. 1733. 8.
Es ist eben das vorige Buch: jedoch, da die
Schreibart sich immer mehr verbessert hatte, so
ist solches auch in dieser Ausgabe beobachtet.
Die dritte Auflage, 1761.

B.) Einzele Bücher der heil. Schrift.

1. **Gregorii Martini,** Loebav. Pfarr. zu
Burschwitz, sieben Bußpsalmen, Budißin,
1627.

1627. deutsch und wendisch. Er hat solches
Büchlein bey denen damaligen trübseligen Zeiten
gefertiget, und 12 redlich wendischen Pfarrern
dedicirt; als Ge. Krantzen zu Baruth, Andr.
Copino zu Grödiß, Andr. Gartzern zu Klüx,
Dan. Bierlingen zu Guttaw, Adam Marci zu
Baudißin, Joh. Lojä zu Milckel, Petr. Blasio
zu Förstgen, Casp. Wehlan zu Hohkirch, Wenc.
Warichen zu Gödaw, Hier. Friesing zu Wiltben,
Mart. Subcasio zu Weissenberg, und Ge. Pan
zu Malschwitz. Die Anrede, die er an diese seine
Nachbarn und Amtsbrüder gethan, eröffnet einen Theil des Zustandes der oberlausitz. wendischen Kirchen. Und da das Büchlein selten mehr
gesehen wird, die Anrede aber die redliche Sorge vor die Beförderung des Heyls derer armen
Wenden anzeiget, wird es dem G. L. erbaulich
fallen, solche zu lesen. P. T. Mit was großer
Beschwer ein jeder unter uns, bey Autretung und
Führung seines geistlichen Amtes, sich beladen
müssen: da er im Mangel der Windischen Version der Biblischen und andern, zu Verrichtung
unsers Amts, nöthigen und nützlichen Schrifften
sich selber übersetzen und eine sonderliche Version,
da er anders seinem Beruff treulich nachkommen
wollen, für sich machen müssen: das alles sage
ich, ist uns allen mehr als gnugsam bekannt.
Der Schade aber, der aus solcher ungleichen
Interpretation, bey dem gemeinen Mann und einfältigen Hauffen, sich ereignet, ist mehr zu beklagen, als weitläufftig zu erzehlen.

Daß also hoch von nöthen thut, daß wir alle
miteinander, und ein jeder an seinem Orte, GOtt
von Hertzen anruffen und bitten: Er wolle solche Personen erwecken, und nothdürfftige Mittel darzu verleihen, durch welcher ungesparten
Fleiß, wo nicht die gantze Bibel, doch zum wenigsten die Sonn- und Festtags-Evangelia, be-
nebens den Kirchen-Gesängen, zum gleichen und
ein-

einhelligen Gebrauch, in Druck möchten gebracht
und befördert werden.   Denn dadurch würden
nicht allein die Incipienten und Tyrones viel uud
großer Mühe überhoben seyn, sondern es würde
auch die große und höchstschädliche Verwirrung,
welche sonsten bey denen armen Dienstbothen,
die da jährlichen ihre Dienste verwechseln, und
andern gemeinen Hauffen sich befindet, hinfüro
mehlich und mehlich aufgehoben werden, und
sich dargegen alles von Tage zu Tage, durch
GOttes Hülffe, zu einer heilsamen Verbesserung
anlaßen — —.

2. Der Evangelist Matthäus und Marcus,
   übersetzt von Mich. Frentzeln, Past. in Postwitz, Budiß. 1670. 4.   Der Autor gab die
   Kosten, daß die zum Druck nöthigen wendischen
   Littern angeschaffet werden konnten.   Die Zu-
   schrift ist an die oberlausitzischen Herren Stände
   gerichtet.   Es findet sich dabey einige Anweisung, die Buchstaben im Wendischen auszusprechen: Es hat auch der Autor verschiedene Anmerkungen neben und unter den biblischen Text
   gesetzet, die die Uebersetzung, den Verstand der
   Worte, und die Geschichte angeben.

3. Ejusd. Apostolischer Catechismus, oder die in
   die oberlausitzische wendische Sprache übersetzten Episteln St. Pauli an die Römer
   und Galater, Budiß. 1693. 8.   Die Kosten
   reichte die Frau Landvoigtin, Freyin von Gersdorf.   In der Vorrede erzählet er eines und das
   andere von der Wendenvolke Sprache.   Zeiget
   dabey, daß der Wenden Apostel St. Andreas
   sey, der denen Wenden auf der Insul Ponto die
   Lehre von Christo geprediget.

4. Die übersetzten Evangelisten Lucas und Johannes.   Diese übergab im Mst. eben dieser
   Michael Frentzel, 1696. denen Herren Ständen.

                                    5. Der

5. Der Psalter Davids, Budißin, 1703. 8.
Die Ueberſetzung beſorgten M. Paul Prætorius,
Archidiac. Budiſſ. Michael Frentzel, Paſt. Poſtw.
und Michael Rätze, Diac. ad S. Mich. zu Budiſſin. Die Unkoſten floſſen aus der Milde hochge-
dachter Frau Landvoigtin von Gerßdorf, und erhielten die Exemplarien die wendiſchen Kirchen,
Schulen und Armuth.

6. Das Buch Jeſus Syrach, von Georg
Matthäi, Paſt. Colm. in das Wendiſche ü-
bergetragen, Budiß. 1710. 8. Dieſem ſind
3 Lieder beygefüget, und die Dedication iſt an
zwey Herren von Kley, als ſeine Collatores, und
Herrn von Spiller, als eingepfarrte Herrſchaft
gerichtet.

7. Der Jeſus Syrach, überſetzet von Ge. Du-
miſchen, Archidiac. in Senftenberg, Löbau,
1719. 8.

8. Die Sprüche, der Prediger und das hohe
Lied Salomonis, nebſt dem Jeſus Syrach
und einem Anhange einiger bibliſchen Fragen, überſetzt von Chriſtian Leonhard, Paſt.
in Kleinbaudißin, Löbau, 1719. 8. Die Dedication iſt dem Herrn Ober-Conſiſtorial-Präſi-
denten, Georg von Ponickau auf Pohla geſchehen, und auf Verordnung des Oberconſiſtorii in
Dreßden, iſt M. Joh. Chriſtoph Lehmannen, Paſt.
zu Gödau, die Cenſur aufgetragen worden.

9. Andreä Schmalers, Paſt. in Neſchwitz, re-
vidirter wendiſcher Pſalter, Budiß. 1729. 8.
Dies iſt die andere Edition vom Pſalter, der
1703. zuerſt herausgekommen.

10. Der Pſalter Davids in deutſcher und wendiſcher Sprache, 1733. 8.
Ueber vorgedachte finden ſich noch in Mſt.

11. Za-

11. **Zachar. Bierlings,** Hoyerswerd. Paſt. zu Purſchwitz, überſetzter Jeſus Syrach.

12. Ejusd. **Sprüchwörter Salomonis.**

13. Ejusd. **das Buch Hiob.**

14. Ejusd **der Pſalter Davids.**

15. Ejusd. **die Propheten Habacuc und Mala-chias.** Der Ueberſetzer bekennet in der Vorre-de ad Didaſcaliam vandal. daß vor dieſem keiner dergleichen mit Ueberſetzung bibliſcher Bücher gethan habe, welches er verſtehet von Büchern A. T. da er der erſte unter denen Oberlauſitzern ſey, der dergleichen übernommen.

C.) Das Neue Teſtament.

1. **Ein in die niederlauſitz-wendiſche Sprachart übergetragenes Neues Teſtament,** im Mſt. Von dieſem ſchreibet Hr. Fabricius in der Vor-rede ſeines Neuen Teſtaments, de an. 1708. Man hat zwar ſchon ein geſchriebenes N. T. in wendi-ſcher Sprache angetroffen, welches, wie man vernimmt, von unterſchieblichen Perſonen ſtück-weiſe überſetzet, und nachgehends von jemand zuſammen geſchrieben worden. Allein es iſt ſol-ches wenig, ja faſt gar nicht bekannt, und auch darinnen nicht allemal der Sinn der deutſchen Verſion, geſchweige des Grundtextes, getroffen, ſo, daß darinnen ſich offenbare Unwahrheiten befunden. Jedoch hat man den angewandten Fleiß der ehemaligen Verfertiger zu loben, und den Vorſchub von Wörtern mit allem Dank zu erkennen.

2. **Das Neue Teſtament,** in die oberlauſitz-wendiſche Sprache überſetzet, von Michael Frentzeln, Paſt. Poſtwitz. Zittau, 1706. in groß 8. Frau Henriette Catharina, Freyfrau

von

von Gersdorf, geb. Freyin von Friese, Frau
Geh. Rathsdirectorin, und Landvoigtin, ließ solches auf ihre Kosten drucken, und verehrete in
jede wendische Kirche in Ober= und Niederlausitz
ein Exemplar. Hochdieselbe verlangte hiebey:
1) daß der Orthographie, derer von den Herren
Ständen publicirten Bücher, durchgehends gefolget, und 2) die Ueberßetzung der Evangelien
und Episteln beybehalten und eingerückt werden
sollte. Hr. Michael Frentzel hatte daran 20
Jahr gearbeitet, die Uebersetzung etlichemal mit
dem Grundtexte aufs fleißigste conferiret, gegen
die böhmische und pohlnische Bibel gehalten, und
nach denen eigentlichen Redensarten der gebornen Wenden eingerichtet. Weil aber vorjetzo
derselbe bey seinem 75sten Jahre, wegen Dun-
kelheit der Augen, das Manuscript nicht durch-
sehen konnte, so übergab er die Abschrift seinem
ältesten Sohne, M. Abrah. Frentzeln, Past. in
Schöna, welcher solches auf das treulichste besorgte. Diese Frentzelische Uebersetzung war
schon vorher auf Befehl des Churfürsten, Joh.
Georgii II. zu Sachsen, von gewissen hiezu de-
putirten, in der wendischen und orientalischen
Sprache wohlerfahrenen Theologis censiret und
approbiret worden, davon die Acta vorhanden.

3. Eben dieses Testament, wieder aufgeleget,
Löbau, 1727. 8.

4. Die dritte Edition dieses Neuen Testaments,
mit dem Psalter, Budißin, 1736. 8. und
die vierte 1741.

5. Das Neue Testament unsers HErrn JEsu
Christi, in die niederlausitz-wendische Sprache übersetzet und zum Druck befördert, von
Gottlieb Fabricio, Predigern in Kahren.
Kahren, gedruckt von Joh. Gottlob Richtern, 1709. in 8. Es hat gespaltene Columnen,
und

und iſt erſt der deutſche, und dann der wendiſche
Text neben einander geſetzt.   Zur Hiſtorie der
Ausgabe dieſes Neuen Teſtaments haben wir folgendes aus der Vorrede zu nehmen; Der Autor
eröffnete ſeine Arbeit, wie oben gedacht, Sr. Kön.
Majeſt. in Preußen, welche ſolche nicht allein
allergnädigſt bewilligten, ſondern auch durch einen Königl. Beytrag beförderten.   Er fieng alſo die Ueberſetzung unter herzlichem Gebete an,
und endigte ſolche unter göttlichem Beyſtand,
und zwar, wie er ſchreibt: der mich den Grund dieſer mir vormals unbekannten Sprache erkennen
laſſen. Was er in dieſer Edition präſtiret, giebt
er mit den Worten zu erkennen: "Man hat ſich
ernſtlich bemühet, den Sinn des heiligen Geiſtes
recht zu treffen, und auszudrucken, dahero zuweilen von der deutſchen Verſion in etwas abge-
gangen und dem Grundtext gefolget worden;
weil bekannt, daß ſich deſſen Idiotiſmi oft beſſer
in dem Wendiſchen, als Deutſchen, ausdrucken
laſſen; doch hat man hierinnen nichts eigenmäch-
tig gethan, ſondern allemal die berühmteſten
Ausleger der Schrift zu Rathe gezogen.   In
der Sprache ſelbſt, die wegen Mangel der Schriften ziemlich arm ſcheinet, hat man dahin geſehen, wie die Reinigkeit derſelben möge wieder
hergeſtellet werden, und die eingeſchlichene deutſchen Wörter, ſo viel als ſich hat wollen thun
laſſen, vermieden, und bisweilen andere, die eben
noch nicht allenthalben ſehr bekannt, aber doch,
wie der ſel. Choinanus angezeiget, in dem Grunde ihre Richtigkeit haben, und leicht zu verſtehen
ſeyn, eingeführet; auch deßwegen fleißig mit andern
der Sprache Kundigen conferiret, dabey ſonderlich
zu rühmen, der unermüdete Fleiß Hrn. Chr. Er-
melii, Archidiac. der wendiſchen Kirche in Cottbus,
der alle Bogen genau durchgegangen und ſein
Gutachten darüber ſchriftlich mitgetheilet, deme
auch willig gefolget worden.   Sonſt hat man

C c   ſich

sich bey denen in der wendischen Sprache sehr
häufigen und unterschiedlichen Dialectis, nach
demjenigen gerichtet, der um Cottbus herum
gebräuchlich ist, und vor den zierlichsten und ac-
curatesten gehalten wird; dahero durchgehends
das sch nicht; das r, das w und l aber ohne
Unterscheid gebraucht worden.„ Der Ort des
Druckes ist Kahren, ein Dorf im Cottbusischen
Kreise, woselbst Herr Fabricius Pfarrer war,
und eine neue Buchdruckerey anlegte, welche Johann Gottlob Richter versahe.

6. Eben dieses Neue Testament 1728. wieder
aufgeleget.

D.) Die gantze heilige Schrift.

1. M. Abrah. Frentzels, Past. Schœnav. Uebersetzung der ganzen heiligen Schrift in
die oberlausitz - wendische Sprache. Mst.
Es ist selbe von ihm im vorigen Jahrhundert
ausgearbeitet worden.

2. Biblia, d. i. die ganze heil. Schrift, Altes und
Neuen Testaments. Budißin, 1728. in 4.
Die Uebersetzer dieser in oberlausitz - wendischer
Sprache gedruckten Bibel sind: Johann Lange,
Pfarrer zu Milckel, welcher insbesondere die
deutsche und wendische Vorrede dazu gefertiget,
Matthäus Jockisch, Pfarrer in Gebeltzig; Johann Böhmer, Pfarrer in Postwitz, und Joh.
Wauer, Pf. zu Hobkirch. Diese Herren übergaben
dieselbe denen Herren Ständen, (als welche lange
vorher öfters deliberiret, wie dem Wendenvolk die
ganze heilige Schrift geliefert werden möchte)
am Landtage Bartholomäi; Selbe approbirten
diese ihre Arbeit, und reichten ihnen 100 Rthl.
zur Verehrung. David Richter, Buchführer in
Budißin, nahm sie in Verlag. Der Anfang
des Druckes geschahe zu Budißin von Gottfried

Gott-

Gottlob Richtern, welcher auch solche endigte,
außer daß Ehlerd Henning Reimers, Buchdrucker
in Löbau, in denen Propheten ihm beystund.
Es kam dieselbe 1728. in 4to, völlig zu Stande.
Wie es die Interpretes bey solcher Arbeit gehalten, erzählen sie selbst, auf des andern Bogens
7 und 8ten Seite also: "Wir sind vorhero in
der Haupt-Sechsstadt Budißin zusammen kommen, und die Eintheilung gemacht, was ein jeder
übersetzen sollte ; welches jedes Membrum zu
Hause bey Nebenstunden mit allem Fleiß verrichtet, und sodann ferner collegialiter in Budißin
revidiret, dergestalt, daß ein jeder sein Pensum
hergelesen, der andere den deutschen Text Lutheri, der dritte, andere Versiones aufgeschla-
gen, und bey vorfallenden dubiis, die pohlnische,
böhmische und slavonische, die niedersächsische,
Pentapla, auch gute Commentarios consuliret
haben. Solche mühsame Arbeit hat viel Zeit gekostet, massen wir den 14. April 1716. hiezu den
Anfang gemacht, und jetzo den 27. Sept. 1727.
geendiget haben, und darüber 45 Conventus von
zwey, mehrentheils drey Tagen lang, anstellen
müssen. Hiernächst haben wir auch einer des
andern Pensum, nachdem es rein abgeschrieben
gewesen, von neuen zu Hause mit großer Mühe
und Fleiß durchgelesen, mit dem deutschen Text
collationiret, und die Schreibart, so viel möglich
gewesen, conform eingerichtet. Wir machten
uns anfänglich die Hoffnung, es würden uns
einige unserer Herren Amtsbrüder das Werk
helfen facilitiren, indem wir sie 1718. in der
Vorrede oder epistola gratulatoria zu M. Lang-
banses wendischen Postille A. 7. öffentlich bitt-
lich ersuchten: dafern jemand ein oder ander
Buch von dem alten Testamente bereits selbst
vertiret, oder aber von denen Vorfahren vertiret im Mst. besäße, daß er sich wollte, zur Ausbreitung der Ehre GOttes, und zur Erbauung

Cc 2   des

des Nächsten, bey Herr David Richtern, Buchfüh-
rern in Budißin, damit melden. Alleine, wider
unser Vermuthen, hat sich niemand gefunden und
angegeben. Mußten wir dahero das ganze Alte
Testament, ohne die wenig vorhin gedruckten
Bücher, von neuen übersetzen. So haben wir
auch mit Revision derer bereits gedruckten Bücher, z. E. Psalmen Davids, Sprüchwörter,
Prediger, Hohenliedes Salomonis und Syrachs
viel Mühe gehabt. Nicht weniger Arbeit hatten
wir bey dem Neuen Testament, darinnen wir
nicht allein die vielen vitia typographica, sondern auch, wo hin und wieder, was nach dem
rechten budißinischen Dialecto nicht gut wendisch
gewesen, aufs beste verbessert haben, welches auch
der G. L. bey fleißiger Collationirung wohl sehen wird. Hiernächst sind auch von neuen die
Unterschriften und Namen derer Bücher in ge-
nere, und derer Capitel in specie, wie auch die
loca parallela, hinzu gesetzet worden.,,

Was sonst bey dieser Bibelversion beobachtet,
zeigen die Herren Interpretes mit folgendem an:
1) "Man findet ganz reine und deutliche wendische Sprach- und Redensarten, und hat man
sich fremder Wörter, soviel möglich gewesen, enthalten. 2) Sie haben den Wustischen Bibeldruck
zu Wittenberg, zum Fundament ihrer Version
geleget. 3) Die Namen und Ueberschriften eines jeden Buches und Capitels darüber gesetzet.
4) Die Generaleintheilung eines jeden Buches
vorangeschicket. 5) Ueber jedes Capitel Hut-
teri Summarien, und nach Unterscheid der Theile
mit großen römischen Zahlen abgetheilet. 6)
Die notæ distinctionum, als Commata, Cola,
Semicola, Puncta, und Puncta interrogationis,
sind aufs fleißigste in Acht genommen. 7) Der
Name Jehovah allezeit mit großen Buchstaben,
die Nomina propria mit großen Initialbuchsta-
ben, die Nomina substantiva appellativa aber zu

Er-

Ersparung des Raums mit kleinen Initialbuch-
staben gedruckt. 8) Die Dicta classica sind mit
größern Littern, nach dem Exempel Lutheri, gedruckt. 9) Die Loca parallela sind überall im
Alten und Neuen Testament mit allem Fleisse,
zu Ersparung des Raums, gleich an jeden Ver-
sicul mit angehänget. 10) Der Buchstabe l,
wenn er in einigen Dialectis, als wie ein w gelesen wird, ist nach dem Verlangen und Wunsche vieler, mit der größten Mühe durchstrichen,
und ganz besonders gezeichnet, daß ein jeder solchen entweder für ein w, oder l, lesen könne,
nachdem es in seinem Districte gebräuchlich ist.
11) Hiernächst haben sie sich auch bemühet, die
allerleichteste und bequemste Schreibart zu erwählen, daß die, so nicht fertig lesen können, sich
ganz leicht darein finden können.

3. **Biblia, to je Zyse Sswjate Pißmo, d. i.**
die ganze heilige Schrift, 1742. 8. Der Beförderer von dieser Handbibel ist der Herr Geh.
Rath und Oberamtshauptmann, Graf von Gerßdorf: der Director aber der sel. Joh. Gottfried
Kühn, Past. in Klux, welcher verschiedene der
wendischen Sprache kundige Studiosos Theologiæ und Candidatos Ministerii zu Gehülfen gehabt, und in anderthalb Jahren diese wichtige
und höchstnützliche Arbeit zu Stande gebracht
haben, wodurch denn denen Wenden die Bibel
in einem leichten Preiß geliefert werden können.
Von der Beschaffenheit und Endzweck dieser
neuen Handbibel, giebet Herr Kühn in der vorgesetzten deutschen und wendischen Vorrede diese
Nachricht: „Er habe an voriger Uebersetzung der
Bibel, weiter nichts geändert, als daß die Fehler verbessert, und was aufgelassen worden, (welches zuweilen ganze Verse betroffen,) in diesem
Drucke hinzugethan, daß also nunmehro in der
ganzen Bibel kein einziges Wort fehlet. Was
wider Vermuthen an einzeln Buchstaben hier und

da zu ändern seyn möchte, wird der einfältigste
Leser verbessern können — — Diese Edition
trift in denen paginis mit der Cansteinischen zu
Halle herausgekommenen Bibel, Blat vor Blat
überein, und hat man die Orthographie, so viel
man wenigstens weiß, nach der gemeinsten Mundart eingerichtet. Sollte jemand an solcher unserer Schreibart, was auszusetzen finden, der
wolle statt selbige liebloser Weise zu tadeln, vielmehr bedenken, daß wir erst zu Ende des vorigen Jahrhunderts, wendisch zu schreiben angefangen, dahero unsere Sprache noch nicht so
ausgearbeitet sey, daß man in allen Stücken eine
vollkommene Uebereinstimmung der Schreibart
bey derselben fordern könne, so wird er mit uns
den HErrn preisen, daß wir noch so gut wendisch lesen und schreiben können, zumal da unsere
Sprache bishero wenig Liebhaber und Patronen
gefunden. Den Druck betreffend, so ist derselbe
zwar etwas klar, doch leserlich gerathen, die Absicht dabey ist fürnämlich auf die Jugend gerichtet gewesen; denn denen Alten kan durch das
Vorlesen ihrer Kinder, zur Noth geholfen werden. Ich hoffe, es werde nunmehro gegen die
Richtigkeit dieser Edition, mit Grunde, nichts
einzuwenden seyn, und das Vertrauen auf göttliche Hülfe wird auch dadurch bey manchen können gestärket werden, welche nicht begreiffen
können, wie so wohlfeil und um so wenig Groschen, die ganze heilige Schrift zu liefern möglich gewesen.

E.) Aus der heiligen Schrift gezogene Schriften.

1. **Christoph Friedr. Fabers**, Past. zu Kliy
kleine Bibel, d. i. die Hübnerischen biblischen Historien ins Wendische übersetzet,
Löbau,

Löbau, 1733. 8. Des Interpretis Bruder, M. Joh. Caspar Faber, Past. in Ubyst an der Spreu, hat die Vorrede dazu gemachet, welche von der Göttlichkeit der heil. Schrift und christl. Religion handelt und selbige behauptet.

2. Ejusd. wendische Uebersetzung der Paßion JEsu Christi, aus dem Evangelisten Luca, wie solche mit untermengten kurzen Liedern und Seufzern, nach ihren beygesetzten Melodien, können gesungen werden, Budißin, 1745. 8.

3. Krotke Tzaßa-Pzetzineno, to jo: Ne kotre woßownische Pojedanja ztoho stara ha nowoho Zakonja. Ein kurzer Zeitvertreib, oder einige besondere Erzählungen aus dem Alten und Neuen Testamente, in die oberl. wend. Sprache denen Wenden in die Hand gegeben, aus Liebe zu denen, so die Bibel nicht in Händen haben, herausgegeben, 1759. Bb. in 8. Der Autor ist Reverendissimus D. Jacob Joseph de Baerenstamm, itziger Hr. Decanus in Budißin.

II. Symbolische Glaubensbücher.

1. Die drey Hauptsymbola, von Mich. Frentzeln, Budißin, 1671.

2. Vier evangelischer Prediger, als nämlich Uebersetzer der großen Bibel, vierfaches Bekänntniß des christlichen Glaubens, als: 1) das Apostolische, 2) das Nicänische, 3) des heil. Athanasii, und 4) das Augspurgische, Budißin, 1730. 8.

3. Die Augspurgische Confeßion, deutsch und wendisch, 1732. 8.

C c 4   III. Ge-

III. Gebräuchliche Kirchenbücher.

1. M. Albini Molleri, wendische Kirchenagenda in niederlausitzischem Dialect, 1574. S. Destinat. Luf. Tom. II. p. 808.

2. Zach. Bierlings, Kirchenagende, Mst.

3. Vollständige Kirchenagenda in deutscher und wend. Sprache, Bud. 1696. 4. Die Herren oberlausitzischen Stände liessen solche fertigen, und waren die Uebersetzer M. Paul Prätorius, Archidiac. Budiff. Tobias Zschuberly, Paft. zu Lobfe, Joh. Caspar Crüger, Paft. zu Milckel, Georg Matthäi, Paft. zu Collm, und Michael Ratze, Diac. Sorab. Budiff. Sie legten Churfürft Augufti zu Sachfen Kirchenagenda zum Grunde, fügten aber eines und das andere bey, so sie aus Joh. Schraders vollftändigem Kirchenformular nahmen.

4. Martini Bernhardi Jufti à **Friedenfels**, Decani Budiffen. Parochiale Mifnenfe f. ordo Sacramentorum, Prag. 1716. 4. Es ift solches zwar in lateinischer Sprache, vor die deutschen und wendischen röm. katholischen Priefter in Oberlaufitz geschrieben. Allein bey dem Beschluß ift eine deutsche Abhandlung von der Taufe, da denn die Antworten der Layen, die sie bey der Taufe zu thun haben, in deutscher und wendischer Sprache gefetzet sind.

IV. Catechetische Lehrbücher.

1. M. Albini Molleri, Straupicenf. dafelbft Paft. wendischer Catechismus nach dem niederlaufitzischen Dialecto, Budiß. 1574. 8.

2. Wencesl. Warichii, Grædicenf. Pfarr. zu Gödau, wendischer Catechismus, Budiffin,

sin, 1594. deutsch und wendisch, 8.   Dabey
das Tauf= und Traubüchlein sich befindet.   Das
Buch ist denen vielen eingepfarrten vom Adel
und denen Gemeinden zu Göda dediciret.   Dazu
hat M. Albertus Lyttichius, Joachimicus, Su-
perintendens zu Bischofswerda, der sich in der
Præf. Theologiæ catechisticæ Professorem nennt,
eine Vorrede gemacht.   In derselben schreibt er:
"Der Leser wolle sich belieben lassen, und sich
unbeschwerd dabey bezeigen, ob durch dieses Mittel (den gedruckten Catechismum) die weit aus-
gebreitete Völkersprache auch in Schulen mit
Præceptis könnte neben dem zu lernen und lehren gefaßet und plantiret werden, darauf denn
auch der Hochlöbl. Churfürst Augustus zu Sachsen, auch diesen Ort seines erlangten Landes, mit
gnädigsten Befehl und Schulbegnadigung und
Anordnung hat stellen lassen."   Dabey findet sich
eine Anleitung zur wendischen Sprache, welche
den Gebrauch und das Aussprechen der Buchstaben im Wendischen lehret.   Und mag Lyttichius
mit seinen Worten darauf gesehen haben.

3. Andreæ Thiaræi, Muscaviens. Enchiri-
dion Vandalicum, 1610. 8.   Ist ein Catechismus in dem Dialecto, den die Wenden um Mußcau führen.   S. Destinata Lus. Inf. p. 808.

4. Zach. Bierlings, Catechismus sammt den
Fragstücken D. Mart. Luthers und etlichen
schönen tröstlichen und nützlichen Gebethlein,
vor die Jugend und bey den Kranken vorzu-
sprechen und zu gebrauchen, 1684. Mst.

5. Petri Canisii, Catechismus, in die oberlausitzische wendische Sprache versetzet, auf
Verordnung des Herrn Decani Budiss. 1690.

6. Catechismus, deutsch und wendisch, auf
Verordnung derer oberlausitzischen Herren
Cc 5   Stän-

Stände ins Wendische übertragen. Budiſſin, 1693. 8. Die Ueberſetzer ſind eben die,
welche die Evangelia und Agende überſetzet haben.

7. **Gottlieb Fabricii Catechismus in nieder-
lauſitz-wendiſcher Sprache, Cottbus, 1706.**
Von deſſen geſchaften Nutzen redet der Autor in
der Vorrede zum Neuen Teſtament: "Ich kan
nicht anders, als zum Preiſe GOttes bekennen,
daß ich bey meiner bisherigen Gemeine nicht ohne innigſte Freude wahrgenommen, wie der angefangene Unterricht in dieſer Sprache mit dem
vor etlichen Jahren edirten Catechiſmo, bey
Jungen und Alten, einen geſegneten Fortgang
habe„

8. **Abrah. Aneſchkens, Diac. zu Alt-Dö-
bern, Fragen, und 30 Sprüche, zweymal
zu Cottbus gedruckt.**

9. **Daſſelbe Büchlein vermehrt, Budißin, 1709.
dritte Edition.**

10. **Ge. Matthäi, Pfarrer zu Collm, Ueberſetzung des Cyr. Höfers Himmelsweg,
deutſch und wendiſch, Budißin, 12.**

11. **dito, in 8.**

12. **Quiersfelds deutſch und wendiſch vermehr-
te Catechismusfragen, durch Chriſtoph Gabriel Fabricium, Paſt. in Wolcknitz und
Weißagk, Guben, 1711. 8.** Der Autor zeigt
in der Vorrede an, daß ſolche Fragen von denen Lehrern bey den Wenden in Niederlauſitz
und Meiſſen faſt aller Orten getrieben worden
wären. Die Schreibart habe er nicht nach dem
Genio vandalicæ ſcriptionis per multiplicatio-
nem conſonantium, ſondern ſo deut- und leſer-
lich, als es immer geſchehen können, mit allem
Fleiß eingerichtet.

13. **Joh.**

13. Joh. Chriſtoph Crügers, Paſt. zu
Baruth, Erkänntniß des Heils, oder kurze
und einfältige Fragſtücke, ſo da anzeigen,
wie uns GOtt anfänglich zum ewigen Heil
erſchaffen, wir aber ſolches in Adam durch
den Sündenfall verlohren, und wie wir es in
Chriſto durch den wahren Glauben wieder
erlangen, deutſch und wendiſch, Budißin,
1714. 8.

14. M. Mart. Grünwalds, Archidiac. in
Zittau, zergliederter Catechismus Lutheri,
deutſch und wendiſch, Budißin, 1715. láng 12.
dem beygefüget, Auszug aus M. C. N.
Kern aller Morgen-und Abendſeegen. Georg
Dumiſch, Welcka Miſn. t. t. Stud. Theol. überſetzte denſelben ins Wendiſche, wozu die oberlauſitziſchen Herren Stände 30 Rthl. Druckerko-
ſten gaben, und zugleich befahlen, daß in jede
Kirche drey Exemplarien gekaufet werden ſollten.

15. Der Catechismus Lutheri, ohne Auslegung,
bey Joh. Böhmers andächtigen Bether, an-
gedruckt, Budißin, 1715. 8.

16. Petri Schirachs, Paſt. zu Creba, neu-
aufgelegter Catechismus Lutheri, des Wenc.
Warichii, Budißin, 1717. 8. Wobey des
Editoris Vorrede und critiſche Anmerkungen der
wendiſchen Sprache zu finden.

17. Chriſtoph Schlenckers, Paſt. Purſchwitz.
kurzgefaßter kleinerer Himmelsweg, in leichten Frag- und Antworten, mit einem Anhange vom A B C, wendiſchen Buchſta-
bixen und Ziffern, deutſch und wendiſch, Budißin,

dißin, 1722. 8. Dazu machte Hr. Joh. Schnei‑
der, Paſt. Primar. in Budißin, eine Vorrede.

18. **Chriſtoph Schlenckers,** Paſt. Purſchwitz.
kurzgefaßter größerer Himmelsweg, da die
Fragen und Antworten mit Kernſprüchen
heiliger Schrift beſetzet ſind, dabey die öf‑
ſentlichen Kirchengebethe, und Namen der
biblischen Bücher, Budißin, 1722. 8. In der
Vorrede kommen allerhand Critica von der wen‑
dischen Sprache und Leseart vor.

19. **Chriſtoph Friedrich Fabers herrliches**
Weihnachtsgeſchenke, in einem Geſprache
zwischen einem Lehrer und Kinde, von der
Geburt des lieben JEsuskindes, Budißin,
1725. lang 12. Iſt eine Ueberſetzung aus dem
Deutschen, eines Anonymi, ſo ſich einen Freund
der Kinder nennt.

20. Abrah. Kneſchkii, Diac, Palæo‑Debo‑
renſ. Compendium Theologico‑Vandalicum
per quæſtiones & reſponſiones: in calce ha‑
bentur tres appendices, quarum I. exhibet
LX. dicta Scripturæ Sacræ. II. ſiſtit capita ca‑
techeſeos. III. precationes apud ægrotos &
moribundos adhibendas. Lubenæ, 1727. 12.
Der Titul und die Vorrede ſind lateinisch, das
andere aber alles nur wendisch, und zuletzt das
Spruchregiſter deutsch.

21. M. M. Grünwalds, zergliederter Cate‑
chismus, überſetzt von Ge. Dumisch, Lö‑
bau, 1728. 12.

22. Catechismus Lutheri, ohne Erklärung,
deutsch und wendisch, Budißin, 1731. 8.

23. M. Mart. Grünwalds erſte Buchſtaben
der chriſtlichen Lehre, überſetzt von Matth.
Schul‑

Schultzen, Diac. in Kittlitz, dem ange-
hangen etliche kurze Bußseufzer vor die Einfältigen, so zur Beichte und Abendmahl
gehen wollen, Löbau, 1732. lang 12.

die andere Ausgabe, 1737.
die dritte — — 1740.
die vierte — — 1752.
die fünfte — — 1765.

24. **Chph. Friedr. Fabers,** Pfarr. zu Klür,
Mäderjanischer kurzer Unterricht zur Seligkeit in Frag und Antwort, Löbau, 1736. 8.
Dabey eine Zugabe: von den sündlichen Ent-
schuldigungen derjenigen, so nicht den engen Weg
zur Seligkeit gehen wollen.

25. **Johann Pechs,** Diac. Budiss. ad S. Mich.
kurze Heilsordnung in 30 Abtheilungen, in
Frag und Antwort, nebst etlichen Fragen
von der Beichte und Abendmahl, und dem
kleinen Catechismo, deutsch und wendisch,
Löbau, 1737. lang 12. Die andere Edition erfolgte 1748. mit einer Vorrede M. Fr. Brabens,
Past. Vand. Budiss.

26. **Joh. Balth. Langens,** Past. in Neschwitz, erläuterter Porstischer Catechismus in
Frage und Antwort, nach der Ordnung des
Heils, Camentz, 1737. lang 12. deutsch und
wendisch.

It. Löbau, 1738.
It. Budißin, 1761.

27. **Anonymi** kleiner Catechismus Lutheri in
Frag und Antwort nach Ordnung des Heils
ausgelegt und mit Sprüchen heil. Schrift
bevestiget, Camentz, 1739. ganz wendisch.

28. **Chph.**

28. **Chph. Schlenckers**, Paſt. in Purſch-
wiß, Himmelsweg, deutſch und wendiſch,
Budißin, 1740. 8.

29. **Salom. Gottlob Frenßels**, Paſt. in
Geyerswalde, kurzer Unterricht der chriſtlichen Lehre in Frag und Antwort, Löbau, 1739.
lang 12. ganz wendiſch.

30. Der kleine Catechismus Lutheri, oder die
ſechs Häuptſtücke der chriſtlichen Lehre, durch
zugeſetzte leichte und kurze Fragen ausgele-
get, zum guten Gebrauch der Schulen edirt.
Es iſt eine Verſion des Löſeckens Catechiſmi,
von Johann Gottfr. Kühnen, Paſt. in Klür.
Dem beygefügt, Löſeckens Ordnung des Heils,
Budißin, 1740.

31. **Joh. G. Böhmers**, Paſt. in Uhyſt am
Taucher, Lehre vom Anfange des Chriſtenthums, Löbau, 1741. lang 12. Es iſt gefertiget vor die, ſo das erſtemal zum heiligen Abendmahl gehen wollen.

32. Anonymi Evangeliſche Gnadenordnung in
4 Geſprächen zwiſchen einem Lehrer und Zuhörer, mit einer Vorrede Johann Gottlob
Kramſches, Diac. Gorlic. überſetzt von Joh.
Lehmann, t. t. Paſt. in Kittlitz, Löbau, 1743. 8.

33. **Johann Pechs**, kurze Heilsordnung, neu
aufgelegt, mit M. F. Bradens, Pfarrs zu
St. Michael in Budißin Vorrede, 1748.

34. Zergliederter Catechismus Lutheri, zum Gebrauch des Wayſenhauſes in Görlitz, aufge-
ſetzt im Mſt. von Herrn Matthäo Friedrich
Rutheln, und ins Wendiſche überſetzet von
Georg Lahoden, in Klür, 1760. Mſt.

35. Jo=

35. Joh. Porſts Catechismus, pur wendiſch, in Görlitz gedruckt, von Hr. Deinzern in Budißin verlegt, 1761. 8.

V. Geiſtreiche Erbauungsbücher.

1. Die nothwendige Seelenſorge, d. i. eines Predigers Seelenſorge an ſeine Pfarrgenoſſen, anfänglich in engliſcher Sprache geſchrieben, dann ins Deutſche, und aus ſelbigem von M. Paul Prätorio, Archidiac. Budiſſ. ins Wendiſche überſetzet, Budißin, 1704. 8.

2. Johann Pechs, Diac. Budiſſ. Sorab. große Seligkeit, welche uns in Chriſto JEſu in der heil. Taufe geſchenket wird, Löbau, 1734.

3. Starkiſcher Unterricht von einigen ſchweren Redensarten, z. E. ſich ſelbſt verläugnen, ſich kreutzigen ꝛc. überſetzt von Johann Pechen, Budißin, 1735. 8.

4. Lütkemanns Vorſchmack göttlicher Güte, überſetzet von vorgedachten Hrn. J. Pechen, mit einer Vorrede, darinnen er die Wenden zur Erkänntniß der göttlichen Wohlthaten, herzlich ermuntert, dem beygefüget: Lutheri Vorrede über die Epiſtel an die Römer, Budißin, 1735. 8.

5. Joh. Gottfr. Kühnes, Diac. in Klix güldenes Schatzkäſtlein der Kinder GOttes, derer Schatz im Himmel iſt, 1737. in 16. Es beſtehet aus 300 Sprüchen heil. Schrift, da bey jedem ein wendiſcher Vers aus einem Liede geſetzet.

6. Joh.

6. Joh. Arnds, 3 Bücher vom wahren Christenthum, Budiß. 1738. 8. die ersten 3 Büch.

7. Ejusd. 4s 5s 6s Buch vom wahren Christenthum, Löbau, 1739. 8. Der Uebersetzer ist Joh. Gottfr. Kühn.

8. A. H. Franckens, heil. und gewisser Weg des Glaubens an Christum JEsum, von einem Anonymo ins Wendische übersetzt, Löbau, 1739. in 16. (J. G. Kühn.)

9. Der zum Himmel gezeigte Weg, oder Entwurf eines thätigen Christenthums, von J. Imm. Schwartzen, Past. in Lorenzkirchen, herausgegeben, und übersetzet von A. G. Schirach, Pf. zu Kleinbautzen, Bud. 1760. 8.

10. Vom Anfange des Christenthums, übersetzt von Andr. Gedan, Schulmeist. in Baruth, Budißin, 1766. 8. Die Kosten darzu verehrte die Comtesse von Gertzdorf, auf Teichnitz.

11. C. H. v. Bogatzky, güldenes Schatzkästlein der Kinder GOttes, übersetzt von Gottfr. Lesken, Past. in Königswarthe, 1767. 16.

VI. Anleitende Gebethbücher.

1. Christoph Gabr. Fabricii, Past. in Molcknitz und Weißagk, Praxis pietatis Germano-Vandalica, oder deutsche und wend. Gebethe.

2. Der andächtige Bether, bestehend in einer schönen Collection von allerhand Gebethern, nebst Lutheri Catechismo ohne Auslegung und vielen Reimgebethlein, deutsch und wendisch, herausgegeben von Joh. Böhmern, Pfarr in Postwitz, Budißin, 1712. 12.

3. Da

3. Davon die zweyte Auflage, ibid. 1731. 12.

4. Die dritte Auflage, ibid. 1740.

5. Der andächtige Schüler, bestehend aus Morgen- und Abendsegen, Buß- und Bethseufzern, dem beygefüget eine kurze Heylsordnung, verfertiget von Matth. Schultzen, Diac. zu Kittlitz, Löbau, 1734. lang 12.

6. Zweyte Auflage, 1748. der beygefügt: Joh. Hortzschansky von Breitendorf, erste Probe einiger aus dem Deutschen ins Wendische übersetzter Lieder. Es sind derselben etliche 20. die A. G. Schirach, hernach in seine übrige Brocken größtentheils eingerücket.

7. Der wendische Morgen- und Abendsegen, auf alle Tage, 8.

8. Joh. Pechs, Diac. Bud. Sorab. kurzes Gebethbüchlein, bey mancherley Fällen und Zeiten, Morgens und Abends, bey Anhörung göttlichen Wortes, Auserziehung der Kinder, Unglück rc. nebst einer doppelten Unterredung zwischen einem Prediger und Beichtkinde, von der wahren und falschen Buße, it. zwey Lieder: HErr mein GOtt lehre mich stets rc. und Mein GOtt das Herze bring ich dir rc. Löbau, 1733. lang 12.

9. M. Gotth. Schusters, Archidiac. in Zwickau, andächtige JEsusseufzer, übersetzet von Matth. Schulzen, Diac. Kittlic. Löbau, 1736. Edit. II. 1746. III. 1750. IV. 1756. V. 1760.

10. B. W. Marpergers, Ober-Hofpred. in Dreßden, Communionbuch, ins Wendische

D d   gebracht

gebracht von Joh. Pechen, Diac. Budiſſ. Löbau, 1738. lang 12.

11. **Joh. Arnds, Paradießgärtlein,** überſetzt
von Joh. Gottfr. Kühn, in Löbau gedruckt,
von Hr. Richtern in Budißin verlegt, 1740. 8.

12. **Chriſtoph Gabriel Fabricii,** Paſt. in
Daubitz, **deutſche und wendiſche Kindergebethe, Budißin,** 1743. 8. Der Autor meldet
in der Vorrede, daß vor die arme Jugend in
ſeinem Kirchſpiel alle drey Bußtage eine Collecte
zum Schulgelde und benöthigten Büchern einge-
ſammlet, das übrige aber von denen Herrſchaften des Ortes zugeſetzet werde.

13. **Freſenii, Beicht- und Communionbuch,**
überſetzt von Joh. Hortzſchansky, Coll. Gym.
Gorl. in Mst.

14. **C. Hertzbergers, beſter Freund in der Noth,**
oder **Gebethbüchlein einer gläubigen Seelen,**
worinnen dieſelbe zu allen Zeiten, an allen
Orten, bey allem Anliegen, zu dem dreyeinigen GOtt bethen, und alles, was nöthig
und nützlich iſt, erbitten kan, nebſt einer kleinen Bibel und etlichen Geſängen, herausgegeben von Matth. Schultzen, Diac. in Kittlitz, Budißin, 1756. lang 12. pur wendiſch.

15. **Deutſche und wendiſche Kindergebethe,** beſtehend in mancherley Morgen- und Abend-
Buß- Beicht- Abendmahl- Creutz- Noth-
Troſt- und Sterbens-Gebethern, überſetzet
und geſtellet vor die Kirchfahrt in Daubitz,
von **Chriſtoph Gabr. Fabricio,** Paſt. Loci,
æt. 71. Miniſt. 50 an. **Budißin,** 1756. Der
Autor

Autor gedenket in der Vorrede: Es sey dieses die dritte Auflage.

16. Die Stimme der Braut JEsu, in einigen evangelischen Liederversen, Budißin, 1750. 8. Der Uebersetzer heißt N. Hersen.

17. Bußgebete, um den Frieden, übersetzt von George Möhn, Past. in Neschwitz, 1760. 8. Es enthält dieses Büchlein, 2 Gebete M. G. Minors, P. P. in Landshutt, eines, D. J. Fr. Bahrdts, in Leipzig, und eines von dem Autore verfertiget. Edit. II. 1761.

18. Der in der Noth betrübte, aber durch schöne Lieder wieder erfreute Christ. Es enthält eine Erklärung der zwey herrlichen Lieder: Es glänzet der Christen innwendiges Leben ꝛc. und, Eins ist Noth, ach HErr, dies Eine ꝛc. gefertiget von M. Daniel Ehregott Rätzen, Diac. in Bischofswerda, Budißin, 1761. 8.

19. Blümlein, die in dem Garten JEsu gepflückt sind, oder kurze Seufzer des Morgens, Abends, beym heil. Abendmahl, in Noth und Tod, an JEsum gerichtet, von A. G Schirach, Past. in Kleinbautzen, 1762. 8.

VII. Erbauliche Gesangbücher.

1. Albini Molleri, Past. zu Straupitz in Niederlausitz, wendisches Gesangbuch, Budißin, 1574. S. Destinata Lus. Inf. P. I. p. 170.

2. Das Gesangbuch in oberlausitz. wendischer Sprache, Budißin, 1710. 8. Es brachten die Oberlausitz. Herren Stände am Landtag Oculi 1689. dieses zur Proposition, daß, nebst dem Catechismo, Kirchenagende, Evangelien und Episteln.

ſteln, auch die Lieder in eine gleich durchgehends
gebräuchliche wendiſche Sprachart überſetzet wer=
den ſollten.   Dergleichen geſchahe wegen der Lie=
der aufs neue am Landtag Barthol. 1693.   Viele
Umſtände verhinderten die Ausführung dieſes gu=
ten Werkes.   Ao. 1703. aber machte man wirk=
liche Anſtalt, dieſes in Stand zu ſetzen, und wur=
de hierinnen M. Paul Prätorius, Archidiac. in
Budißin, als Director geordnet, ihm aber zu Mit=
arbeitern Joh. Aſt, wend. Prediger in Budißin,
Georg Matthäi, Paſt. zu Collm, und Johann
Wauer, Paſt. zu Hohkirch, gegeben.   Hierauf er=
gieng per literas patentes die Verordnung bey
jeder Kirche, daß die bisherigen wendiſchen Kir=
chengeſänge von jedes Ortes Schulmeiſter abge=
ſchrieben, und bis Oſtern gehörigen Ortes ein=
geſchicket werden ſollten.   Ao. 1705. kam ſolches
nach vieler Arbeit und Mühe zu Stande, und
wurden denen Herren Geiſtlichen pro honorario
200 Rthl. ausgeſetzet.   Ob nun wohl 1706. der
Druck geſchehen ſollte, ſo verhinderte doch ſolchen
der Schwediſche Einfall in Oberlauſitz und Sach=
ſen, und mußte anſtehen bis Ao. 1710. da endlich
das Geſangbuch gedruckt, ſich darſtellte.   Auf
Verordnung wurden die Exemplarien in die Kir=
chen eingetheilet, und jede Kirche mußte 3 Exem=
plaria aus ihrem Vermögen erkaufen.   Derer
darinnen befindlichen Lieder, ſind an der Zahl 205.

3. Dieſes Geſangbuch vermehrt mit etliche 40.
neuen Liedern, 1719. 8.   Die Beſorgung dieſer
Auflage hatte Johann Wauer, Paſt. zu Hohkirch.

4. Geſangbuch, beſtehend in deutſch und wendi=
ſchen Liedern, 1ter und 2ter Theil, 1732. 8.
Der Editor war Johann Gotthelf Böhmer, Mi=
niſterii Candidatus, der in die 60 neue Lieder
denen alten beygefüget.

5. Dieſes Geſangbuch iſt hernach dreymal auf=
geleget

geleget worden, und 1739. unter dem Titul:
„Geiſtliches Opfer, oder Geſangbuch, GOtt
zu Ehren und den Wenden zum Beſten."
Budißin, lang 12. Die Anzahl der Lieder ſind
322. und in denen erſten Ausgaben ſind die Lieder
deutſch und wendiſch. In der Vorrede wird eine
Anleitung zum andächtigen Singen gegeben, und
zuletzt eine Anweiſung, die Lieder nach den Sonn-
tagsevangeliis zu gebrauchen, dabey ſich auch die
gewöhnlichen Kirchencollecten finden.

6. Der zweyte Theil von dieſem Geſangbuche
erſchien 1740. Budißin, und enthält 144
Geſänge.

7. Geiſtliches Geſang- oder Liederbuch, GOtt
zu Ehren und denen Wenden zum Beſten,
auf dieſe bequeme Weiſe, nach der Heilsordnung zuſammen getragen, und von einigen evangeliſchen Pfarrern mit Fleiß durch-
geſehen, mit einer Vorrede Joh. Böhmers,
Pfarrers in Poſtwitz, Budißin, 1741. 8. mit
klaren Drucke. Darinnen ſind 529. der geiſt-
reichſten Lieder.

8. Eben dieſes Geſangbuch mit groben Drucke,
ibid. eod. Neue Auflagen von beyden Drucke,
ſind 1744. und abermal 1745. geſchehen. Der
hohe Beförderer dieſes Geſangbuches, iſt der
weyl. um der Wenden Seelenheyl hochverdiente
Oberlauſitz. Ober-Amtshauptmann, Herr Graf
von Gerßdorf. Die darinnen befindlichen Lieder,
ſind von mehr als 20 wendiſchen Predigern überſetzet, theils auch gefertiget, und an Joh. Gottfr.
Kühnen, Paſt. in Klyx, als den Sammler, geſen-
det worden, welcher alsdenn dieſelben nach der
Ordnung des Heyls unter die Titul gebracht.
Herr Joh. Chriſtoph Lange, Paſt. Prim. Budiſſ.

D d 3 als

als ein der wendischen Sprache wohlerfahrner
und gründlicher Theologus, hat alle diese ver-
tirte Lieder durchgesehen und approbiret: Herr
Joh. Böhmer, Past. in Postwitz, hat darzu die
Vorrede gemacht, und darinnen das Zeugniß gegeben, daß alles nach dem Fürbilde der heilsamen
Lehre und unserer Glaubensbücher zu erklären sey.
Hr. Johann Hobian, wend. Pfarrer in Löbau, und
Hr. Johann Pech, Diacon. bey St. Michael in
Budißin, haben die Correctur besorgt.   Wie nun
dieses Gesangbuch von denen obgedachten Gelehrten und in der evangelischen Lehre von jederman richtig erkannten wendischen Theologis,
als der reinen Lehre gemäß und erbaulich gehalten und gepriesen worden, also ist dasselbe denen
Wenden sehr lieb und angenehm gewesen, und
kein wendischer Lehrer hat weder schriftlich, noch
mündlich, dabey etwas zu erinnern gefunden.

9. Das wendische allgemeine Gesangbuch mit
100 neuen Liedern und einer Vorrede, der
Historie des wendischen Gesangbuches, vermehrt herausgegeben von Adam Gottlob
Schirach, Pfar. zu Kleinbautzen, 8. 1759.
und ferner 1762., 1764. und 1767. sowohl mit
klarer als grober Schrift.   Herr Schirach
änderte das vorhergehende Gesangbuch, ließ auch
das Lied: Es glänzet der Christen innwendiges
Leben ꝛc. weg, und beschuldigte dasselbe in einer
Schrift an E. Hochlöbl. Oberamt d. d. 26. März
1760. daß, wie er redet, darinnen einige tropi-
sche, mystische, hällische und wider die Glaubens-
ähnlichkeit leicht Anlaß und Gelegenheit gebende
Ausdrücke zu finden: Dargegen Herr Kühn von
dem Verleger verlangte, daß das Lied, weil es
ohnedem im Register stehen blieben war, beybehalten würde, und that seine Rechtfertigung in
einer Schrift d. d. 1. May 1760. an hochgedach-
tes Oberamt.   Worauf von daher der Befehl
erfolgte,

erfolgte, daß künftighin keine Aenderung mit dem
Gesangbuche vorgenommen werden sollte. Was
sonst Herr Matthäus Schultz vor bittliche Erinnerung wegen der Aenderung gethan, ist in der
Vorrede seiner Treviranischen Postilla 1756. zu
lesen, und was Hr. Schirach darzu gemeynet, findet man in der Vorrede des Gesangbuchs 1762.

10. **Johann Hortzschansky, von Breitendorf,**
Probe einiger aus dem Deutschen ins
Wendische übersetzten Lieder. Es sind der-
selben 20. und sind als ein Anhang bey Matth.
Schultzens Jesußseufzern, ingl. ebendessen Herz-
bergers Freund in der Noth beygefüget.

11. **Aufgehobene übrige Brocken der herrlichen**
Gabe GOttes, oder Zugabe 80 neuer schö-
ner Lieder und etlicher kurzen Verse, welche
GOtt zu Ehren, und den lieben Wenden
zum Nutzen hier und da aufgehoben, in die-
ses Buch treulich gesammlet, und allen Chri-
sten zum geistlichen Gebrauch aufgesetzet sind
von A. G. Schirach, Past. in Kleinbautzen,
Budißin, 1756. 8. pur wendisch. Die Uebersetzer sind: Joh. Böhmer, M. Fr. Zimmermann,
Joh. Hortzschansky, A. G. Schirach, N. Hersen, Joh. Gottl. Schumann, Joh. Spancke,
M. M. Janasch, C. S. C. G. Schneider.

VIII. Lehrreiche Predigten und Predigtbücher.

1. **Mich. Frentzels,** Past. Postwiz. **Postwitzi-**
scher Taufstein, oder christlich deutsch-wen-
dische Predigt von der heil. Taufe, gehalten
Ao. 1687. 4. deutsch und wendisch. Dabey
wendisch die Kirchenbeichte, das allgemeine Kir-

chengebeth, das Bethstundengebeth, die Lytaney,
das Vater Unser und die Lieder: Du Friede=
Fürst HErr JEsu Christ, rc. und JEsu meine
Freude rc. Budißin, 1688. 4. Voran stehet ein
Schreiben D. Phil. Jac. Speners, und die De=
dication an den Budißin. Rath.

2. **M. Christ. Langhansens Kinderpostille,**
d. i. kurze Erklärung der Sonn= und Fest=
täglichen Evangelien, durch Frag und Ant=
wort, von Ge. Dumischen übersetzet, Bud.
1718. ganz wendisch. Der Uebersetzer hat sol=
che auf Befehl derer Oberlausitz. Herren Stände
in das Wendische übergeben. M. Nic. Haase,
Past. Prim. Bud. gab hierzu Anlaß, und D. Val.
Ernst Löscher, machte dazu eine Vorrede, gleich=
wie verschiedener wendischer Prediger Ehren=
schreiben, und am Ende eine Bußpredigt über
Joel II, 12. 13. von der falschen und wahren
Buße beygefüget sind.

3. **Joh. Pechs,** Diacon. bey St. Michael in
Budißin, Predigt von dem seligmachenden
Glauben, wie sich nehmlich derselbe und die
guten GOtt wohlgefälligen Werke nicht
trennen lassen, gehalten am Fest Mariä
Heimsuchung 1731. Budiß. 1732.

4. Ejusd. Anzugspredigt, das Amt eines evan=
gelischen Predigers, worinnen es sonderlich
bestehet, daß er seinen Zuhörern 1) JEsum
den Gekreutzigten und seine Erlösung vor
Augen stellt; 2) sie lehre, wie sie JEsu Blut
heiligen und reinigen müsse, und 3) zeige, wie
sie als Erlösete und Gereinigte, auch ewig se=
lig werden sollen. Dem beygefügt das Lied:
Mir nach, spricht Christus, rc. deutsch und
wendisch, Budiß. 1731.

5) Ejusd.

5. Ejusd. Verhinderung der göttlichen Gnade bey unsrer Bekehrung, geprediget am Tage Stephani, 1735. Budißin, e. a. 8.

6. Ejusd. große Seligkeit in Christo JEsu, so uns in der heil. Taufe geschenket, Löbau, 1737. lang 12. Er handelt von dem verschiedenen Verhalten derer Menschen gegen die Taufgnade: dann kommen Fragen von dem Taufbunde, und tägliche Erinnerung des Taufbundes, ganz wendisch.

7. M. Ge. Conr. Riegers kleine Herzpostille, in die wendische Sprache übersetzet von Joh. Gottfr. Schulzen, Pfarr. in Königswarte, und mit einer Vorrede begleitet von Joh. Gottfr. Kühnen, Prediger in Klix, Budißin, 1751. 4. bH.

8. D. Mart. Luthers Hauspostille, übersetzet von Joh. Friedr. Langen, Past. zu Hohkirch, Georg Möhnen, Past. in Neschwitz, Joh. Gotthuld Böhmern, Diac. in Budißin, und A. G. Schirachen, Past. in Kleinbautzen, Budißin, 1753. 4.

9. N. Trevirani Postille über die Sonntägl. Evangelia, übersetzet von Matth. Schulzen, Diac. Kittlic. Budißin, 1756. 8.

10. Einige ins Wendische übersetzte Reden, welche in dem Jahr 1756. einer Lutherischen Gemeine gehalten wurden, gedruckt zu Berlin bey Joh. Ge. Voß, 1766. 8. Der Uebersetzer ist Johann Benad, Pastor in Milckel, ist ganz wendisch.

11. Wendische Jubelpredigt vom Lobe des ewigen GOttes, das allem Volk in seiner

D d 5　　　　Sprache

Sprache verkündiget wird, bey Gelegenheit
des halbhundertjährigen Jubelfestes, welches die wendische Predigergesellschaft in
Leipzig den 10. Dec. 1766. begieng, von Johann Rentsch, aus Wilthen, der göttlichen
Lehre Beflißenen, in der Kirche St. Pauli
gehalten, mit einer Vorrede Georg Möhnes,
Oberpfarrs in Neschwitz herausgegeben,
Görlitz, 1767. 8. pur wendisch.

IX. Kirchen-Geschichtsbücher.

1. **George Leonhards**, Paſt. in Mertzdorf,
kurze und allernöthigste Religions- und Kirchenhistorie, vom Anfange der Welt, bis
auf ietzige Zeit, in Frag und Antwort, Budißin, 1734. 8. mit einer Vorrede Johann
Christoph Langen, Paſt. Secund. Bud. Das
Werk handelt 1) von der jüdischen Religion; 2)
von der christlichen, und zwar a) von der evangel. Lutherischen, b) von der Calvinischen oder Re-
formirten, c) von der Päpstischen oder Römisch-
Katholischen; 3) von der Heidnischen; 4) von
der Türkischen; 5) von dem Zustande der recht-
gläubigen Kirche insgemein.

2. **Kirchenschlüssel**, d. i. D. Val. Ernst Löschers
Erklärung der Kirchengebräuche, der Na-
men der Sonntage ꝛc. übersetzt von A. G.
Schirach, Paſt. in Kleinbautzen, Budißin,
1751. 8. die andere Auflage 1752. und die
dritte 1754.

§. 2.

§. 2.

Nachdem wir den in Sorberwendischer
Sprache geschriebenen und gedruckten Bücher-
schatz aufgestellet, müssen wir zum Beschluß, als
was sonderbares annoch anführen, daß dergleichen Bücher nicht allein in unsrer Lausitz, sondern auch einige von denenselben in weitentfern-
ten Landen, und hohen Häuptern bekannt worden sind.   Denn als der Rußische Kaiser Peter der Erste, im Jahr 1697. reisete, und im Ju-
nio in Sachsen eintraf, erkühnte sich der alte
Hr. Michael Frentzel, Pfarrer zu Postwitz, die
von ihm damaliger Zeit in die wendische Sprache übersetzten Bücher, unterthänigst zu überreichen.   Nun wollte er solches zwar in Person
selber thun, allein da der Czar in Eil den Ort
bey Senftenberg paßiret, wo er aufwartete, und
es auf diese Weise nicht geschehen können, so geschahe es doch hernach in Dreßden durch vornehme Hand.   Diese Bücher begleitete Herr
Frentzel mit einer unterthänigen Zueignungs-
schrift, welche in oberlausitzischer wendischer und
lateinischer Sprache abgefasset war.   Da ich
nun diese Nachricht von dessen ältesten Sohn,
weyl. Herrn M. Abraham Frentzeln, Past. in
Schönau erhalten, und Herr M. Johann Gottlieb Frentzel, Advocatus Provinc. Ordin. in Budißin, auf mein freundlich Ersuchen, mir das
eigenhändige Concept davon in beyden Sprachen gütigst zukommen lassen, als will beydes
dem G. L. hier mittheilen, dergestalt, daß ich
dem Lateinischen eine deutsche Uebersetzung beygefüget,

füget, gleichwie Herr Joh. Hertzschansky, Gymn. Gorl. Collega, solches bey dem Wendischen gethan.

Perilluftriffime ac Potentiffime CZAR, Invictiffime Imperator & Magne Dux,

CLEMENTISSIME DOMINE!

Vivat, Vivat Magnus Dominus, Rex in Cafan & in Aftrachan, Potentiffimus Dux quamplurimarum provinciarum.

Totius Europæ quamplurimæ Provinciæ & Regna lætantur & gratulantur fibi de Czaricæ VESTRAE Majeftatis adventu gloriofiffimo: cum enim omnibus RUSSIS vel Mofcovitis interdictum fit, ne peregrinentur, aut fines imperii egrediantur. Nam Magnus Czar non vult fuos fubditos peregrinis moribus imbui, tamen Czarica VESTRA Majeftas non erubuit neque abhorruit, — — — neque Impenfas ad tam amplum iter continuandum, fed Ipfemet in Majeftatica SUA Perfona, in hifce noftris regionibus nos convenit. O Germania! ô tu noftra Saxonia! præprimis tu fplendida Dresda, Refidentia inquam, Sereniffimi noftri Electoris, jamjam Regis Poloniæ, læteris, & gratuleris tibi de adventu ifto Czarico.

Nobis non ignotum eft ex libris hiftoricis, quod ZECH, LECH & RUS tres fratres, qui origine fuerunt ex Illyrica five Slavonia, circa annum Chrifti 500. cum magno & innumerabili exercitu, in Sarmaticas regiones, tunc temporis defertas, incultas & inhabitatas veniffe, ibique

funda-

fundamenta trium regnorum fcil. Bohemiæ, Poloniæ & RUSSIAE pofuiffe. Nam ZECHUS
cum fuis accolis Bohemiam, una cum utraque
Lufatia, LECHUS terram Poloniæ ad viftulam,
cujus inhabitatores hodie fertilitate & à planitie
agrorum dicuntur Poloni, RUS circa Mofcoviam
confedit. RUSSICUM vel Mofcoviticum terri-
torium magnum eft, & amplum Imperium, ita
ut Magnus CZAR a finibus Lituaniæ & a mari
Cafpio ufque ad fines Oceani glacialis & ad terminos Imperii Tartarici, imo hodie per victrices
manus longe lateque in Tartaria, magna potentia
dominetur.

In ipfa RUSSIA vel Mofcovitico regno ipfe
CZAR, veluti Deus aliquis terreftris colitur, nec
fecus ei obediendum cenfent, quam Deo immor-
tali, omnia fcire, omnia poffe credunt RUSSI,
ab eo falutem fuam, fuas opes, fuam fanitatem
derivari credunt. Voluntas & verba Principis
fumma lex funt. Neque nobis ignotum eft ex
Hiftoriis quod CZARICA VESTRA Majeftas
cum omnibus fuis fubditis religioni græcæ fit ad-
dicta, & quidem ab A. 989. Siquidem in ipfo fe-
culo nono Vladimirus RUSSIAE Monarcha factus, ducta Anna, Bafilii Imperatoris Conftanti-
nopolitani filia, religionem chriftianam, fecundum
fidem & ceremonias Græciæ in RUSSIAM vel
Mofcoviam introduxit. In ipfo amplo Imperio
nullæ funt in religione Sectæ, idem omnes fenti-
unt, credunt, amplectuntur. Habent abfolutam
concordiam in fua religione. Vere, CZAR eft
Cæfar & potentiffimus, imo invictiffimus Magnus
Dux,

Dux, cui pedites innumerabiles funt & ex nobi-
litate Equitum ingens numerus, ita ut 150000.
Equitum facile in aciem producere poſſit.

Ipſam ergo Czaricam & Imperatoriam VE-
STRAM Majeſtatem veneror & reſpicio ego
Vandalicus vel Sorabicus concionator & Theologus in Luſatia iſtius Electoratus Saxonici, &
quia Ruſſi vel Moſcovitæ noſtram linguam Sora-
bicam vel Slavicam , i. e. glorioſam loquuntur,
offero ego cum ſumma ſubmiſſione clementiſſi-
mo & benigniſſimo NOSTRO CZAR in uſum
Sorabicæ Nationis a me translatos & evulgatos
vandalicos vel ſorabicos ſacros libros, ſubmiſſiſſi-
me orans & petens, ut in VESTRAM RUSSIAM
vel Moſcoviam transferantur, ita, ut ipſi Moſcovitæ ex ipſis libris meis addiſcant, & cognoſcant,
ipſam orthodoxam & Apoſtolico-Lutheranam Religionem in Saxonia Electorali maxime florere.

*Vivat! Vivat! Czar & Cæſar invictiſſi-
mus & potentiſſimus.*

Allerdurchlauchtigſter und Großmäch-tigſter Czar, unüberwindlicher Kayſer und Großfürſt,

Allergnädigſter Herr!

Es lebe! Es lebe! der Großherr, König in
Caſan und Aſtrachan, Der großmächtige Fürſt
vieler Länder.

Es freuen ſich und halten es vor ein Glück
die meiſten Länder und Königreiche Europens,
Euer

Euer Czarischen Majestät glorwürdige Gegenwart zu genüßen.   Denn da allen Russen oder
Moßcowitern verboten ist, nicht zu reisen und
außerhalb ihres Reiches sich zu machen: denn
der große Czar will keinesweges, daß seine Unterthanen ausländischer Völker Sitten annehmen; So hat doch Eure Czarische Majestät sich
nicht geschämet und gescheuet, – – vielweniger
die Kosten zu einer so weiten Reise, sondern Selbst
in seiner Majestätischen Person in diese unsere
Länder zu uns kommen. Freue dich und wünsche
dir Glück o Deutschland! und du, unser Sachsen, und besonders du, prächtiges Dreßden, du
Residenz des Durchlauchtigsten Churfürstens
und nunmehrigen Königes in Pohlen wegen dieser Czarischen Ankunft!

Uns ist aus den Geschichtbüchern wohl bekannt, daß Zech, Lech und Ruß, drey Brü-
der, welche Illyrien oder Slavonien vor ihr
Vaterland erkennen, um das Jahr Christi 500.
mit einer großen und unzählbaren Menge, in die
damals wüsten, ungebauten und unbewohnten
Sarmatischen Lande eingetroffen, und den
Grund zu drey Königreichen, dem Böhmischen,
dem Pohlnischen und dem Rußischen geleget.
Denn Zech hat mit seinen Anwohnern sich in
Böhmen und zugleich in Ober- und Niederlausitz, Lech in das an der Weichsel liegende
Pohlerland, derer heutige Bewohner, wegen der
Fruchtbarkeit und Ebene des Landes, Poloner
genannt werden, Ruß aber in Moßcau nieder
gelassen.   Das Rußische oder Moßcowiti-
sche

sche Land, ist ein großes und weitläuftiges Reich,
dergestalt, daß der große Czar von den Enden
Litthauens und von dem Caspischen Meer bis
an das hohe Eißmeer, und bis an die Grenzen
des Tartarreiches, ja heut zu Tage, durch die
sieghaften Waffen, selbst in der Tarterey weit
und breit, mit großer Macht herrschet.

In Rußland, oder dem Moßcowitischen
Reiche, wird der Czar gleich als ein irrdischer
Gott geehret, und ihm wie dem unsterblichen
GOtt, Gehorsam bewiesen. Denn die Russen halten dafür, ihr Czar wisse alles, er könne
alles: von Ihm komme ihre Wohlfarth, ihr
Reichthum, ihre Gesundheit. Der Wille und
die Worte ihres Fürsten sind ihnen das höchste
Gesetz. Ueberdieses ist uns aus denen Geschicht-
schreibern wohl bewußt, daß Eure Czarische Majestät mit Dero Unterthanen sich zu der Griechischen Religion bekennen, und das vom Jahr
Christi 989. her: sintemal in diesem 9ten Jahrhundert Wladimirus, der der Russen Monarch
worden, durch die Vermählung Annen, des
Constantinopolitanischen Kaysers Basilii Prin-
zeßin Tochter, die christliche Religion nach der
Art des Glaubens und Gebräuchen der Griechischen Kirche in Rußland oder Mußcau eingeführet. In diesem weitläuftigen Reiche sind
in der Religion keine Spaltungen; alle haben
einerley Meynung und Glauben: Sie haben
eine vollkommene Religionseinigkeit. Gewiß,
der Czar ist ein mächtiger Kayser, ein groß-
mächtiger Kayser, ja ein unüberwindlicher Groß-

fürst

fürſt, deſſen Fußvolk unzehlbar, die Reuterey aus
dem Adel ungemein groß iſt, alſo, daß er mit
leichter Müh in die 150000 Reuter ins Feld ſtellen kan.

Euer Czariſche und Kayſerliche Majeſtät ver-
ehre ich allerunterthänigſt, und bewundere Dieſelbe, ich, ein wendiſcher oder ſorbiſcher Prediger und Gottesgelehrter in Lauſitz unter Chur-
ſächſiſcher Hoheit. Und da die Ruſſen, oder
Moßcowiter, unſere Sorben- oder Slaven-
das iſt herrliche Sprache reden, ſo übergebe
unſerm allergnädigſten und holdſeligſten Czar
in tiefſter Demuth, die von mir, zum Gebrauch
des Sorbenvolkes, überſetzte und gedruckte
wendiſche, oder ſorbiſche Bücher der heiligen
Schrift, mit unterthänigſt demüthigſter Bitte,
daß dieſelben in Euer Majeſtät Rußland oder
Mußcau gebracht werden, damit die Moßcowiter aus dieſen Büchern erlernen und erkennen,
daß die wahre rechtgläubige und Apoſtoliſch-
Lutheriſche Religion, im Churfürſtenthum Sachſen, im großen Flor ſey.

Es lebe! Es lebe! der unüberwindliche
und großmächtige Czar und Kayſer.

Wyßoce Rosjasneny, a iara Mocny Czar, nidenepſchiwineny Keyſer, a wulki Knes.

Witay knam! witay knam Waſcha Kzarska a Keyſerska Majeſtas a Kraßnoß. Wa-
ſcheho wyßokeho pſchichoda ſweßela a ſraduja

E e   ſe

se Europeiske Seme, woßebe cyly Niemski
Kraj, tesch wjscże nascha Sachßonska. Mos-
kowi ie sakasane, so nide nesmeja se swojej Seme, tesch nic psches swoje mesy pschestupicż; da
schak wascha Majestas sebi schaneje procy, tesch
żanych penes neje lutowala, ale we wyßokej
Personi pschidże sem knam do naschich Krajow
knam poladacż. O Sachßonska, a woßebe ty
Dresda (Dreschdżanj) ty krasne Sydlo, na-
scheho milosczjiweho Churfürsty, a Knesa, FRI-
DRICH Augustußa, tak dolho, jak Dresda
stej, kotreż mjsto Serbja su twarili, neje teho
runja cżescże so dostalo, so by ton wulki Czar
a wulki Knes, kotryż s-wele tausendt Milliona-
mi podanami naschu serbsku, aby Sarma-
tisku recż reczi, knam pschichadżal. O kak ie
so wascha Majestas ponizala a pokorila! Czi
Wucżeni pischa, so Czarojo a czi wulci Kneża
swoj sapoczatk maja wot Keyschora Augusta,
aby dżin wot ieho Bratrow, a bliskich pscha
czerow, kotsi we Russiskej, aby Moskowiteskei
sú knezili. Zech, Lech a Rus, co Bratrsa,
su tesch we ljczi Kryßtußowem 500 swele tausendt czlowekami do tutych Sarmatiskich
Semjow pschischli, a to salozeni czinili tych
coch Kralestwow, iako to su Czeska, Polska a
Russiska, aby Moscowitiska. Czech se swem
ludom bydlesche czeschkei semi, Lech se sydlesche
do Polskej, Rus pak Russiskej. Wascha
Kzarska Majestas je wulki Knes, wy knezicże
a scże sKralom we Kasan a tesch Astrachan, a
macże pod sobu na XVIII. Fürstcinstwow: wy
macże

macźe roskaſacż acż do Perſiſkich a acż do
Mediſkich meſow.   My wimy shiſtoriſkich
Knihow, ſo ton Moſcowitiſki Czar we wſchit̃
kich ſwojich Krajach a ſemjach ma tu grigiſku
Kſcheſtiansku wjeru a wuczbu.

Ja waſchei Kcarſkei Majeſteczi poniſchne
pſchipowedam, ſo my Nimcy a Serba tude
we Sachſonſkej teſch mamy tu Japoſchtolſku
Lutherſku wjeru, a wuczbu: proßym was po̾
korne, My chcyli tu te na ſerbſku recz wottem̾
ne pſchelożene ſwjate Knihi wottemne ſnadu
wſacż a ſobu do Moſcowitiſkei pſchinecz, tak ſo
by waſchi podano widżili, ſo we naſchem Sach̾
ſonſkem Churfürſtczinswi ta prawa Apoſtoliſka
Lutherſka wjra a wuczba ſjawne budże wuczena
a pridowana.

Waſcha Czarſka Majeſtas nech ſo wot
Boha dere ma!

Allerdurchlauchtigſter und Großmäch̾tigſter Czar, Unüberwindlichſter Kaiſer und Großfürſt.

Willkommen! Willkommen Ew. Czariſche
und Kaiſerliche Majeſtät und Herrlichkeit.
Ueber Dero hohe Ankunft erfreuen und ergötzen
ſich die Europäiſchen Länder, beſonders das
ganze Deutſchland, auch gewiß unſer Sachſen.
In Moſcau iſts verboten, daß ſie niemals aus
ihrem Lande, noch über ihre Gränzen treten
dürfen; dennoch hat Ihro Majeſtät keine Mü̾

he, auch keine Unkosten (keines Geldes, nach dem
Wendischen) gesparet, sondern kommen in hoher
Person zu uns in unsere Länder, uns zu besuchen.
O Sachsen und besonders du Dreßden, du herrliche Residenz unsers allergnädigsten Churfürstens und Herrn Friedrichs Augusti, so
lange, als Dresden stehet, welche Stadt die
Serben (oder Wenden) erbauet haben, ist ihm
dergleichen Ehre nicht wiederfahren, daß der
große Czar und Großfürst, der mit viel tausend
Millionen Unterthanen unsre wendische, oder sarmatische Sprache redet, zu uns kommen wäre. O
wie hat sich Ew. Majestät gedemüthiget und her-
untergelassen. Die Gelehrten schreiben, die Cza-
ren und Großfürsten hätten ihre Abkunft von
Kaiser Augusto, oder wenigstens von seinen
Brüdern und nahen Anverwandten, welche in
Rußland, oder Moscau geherrschet haben.
Zech, Lech und Rus, drey Brüder, sind
auch im Jahr Christi 500. mit viel tausend
Menschen in diese sarmatische Länder gekommen
und zu den 3 Reichen den Grund geleget, als
da sind: Böhmen, Polen und Rußland, oder
Moscau. Czech schlug mit seinem Volke seine
Wohnung in Böhmen auf, Lech setzte sich in
Polen vest, Rus aber in Rußland. Ew. Czarische Majestät sind ein großer Herr (kan auch
heissen: Großfürst) Sie herrschen und sind König in Casan, wie auch Astracan, und haben
auf die 18. Fürstenthümer unter sich. Sie haben zu befehlen bis an die Persischen und Medi-
schen Gränzen. Wir wissen aus den Geschichtbüchern

büchern, daß der Moscovitische Czar in allen
seinen Reichen und Ländern den Griechischen
Christlichen Glauben und Lehre hat.

Ew. Czarischen Majestät melde ich unterthänigst, daß wir Deutsche und Wenden hier
in Sachsen auch den Apostolischen Lutherischen
Glauben und Lehre haben: bitte Dieselben de-
müthigst, Sie wollen diese in die wendische
Sprache von mir übersetzte heiligen Bücher, von
mir in Gnaden aufnehmen und mit (sich) in
Moscau bringen, damit Dero Unterthanen sehen mögen, daß in unserm Churfürstenthum
Sachsen der wahre Apostolische Lutherische
Glaube und Lehre öffentlich gelehret und geprediget werde.

Ew. Czarische Majestät seyn GOTT
empfohlen.

Die Bücher, welche Sr. Czarischen Majestät Herr Frentzel übergab, waren:

Der Evangelist Matthäus und Marcus, Bu-
    dißin, 1670.

Ejusd. Apostolischer Catechismus, oder die Epi-
    stel an die Römer und Galater, Bud. 1693.

Postwitzischer Taufstein, Budißin, 1687.

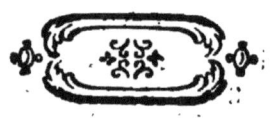

Demnach verlanget worden, denenjenigen, welche der lateinischen Sprache nicht kundig, die unter dem Text gesetzten lateinischen Noten, zu ihrer Wissenschaft, ins Deutsche zu übersetzen, so hat man ihnen darinnen willfahren wollen.

Pag. 3. a) Herod. Die Heneti sind aus Illyrien; die Heneti sind aus Adria. Plinius. Die Beneti, welche die Griechen Henetos nennen, sind Nachbarn von Pannonien, und wohnen um das adriatische Meer. Tacitus. Ob ich die Nationen der Peuciner, Veneten und Fennen, denen Deutschen oder Sarmatiern zurechne, stehe ich bey mir an.

Pag. 4. (*) Wo sich Pohlen endiget, da kommt man zu dem weitläuftigen Reich der Slaven, welche von alten Zeiten her die Wandalier, jetzt aber Winithi oder Winnuli genannt werden.

Pag. 5. (*) Das Slavenvolk, so sich weit und breit zerstreuet, und auf eine unglaubliche Art vermehret, hat sich, gleich denen Bienenschwärmen, in die von ihnen eingenommene Abendländer ausgebreitet, (daher auch wohl ihnen der deutsche Name Wenden gegeben worden, und hat sich in den Theil Deutschlands gesetzet, welcher von der Weichsel bis an die Sala, Elbe und Weichsel, und zwischen die Carpatischen Gebürge langet.

Pag. 13. (*) Die Slaven bekennen einen GOtt im Himmel, der denen übrigen zu befehlen habe, vor allen mächtig sey, und sich allein um die himmlischen Dinge bekümmere. Die andern Götzen aber sehen sie so an, daß sie dem obern GOtt, die von ihm ihnen aufgetragene Verrichtungen verwalten, davor haltend,

als

als wären sie von ihm entsprossen, und je näher einer
dem GOtt aller Götter sey, je größer sey dessen Vor-
treflichkeit und Vorzug.

Pag. 16. (*) Alle Slavenprovinzen suchen zu
Arcon bey dem Swantewitz Rath, und bringen ihm
jährlich Opfer.

(**) Der König ist bey denen Rüger Slaven in ge-
ringern Ansehen, als der Priester.

Pag. 31. (*) Die Götter kan man keineswegs
einschlüssen, denn es ist ihnen alles frey und offen.

Pag. 32. (*) In dem Innersten des Götzenortes
stehen die von Menschenhänden gemachte Götzen: ihre Namen sind in den Helm gehauen, sie selbst aber
ganz fürchterlich mit Panzern umgeben. — — Ihre
Fahnen finden sich auch daselbst, welche durch das
Fußvolk, wenn sie in Krieg ziehen, abgeholet werden.

Pag. 33. (*) Alle Montäge kamen der König,
das Volk und der Priester, Gerichte zu halten, in dem
Wald zusammen. In den Vorhof zu gehen war niemanden, als dem Priester und dem, der opferte, imgleichen dem, welcher getödtet zu werden sich befürch-
te, erlaubt. Denn solchen Elenden war der Ort eine
Freystätte. Die Wandaler halten ihre heilige Oerter
so hoch, daß sie nicht zulassen, daß der Umfang ihres
Götzenortes, auch nicht mit der Feinde Blut verun-
reiniget werde.

Pag. 40. (*) Der Priester, welcher dem allgemeinen Landesgebrauch entgegen, einen langen Bart
und Haare hat, pfleget des Tages vorher, ehe er den
Götzendienst verrichtet, alles an dem Orte, wo ihm hin-
zugehen allein erlaubt ist, mit einem Besen auf das
sorgfältigste zu säubern, und nimmt sich in Acht, daß
er daselbst nicht hauche, sondern so oft er nöthig hat,
den Odem an sich zu ziehen oder von sich zu lassen, so oft
begiebt er sich eilends zur Thür, damit die göttliche
Gegenwart, durch die Gemeinschaft eines sterblichen
Geistes, nicht beflecket werde.

Ee 4

Pag.

Pag. 42. (*) Da die Rüger den Anfall des Für=
sten merkten, furchten sie sich überaus sehr, und schick=
ten ihren Priester zu ihm, daß er Friedenshandlun=
gen mit ihm pflegte.

(**) Ihren Priester halten sie nicht weniger in Eh=
ren, als den König selbst.

Pag. 45. (*) Ihr Jahresfest wurde so gehalten:
Nach der Erndte kamen einmal die Einwohner der In=
sul ohne Unterscheid zusammen, opferten das den Fein=
den abgenommene Vieh, und hielten vor dem Götzen=
tempel mit Gepränge einen Schmaus, welchen sie
auch zum Götzendienst rechneten.

Pag. 48. (*) Aus allen Slavenlanden wurden
dem Swantewit gewisse Opfergaben zugeschicket.
Saxo. Eine jede Manns= und Weibsperson schickte
jährlich, zum Dienste des Götzens, als ein Geschenk,
eine Münze oder Geld. So gaben sie ihm auch den
dritten Theil von ihrem Raube und Beute, weil sie
meynten, sie hätten durch des Götzens Beystand sol=
che erlangt.

(**) Wenn die Pfaffen opfern, und die Götzen ver=
söhnen, sitzen sie allein, die übrigen stehen alle.

Pag. 54. (**) Wenn der Priester das Opfer ge=
tödtet, kostet er das Blut, davor haltend, so sey er
desto würdiger des Götzens Antwort anzunehmen.
Denn viele halten davor, daß durch das Blut die
Geister sich ihnen näherten.

(***) Die den Götzen gewiedmete Opferstücke dien=
ten ihnen zu einer Schwelgerey.

Pag. 56. (*) Die Tochter des Königes der Dä=
nen, nebst denen übrigen Weibern, trieben sie bey der
Stadt der Obotriten, Meckelburg, bloß und nackend
von sich.

(**) Da man alle herzuführte, befahl eine mäch=
tige Frau im Lager, dem Cruco und übrigen Slaven,
und sprach: bringet diese Männer um, die sich euch
ergeben, und schonet ihrer nicht, weil sie euern Wei=

bern,

bern, da ihr sie nebst ihnen in der Stadt gelassen, die
größte Gewalt angethan, damit die Schmach und
Schande getilget werde. Auf diese Rede fielen Cruco
und seine Leute diese Männer an, und tödteten mit
dem Schwerdt den ganzen Haufen.

Pag. 57. (*) Die Slaven meynen, mit dem zeit-
lichen Tode endige sich alles.

Pag. 59. (*) Der Slaven Gemüth ist von Natur
untreu und zum Bösen geneigt, dahero hat man sich
vor ihnen in Acht zu nehmen.

(**) Sie sind ein allezeit hin und her streifendes
und unbeständiges Volk.

(***) Die Winden, so Slaven, sind das schändlich-
ste und unflätigste Volk unter den Menschen.

(****) Sie haben ein närrisches Gemüth, welchen
mehr beliebet, wenn man sie um Rath fraget, als ihnen Rath giebet.

(†) Ein Volk, das sich gemeiniglich auf seine Toll-
kühnheit verläßt, und alles mehr übereilt, als mit
Klugheit vorzunehmen pflegt.

(††) Denen Wenden ist das Straßenrauben fast
angebohren.

(†††) Die Ehre gastfrey zu seyn, treibt sie zum
Stehlen und Rauben, welche Laster bey ihnen erlaubt
sind, und pflegen sie solche mit dem Deckmantel der
Gastfreyheit zu beschönen. Denn das kommt mit
derer Wandalen Sitten überein, des Nachts zu stehlen, und den folgenden Tag die Gäste damit zu be-
wirthen.

Pag. 60. (*) Das ist was grausames, daß die
Slaven ihre abgelebte Eltern, als zu nichts mehr
nütze, mit Gepränge und harten Worten schlachteten.

(**) Der slavischen Nation ist die Grausamkeit angebohren.

Pag. 64. (*) Es kan an Sitten und Gastfreygebigkeit keine Nation ehrlicher und gütiger erfunden werden.
Crantz. Nach vollendetem Gottesdienst hat Pribis-

laus den Bischof Gerold mit seinem Gefolg, in fein
Haus, so in einem abgelegenen Dorfe war, zurück zu
kehren. Daselbst nahm er ihn mit großer Freudigkeit
auf, und bereitete ein prächtiges Mahl. Es wurden
zwanzig Speisen aufgetragen. Und da wurde die Rede, die man vorher unter allen gehöret, mit der Erfahrung bestätiget, daß kein Volk denen Wandelen
an der Gastfreygebigkeit gleich komme. In Aufneh-
mung der Gäste sind sie alle eines Sinnes, solches
willig zu thun, also, daß sie nicht einmal zugeben,
daß der Gast Herberge verlange: sie bitten ihm solche
freywillig an. Was sie vom Acker, Fischerey und
Jagd erlanget, geben sie reichlich. — — So aber
jemand, welches jedoch sehr selten geschicht, einem
Fremden die Herberge versaget, und es wird bekannt,
so stehet es frey, dessen Haus, Haab und Vermögen
wegzunehmen, oder anzuzünden. Und hierinnen sind
sie alle eines, einen solchen ehrvergeßnen und schlechten Menschen zu verachten, der sich nicht geschämet,
einem Gaste das Brodt zu versagen.

Pag. 66. (*) Als die Straßenräuber derer Slaven, die Deutschen, welche um Schwerin und der
Gegend wohneten, beunruhigten, befahl der Commen-
dant des Schlosses, Günzel, seinen Leuten, daß,
wenn sie ein und den andern Slaven nicht auf ordentlichen Wegen anträfen, und er könnte nicht gnug-
same Ursache seines Abweichens von der Straße angeben; sollten sie ihn alsbald gefangen nehmen und
an den Galgen hangen. Auf diese Weise stunden die
Slaven von dem Stehlen und Rauben ab.

Pag. 78. (*) Da die Sachen sich so änderten,
und Kaiser Karl der Vierdte, dem Erzbisthum Prag,
dessen Prälat ein Legatus Natus worden war, das
Bisthum Meissen und etliche andere unterwarf,
so sind die Grenzen etlicher Diöcesen geändert worden. Aus diesem kanst du deiner Anfrage Antwort
nehmen.

Pag.

Pag. 84. (*) Die Sorben, eine in Kriegen berühmte Nation, fiengen der Sachsen Grenzen an zu verheeren.

(**) Carl der Große endigte den Krieg, erlegte die rebellischen Sachsen, und machte sie zu Christen.

(***) Die Sachsen fielen von dem Christenthum ab, und rebellirten. Regino. Carl schickte eine Armee in Sachsen, die jenseit der Elbe befindliche Lande zu verwüsten.

(†) Carl vertrieb die jenseit der Elbe wohnende Wülzerslaven.

Pag. 85. (*) Ao. 789. marschirte Carl durch Sachsen, und hatte unter seiner Armee Franken, Sachsen, Sorben und Obotriten, derer Fürst Wizan war. Regino. In demselben Heerzuge fanden sich Franken und Sachsen, Friesen — — Slaven, Urbi und Abotrudi. Die Metzer Jahrbücher haben vor Urbi, Surbi.

(**) Ao 808. waren in dem Feldzuge mit Gottfrieden, die Sclavi, welche Wuilzi genannt werden, welche sich, wegen alter Feindschaft mit den Abotriden, mit der Armee vereinigten.

(***) Ao. 806. hat Carl der jüngere, mit der ihm vom Vater gegebenen Armee, die über der Elbe wohnenden Sorben überzogen, der Slaven Land verwüstet, und derselben Fürsten, Moliduch getödtet.

Pag. 86. (*) Ao. 805. hat Carl der jüngere, die Böhmen, zu denen ihn sein Vater gesandt, unter sein Joch gebracht. Regino. Carl schickte seinen Sohn mit einem Heer wider die Sclaven, die man Böhmen nennt, welche derselben ganzes Land verwüsteten, und derselben Herzog, Lezko, umbrachten.

(**) Nachdem er die Slaven auf dieser Seite überwunden, hat er die Böhmen mit denen Bayern und Deutschen angegriffen.

(***) Er hat alle grobe und wilde Völker, welche zwischen dem Rhein und der Weichsel, und zwischen dem

dem hohen Meer und der Donau liegen, — — also bezwungen, daß sie ihm Tribut geben müssen.

Pag. 87. (*) Aus des Eginhardi Zeugniß erhellet, daß die Slaven= und Wendenvölker, welche von der Saale, (welcher Fluß damals die Grenze der Thüringer und Sorberslaven machte) bis zu der Elbe, und von dar über die Elbe bis an das baltische Meer, und an die Weichsel, ingleichen Böhmen und Mähren, bis an die Donau, inne gehabt, welche unter die Gewalt der Franken gekommen.

(**) Die Sachsen und Franken überzogen die Sorben und Slaven, welche das Joch abwerfen wollten, mit einer Armee. Und da sie nur eine Vestung erobert, wurden sie wieder zum Gehorsam gebracht.

Pag. 88. (*) Zu diesem Unglück kam auch noch der Abfall derer Sorben, welche durch öftere Streifereyen, Feuer, Raub, der Deutschen Gränzen schändlich verderbten. Ludewig aber gieng mit einem erbitterten Gemüth in Meissen, verwüstete die Saat, Früchte, Aecker, Getraide, Dörfer mit Feuer, verbrannte alle Lebensmittel, und zwang die Feinde, daß sie sich ergeben mußten.

Pag. 89. (*) Die Sorben und Siußler, mit denen alliirten Böhmen und übrigen Nachbarn, beunruhigten Ao. 869. der Thüringer Grenzen, und verwüsteten viele Oerter. Ao. 874. fielen die Sorben und Siußler, als Tachulf todt war, ab, deren Verwegenheit der Erzbischof, Luitbert, und Ratulf des Tachulf Nachfolger, zu bezahlen: zogen sie im Jenner jenseit der Saale, sengten und brennten, und dämpften sie ohne Schwerdtschlag, brachten sie auch wieder in die vorige Knechtschaft.

(**) Nach Ludwigs Tode hat die wilde Nation sich wieder frey gemacht. Denn die Böhmen, Sorben, Sußier und übrige Slaven, die der Kaiser zum Tribut gezwungen, haben sich davon entlediget.

(***) Der Marggraf der Wenden, Poppo, kam denen Wenden, welche große Beute gemacht, da-

bey

bey aber, nach Vertilgung des Feindes, sicher in Freuden lebten, unversehens auf den Hals, grif sie an, schlug und tödtete sie, also, daß auch nicht ein Bothe dem Schwerdte entgehen konnte.

Pag. 90. (*) Nach Ostern kam der Kaiser Arnulph nach der Stadt Saltza, dahin die Sorben ihre Gesandten mit Geschenken an den Kaiser schickten, welche er gnädig hörete, sie lossprach, und in Friede gehen ließ.

Pag. 91. (*) Kaiser Heinrich I. hat die Böhmen und Sorben, die von vorhergehenden Königen bezwungen waren, nebst den übrigen Slavenvölkern, in einer großen Schlacht erleget, daß der geringe Rest dem Kaiser den Tribut, und GOtt das Christenthum freywillig versprachen.

Pag. 92. (*) Kaiser Otto I. der seinem Vater Ao. 936. im Reich folgte, hat die Slaven, darunter auch die Böhmen, welche sich ihm widersetzten, bezwungen.

Pag. 93. (*) Nach der Schlacht, die der König Otto mit den Hungarn gehalten, wandte er sich gegen die widersetzenden Slaven, bekriegte diese, und wurde, weil er beyde überwunden, ein Vater des Vaterlandes genannt.

(**) Bey uns wurden Ao. 963. die Slaven, so Lausitzer heissen, untergestecket.

(***) Nach vollendetem dänischen Zuge, brauchte der tapfere Kaiser Otto sein Heer zu Bekriegung der rebellirenden Slaven, welche sein Vater ehedem in einer großen Schlacht überwunden, und brachte sie durch seine Tapferkeit dahin, daß sie sich freywillig erbothen ihm Tribut zu geben, Christen zu werden, um das Leben und das Vaterland zu behalten, und ist das gesammte Heydenvolk getaufet worden. Damals hat man in der Slaven Land die ersten Kirchen gebauet.

Pag. 95. (*) Marggraf Eckhard zu Meissen, hat denen

denen Mileienern, statt der angebohrnen Freyheit, das Joch der Knechtschaft angeleget.

: (**) Ao. 1003. hat Kaiser Heinrich die heydnischen Könige in dem innern Deutschland, welche Wenden genannt werden, sich ihm tributarisch gemacht.

Pag. 96. (*) Nachdem Heinrich IV. Ao. 1057. zum Kaiser erwählet war, überfiel er mit einer aus Sachsen bestehenden Armee, die wilde Nation der Luiticier, und nachdem er sie mit mancherley Plagen geängstiget, hat er sie dem römischen Reich unterwürfig gemachet, und als er von ihnen Geiseln und Tribut erhalten, ließ er sie nach Hause gehen.

Pag. 98. (*) Auf Befehl des Königes Dagoberti, fielen die Herren derer Bojen mit drey Armeen in der Wenden Land, und brachten sie zum Gehorsam und Unterthänigkeit. Die Wenden bequemten sich auch zur Christlichen Religion.

(**) Kaiser Karl der Große hat ungemeinen Fleiß angewendet, die sächsischen Völker, ob sie es wohl nicht verdienet, sondern in Absicht der himmlischen Belohnung, von allem Tribut befreyet, und ihnen ihre vorige Freyheit geschenket, damit sie nicht vielleicht durch Belegung schwerer Dienstbarkeit und Tributs, zum Abfall von ihm und Wiederannehmung der heydnischen Irrthümer gereißet werden möchten. Darnach legte er ihnen die Pflicht vor, zu welcher sie sich auch verstunden, daß, nachdem sie dem Teufelsdienst entsaget, sie das Christenthum annehmen, und also dem großen GOtt zinsbar und unterthänig seyn sollten.

Pag. 102. (*) Vor den Zeiten König Ludwigs VII. 1137. hat kein französischer König die Lilien im Wappen geführet.

(**) Die Blumen und Bäume mit ihren Früchten bedeuten die guten Werke und Tugenden, welche aus der Wurzel herkommen; die unterschiedene Mahlereyen, gehen auf die mancherley Arten der Tugenden.

Pag.

Pag. 113. (*) Die christliche Religion wurde wieder hergestellet. Denn man weiß, daß 1116. Kaiser Luther, und Erzbischoff Adelgott zu Magdeburg, als sie in Lausitz gereiset, den Flinß, den die Sorben vor kurzen wieder aufgerichtet, zerstöhret, und zur christlichen Religion wieder gezwungen haben.

Pag. 115. (*) Die Sieger richteten auf der Wahlstatt eine Säule, in Gestalt eines Mannes mit einer Keule und umhangenden sächsischen Wappen, auf. Diese Statue brauchte das Landvolk zum Aberglauben, als wozu es sehr geneigt war, verehrte solche, als einen Götzen, und meynte, es sey die Jodute – – Als dieses kluge Leute einsahen, daß diese Statue den Leuten Gelegenheit zur Abgötterey gebe, haben sie solche umgeworfen, und an dessen statt einen Convent der Predigermönche errichtet, welches zu Weddingstedt geschehen.

Pag. 116. (*) Ao. 1124. Ist Otto, Bischoff zu Bamberg, aus einem göttlichen Trieb, nach Pommern, und in etliche Städte der Lausitz gereiset, in der Absicht, daß er die Einwohner von dem Irrthum zur Wahrheit und Erkänntniß des Sohnes GOttes bringen möchte. — Die Städte heissen: Piritzstein, Vuligam, Culberch, Belgrad, Lubingresch.

(**) Die Städte, in denen er predigte und den Glauben pflanzte, und die Getaufte unterrichtete, sind: Piritz, Stettin, Wollin, Camin, Colberg, Belgrad, Lubin, Greifenhagen.

Pag. 119. (*) Das Slavenvolk allein ist vor den andern einer harten Art und zum Glauben nachläßig.

Pag. 122. (*) Nach diesem Siege, da Godeschalck umkommen, ist der Nordalbinger Land heimgesucht worden, da haben die Slaven sich von der Knechtschaft mit gewafneter Hand losgemacht, und die Freyheit so hartnäckigt vertheidiget, daß sie lieber sterben, als den Christennamen wieder annehmen, und den Tribut den sächsischen Fürsten reichen wollen.

Pag.

Pag. 124. (*) Die Anter und Slavenvölker, werden nicht von einer Person regieret, sondern sie leben von Alters her in gemeiner Freyheit: dahero denn alle Sachen, welche ihnen nützlich sind, oder ihnen bedenklich fallen, in gemeinen Rath genommen werden.

(**) Es sitzet in der Lutitier Rath nicht ein Herr, oder Oberer über die andern: sondern sie erwegen die nöthigen Sachen gemeinschaftlich, und stimmen alle überein, wenn es zu deren Ausführung kommt.

Pag. 135. (*) Bischoff Burchard ist der erste, der die jenseitigen Slaven mit seinem Unterricht zum Christenthum gebracht.

(**) Bischoff Volcolb hat die Kirchenordnung der Lecturen und Gebete angeordnet, — Er hielt über Zucht, Heiligkeit und Keuschheit.

Pag. 136. (*) Bischoff Eico war mit Taufen, Predigen und Firmung nicht allein seiner Kirche nützlich, sondern auch andern zu dienen willig. — — Er recommendirte das Chrisma und die Geistlichkeit, weihet oft und gern die Kirchen, und das vielmal ohne Messe. — Er predigte den Wenden über der Elbe.

Pag. 137. (*) Bischoff Benno hat in seiner meißnischen Pflege alles sehr herrlich, dieses aber besonders gethan, daß er die von der christlichen Religion übel urtheilende Wenden von ihrem gefährlichen Irrthum befreyete, damit sie mit der allgemeinen Kirche, mit gleichem Fleiß, den christlichen Glauben bewahrten, welches gewiß ein merkwürdig und göttlich Werk ist.

Pag. 138. (*) Bischoff Godebord hatte in dem Synodo zum Zweck, die gefallene Kirchenzucht wieder aufzurichten, und die Freyheit der Priester einzuschränken. Allein alle widerstunden ihm dergestalt, daß er davon abstehen mußte.

Pag. 152. (*) Bischoff Benno ließ besonders die Kirchenceremonien und den Gottesdienst sich angelegen seyn.   Pag.

Pag. 157. (*) Wir sind beweget worden, zuver-
bieten denen Rectorn, Cantorn, und Schullehrern
bey Strafe der Suspension zu dem Eingang in die
Kirche — — daß sie die heilige Schrift nicht lesen
noch erklären, weder öffentlich, noch heimlich: jedoch
erlauben wir ihnen die Erklärung der Evangelien,
Episteln, Gesänge, Sequentien in der Muttersprache.

Pag. 158. (*) Da der Apostel saget: ohne Glauben ist es unmöglich GOtt zu gefallen, welcher vornehmlich die Glaubensbekänntniß und die Lehre der
Apostel enthält: so gebieten und befehlen wir, bey
Strafe des Bannes, welchen wir hiemit auf die nach-
läßigen, und unserm Befehl entgegen handelnde legen,
daß alle und jede Pfarrer, alle Sonntage, nach der
Sermon, das apostolische Symbolum und des HErrn
Gebeth in der bey seiner Gemeine bekannten und gebräuchlichen Sprache, dem Volke vorsagen, und sie
in selben fleißig zu unterweisen sich bemühen. Und
dies haben sie zu beobachten, nicht nur aus Furcht der
Strafe, sondern auch in Betracht, daß es ein ver-
dienstlich Werk sey, wie wir denn sowohl denen, die
die obgedachten Stücke vorsagen, als denen, die solche
nachsprechen, auf jeden Tag zwanzig Tage Ablaß,
wenn sie reuig sind und beichten, ertheilen.

Pag. 164. (*) Frage: Was von der Taufe derer Dalmatier zu halten? Etliche taufen auf dalma-
tisch: Ja tebe Kärstöm ec. wie der Cardinal de
Lugo solches anführet. Diese Formul aber scheinet so viel zu seyn, als: ich mache dich zu einem
Christen. Darauf antwortet der Cardinal: Wenn
die erstere Formul das, was die andere bedeutet, so
ist das Sacrament der Taufe nicht geschehen, weil
dabey keiner Handlung mit dem Wasser gedacht wird.
Wenn aber die Worte, nach dem Gebrauch der Dal-
matischen Sprache, so viel heissen, als: ich taufe
dich, so ist es vor eine rechte Taufe zu halten. — —
M. Abraham Frentzel giebt hierüber die Erläuterung:
1) das Wort Kärstöm, bedeutet in der slavischen
Sprache nicht, einen zum Christen machen, sondern

F f   taufen,

taufen, eigentlich salben. 2) Es kommt nicht von dem
Namen Karest, d. i. Christus, her; sondern wie das
Wort Karst, d. i. die Taufe, ir. die Salbung, also
Karest, nach dem Griechischen, ein Christ, d. i. ein
Gesalbter, von Kárstim, ich salbe. 3) Endlich dich-
tet der Cardinal dem slavischen Wort darum eine
neue Bedeutung an, damit er denen slavischen Kirchen einen Zweifel bey ihrer Taufe erwecke, indem sie
nach ihrem Gesetz und Gewohnheit, den Gottesdienst
in ihrer Muttersprache pflegen. Im übrigen kommt
Christu sowohl, als Kárstim, von dem griechischen
Worte: ich salbe, her, so vor taufen genommen wird,
weil die Salbung vorzeiten, als eine wichtige Cere-
monie, sich bey der Taufe fand; oder auch daher, weil
die Taufhandlungen sich mit der Salbung anfiengen.
Dahero auch vorzeiten die Griechen die Taufe, die
Salbung nannten; wie bey dem Justino und Greg.
Nazianzen zu finden.

Pag. 169. (*) Johannes, Bischoff zu Meissen 2c.
Da E. E. Capitul unserer Collegiatkirche zu Budißin,
und E. weiser Rath daselbst uns eröffnet, daß das Volk
in großer Menge, aus besonderer Andacht, welche es
gegen die glorreiche Jungfer Mariam hat, zu der
Kapell im Taucherwalde bey Uhyst, wegen des daselbst befindlichen Bildes der glorwürdigsten Jungfr.
Marien, sich einfindet, und der Ort daselbst, dahin-
zukommen sehr unwegsam, entfernt und in der Wüsten ist, daß daher zu befürchten, daß viele unerlaub-
te und verbotene Handlungen, Ehebruch, Hurerey,
Straßenrauberey nach Gelegenheit des Ortes, begangen werden möchten, wie die Erfahrung dieses lehrt:
So haben obgedachte Herren uns demüthig gebeten,
wir möchten, vermöge unserer bischöflichen Gewalt,
einwilligen und erlauben, daß die gemeldte Kapelle,
wegen erwehnter Ursachen, abgebrochen, und auf den
von E. Rathe zu Budißin, vor dem Reichenthor, mit
unserer Bewilligung neuangelegten Kirchhof, wieder
aufgesetzet, das Bild der Jungfrau Maria aber, in
die Pfarrkirche nach Uhyst gebracht und das Volk in

seiner

seiner Andacht nicht gehindert werde. Hierbey haben wir, gedachter Bischoff, nach reifer Ueberlegung
der Sache, vor billig erachtet, daß die Kapelle zur
L. Fr. abgebrochen und an gemeldten Ort gesetzet,
das Bild der L. Fr. aber in die Pfarrkirche zu Ubyst,
wie sichs nach der Kirchenweise ziemet, gebracht werde, wozu wir mit gegenwärtigem Briefe unsere Einwilligung ertheilen, doch jedermann unbeschadet, also
daß der Pfarr der Kirche zu Ubyst und dessen Nachfolger sowohl, als die zu jederzeit befindlichen Kirch-
väter, uns und unsern Nachfolgern die canonische
Portion, d. i. den dritten Theil von allen Opfern,
welche daselbst in der Wallfahrt erleget werden, zu-
zustellen, verbunden seyn sollten. Zu dessen Beglau-
bigung haben wir hier unser Amtssiegel anhangen
lassen. Geben auf unserer bischöflichen Residenz Stolpen, im Jahr 1532. den 6. Jun.

Pag. 179. (*) An einigen Orten pflegten die
Prälaten am Christtage mit ihren Geistlichen ein
Spiel zu halten ꝛc.

Pag. 182. (*) Das Statut von denen Pfarrern, welche wendische Kirchkinder haben.
Wir gebieten und befehlen, bey Vermeidung des Bannes, ernstlich, daß alle und jede Pfarrer unsers Sprengels, welche in ihrem Kirchspiel wendische Kirchkinder haben, und die Pfarrer der wendischen Sprache
nicht kundig sind, folglich das ihnen anvertraute Volk
mit Predigten, Beichte hören, Unterricht des Vater
Unsers, des apostolischen Glaubensbekänntnisses und
andern öffentlich vorzutragenden Sachen nicht selbst
in Person lehren und ihr Amt verrichten können; daß
sie sich dergleichen Kappelläne und Vicarien halten,
welche der wendischen Sprache kundig, und dem Volke
in solcher Sprache predigen, amtsmäßig vorstehen,
und in vorgedachten Stücken heilsam unterrichten
können. In Entstehung dessen sollen sie ihres Beneficii verlustig seyn, und solches andern gegeben werden. Ingleichen haben wir erfahren müssen, welches

wir

wir beklagen, daß etliche Seelenhirten und Pfarrer mehr auf Gewinnst bey ihren Kirchkindern, als
auf deren Seligkeit sehen, dieselben des Jahres nur
einmal Beichte hören, und welches desto ärger, damit erst nach dem Sonntag Lätare, auch wohl Ju-
bica anfangen, und denen die gebeichtet, das heilige
Abendmahl nicht eher, als auf den grünen Donnerstag oder Ostern, zu großen Schaden der Seelen, reichen. Diesem gefährlichen Uebel abzuhelfen, befehlen wir allen und jeden Geistlichen unsers Bisthums,
daß sie sich nach der Weise der römischen Kirche halten, und zum wenigsten des Jahres zweymal Beichte
hören, und dazu die Kirchkinder vermahnen und anhalten, auch daß sie nach der zweyten Beichte innerhalb zwey Tagen das Abendmahl am Palmsonntage,
oder folgende Tage genüssen. Wer dieses unser Gebot, es sey Pfarr oder Kirchkind, nicht beobachtet,
der soll wissen, daß er als ein Ungehorsamer und Re-
bell, der wohlverdienten Strafe nicht entgehen werde.

Pag. 200. Der Bischoff Boso bat die Wenden
das Kyrie eleison zu singen, und zeigte ihnen den Nu-
ßen davon. Allein diese Unbesonnene spotteten dessen,
und sungen davor Kyrcujolsa, so in unserer deutschen
Sprache ein Erlenbaum heißt, und setzten noch dazu,
Boso habe sie so gelehret, da es doch anders geschehen.

Pag. 325. (*) Der Bischoff sparte keine Kosten
und Mühe, die Lutheraner zu unterdrücken, er be-
diente sich dabey des Ansehens und der Hülfe des Cardi-
nals, Nicol von Schönberg, und des päpstlichen Se-
cretairs, Carl von Miltiz, welche bey dem Papst Leo X.
in besondern Gnaden stunden. Er hielt und half denen Beschützern des Papstes, Emsern, Cochläum,
Paul Bacman, Plicium, Silvinum, Alvedium.

Pag. 327. (*) Es ist uns sehr oft, wiewohl un-
schuldig, nachgeredet worden, als ob wir denen Priestern und Ordensleuten darum die Ehe untersagten,
damit wir aus deren Concubinat einen desto reichern
Ge-

Gewinnst ziehen und unsere Schatzkammer bereichern
möchten.

(**) Das gemeine Volk wird durch das höchstun=
flätige Leben auf das höchste geärgert.

(***) Wir begehren, daß die Priester die Concu=
binen und Köchinnen, welche wegen Hurerey verdäch=
tig, und von deren Unmäßigkeit lebendige Zeugnisse
verhanden, gänzlich von sich schaffen, und sich deren
Umgang und Gemeinschaft enthalten.

Pag. 329. (*) Ich zweifele, daß Leisentritt von
dem Bischoff, Johann IX. zu Meissen, zum Admini=
strator geordnet worden sey: Weil Ober= und Nie=
derlausitz sich des Bischoffs von Meissen Gehorsam
entzogen, und zwar so, daß sie ihm weder das ge=
wöhnliche Subsidium cathedrale und charitativum ge=
ben, noch dessen geistliche Gewalt und Gerichtsbar=
keit fernerhin erkennen wollen, ja auch, weil in dem
Document bey Carpzov, er Kaiserl. Majest. Com=
missair im Geistlichen genannt wird.

Pag. 333. (*) Wir erklären uns hiermit schlech=
terdings gegen ihn, daß er ohne Beschimpfung aus
der Stadt nicht zurück kommen soll.

Pag. 336 (*) Gregorius Chattmann, — Nach=
dem es bey der böhmischen Unruh dahin kommen, daß
man nicht allein sich des rechtmäßigen Königes entzo=
gen, und einen andern erwählet, auch an den katholi=
schen Orten die evangelische Religion eingeführet wor=
den, so ist solches auch zu Ratibor geschehen, da der
rechtmäßige Pfarr, der E. Herr Joh. Molitor, abge=
setzet, und von Christoph von Mirschwitz, dem Kir=
chenpatron, ein der augspurgischen Confeßion Ver=
wandter der Kirche vorgesetzet worden. Demnach
aber die Conföderation aufgehoben, und alles auf
kaiserl. und königl. Befehl wieder in den alten Stand
kommen, hat gedachter Christoph von Minckwitz uns
den E. Herrn und Priester, Johann Olenium präsen=
tiret. Es erfordert also unser Amt, nicht allein die
Kirche mit gewöhnlichen Ceremonien zu reconciliiren,

Ff 3   sondern

sondern auch den uns rechtmäßig präsentirten Herrn
Joh. Olenium einzuweisen: Wie wir denn ihn hiemit
instituiren und investiren — — und zum wirklichen
und eigenen Besitz besagter Kirche, in Gegenwart des
Richters, der Eltesten des Dorfes und der Kirchvä-
ter, nach gehaltener Messe am ersten Sonntage nach
der Erscheinung Christi, eingeführet, und ihn zu allen
und jeden Nutzungen, Einkünften — — angewiesen.
Unter unserm Siegel gegeben den 8. Jan. 1623.

Gregor. Rhattmann à Marugk.

Pag. 340. (*) Wir vermahnen in dem HErrn,
und Kraft unsers Amtes befehlen wir allen und jeden
unter unsere Kirchengewalt gehörigen Geistlichen, sie
seyn, weß Standes, Ehren und Würden, daß sie sich
nach allen Statuten achten, und ihr Leben und Thun,
in und außer den Amtshandlungen, darnach anstellen,
bey Vermeidung derer ausgesetzten Pönen und Strafen. Geben, Budißin Mittwoch nach Ostern, 1627.

Pag. 342. (*) Da es von langer Zeit und bishero gewöhnlich gewesen, daß, ohne Unterscheid
alle in unserer Diöces befindliche Eheweiber, wenn es
ihnen unglücklich gehet, öffentliche Kirchenbuße thun
müssen, und aber männ- und weibliche Personen sich
sehr daran geärgert, wie denn solches Aergerniß von
Tag zu Tag sich vergrößert: Als haben wir, mit Rath
und Beyfall unsers Capituls beschlossen, wollen und
ordnen, daß keiner, derer unter uns stehenden Priester, sich unterstehe, dergleichen Frauenspersonen,
wenn er nicht versichert ist, daß sie Ursache oder Gelegenheit zu diesem Fall gegeben, weder zu uns,
noch unsern Generalofficial, in der Absicht, daß sie
mit öffentlicher Kirchenbuße beleget werden sollen,
schicken; Sondern wir wollen, daß sie solche Personen
an den Erzpriester weisen, sich innerhalb drey Mona-
ten bey ihm einzufinden, der sie alsdann in geheim
vorzunehmen, und nach allen Umständen zu fragen
hat, ob sie, oder der Mann, oder sonst jemand Ursach
daran sey, dazu gerathen oder geholfen? Findet er
der-

dergleichen schuldige Person, so hat er solche zu uns, oder unsern Vicar im Geistlichen, zuzuschicken, daß sie zur Buße angewiesen werde. Befindet aber der Erzpriester sie nicht schuldig, so schicke er sie wieder zu ihrem Pfarr, mit dem Bescheid, daß sie bey dem Gottesdienst und Sacrament ungehindert erscheinen möge, damit die unschuldigen Weiber, über das bereits ausgestandene Leiden, nicht noch mehr zu leiden haben; die schuldigen aber zur Kirchenzucht angehalten werden.

Pag. 371. (*) Wir ordnen, daß der Durchl. Fürsten, nämlich des Königes in Böhmen, des Pfalzgrafens, des Herzogs zu Sachsen, und des Marggrafens zu Brandenburg, allerseits Churfürsten, Prinzen, Erben und Nachfolger, nebst ihrer Muttersprache, der deutschen, vom siebenden Jahre ihres Alters bis zum vierzehnten Jahre in der italienischen und slavischen Sprache unterwiesen werden, indem solches nicht allein nützlich, sondern auch höchstnöthig ist, sintemal dieselben im römischen Reiche gebräuchlich, und viel wichtige Reichsgeschäfte darinnen abgehandelt werden. — — Dazu sollen sie ihnen in ihren Palästen solche Hofmeister halten, und ihnen zum Umgang solche junge Leute geben, vermöge welcher sie durch Unterricht und Conversation dazu gelangen können.

Corrigenda & Addenda.

Pag. 25. L 31. ließ, unfern. p. 51. l. 15. adde: Außerdem heißt tworicz eigentlich, Låbekåfe machen, wenn
durch das Ausdrucken des Molckens aus der geronne-
nen Milch in dem Napf derbe Käfe formiret werden;
welches sich per metaphoram zur Benennung der
Schöpfung sehr wohl schicket. p. 74. l. 19. muß es
heissen: von dem man nicht findet. p. 77. l. 15.
Vortrag. p. 91. l. 4. Gruna. p. 177. l. 9. heißt.
p. 227. l. 23. Diaconos. p. 249. l. 7. Oedenburg.
p. 299. l. 9. Bauervolk. p. 314. l. 11. Below.
p. 324. l. 1. Seculares. p. 324. l. 24. adde, der
Anfang gemacht wurde. p. 337. l. 31. Anno 1623.
p. 338. l. 25. Archidiaconi. p. 368. l. 5. in dem
10ten Sec. p. 369. l. 22. in dem 14ten. p. 384.
l. 12. und wird auch.